RICHARD STOCKHAMMER (HG.)

Niemand lernt so wie ich

RICHARD STOCKHAMMER (HG.)

Niemand lernt so wie ich

EINE REISE DURCH ÖSTERREICHISCHE LERNLANDSCHAFTEN

StudienVerlag
Innsbruck
Wien
Bozen

Adresse des Herausgebers:
Richard Stockhammer
Ochsnerpromenade 5
A-3400 Klosterneuburg
richard.stockhammer@a1.net

bm:uk
Die Drucklegung wurde freundlicherweise unterstützt
durch das Bundesministerium für Unterricht, Kunst und Kultur in Wien.

E-Mail: order@studienverlag.at
Internet: www.studienverlag.at

Buchgestaltung und Layout: kraphphix.at/Peter Uhl
Titelgrafik und Illustrationen S. 237, 243, 244, 245: Klaus Pitter
Fotos S. 9, 124, 182: Paul Justus Lück
net-1-Logos: Klaus Pitter, Stephan Erben
Sofern nicht anders angegeben, liegen die Bildrechte bei den Autorinnen und Autoren.
Lektorat und Redaktionsleitung: Inge Fritz

Gedruckt auf umweltfreundlichem, chlor- und säurefrei gebleichtem Papier.

Bibliografische Information Der Deutschen Bibliothek
Die Deutsche Bibliothek verzeichnet diese Publikation in der Deutschen Nationalbibliografie; detaillierte bibliografische Daten sind im Internet über ‹http://dnb.ddb.de› abrufbar.

ISBN 978-3-7065-1458-3

Inhalt

Vorwort

Das Netzwerk innovativer Schulen net-1 hat vom Bundesministerium für Unterricht, Kunst und Kultur Unterstützung und Freiraum erhalten, damit es mit seinen Entwicklungen zur Dynamik der Schulentwicklung beiträgt.

Die Akteurinnen und Akteure ziehen selbstbewusst Bilanz. Jetzt geht es darum, die Innovationen und Entwicklungen in einen breiteren Transfer zu bringen. Das Angebot der innovativen Schulen im Netzwerk von net-1 ist ein zukunftsweisender Beitrag, unser Schulwesen im Verständnis von Shared Leadership weiterzuentwickeln.

Das Buch richtet die Aufmerksamkeit vor allem auf generative, schöpferische Strukturen des Lernens. Das beziehungsreiche, authentische Ansprechen der schon beim Kleinkind vorhandenen Lernkompetenz ist eine Kunst, die auch an den Schulen gepflegt und weiterentwickelt werden muss.

Das gelingt in einer Haltung von Dialog, Beziehung, Prozess und Offenheit. Rückhalt für diese neue Lernkultur stiften kontinuierliche Lerngemeinschaften. Eine zusätzliche Dynamik entsteht, indem Entwicklungen über die Bundesländer hinweg vernetzt werden.

Meine Aufgabe als Bildungsministerin sehe ich auch darin, Rahmenbedingungen zu schaffen, in denen schöpferische Lernprozesse ermöglicht werden.

Das komplementäre Zusammenwirken der verschiedenen Akteurinnen und Akteure aller Ebenen der Innovation im Schulwesen ist mir ein großes Anliegen.

Herzlichen Dank an die engagierten Netzwerkerinnen und Netzwerker und viel Freude bei der weiteren Zusammenarbeit und beim Lesen!

Dr. Claudia Schmied
Bundesministerin für Unterricht, Kunst und Kultur

Landkarte des Lernens mit Dorf des Werkens
Deborah Platzer, Mehrstufenklasse Hauptschule St. Marein bei Graz

Einleitung

„Niemand lernt so wie ich. Eine Reise durch österreichische Lernlandschaften" – dieser Buchtitel ist gleichermaßen Erkenntnis wie Bekenntnis von uns Akteuren und Akteurinnen im Netzwerk innovativer Schulen von net-1.

Erkenntnis: Lernen ist ein höchstpersönlicher, aktiver Prozess, in dem wir zum selbstbewussten Ich werden.

Bekenntnis: Die lernende Person braucht uns als Lernumgebung – unsere mitfühlende Resonanz, unsere weiterführende Inspiration und unsere Verantwortung für ausreichende Ressourcen. Das ist gleichermaßen schön wie herausfordernd. Kleinkindern mag zeitweilig der Körper der Eltern als Krabbellandschaft reichen. Schon in dieser noch überschaubaren Situation des Kleinkinds mit nahem Horizont wird deutlich: Das Kind sucht neugierig und voller Energie seinen Weg in die Welt, greift in die Umgebung, nützt alle Sinne und Möglichkeiten zur Beziehung. Wir bekennen uns zu unserer Verantwortung sowohl als Beziehungspartner/innen als auch für eine angemessene Lernumgebung. Wir möchten einfühlsam die Einzigartigkeit unserer jeweiligen Lernpartner/innen wahrnehmen. Und wir wollen unseren Teil der Verantwortung für Lernlandschaften übernehmen, in denen sich unsere Kinder und Jugendlichen die Welt, die Zukunft im Jetzt erschließen. Sie finden sich selbst in der Gemeinschaft.

Die Autorinnen und Autoren dieses Buches, wir, sind selbst Reisende und Landschaftspfleger/innen. Das gilt auch für die vielen Mitwirkenden, die an den Aktivitäten des Netzwerks und der net-1-Projekte teilhaben – aktiv und schöpferisch. Im Kleinen als einzelne Lernende. Im Großen erleben wir in den innovativen Lerngemeinschaften der Projekte, wie wir im kontinuierlichen Zusammenspiel konzertiert Neues in die Welt bringen. Und manchmal, zu Hoch-Zeiten, in Plenarveranstaltungen des gesamten Netzwerks, bringen wir es auf eine größere Bühne. Auch das ist nur ein Zwischenschritt zu weiteren Verbindungen, zu größerem Transfer in die Breite.

Unsere (innere) Entwicklung als Lernende erleben wir als Reisende in der (äußeren) Lernlandschaft selbstbewusster.

Das net-1-Projekt Mathematische Bildung hat den Zusammenhang erkannt, der zwischen Lernen und Sich-auf-Lernreise-Sehen besteht. Dieses Projekt lädt die teilnehmenden Schüler/innen ein, ein Lerntagebuch zu führen. Das ist die Voraussetzung für die Reflexion des (inneren) Weges und die Produktion, mit der die (äußere) Lernlandschaft weitergestaltet wird. Die so produzierten Publikationen finden reißenden Absatz.

Das Projekt Mathematische Bildung hat selbst in mehreren Projektgenerationen innere Reifungsprozesse durchgemacht und dabei eine *neue Kultur in Form einer stabilen*

Lerngemeinschaft geschaffen, die allen am Projekt Beteiligten letztlich eine Metamorphose ermöglicht: Die (lernenden) Schüler/innen werden selbstregulierter und die (lernenden) Lehrer/innen sowie die Schulen bauen ihre Coachingqualitäten aus. Im Beitrag *Verantwortung übernehmen, Entwicklung begleiten* wird deutlich, wie ein Projekt weite Kreise zieht.

In der *Zwischenbetrachtung* wird herausgearbeitet, wie dieses Projekt zum *Leitprojekt* von net-1 wird. Darüber hinaus wird dieses Projekt durch seine Integrationskraft Träger einer Transferbewegung, die zur Metamorphose des gesamten Schulsystems beiträgt. Dies wird im Kapitel *Der Weg in die Breite* genauer beschrieben.

Wie führt sich das Netzwerk?
net-1 hat vor allem in der Entstehungszeit (2006) und in einigen Entwicklungsphasen mit Wilfried Schley, einem der beiden Leiter der Leadership Academy des österreichischen Bildungsministeriums, zusammengearbeitet. Er machte uns inspirierend Mut zu Großveranstaltungen. Dann haben wir Wilfried Schley für einige Zeit als Programmdirektor engagiert. Zunehmend stellte sich jedoch die Frage, ob wir nicht die vorhandenen (inneren) Führungskräfte stärker zur Geltung bringen sollten. Das haben wir schließlich getan. Wir haben erkannt: *Es ist immer alles da*. Seither orientieren wir uns stärker an den Qualitäten und Führungspersönlichkeiten, die sich in net-1 gefunden haben.

Dem Schreiber dieser Zeilen kommt dabei eine klärende Rolle zu. Ich habe zum Zusammenfinden jener Akteur/innen beigetragen, die sich in diesem Buch verbunden zeigen. Wir realisieren auf diese Weise durch net-1 unsere Bedürfnisse nach Weiterentwicklung des Schulwesens. Dazu habe ich meine langjährige Position als Leiter der Hauptschulabteilung im Bildungsministerium eingesetzt.

Das Netzwerk innovativer Schulen net-1 führt sich selbst.
Es ist für das Herausbilden echter Innovation gar nicht anders möglich, als autonom vorzugehen, denn die Innovation muss erst entwickelt, in der Situation entdeckt und entfaltet werden. Und dieser konsequente Autonomieanspruch birgt in einem machtbewussten System wie dem österreichischen Schulwesen beträchtliche Spannung.

Wer eine so komplexe Leitungskultur entfaltet wie das net-1-Projekt Mathematische Bildung, und wer das immer wieder durch Bildung neuer Netzwerke und Publikationen, die zur praktischen Orientierung werden, verstärkt, übernimmt faktisch Führung.

Die Leiterin dieses Projekts, Elfriede Alber, verkörpert jene neuen Qualitäten, welche imstande sind, zu einer Weiterentwicklung des gesamten Schulsystems beizutragen. Sie und ihr Team beachten nicht nur fachliche Standards, sie orientieren sich an *Standards für Lernen und Begleitung und Verantwortung* – also schlicht an Werten für Prozesse von Menschen für Menschen in einer offenen Zukunft. Dabei integrieren sie in Kooperation mit regionalen Bildungsverantwortlichen auch andere net-1-Projekte. Führung dient somit der Integration verschiedener Entwicklungen und grundlegender Bedürfnisse der Beteiligten in breiteren und tieferen Prozessen.

Offenheit im Prozess der Entfaltung der Sprachkompetenz, diese Qualität bringt das net-1-Projekt Sprache ein. Sonja Vucsina hat erkannt, wie kräftig Kinder werden, wenn sie ihre (Sprach-)Umgebung schöpferisch nützen. Dieses Projekt erprobt ein Lernwerkzeug, die *Blattformen*, das den Lernenden die Produktivität der eigenen Lernwege im Zuge unterschiedlicher Arbeitsweisen vor Augen führt: *Auf [eigenen] Sprachspuren.*

Wie persönliche Potenziale entwickelt werden, beschreibt ein Projekt, das international Aufsehen erregt. Bewährtes (Portfolio) und Neues (Orientierungsgespräch) und Wichtiges, das im Schulalltag meist marginalisiert ist (das Fach Berufsorientierung), wird im net-1-Projekt KL:IBO (Kompetenzlernen durch Individualisierung und Berufsorientierung) in integrale Entwicklung gebracht. Eine schwierige und komplexe Aufgabenstellung, die von den beiden Projektleiterinnen Sabine Fritz und Eva Theissl mit Leichtigkeit bewältigt wird. Wie? Das übervolle Programm wird entladen, indem die Schulen kleine fokussierte Entwicklungen, unterstützt durch Fortbildungssequenzen, die bis zu den Schüler/innen reichen, auf sich nehmen. Sie berichten den anderen davon, so kommt es wieder zur Verdichtung, zur Aufladung. Immer wieder lassen sich die Projektleiterinnen etwas einfallen, was zu kleinen Musterirritationen im Alltag führt, die weiterführen.

In der *Zwischenbetrachtung* wird den *effizientesten Eigenarten der genannten drei Projekte* nachgespürt. Es wird gefragt, wie Offenheit fundiert und strukturiert werden kann.

Im Kapitel *Das vierdimensionale Lern- und Prozessverständnis* werden theoretische Grundlagen und praktische Anwendungen dargestellt, wie verschiedene schöpferische (generative) Quellen des Lernens nebeneinander – das Geheimnis der Vernetzung – systematisch erschlossen werden können.

Die Fundierung einfühlsamer *Evaluation mit narrativen Methoden* wird von Karin Grinner im Beitrag *Lernen im Spiegel der anderen* geleistet.

In zwei Beiträgen wird die Entwicklungsdynamik von innovativen Schulen breiter entrollt: Das *Porträt der Hauptschule Niederndorf* zeigt, wie eine Schule mit Projekten jongliert. Im Projekt VIEL (Verantwortung im eigenen Lernprozess) wird eine Schule besucht, die lange im offiziellen Schulwesen unverstanden geblieben war, obwohl dort gelebt wird, *was Eltern sich wünschen*: Dass ihr Kind so in der Schule akzeptiert wird, wie es ist, und bekommt, was es braucht. Christine Gerold hat VIEL in Schwung gebracht.

Die Kraft der Hospitation wird im Beitrag des Pioniernetzwerks ISV (Innovative Schulen im Verbund) mit *Blick über den Tellerrand* von Christoph Hofbauer gewürdigt.

Fortbildung, verdichtet zu einer Lerngemeinschaft, die sich in kleinen Netzwerken gruppiert, wird im Individualisierungsatelier in Szene gesetzt. Margarete Meixner setzt Impulse des Aktionstheaters, Maria Winter ist erfahren in Schulentwicklung, Eva Theissl bringt Konzepte höchstpersönlichen Lernens mit. Gemeinsam bestärken sie die Schulen, ihren eigenen Weg zu Ateliers vor Ort zu finden – nachzulesen im Kapitel *Lernen selbst inszenieren*.

Was ein Projektbüro zur Bestärkung von Kooperation im Geist von Entwicklung und Autonomie beitragen kann, wird von Veronika Rampetsreiter, der Leiterin des net-1-Projektbüros für neue pädagogische Praxis, vorgestellt: *Das net-1-Basislager für Innovation und Transfer.*

Kurz vor Fertigstellung dieses Buches hat Gerda Sengstbratl, die Schriftstellerin im Team der net-1-Projektleiterinnen, mit Kooperationspartner/innen in den Bildungsregionen und Mitarbeiter/innen vor Ort Interviews geführt. Sie wurden im Originalton zusammengeschnitten: *Unverblümt.*

Transfer von Innovation bewegt die Sekundarstufe I.
Die Strategie des Ministeriums zur Sekundarstufe I sieht vor, binnen weniger Jahre die Neue Mittelschule flächendeckend einzuführen. Gleichzeitig sollen alle Schulen, die noch nicht am Schulversuch Neue Mittelschule teilnehmen können, innovative Entwicklungen verstärken können. Die im Buch gezeigten Innovationen sollen für beide Vorhaben genützt werden und in die Breite wirken. Dies wird in Zusammenarbeit mit jenen Institutionen, die zur Professionalisierung und Entwicklung beitragen, geschehen.

Die Schritte in die Breite sind gesäumt von Erlebnissen, Erfahrungen und Dokumentationen, die wir aufbereiten und dadurch den Weg sichern. Inge Fritz spitzt auf vielen Veranstaltungen die Ohren und ihren Stift. So stammt auch der Beitrag *Der Weg in die Breite* aus ihrer Kraft der Beschreibung und Verdichtung. Die Quellen für den net-1-Transfer fließen zuerst in Tirol zusammen. Landesschulinspektor Reinhold Wöll und Elfriede Alber integrieren dabei weitere net-1-Projekte, um eine dynamische Entwicklung im Feld der Sekundarstufe I in Tirol zu vertiefen. Das ist nur ein Beispiel für die vielfältigen Transferbewegungen, die in Verbindung zu net-1 in allen Bundesländern in Gang gesetzt werden.

Die Potenziale, die net-1 dem Schulsystem erschließt, können zu einem Kulturwandel an der Schule beitragen. In der *Schlussbetrachtung* wird in Form eines konkreten Angebots gezeigt, wie ein Wechsel der Alltagsmuster an den Schulen gelingen kann: Die Lerngemeinschaften geben der innovativen Bewegung Rückhalt.

Am Ende der Vorschau zur Reise durch österreichische Lernlandschaften wende ich die Aufmerksamkeit auf die Verbindungen ins Ministerium. Im Namen der Autorinnen und Autoren danke ich allen, die uns unterstützt haben und auch Spannungen ausgehalten haben: Dem früheren Leiter der Sektion I Anton Dobart für seine Offenheit, dem stellvertretenden Leiter der Sektion I Augustin Kern für seine Geradlinigkeit, dem Leiter der neuen Abteilung Sekundarstufe I Helmut Bachmann, der mich bewegt hat, mich ganz dem Schreiben zu widmen. Johannes Baumühlner und Brigitte Pollak haben mir Mut gemacht und mich bei der Administration entlastet, Renée Langer hat zu kreativem Schreiben angeregt.

Wir haben uns in diesem Buch bemüht, im Kreislauf des Wahrnehmens und Wahrgebens die Quellen des Lernens aufzusuchen. Die Geschichte schreiben die Kooperationspartner/innen vor Ort mit ihrer Tätigkeit weiter. Ihnen allen danke ich im Namen der Netzwerker/innen von net-1.

Richard Stockhammer

Paul Justus Lück: Koffer

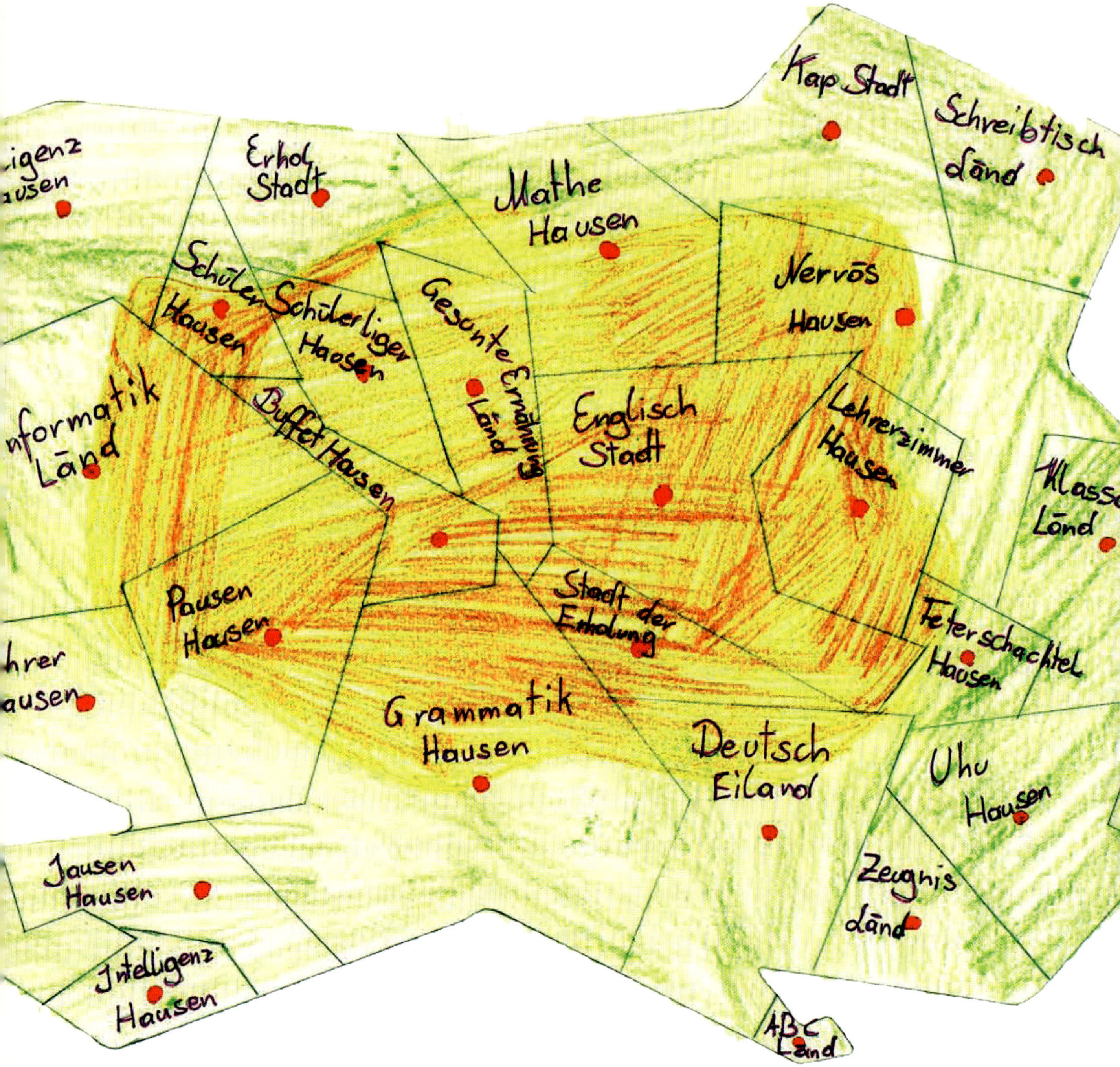

Landkarte des Lernens mit Mathe Hausen
Sebastian Wiesenhofer, Mehrstufenklasse Hauptschule St. Marein bei Graz

Drei Fragen auf Reisen

Als Initiator des Netzwerks innovativer Schulen net-1 lade ich ein, am Beginn dieser Reise durch österreichische Lernlandschaften unter dem Titel „Niemand lernt so wie ich" jenen Fragen näherzutreten, die in die Ferne ziehen und doch ganz nah sind. Es sind Fragen zum Genießen, versichern Ihre Reisebegleiter/innen:

> Wird es eine Reise zu mir?
> Reisen mit leichtem Gepäck?
> Brauche ich noch etwas, um die österreichischen Lernlandschaften zu bereisen?

Reisen genießen, schwebend, schwelgend erleben, die Sonne, die Brise, die Wolken, die Sterne, die freiwillige Gesellschaft einfach wirken lassen. Die Eindrücke knipsen, ins Tagebuch schreiben, plaudernd hinzeigen, was einen beeindruckt. Weiterziehen. Oder verweilen.

Wird es eine Reise zu mir?

Jede/r von uns begegnet dem immer wieder, diesem: *Niemand lernt so wie ich.*
Und das hinterlässt Spuren. Emotionen. Fragen.
Es erinnert an Verliebtsein.
Dieses Gefühl, ich bin einzigartig.
Du bist einzigartig.
Wird mehr daraus? Ist es schon mehr? *Niemand lernt so wie du.*
Und als Lehrer, als Mitlernender, als Vater,
als Kollege spüre ich die Kraft dieses Satzes
und sage ihn noch einmal und noch einmal. *Niemand lernt so wie du.*
Niemand lernt so wie du.

Und jetzt? Jetzt reise ich weiter. Vielleicht doch
noch eine kleine Notiz: Wenn ich diesen Satz sage,
scheint er Kraft zu geben und die Kraft scheint
wieder zu mir zurückzukommen: *Niemand lernt so wie – du und ich.*

Auf Reisen geht man schließlich, um etwas zu erleben, was nicht ganz alltäglich ist.

Reisen mit leichtem Gepäck?

Beim Packen für die Reise schwirren Schlagzeilen und Gedanken aus meiner Arbeitsumgebung durch meinen Kopf – die möchte ich zurücklassen, ich habe mich für einen leichten Rucksack entschieden. Und ich schaue noch einmal hin, was ich nicht einpacke:

Wir schreiben 2011. Lernen ist aktuell wie der Wandel in der Welt.
Unsere Erde ist im Umbruch – vielleicht gilt dies nur an manchen Orten oder Zonen?
Nordafrika ist nicht ganz nah – der Ölpreis steigt und Flüchtlinge sind auch im Mittelmeer.
Die Finanzkrise ist auch innerhalb der EU – Griechenland, Island, Portugal.
Die sogenannte friedliche Nutzung der Kernenergie hat in vielen Ländern einen Lernprozess ausgelöst, der auch das schulische Lernen herausfordert.
PISA irritiert. Die Daten sind noch nicht ganz ausgewertet. Die vorläufigen Antworten klingen ähnlich wie nach PISA 2006 und 2003.
Manches hört sich, wenn man es öfter hört, wie eine Doktrin an, an die man sich klammert: Bildungsstandards, Reform des Schuleingangs, Reform der Übergänge, Reform der Mittelstufe.
Das Bildungsvolksbegehren füllt die Schlagzeilen.
Wer die Regierungsprogramme (und Schlagzeilen) der letzten Jahrzehnte kennt, sieht, dass ähnliche Forderungen und Wünsche regelmäßig auftauchen, und sie sind alle berechtigt.

Diese Schlagzeilen illustrieren den öffentlich deklarierten Handlungsbedarf und den Mangel an Effizienz im Schulwesen. Größere Anstrengungen sind notwendig. Bildung ist Zukunft! Mit Lösungen ist man schnell zur Stelle. Wirken sie auch?

Wenn ich diese Schlagzeilen überfliege, spüre ich die Suggestion, die mitschwingt, als wären die Lösungen schon aufgelegt. Loslassen beginnt schon vor der Reise.

Brauche ich noch etwas, um österreichische Lernlandschaften zu bereisen?

Wer durch die Landschaft reist, ist in der Fülle. Man kann sich aussuchen, wo man sich hinwendet. Zuwenden, verweilen, vorübergehend. Mit diesem Buch ist es auch so. Man kann weite Perspektiven einnehmen und in Geschichten von bundesweiten Projekten und Lerngemeinschaften eintauchen. Man kann mit dem Ballon über Quellgebiete des Lernens schweben und unter die Wolken blicken. Man kann beim Verwirklichen ungewöhnlicher Projekte über die Schulter schauen. Man kann in die Atmosphäre von Gesprächsrunden atmen. Man kann an die Seite von Schulporträtisten treten. Man kann ans Feuer der Zukunftsschmiede heran. Man kann nachspüren, wie Schüler/innen und Lehrer/innen ihre Wege reflektieren. Und man kann etliche Themen von mehreren Seiten betrachten. Distanz halten oder nähertreten.

Gute Reise!

Richard Stockhammer

Komplementäre Akteure für schöpferische Entwicklung

RICHARD STOCKHAMMER

ZUGÄNGE

Manche reisen drauflos.
Das hat den Vorteil,
dass man nichts Bestimmtes erwartet.
Man kann sich überwältigen lassen,
von Szenen, die einem das Leben –
wo man gerade ist – beschert.

Andererseits – es gibt so manche Innenhöfe,
in die dringt man nur vor,
wenn man weiß, hinter welchen Eingängen sie verborgen sind.

Ähnlich ist es vielleicht mit den zarten Bedürfnissen,
die sich hinter dem polternden Verhalten
mancher Jugendlicher verbergen.

Wer diese Innenhöfe kennenlernen will, braucht Tipps.

Richard Stockhammer

Muster in der Lernlandschaft

Wenn wir Lernlandschaften bereisen, sehen wir etwas völlig Alltägliches mit frischen Augen – Lernen, das verbreitet ist wie die Pollen im Frühling.

Es ist gar nicht so einfach, im Trubel des Alltags auf etwas Neues, das den Alltag wenden könnte, in Ruhe hinzuschauen. Die Schule, wie wir sie kennen, haben wir alle durchlaufen. Wir haben sie hingenommen wie Sonnenaufgang und Sonnenuntergang, und wir haben uns an den Jahreszeiten des Schulwesens orientiert wie früher an den Rhythmen der Natur. Unsere Schule aus einer anderen Zeit.

Viele engagierte Praktiker/innen und andere kluge Menschen sagen seit Langem, dass wir die Normalität der Schule von Grund auf neu erschaffen müssen, denn die Grundmuster der Schulen stammen aus einer Zeit des späten Absolutismus und der frühen Industrialisierung – aus einer Zeit mit anderen Menschenbildern, anderen gesellschaftlichen Anforderungen an die Schulabgänger und anderen Erkenntnissen zu Bildungsprozessen.

Typisches zu erkennen ist ein Privileg von Reisenden.
Typisches tritt hervor aus der Masse. Das können die markanten Formen von Kulturdenkmälern aus der Vergangenheit sein, wie die zwiebelförmigen Kirchtürme der einen Region im Gegensatz zu den spitzen Kirchtürmen der anderen Region.

Auffällig können auch die Hochhäuser und Glaspaläste größerer Städte sein – im Gegensatz zu den niedrigen Streusiedlungen in manchen Wohngegenden.

Auffallen können auch die wiederkehrenden Marken und Auslagen in den Geschäftszonen der Städte. Geübte Reisende können vielleicht feststellen, dass viele Marken international oder sogar global wiederkehrend auftauchen.

Muster erkennt man kaum, wenn man Teil des Musters ist.
Leichter fällt es, Muster vor dem vielfältigen Hintergrund auszumachen, wenn man aus der Nähe in die Distanz wechselt.

Bei Flugreisen erhält man den Musterwechsel mitgeliefert, sofern man mehrmals aus dem Fenster blickt – zunächst aus dem Fenster des Taxis, dann des Flugzeugs (in mehreren Höhenlagen). Man sieht die Umgebung des Flughafens am Boden, dann aus der Vogelperspektive. Der große Flughafen liegt irgendwann klein im Grünen, neben Äckern und Wiesen, die wiederum in lockere Siedlungsgebiete übergehen, die sich an den Rand einer Großstadt anschmiegen, die auf einer Seite am Rand der Voralpen liegt. Dann tauchen womöglich die stolzen Gipfel und Ketten der Hauptalpen auf. Und dann vielleicht das heiß ersehnte Meer … im Dunst der Ferne …

Für Lernlandschaften braucht man eine spezielle Achtsamkeit.
Nehmen wir ernst, was von vielen plakativ proklamiert wird: das lernende Kind und die lernende Gemeinschaft.

Verzichten wir zunächst auf Lösungsvorschläge. Konzentrieren wir uns auf das Kerngeschehen von Lernen, Unterricht und Schule, denn darauf sollten sich mögliche Lösungen wohl beziehen.

Vielleicht liegen die Lösungen bei den Akteuren und Akteurinnen des Alltags und bei deren innerer Bereitschaft, bei sich zu beginnen.

Das Lernen hochhalten

(I) Schüler/innen: Grundbedürfnisse der Lernenden

Beginnen wir, die Grundbedürfnisse zu betrachten, ob sie nun laut oder leise, heftig oder zart, aktiv oder zurückgezogen in Erscheinung treten.

ZWEI KOMPLEMENTÄRE AKTEURE DES LERNENS
SCHÜLER/INNEN – LEHRER/INNEN

Wohin mit der ursprünglichen Kraft, mit meiner Neugierde und meiner intuitiven Lernkompetenz? Kann ich sie ausleben, einbringen, weiterführen? Finde ich Anklang?

Meine Seele, meine Gefühle, mein Selbstbewusstsein, meine Verletzlichkeit, finden sie Schutz, Verständnis, Bestärkung?

Mein Bezug zur Welt, kann ich ihn aktiv ausleben oder nur mit dem Kopf und in Büchern? Kann ich zumindest ausreichend ins Internet?

Und ich suche nach Großem, vielleicht im Netzwerk? Ich möchte ernsthafte Beiträge, auch in Gruppen, leisten. Und ich suche einen sinnvollen Platz in der Gemeinschaft.

Wie kann ich die Heranwachsenden begleiten, damit sie ihre einzigartige Kompetenz entfalten, zu ihrem Flow finden?

Es ist ein Wunder, wie sie ihre Seele und ihr Selbst finden. Einige würden ins Grübeln verfallen, würden wir nicht laufend einen authentischen und nicht bewertenden persönlichen Umgang kultivieren.

Ja, der Weltbezug ist weit mehr als das kognitive Reden über die Welt. Je konkreter und verbundener mit der Situation, desto nützlicher das Wissen, das wir selber schaffen.

Es ist schön, hinter den Jugendlichen zu stehen, ihnen Rückhalt zu geben. Sie genießen ihn und geben ihn weiter.

Abbildung A1: Zwei komplementäre Akteure des Lernens

Auf der linken Seite der Abbildung A1 treffen wir jene Bedürfnisse, die Schülerinnen und Schüler in die Schule mitbringen. Auf Seite der heranwachsenden Schüler/innen hebe ich vier Grundbedürfnisse von Personen hervor:

(1) Ursprüngliche Kraft, sie äußert sich als *Überlebens- oder Vitalbedürfnis* sowie als intuitive (Lern-)Kompetenz oder auch Neugierde. Diese vitalen Grundbedürfnisse haben ab dem ersten Lebenstag Bedeutung.

(2) Verletzlichkeit, die auf die persönlichen Grenzen und die Seele verweist, man könnte sie auch als Innen- oder Selbstbezug oder *Bedürfnis nach Selbstfindung* (und Abgrenzung) bezeichnen. Dieses Selbstbewusst-Werden durchläuft immer neue Reifungsprozesse.

(3) *Welt- oder Außenbezug als Grundbedürfnis* – die kognitive Bewältigung der Welt ist wohl die in der heutigen Schule am stärksten forcierte Fähigkeit.

(4) *Bedürfnis nach Höherem und nach einem sinnvollen Platz in der Gemeinschaft* – hier kommt das Bedürfnis nach Ganzheit zum Ausdruck. Dieses vierte Bedürfnis wird uns auf der Suche nach Neuem immer wieder begegnen.

Auf das vierte Grundbedürfnis wurde ich immer wieder aufmerksam (gemacht). Zum Beispiel, wenn jemand auf eine bestimmte Haltung verwies, mit der etwas besonders gut gelingt. Oder wenn wir staunten, warum bestimmten Akteur/innen etwas mühelos gelang, was andere mit großer Anstrengung kaum erreichen. Oder wenn Verantwortung in einer Weise gelingt, als wäre selbstloses Geben eine wunderbare Kraft, nach der wir ein tiefes Bedürfnis verspüren. Schließlich das Geheimnis der Vernetzung als Qualität, mit der Neues gelingt. Vernetzung als Qualität verbindet die vier Grundbedürfnisse der Lernenden zu einer kraftvollen Entwicklung. Akteur/innen mit hohem Bewusstsein können diese Verbindung aktiv betreiben.

Erst wenn sensible Lehrer/innen oder auch einfühlsame Mitschüler/innen mit diesen Bedürfnissen in Resonanz treten, bekommen diese Bedürfnisse einen produktiven Platz und tragen zu lebendiger Entwicklung bei.[1]

(II) Lehrer/innen: das Lernen (gemeinsam) hochhalten

Diese Überschrift ist angeregt durch Falko Peschel. Seine Bücher beschreiben Unterrichtspraxis und Unterrichtskonzepte. Sein offener Unterricht überwindet die übliche Vorstellung von Schule. Er hält das Lernen hoch und sorgt dafür, dass die Schülerinnen und Schüler selbstreguliert arbeiten können. 2009 haben wir Falko Peschel als

1 Wie Bedürfnisse zu Kraft- und Entwicklungsquellen werden können und wie generative Bewusstseinsstrukturen genutzt werden können, das wird an vielen Stellen dieses Buches zugänglich gemacht. Es werden auch Erfahrungen und Pläne angesprochen, wie derartige Entwicklungen verbreitet oder zum Transfer bereitgestellt werden können.

Hauptreferenten zu einem Theorie-Praxis-Dialog eingeladen, seither beziehen sich alle net-1-Projekte auf ihn.

Der Leitsatz „Das Lernen hochhalten" kann die Akteur/innen in der Schule zu komplementärem Zusammenspiel verbinden:

„Das Lernen hochhalten" kann man nicht verordnen oder aufzwingen. Es ist eine Atmosphäre, die in der Klasse herrscht und von allen getragen wird – so getragen wird, dass sie auch dann noch Bestand hat, wenn einzelne Kinder sie zeitweise nicht mittragen. Autonomes selbstbestimmtes und selbstgesteuertes Arbeiten ist sicherlich eine Grundvoraussetzung für diese Atmosphäre, aber ein solches Arbeiten allein ist vermutlich nicht ausreichend, denn es handelt sich hier nicht um die einfache Anwendung einer Methode. Es bedarf einer Kultur des Wissenwollens, der Neugierde, der Freude am Lernen. Diese aufzubauen (bzw. zuzulassen) ist die Hauptaufgabe des Lehrers. Er interessiert sich für Sachen, findet Sachen spannend, möchte die Eigenproduktionen der Kinder verstehen, ihre Erfindungen und Entdeckungen nachvollziehen können. Er möchte sie aber auch herausfordern, Neues anzugehen. Er ist jemand, der das Lernen hochhält – aber eben nicht erzwingt – und das färbt ab. Das Maßgebliche geschieht dabei ganz nebenbei und oft zufällig während des offenen Arbeitens, wenn immer wieder Neues entsteht und gewürdigt wird, aber auch der Sitzkreis ist dienlich, wenn der Stolz des Einzelnen auf das eigene Produkt immer wieder Wellen schlägt, denen sich kaum ein Kind auf Dauer entziehen kann.

Peschel 2006b, Teil I, S. 48

In den Abbildungen A1, A2 und A3 werden neben den Grundbedürfnissen der Lernenden *vier grundlegende pädagogische Funktionen*[2] sichtbar gemacht (Spalte „Lehrer/innen"). Sie zeigen, wie das Lernen und die Entwicklung der Heranwachsenden hochgehalten werden können.

(1) *Begleiten* – mit der ursprünglichen und intuitiven Kraft der Heranwachsenden *liebevoll in Resonanz treten*, sodass diese ursprüngliche Kraft immer wieder als Schubkraft für Entwicklung gelebt werden kann.

(2) Die persönliche Entwicklung wird hier von der sachlich inhaltlichen unterschieden. Eine nicht bewertende *authentische Beziehung* stärkt die Persönlichkeitsentwicklung.

2 Ich hebe je Situation unterschiedliche Bezeichnungen für diese pädagogischen Grundfunktionen hervor, das entspricht einem schwebenden Sprachgebrauch für dynamische Verhältnisse – zum derzeitigen Entfaltungsstand der Darlegungen sind zwei Akteure in einem komplementären (= ergänzenden) Zusammenspiel. Wie wir später noch sehen werden, kommen noch ein dritter und vierter Akteur dazu.

(3) Für die sachliche und inhaltliche sowie für die fachliche Entwicklung ist die *verstandesmäßige Erschließung der Zugänge zur Welt* und zu den gesicherten Wissensbeständen vorrangig; am lebendigsten ist Wissen, wenn man es selber schafft oder auch erweitert. Das ist dann möglich, wenn es um die Bewältigung von konkreten Herausforderungen mit den zugänglichen Ressourcen geht.

(4) *Rückhalt geben*, das ist die vornehmste Aufgabe von Menschen, die erfahrener, mächtiger, wissender sind als die anderen.[3]

So einfach und schön kann Schule im Zusammenspiel sein, wenn die Beteiligten ihre Bedürfnisse und Fähigkeiten in einem sinnvollen, ergänzenden Verhältnis einbringen. So ähnlich fühlen, denken, lernen und arbeiten Schüler/innen und ihre Lehrer/innen in einer innovativen Schule.

(III) Schule: konkrete Organisation der Beteiligten vor Ort

Die Abbildung A2 weist Organisation als eigenen Akteur aus, und zwar neben den beiden Hauptakteuren des Lernens. Dienend, schützend, Verständnis für Werte und (weitere) generierende Strukturen schaffend soll Organisation demnach sein.

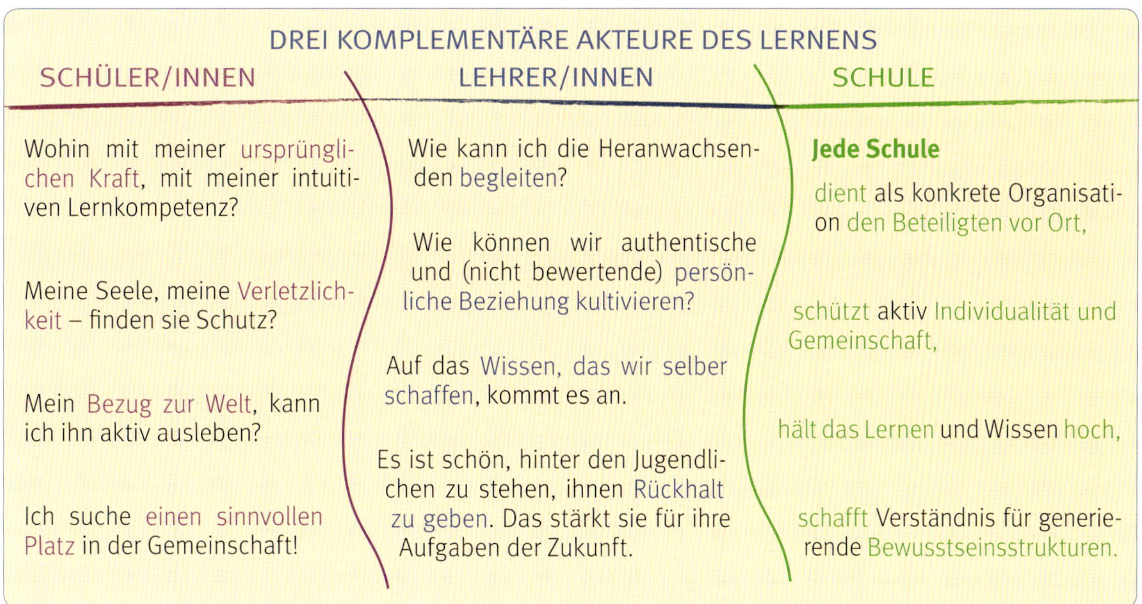

Abbildung A2: Drei komplementäre Akteure des Lernens

3 Im Beitrag „Das vierdimensionale Lern- und Prozessverständnis" wird diese vierte Qualität im Zusammenspiel mit den anderen Qualitäten ausführlich durchforscht.

Wenn ich mich frage, was mein Grundbild von Unterstützung und Organisation und Verantwortung ist, kommen mir Bilder in den Sinn, wie Eltern ihre Kinder in der Fortbewegung unterstützen. Ich wohne in einer Kleinstadt an einer Promenade, wo Eltern ihre Kinder in unterschiedlichen Altersstufen wieder und wieder ausführen und begleiten: Zuerst im Kinderwagen, dann an beiden Händen nehmend, sodass sie wackelig ihre Schritte machen können, dann an einer Hand, dann in der Nähe der Eltern, dann auf einem Laufrad, dann auf einem Kleinfahrrad (mit oder ohne Stützen), dann auf einem straßentauglichen Fahrrad (zunächst in Begleitung und schließlich alleine).

Bezogen auf das Nebeneinander der verschiedenen Akteure der Abbildung A2 soll die Schule als Organisation

(1) *den Beteiligten dienen*, damit die Schüler/innen ihre ursprüngliche Kraft und Lernkompetenz fließen lassen können und die Lehrer/innen ihre Begleitkunst entfalten können.
(2) aktiv die Individualität und die Gemeinschaft *schützen*, damit die Einzelnen und die Gemeinschaft(en) sich entfalten können. Wer fragt: „Wovor denn schützen?“, dem sei schlicht gesagt, vor dem Zuviel des Guten.
(3) das *Lernen hochhalten*, damit die Beteiligten sich Freiraum und Struktur errichten können.
(4) *Verständnis für Werte und für generierende Strukturen des Bewusstseins schaffen*, damit die Lernenden ihren Platz selbst suchen und finden können, damit die Begleitenden den Rückhalt geben, der gerade gebraucht wird.

(IV) Gesamtsystem: für konsequente Autonomie und Rückhalt

Wer ins Schulwesen hineinhört, wird unter anderem vernehmen, dass es oft gar nicht leicht ist, Personen für die Funktion der Schulleitung zu gewinnen.

Warum wohl? Die Leitung einer Schule ist doch eine wichtige Position, eine schöne Aufgabe. Offenbar sehen das viele, die dafür in Frage kommen, viel nachdenklicher: Schulleiterinnen und Schulleiter tragen per Gesetz eine ungeheuer große und gleichzeitig sehr detailliert geregelte Verantwortung. Das schafft eine ambivalente Situation, Verantwortung braucht Spielraum. Warum zögern also viele, in Leitungsposition zu gehen? Sie sehen einerseits die definierenden Vorschriften, andererseits die lebendigen Personen, ihre Bedürfnisse, ihre Situation. Dadurch kollidieren sie Tag für Tag mit dem abstrakten und bürokratisch detaillierten Grundton des großen Systems. Eine wohltuende Ausnahme zu diesem befremdenden Grundton findet sich im Schulorganisationsgesetz, das seit 1962 in Kraft ist:

§ 2. Aufgabe der österreichischen Schule

(1) Die österreichische Schule hat die Aufgabe, an der Entwicklung der Anlagen der Jugend nach den sittlichen, religiösen und sozialen Werten sowie nach den Werten des Wahren, Guten und Schönen durch einen ihrer Entwicklungsstufe und ihrem Bildungsweg entsprechenden Unterricht mitzuwirken. Sie hat die Jugend mit dem für das Leben und den künftigen Beruf erforderlichen Wissen und Können auszustatten und zum selbsttätigen Bildungserwerb zu erziehen. [...]

Schulorganisationsgesetz. BGBl. Nr. 242/1962

Würde das System zu diesen Leitsätzen stehen, gelänge ein hochautonomes Schulwesen, das den Hauptakteur/innen, wie in den Abbildungen ausgewiesen, Rückhalt für ihr Lernen, ihre Autonomie bietet. Nach diesen Leitsätzen lässt sich gute Schule betreiben. Die meisten detaillierenden Bestimmungen schmälern diese große, ermögliche Aufgabenstellung zugunsten von partikularen Sichtweisen und Interessen – die letztlich die jungen Menschen und ihre Lehrpersonen aus dem Blick verlieren.

Dieses Gesetz ist bald fünfzig Jahre alt. Es ist durch die Generationen und Legislaturperioden und in vielen Schulalltagen auf verschiedenste Weise angewandt und interpretiert worden. Und net-1, das Netzwerk innovativer Schulen, trägt weiter zur Interpretation bei. Ich selbst habe es auch immer wieder interpretiert, als Lehrer, als Vater, als Ministerialbeamter sowie als Mitwirkender an verschiedenen Veränderungsinitiativen. Und was mir über die Jahre auffällt: Dieses Gesetz ist tragfähig für neue Interpretationen. Auch eine moderne Bewegung unter dem Motto „Vom Gehorsam zur Verantwortung“ (Jesper Juul) [4] kann sich darauf berufen.

Den komplementären Akteur/innen des Lernens kommt unterschiedliche Verantwortung zu. Und die Institution hat die ehrenvolle Aufgabe, die jeweilige Verantwortung zu schützen, aber nicht durch einseitige Regelungen. Ein intelligentes System vertraut auf die Akteur/innen und ihre Prozesse, reguliert sich selbst.

In Abbildung A3 (Matrix zum Komplementärgeschehen im Gesamtsystem Schule) kommt als vierter Systemakteur das Gesamtsystem hinzu. Es wird in seinen wichtigsten – den anerkennenden und ermöglichenden – Aufgabenstellungen charakterisiert. Das komplexe Systemgeschehen an Schulen wird wiederum vereinfacht dargestellt. Damit keine zu stringente Systematik suggeriert wird, wird von strengen Spalten und

4 Wie Jesper Juul (vgl. Juul/Jensen 2005) vermeiden auch wir den Ausdruck „erziehen“. Weil wir mehr darauf setzen, dass Erwachsene ihre Verantwortung übernehmen und dadurch eine authentische Beziehung eingehen. Sie sagen also mehr über sich und unterlassen es, anderen Vorschriften zu machen. – Und wir lassen den Kindern ihre Verantwortung.

eindeutigen Querverweisen oder Kausalzusammenhängen Abstand genommen. Trotzdem werden die verschiedenen ineinandergreifenden komplementären Aktivitäten – ähnlich einer Matrix mit vier mal vier Feldern – miteinander in Beziehung gezeigt.

MATRIX ZUM KOMPLEMENTÄRGESCHEHEN IM GESAMTSYSTEM SCHULE

Schüler/innen:	**Lehrer/innen:**	**Jede Schule**	**Das Gesamtsystem anerkennt:**
Wie kann ich meine ursprüngliche Lernkompetenz ins Tun bringen?	Wie kann ich die Heranwachsenden begleiten?	dient als konkrete Organisation den Beteiligten vor Ort;	Schulen und deren Ressourcen sind allgemein zugänglich;
Wie kann mein Erleben Grundlage meines Selbstbewusstseins werden?	Wie können wir authentische Beziehungen kultivieren?	schützt aktiv Individualität und Gemeinschaft;	Lernen geschieht in Eigenaktivität, Autonomie;
Wie kann ich meinen Verstand ausleben?	Auf das Wissen, das wir selber schaffen, kommt es an.	hält das Lernen und Wissen hoch;	offene Lernumgebungen;
Wie kann ich einen sinnvollen Platz in der Gemeinschaft einnehmen?	Es ist schön, den Jugendlichen Rückhalt zu geben.	schafft Verständnis für generierende Bewusstseinsstrukturen.	schöpferische Entwicklung braucht Rückhalt.

Abbildung A3: Matrix zum Komplementärgeschehen im Gesamtsystem Schule

(1) Damit die Schüler/innen ihre ursprüngliche Lernkompetenz optimal entfalten können, werden sie von Lehrpersonen professionell bestärkt und in einer konkreten, also von den Beteiligten getragenen Organisation unterstützt. Dabei werden nicht nur die selbst eingebrachten Ressourcen genützt, sondern auch jene, die vom Gesamtsystem allgemein zugänglich gemacht werden.

(2) Das Gesamtsystem anerkennt die Eigenaktivität der Lernenden und bestärkt die Schulen, die Individualität und die Gemeinschaftsentwicklung zu schützen und den Lernenden intensive Beziehungen und Erlebnisse zu ermöglichen.

(3) Lernen und Wissen wird an den Schulen hochgehalten und kultiviert. Das Gesamtsystem unterstützt offene Prozesse zur Entfaltung der konkreten Lernumgebung. Die Lernenden folgen ihrer Neugierde auf die Welt und schaffen neues Wissen.

(4) Besonders hohe Anstrengungen braucht es vom Gesamtsystem, schöpferische, gestaltende, improvisierende Entwicklungen nicht nur zuzulassen, sondern auch zu begünstigen – individuell und als Kreativität von Gemeinschaften. Alle am Bildungsgeschehen Beteiligten sollen zu hoher Verantwortung für das Geschehen in größeren Zusammenhängen in Natur und Gesellschaft finden können.

Goldgräberstimmung

Die neue Qualität und die Chancen, die im Netzwerk zugänglich werden, sollen zunächst an Gruppen von Hauptakteur/innen, die net-1 tragen, knapp verdeutlicht werden, bevor sie anhand der drei größten aktiven Projekte ausführlich dargelegt werden.

net-1 hat viele Wurzeln

Die Vielschichtigkeit des Aktionsfeldes wird deutlich, wenn man genauer betrachtet, welche Menschen, Erwartungen und entfalteten Kompetenzen sich zu net-1 zusammengefunden haben. Man kann sie sich vorstellen wie konzentrische Kreise, wie eine sich in Ausbreitung aufschaukelnde Entwicklung – eine Entwicklung, die wieder und wieder über die ursprünglichen Ansätze hinauswächst und weitere Handlungsdimensionen erschließt.

- Erfahrene Lehrer/innen, Schulleiter/innen, Personen aus Schulaufsicht und aus dem Bildungsmanagement, die in Kommissionen und Entwicklungsgruppen, eingeladen vom Unterrichtsministerium, immer wieder zusammenkommen, drängen auf einen Musterwechsel: weg von abstrakten Sollvorgaben hin zur dialogischen Unterrichtsentwicklung. Dafür dokumentieren sie ihren Unterricht und ihre Leitungsimpulse. Sie beobachten nicht nur Fachliches, sondern auch Personen und lebendige Systeme. Eigenständigkeit und Autonomie des Schulstandortes werden zum Thema.
- Fortbildner/innen gehen über Einzelaktionen hinaus. Der Fortschritt wird in kontinuierlichen Entwicklungen gesucht. Fortbildung wird in Entwicklungsvorhaben integriert. Schließlich entstehen kleine Verbunde und Netzwerke.
- Fachentwickler/innen dienen wieder stärker den Menschen und ihren komplexen Problemen. Fachliche Kernideen werden sichtbar, interdisziplinäre Anwendungen und überfachliche Prinzipien treten in den Vordergrund. Die Dokumentation der Lernwege wird wichtiger. Das Interesse an persönlichen und sozialen Lernprozessen tritt in den Vordergrund.
- Begleiter/innen werden aktiver. Dabei respektieren sie, dass Kulturen sensibel gegen Eingriffe sind. Die Entwicklung einer neuen Lernkultur wird zum Thema. Diese soll nicht nur proklamiert oder angestoßen werden, sondern in vernetzten Lerngemeinschaften in der Zusammenarbeit von Akteur/innen auf mehreren Ebenen des Schulwesens als ein neues, paralleles Milieu etabliert werden. Neue Themen wie Leadership und System Thinking werden aufgegriffen.

- Transferakteur/innen werden wichtiger. Unterlagen und Erfahrungen sollen so aufbereitet werden, dass sie zur Basis für größere Entwicklungen und Transfers werden können.
- Netzwerker/innen bekommen größeres Gewicht.

Es herrscht qualitative Goldgräberstimmung. Es liegt Neues in der Luft. Es erhält viele Bezeichnungen: Intelligenz der Praxis. Intuitives Lernen. Selbstbewusstes Lernen. Vernetztes Lernen. Systemisches Lernen. Der Prozess ist klüger. Die Zeit ist reif für Verdichtung und Fundierung des Neuen.

Die führenden Akteurinnen von net-1 und einige Landesschulinspektor/innen oder Bezirksschulinspektor/innen drängen auf immer komplexere, also über die einzelnen Projekte hinausreichende Initiativen. Aktive Lern- und Projektgemeinschaften werden zu Regionalentwicklungen verdichtet. So entfaltet net-1 sein integratives Potenzial.

Netzwerk und Hierarchie?

Und jetzt stellt sich auch die Frage, wie sich ein Netzwerk, das einerseits mit beträchtlicher Unterstützung aus der Hierarchie des Bildungsministeriums entstanden ist, und andererseits verstreute Netzwerker/innen aus unterschiedlichen Entwicklungszusammenhängen zu einem größeren Netzwerk zusammenschließt, also entwicklungskulturell einen Doppelcharakter aufweist, wie sich so ein ambivalentes Netzwerk weiterentwickeln kann und soll.

net-1 ist im spannungsreichen Feld der Mittelstufe entstanden. Jetzt wendet sich die Politik stärker der Reform dieser Mittelstufe (= Sekundarstufe I) zu. Ein Netzwerk, das innere Qualitäten des Lernens fördert und das in Autonomie gefestigt ist, kann einen erheblichen Beitrag zur Weiterentwicklung der österreichischen Mittelstufe leisten.

Klaus Pitter: Das Lernen 8-en

Auf [eigenen] Sprachspuren

SONJA VUCSINA

net-1-Projekt Sprache
Leitung: Sonja Vucsina

sprache net-1

WIE AN ÜBERGÄNGEN ENERGIE ENTSTEHT

Sprache ist uns allen – und den Lernenden während ihrer doch umfangreichen Schulzeit – ständig zugänglich.

Sprache – unser Medium alle Tage.

Unsere Sprache sensibler wahrzunehmen und im Dialog einzusetzen, wird zur Chance – im Alltag.

Sprachen (wieder) finden für unsere Emotionen, Bedürfnisse, Lernwege, gibt unserem Selbstbewusstsein Stimme.

Die Verständigung über die Welt, über Kunst und Höheres führt über unseren Verstand hinaus – vieldeutige Sprache.

Das net-1-Projekt Sprache setzte ursprünglich beim Lesedefizit – diagnostiziert nach PISA – an.
Doch bald erkannten wir: Sprache ist nahe der Fülle, die erschlossen werden will.

Also begriffen wir die Didaktik der Kunst, der Kargheit, des weißen Blatts.

Das Defizit verblasste – zugunsten der Fülle, die in den dafür entwickelten *Blattformen*, einem Werkzeug der Kargheit und des Rhythmus, erschlossen wurde. Ein Projekt war geboren – eine Lerngemeinschaft brachte es in den Alltag.

Lesen – kombiniert mit Skizzieren – kombiniert mit Schreiben – kombiniert mit Kommunizieren.

Diese Verbindungen nützen, was da ist, spielen mit unterschiedlichen Arbeitsweisen – an den Übergängen entsteht offensichtlich Energie.

Richard Stockhammer

Persönliche Aufbrüche

Als ich reden lernte, war es Winter. [...] Draußen schneite es. Ich kannte den Schnee noch nicht. Mutter sagte: Das ist Schnee. Vater wollte es genauer haben: Pulverschnee. Das Wort „Schnee“ war schon schwierig genug. Aber es gab ein schönes Gefühl, ein Schneeballgefühl, ein Schneeweißgefühl, wenn man es nachsprach. Und man lernte dabei etwas kennen, nämlich den Schnee.

Wir gingen in den Garten hinaus unter den Flockenhimmel. Schnee! Schnee! Ich rief das Wort immer wieder, das weiße, flockige Wort, immer weiter, solange es weiterschneite.

Das alles stelle ich mir vor in meinem Kopf. Den Schneemann, der später im Garten stand, und die Schneefrau, und wie ich vor Freude den Schluckauf bekam. Ich weiß noch genau, wie alles gewesen ist. Ich weiß es sogar genauer, als es gewesen ist.

Schubiger 1997, S. 17

Erster Schnee, weiß, flockig. Schnee formt die Landschaft. Ich kann aus Schnee etwas formen, Spuren hinterlassen ... Und er weckt in dieser Geschichte das Bild vom Lernen in der Kindheit. Der Schnee beginnt zu glänzen, ein schwieriges Wort wird lebendig, wird zum *Schneeball*, *Schneeweiß*, *Schneemann*, zur *Schneefrau*, zum *Flockenhimmel*. Eine Erkundung, Erprobung.

Der Ich-Erzähler ist mittendrin. Er fühlt sich lebendig und stark. „Als meine Schwester reden lernte, nannte sie alle Bäume ‚Birke‘ und alle Tiere nannte sie ‚Katze‘“ (Schubiger 1997, S. 18). Und alle – Vater, Mutter und der Bruder – probierten ihre Sprache aus. Sie wurden Zuhörer, Mitspieler, gaben Raum für ein Miteinander. „Alles Geschirr hieß nun einfach ‚Teller‘, alle Möbel hießen ‚Stuhl‘ ...“ (ebd.).

Unsere Projektreise handelt erst von ganz persönlichen Aufbrüchen in unbekannte Gegenden, von Herausforderungen, Irrwegen, Umwegen, vom Heimweh, vom Suchen. Sie handelt von Wegen, auf denen wir anderen begegnen, gesehen werden. Plötzlich ein anderer Blick auf eine gewohnte Welt. Das Nahe anders wahrnehmen, etwas Neues daraus machen, Heraustreten aus scheinbar geschlossenen Strukturen, in Beziehung gehen, in ein Wechselspiel: net-1 – Projektleiterin – Schüler/innen – Lehrer/innen. – Eine andere Aufmerksamkeit, Annäherung an das (eigene) Lernen in der Verbundenheit mit anderen, in einem Projekt, das Rückhalt, Rahmen gibt.

Es ist alles da …

Reden lernen im Winter, im Schnee. Der Erzähler fühlt, beobachtet, probiert aus, übt, erfindet; er ist mit allen Sinnen dabei und verkörpert sein eigenes Lernen.

Mein „Schneeweißgefühl" im Unterricht hat vor vielen Jahren begonnen – in einer Zeit der Lernspiele, Stationenbetriebe, Wochenpläne und damit einhergehend mit einer Flut von Arbeitsblättern. Keine Spiritus-Matrizen, wir hatten nun einen Kopierer an der Schule, der die Sache erleichterte, beschleunigte. Ich als Lehrerin weiß, was zu lernen ist, ich stelle Aufgaben, differenziere mit Sternchen, Rufzeichen, Glühbirnen, um den Stoff an die Schüler/innen (oder umgekehrt?) anzupassen. Inhalte werden präpariert, dass sie lernbar werden. Es war ein eher hoffnungsloser Versuch, der Verschiedenheit der Kinder gerecht zu werden. Ein bekanntes Spiel: *Buch Seite 23 aufschlagen, Übung 12 ausfüllen. Ich hab das Buch vergessen. Ich hab die Übung schon ausgefüllt. Welche Seite? Ich kenn mich nicht aus. Ich bin schon fertig …* Hinter den Lernmaterialien, Routinen und Gewohnheiten sah ich die Kinder nicht mehr.

Mir war zu diesem Zeitpunkt bewusst, dass die gewohnte Art des Sehens und Handelns mich nicht weiterführte, die konventionellen, angelernten Methoden des Lernens wenig erfolgreich waren. Ich wollte nicht *re*agieren, auf etwas von außen warten, sondern selbst einen ersten Schritt machen, um zu experimentieren, neue Wege zu gehen.

Zuerst ließ ich die Schulbücher weg (ich begann mit den Deutschbüchern) und gab den Kindern leere Hefte (vier oder mehr gefaltete Seiten, die geheftet wurden), dazu eine Geschichte, ein Thema, ein Jugendbuch … und einen groben Plan, eine Landkarte mit Anweisungen (ich konnte es ja doch noch nicht ganz lassen), eine weite Fläche, in der die Kinder sich frei bewegen, entdecken konnten. „Nur keine Belehrung", dachte ich, sondern Hinweise, Spuren, Hilfestellungen, Impulse und eine andere Form von Aufgaben (diese waren anfangs noch ziemlich angeleitet, dann Bild- oder Textimpulse, im Lauf der Zeit fielen die Anweisungen dann ganz weg). Ich nannte das „Leseplan", er gab Orientierung, Halt, Überblick und bettete eine Geschichte, ein Buch, einen Sachtext in ein Ganzes ein. Die Lernenden konnten sich einordnen, ihren persönlichen Zugang und Weg finden, sich in einer Leselandschaft bewegen und Neues entwickeln.

„Eine Stunde, wo wir denken müssen"

5. Schulstufe, 2. Schulwoche. Die Schüler/innen gestalten ihr erstes Leseheft zum Buch „Balaban Neumann, der Hund" (Och 2004) und bekommen dazu einen Leseplan von mir – ohne Fragen, nur mit Bildimpulsen. Sie zeichnen das Titelblatt, lesen parallel, schreiben, schneiden die Bildimpulse aus dem Leseplan, kleben, reden miteinander, stecken die Köpfe zusammen. Plötzlich stockt die Arbeit: Ein Bild ist länger als das Heft breit ist. Über die Mitte kleben geht anscheinend nicht, Lösungen werden gesucht. Als Alexander das Bild hochgestellt einklebt, folgen ihm viele, die Arbeit geht

Ein Bild ist länger als das Heft breit ist

weiter. In der nächsten Stunde zeigt uns Irene das Heft mit ihrer Lösung. „Ich hab die Leine zweimal durchgeschnitten, damit keine Stufe entsteht." Die Klasse ist restlos beeindruckt, einige versuchen, das schon Eingeklebte wieder zu lösen. Irene strahlt. Zu Beginn der Stunde am nächsten Tag zeigt Alexander auf: „Frau Lehrerin, haben wir heute wieder eine Stunde, wo wir denken müssen?"

In den folgenden Jahren entstanden mit dieser Klasse Bücher, Hörspiele, Filme. Wir gewannen Preise; doch ihrem eigenen, persönlichen Lernen waren die Schüler/innen in dieser Stunde auf die Spur gekommen.

Ich dachte: So kann es gehen.

Es war nun an der Zeit herauszutreten, meine Erfahrungen in ein größeres Umfeld zu stellen, andere zu mobilisieren, Mitspieler/innen zu suchen. Diese Chance, als Projektleiterin mein Potenzial aus der Praxis in einem größeren Zusammenhang einzubringen, erhielt ich 2007 von Richard Stockhammer, dem Initiator von net-1. Ich wurde dafür freigestellt.

net-1 war im Aufbau, im Übergang. Richard Stockhammer und Wilfried Schley fassten damals den Beschluss, wirklich etwas Neues zu machen: ein Projekt als konkrete Vision. Sie suchten ein Projektverständnis für net-1, das über eine bloße Vernetzung hinausgehen sollte. Sie sahen die begrenzte Kraft eines Lehrgangs und üblicher Umsetzungs- und Verarbeitungsstrategien und wollten daher ein konkretes Entwicklungsprojekt. Es sollte zu einem Musterwechsel kommen, hin zu Offenheit und Beziehung und zu einem neuen Lehr- und Lernverständnis. Mitgebrachte Urteile und Erwartungen galt es loszulassen, um Raum zu schaffen, neu wahrzunehmen und neu zu handeln. Das Wie, der Prozess wird entscheidend. Daraus ein Projekt zu machen, war die Herausforderung für mich als Projektleiterin.

... und wir geben es in einen anderen Zusammenhang

Loslassen

Als wir begannen, war es Herbst und sehr stürmisch – damals, bei der ersten Tagung im Oktober 2007 an der Pädagogischen Hochschule Wien/Strebersdorf. Der schon geplante Leselehrgang[1] wurde im letzten Augenblick gestoppt. Das irritierte, enttäuschte, machte Angst. Zu präsent waren alte Muster von Fortbildung. Es war ein Beginn mit Erschütterungen, Befremden. Das alte Wissen wurde in Frage gestellt, das neue noch nicht erkannt. Es gab viel Irritation.

Aufbau unserer Lerngemeinschaft

Ich sah darin aber auch viel Kraft, die Chance, miteinander neu zu sehen. So begann ich ein Netz von Beziehungen zu knüpfen, besuchte jede einzelne Schule, erzählte von meiner Vorstellung von Unterricht, von unserer net-1-Vision des Lernens und baute eine Lerngemeinschaft auf rund um die Bruchstelle, Lesen in einen größeren Zusammenhang zu stellen – Lesen, Schreiben, Reflexion, Anschlusskommunikation. Wir ahnten die Möglichkeiten für Entwicklung und Veränderung, hatten aber noch keinen klaren Fokus.

Ich erlebte die Schulen von innen, bekam Einblick, einen Wechselblick in beide Richtungen. Ich traf mit meinen Erfahrungen, Vorstellungen und Ideen nicht nur Lehrer/innen bei einer Tagung, sondern erlebte sie in ihrem Kontext, an den Schulen mit ihren Schüler/innen. Es war ein erstes Hinschauen und Zusammenfinden in einer Lerngemeinschaft. Die Lehrer/innen waren bereit, einen gemeinsamen Weg mit mir zu gehen. Doch es blieb vorerst ein Flickenteppich an Anforderungen, schnellen Antworten, Strategien, Arbeitsblättern, Wünschen, Vorstellungen, von denen ich einige bei den ersten Tagungen zu erfüllen versuchte: mit Gastvorträgen, Präsentationen, Büchern, Mineralwasser. Zu sehr bediente ich Erwartungen, den „richtigen" Weg, fertige Lösungen präsentiert zu bekommen.

Wir hatten zwar Raum geschaffen in Tagungen und Treffen, sahen die Notwendigkeit der Verbundenheit, erkannten, dass ein Fokus und die gemeinsame Arbeit daran erst ein Projekt ausmachen. Wir brauchten diese Konzentration, um in Bewegung zu kommen, einen Prozess in Gang zu setzen. Es ging darum, von *re*aktiv auf *pro*aktiv zu wechseln.

1 Basis bildete das US-amerikanische Konzept „Reading For Understanding", eine ganz praktisch ausgerichtete Leseausbildung nach Art handwerklicher Lehre, welche sogenannte „Leselehrlinge" zu „Lesemeistern" werden lässt. Die Teilnehmer/innen hatten das Buch schon gelesen und waren voller Erwartung. Ruth Schoenbach (Autorin) und Dorothee Gaile (Herausgeberin der deutschen Ausgabe) hielten das Eröffnungsreferat. Deutsche Fassung und Originalausgabe von „Reading For Understanding" siehe Literaturverzeichnis: Schoenbach u. a. 1999/2006.

Crystallizing (Verdichten)

Im Herbst 2008, in einer Klausur am Rande des Kongresses „Archiv der Zukunft“[2], der uns sehr inspirierte, entwickelten Richard Stockhammer und ich das offene Konzept „Blattform“: ein Blatt Papier, zweimal gefaltet, kreativ, ganzheitlich, rhythmisch. Nichts Fertiges, keine Methode, kein Rezept, um Lernen zu verbessern. Auf jedem Feld ein Hinschauen mit anderer Aufmerksamkeit, im Wechsel, dann auseinanderfalten und das Ganze sehen. Die Konturen eines kreativen Konzepts entstanden. Diesen Vorgang nennt C. Otto Scharmer *Crystallizing* (vgl. Scharmer 2009, S. 61 ff.).

Prototyping (Erproben)

Dann formten wir ein Werkzeug dazu: die Blattform (erläutert in Abbildung B1: „Magie des Fal-tens“ und in Abbildung B2: „Widmung der vier Felder“) – angeregt auch durch die Lernschleife von Andreas Müller[3]. Die Blattform wird Werkzeug durch die schlichte Form und den einfachen Aufbau – vier gleiche Felder. Durch diese Kargheit lässt sie den Blick auf die Anwendung frei. Wer mit diesem Werkzeug arbeitet, durchläuft einen Produktionsprozess, der sich in vier verschiedenen Arbeitsweisen mit unterschiedlicher Aufmerksamkeit entfaltet – rhythmische Kreativität, *Prototyping* (vgl. Scharmer 2009, S. 61 ff.).

Magie des Faltens

„Falte ein Blatt Papier“, sagt die Lehrerin. Knappe Anweisungen am Beginn, später nicht mehr. Papierrascheln. Die Schüler/innen falten ein Blatt einmal längs, einmal quer. Falten es wieder auseinander, streichen es glatt. Vor jeder Schülerin und jedem Schüler liegt nun ein leeres Blatt, in vier Felder geteilt.

Die Magie des Faltens. Die Schüler/innen bereiten ihr Blatt Papier bewusst vor, gehen in einen Lernrhythmus. Die Felder werden im Uhrzeigersinn von 1 bis 4 nummeriert. Jedes Feld ist ein Schritt auf einer Entdeckungsreise: aufnehmen, erinnern, tun, nachdenken, Neues schaffen, verstehen, miteinander reden, reflektieren. Die Blattform, das leere Blatt, ist ein Ganzes, bekommt eine Gestalt.

Dann ein Text aus Büchern oder eine Geschichte, erzählt, vorgelesen, ein physikalischer Versuch, eine Landkarte, ein Filmausschnitt, ein Thema, ein offener Auftrag.

2 Das Netzwerk „Archiv der Zukunft“ (www.adz-netzwerk.de/) verfolgt das Ziel, die Intelligenz der pädagogischen Praxis ins Gespräch zu bringen und ihr in der Gesellschaft viele Stimmen zu geben.

3 Andreas Müller macht das Lernen persönlich gestaltbar und bietet dazu viele Werkzeuge und Methoden an: Kompetenzraster, Smarties, Charts ... (vgl. Müller 2008). Er stellt konstruktives Lernen in integral miteinander verbundenen Phasen dar: orientieren, referenzieren – antizipieren, partizipieren – organisieren, bilanzieren – dokumentieren, reflektieren. Andreas Müller war auch Referent beim Projektplenum im Oktober 2008 in St. Pölten.

Von der Lehrerin oder den Schüler/innen vorgeschlagen. Keine anderen Arbeitsmittel, keine Arbeitsblätter, keine Fragestellungen, kein Plan. Nur ein leeres Blatt, ein Impuls und ein Rhythmus.

Während der Arbeit manchmal Gespräche mit der Lehrerin, mit Mitschüler/innen. Am Ende der Stunde ein Gesprächskreis. Die Schüler/innen berichten, erzählen von ihrer Arbeit, zeigen Ergebnisse, fragen, vergleichen, tauschen aus, fassen zusammen, präsentieren. Sie sagen, was sie Neues entdeckt haben, hören zu. Die Lehrerin nimmt wahr, verdichtet, stellt selbst Fragen, ergänzt. Ein Was und ein Wie: Was haben wir herausgefunden? Wie haben wir gelernt, gearbeitet, verstanden? Das geht allein, zu zweit, in der Gruppe, geschrieben, gezeichnet, geklebt, aber auch als Rhythmus für die Unterrichtsstunde – gesprochen, gespielt, gemeinsam.

Abbildung B1: Magie des Faltens

Widmung der vier Felder

Feld 1
Ein Impuls zum Anfangen: ein Text, ein Thema, eine Geschichte, ein Bild, ein Vortrag, ein Filmausschnitt, ein Musikstück …
Ich kann damit beginnen, ich frage, worum es geht, denke nach, höre zu, schaue, was dazu passt. – Ich mache den ersten Schritt, schaffe mir einen Überblick.

Feld 2
Die Gedanken fließen lassen: Was fällt mir zum Text, zum Thema ein? Ich komme ins Tun, erinnere mich, assoziiere, überlege, was ich dazu schon weiß, was ich damit vorhabe – skizziere mein Vorhaben.

Feld 3
Formen, Gestalten: Ich sehe Zusammenhänge, lese, höre zu, notiere. Ich habe alle Möglichkeiten, meinen Lernweg bunt, kreativ, schräg, spannend … zu gestalten, zu formen, sichtbar zu machen. Ich suche weiter, schlage nach, recherchiere, rede mit anderen, hole herein.

Feld 4
Sich in den Augen der anderen sehen: Ich zeige meine Arbeit, meine Überlegungen, erzähle und bin neugierig, was bei den anderen ankommt. Ich notiere, was sie sagen, höre zu und baue Interessantes, für mich Neues in meine weiteren Überlegungen ein. Ich sehe auch die anderen Lernwege und vergleiche.

Abbildung B2: Widmung der vier Felder

Annäherung an das Erproben

Wir änderten den Namen des Projekts von „Neue Wege zur Lesekompetenz" zu „Blattformen im Lese-Con-Text" und wollten damit das Projekt fokussieren. Es sollte den Lehrer/innen einen freieren und unbelasteten Zugang ermöglichen und neugierig machen. Meine Aufgabe als Projektleiterin ist es zu diesem Zeitpunkt, dieses Werkzeug einzusetzen – für eine gemeinsame Intension in der Projektgruppe und einen gemeinsamen Fokus. Es war genug Vertrauen da, dass es gelingen konnte.

Ich spürte die Kraft damals: Lernen kann für uns lebendig, dynamisch, kreativ, unvergleichbar werden. Lernen wie *Winter, Schnee, flauschige Wörter, Schneeballgefühl, Flockenhimmel*; eine *zweimal durchgeschnittene Hundeleine* – und wir waren bereit, aus dem Schnee nun etwas zu formen. In der Beziehung, in der Resonanz zwischen Lehrenden und Lernenden.

Ein Trialog beim Einsatz des Prototyps Blattform

Im Oktober 2008 stellte ich das offene Konzept und Werkzeug Blattform beim dreitägigen Projektplenum mit 54 Teilnehmer/innen aus 20 Schulen aus ganz Österreich vor. Folgender Trialog fand nun seinen Anfang – nachempfunden den drei Ebenen der Leadership for Learning: aus der Sicht der Schüler/innen, da herum das Coaching der Lehrer/innen und alles eingebettet, geführt, getaktet im bundesweiten Projekt. Die Beobachtung aus diesen unterschiedlichen Sichtweisen war die erste Herausforderung am Beginn für uns, die gewohnt waren, aus einer Einzelperspektive zu denken.

Bundesweites Projekt, Projektleiterin

Für die erste gemeinsame Blattform wählte ich einen Text aus dem Kindersachbuch „Fressen Tiger Gras?"[4] (An 2008) für einen offenen Auftrag im ersten Feld, was dem Konzept der Blattform entspricht. Und ich riet, keine weiteren Fragen anzuschließen. Wir einigten uns im Projekt auf eine gemeinsame Vorgehensweise, eine gleiche Einführung, gleiche Arbeitsaufträge mit dem Text in allen Schulstufen, Leistungsgruppen, in den Fächern Deutsch und Biologie. Die Ergebnisse wurden an mich geschickt – ein

4 Der Text ist einfach, strukturiert, leicht lesbar, lässt viele Lösungen und Anbindungen für alle Schulstufen und Fächer zu, er ist eine gute Grundlage zum Weiterdenken über Tiere, Nahrungskette, Fotosynthese, Zusammenhänge in der Natur und Lebensraum aus unterschiedlichen Perspektiven.

erstes gemeinsames Vorgehen und Zusammenspiel. Wir hatten einen gemeinsamen Fokus. Alle waren neugierig und offen. Die Schüler/innen arbeiteten zum ersten Mal mit einer Blattform.

Lehrerin, die den Einsatz der Blattform begleitet

Ich beginne mit Marianne Diermaier (Lehrerin an der Hauptschule Raab in Oberösterreich), die mich stellvertretend für alle Lehrer/innen im Projekt als Dialogpartnerin begleitet. Sie schildert ihre Anfänge im Kontext der Klasse.

Für mich war es wichtig, zuerst zu erklären, was ich unter einer „Blattform" verstehe. Alle Schüler/innen bekamen von mir einen großen Bogen Papier, den sie der Vorgabe entsprechend falteten. Ich gab den Schüler/innen den Text mit dem Auftrag, ihn ruhig und sorgfältig zu lesen (erstes Feld).

Ich erklärte ihnen, dass im zweiten Feld das Vorwissen über ein bestimmtes Sachgebiet, Assoziationen, Ziele ... aufgeschrieben werden sollten, zum Beispiel das Wissen über Tiger, deren Lebensgewohnheiten, um dann nach persönlichem Gutdünken zu analysieren, zusammenzufassen, zu gestalten, verstehen zu lernen, sich mit anderen auszutauschen, zu reden. In welcher Form sie das machten, ob in Rasterform, als Mindmap, in Zeichnungen, mündlich oder schriftlich, war ihre persönliche Entscheidung (drittes Feld).

Im vierten Feld (Reflexion) ging es mir darum, dass die Schüler/innen miteinander ins Gespräch über die Lernwege kommen. Wie arbeiten die Einzelnen? Wie sagt ihnen die Aufarbeitung der anderen zu? Was ist inhaltlich anders? Gibt es Unterschiede im Textverständnis?

Marianne Diermaier

Marianne Diermaier gestaltet die Lernsituation: Sie gibt einen Impuls, beobachtet die Lernprozesse und steht als Beraterin zur Verfügung. Ermöglichung, nicht Steuerung. Sie lässt Eigendynamik zu und gibt so die Chance zur Realisierung vielfältiger Möglichkeiten – vor dem Hintergrund ihrer Haltung, Lernenden Raum zu geben, mit ihnen in Beziehung zu treten.

Bei der Einführung der Blattformen war ich sehr gespannt, wie die Schüler/innen arbeiten würden. Zu meinem Erstaunen und zu meinem Vergnügen arbeiteten sie intensiv und die Lust am Arbeiten war förmlich zu spüren. Mein Unterricht ist allerdings schon lange geprägt vom selbstständigen Arbeiten. Ich verlange von den Kindern, in Gruppen, in Selbstverantwortung zu arbeiten, wobei ich erwähnen will, dass ich eine gute Durchmischung von Unterrichtsmodellen durchaus als sinnvoll erachte. Die Kommunikation zwischen Schüler/innen und Lehrer/innen ist für mich wesentlich, wobei Kommunikation auch bedeutet, nichtsprachlich zu agieren.

Blattformen fordern Schüler/innen. Eigenständiges Arbeiten ist für manche gar nicht einfach. Im Großen und Ganzen bin ich aber auf einem guten Weg, über die Blattformen meine Schüler/innen zu selbstständigen, selbsttätigen Menschen zu erziehen, die auch nachhaltig arbeiten.

Über die Blattformen bekam ich auf jeden Fall Impulse, Kinder freier arbeiten zu lassen, Neues auszuprobieren und den Mut, Schüler/innen ihre persönlichen Wege zu erlauben.

Marianne Diermaier

Schülerinnen und Schüler – Lernen im Fluss

Die Schüler/innen sind herausgefordert zu agieren und ihre Lernwege sichtbar zu machen. Damit werden diese nachvollziehbar und bezugsfähig und können einzeln, gemeinsam in der Klasse, im Projekt besprochen werden.

Am Beispiel von Julias Blattform – dokumentiert im gesamten Ablauf – lade ich nun ein zum Mitschauen. Ich kommentiere, was ich sehe. Was ist aus meinem offenen Auftrag geworden?

Fressen Tiger Gras?

Gras frisst Sonnenlicht.
Tiger fressen kein Gras. Gras ist kein Futter für Tiger.
Gras ist Futter für Grashüpfer.
Grashüpfer nagen das frische Gras ab und fressen es.
Tiger fressen auch keine Grashüpfer.
Grashüpfer sind viel zu klein, sie haben einen geringen Nährwert.

Grashüpfer sind Futter für Frösche.
Sind die Grashüpfer vom Gras erst einmal fett geworden,
dann schnappt sie ein Frosch mit seiner langen,
aufgerollten Zunge und schlingt sie runter.
Tiger fressen auch keine Frösche,
denn Frösche hüpfen herum, und für den riesigen Tiger
wär's ganz schön schwierig, die kleinen Frösche zu fangen.
Die Frösche sind das Futter für den Storch.
Ist der Bauch der Frösche von all den Grashüpfern fett geworden,
dann fängt der Storch sie mit seinem langen Schnabel.
Tiger fressen auch keine Störche.
Wenn sie hungrig sind – vielleicht dann.
Und wenn der Storch einfach wegfliegt,
war alle Mühe umsonst.
Der Storch ist Futter für den flinken Fuchs.
Der Fuchs schnappt den Storch an seinem langen Hals. [5]

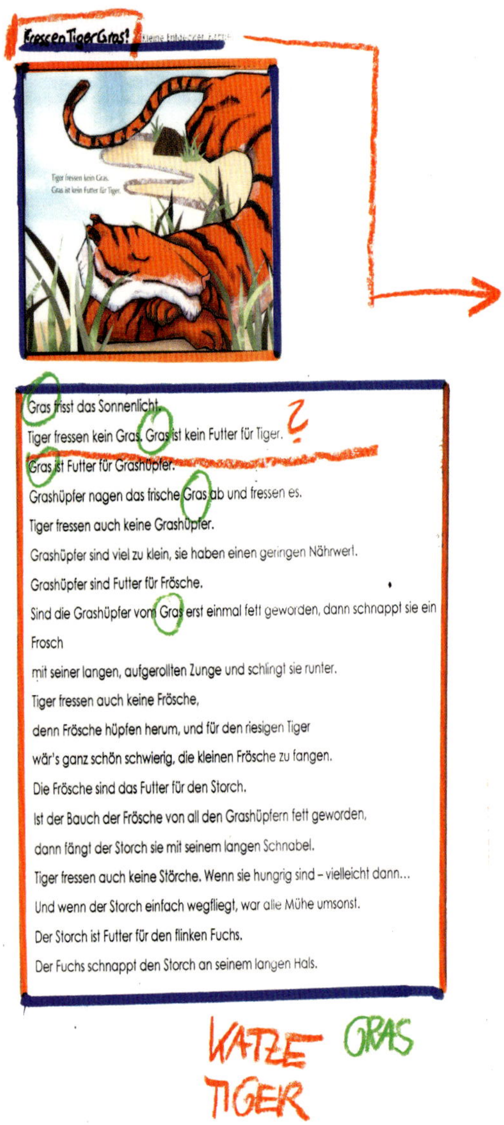
Fressen Tiger Gras!

Gras frisst das Sonnenlicht.
Tiger fressen kein Gras. Gras ist kein Futter für Tiger. ?
Gras ist Futter für Grashüpfer.
Grashüpfer nagen das frische Gras ab und fressen es.
Tiger fressen auch keine Grashüpfer.
Grashüpfer sind viel zu klein, sie haben einen geringen Nährwert.
Grashüpfer sind Futter für Frösche.
Sind die Grashüpfer vom Gras erst einmal fett geworden, dann schnappt sie ein Frosch
mit seiner langen, aufgerollten Zunge und schlingt sie runter.
Tiger fressen auch keine Frösche,
denn Frösche hüpfen herum, und für den riesigen Tiger
wär's ganz schön schwierig, die kleinen Frösche zu fangen.
Die Frösche sind das Futter für den Storch.
Ist der Bauch der Frösche von all den Grashüpfern fett geworden,
dann fängt der Storch sie mit seinem langen Schnabel.
Tiger fressen auch keine Störche. Wenn sie hungrig sind – vielleicht dann...
Und wenn der Storch einfach wegfliegt, war alle Mühe umsonst.
Der Storch ist Futter für den flinken Fuchs.
Der Fuchs schnappt den Storch an seinem langen Hals.

KATZE GRAS
TIGER

Feld 1: Ausgehend von einer ersten Einführung in die Blattform und dem Impuls der Lehrerin begibt sich Julia auf den Weg: Sie sucht zuerst persönliche Anbindungen, verschafft sich einen Überblick: Welches Thema? Was fällt mir auf?

Sie setzt ein Fragezeichen für eine mögliche Frage bzw. eine Antworthilfe (*Gras ist kein Futter für Tiger*), zeichnet eine Querverbindung zum zweiten Feld ein, holt sich die Frage für ihre Arbeit aus der Überschrift (*Fressen Tiger Gras?*), markiert „Gras" als wichtiges Wort, da es immer wieder vorkommt, und schreibt drei für sie wichtige Wörter auf: *Gras, Tiger* und *Katze*, eine Assoziation, die sie im zweiten Feld aufgreift. Julia lässt sich ein, ist offen für das Singuläre.

5 Vgl. An 2008. Für die Blattform wurden verschiedene Textpassagen aus dem Buch zusammengefasst.

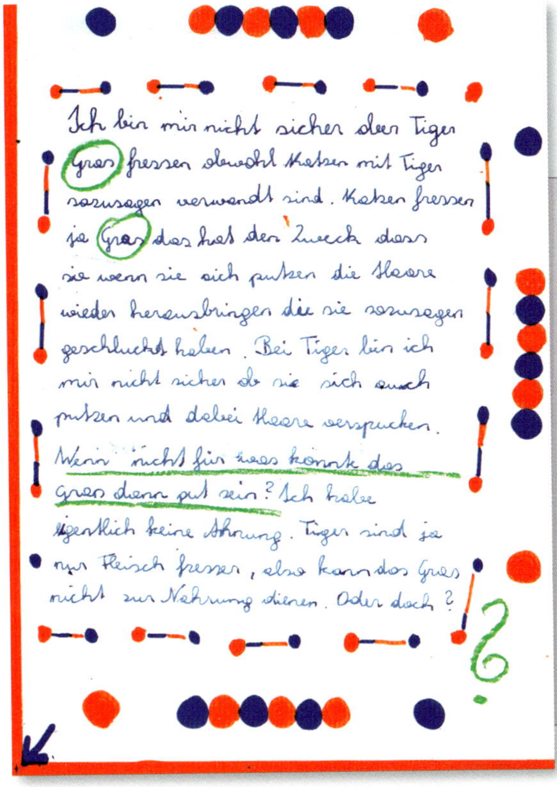

Feld 2: Julia geht in sich, nähert sich schreibend[6] dem Text, verlangsamt durch das Schreiben, klärt Gefühle und Gedanken, übernimmt Verantwortung für ihre Position in der ihr im Moment zur Verfügung stehenden Sprache – mit Erinnerungen, Erfahrungen, ersten Ideen, bereits Bekanntem (*Katzen fressen Gras*). Sie ist sich nicht sicher, ob Tiger sich ähnlich verhalten wie Katzen, formuliert das auch, stellt eine weiterführende Überlegung im Rückschluss an: „obwohl" *Katzen und Tiger verwandt sind* und *Gras einen Zweck* hat ... Sie beantwortet die Frage nicht, sondern sucht einen weiteren Weg zur Antwort, indem sie selbst eine Frage stellt: *Wenn nicht, für was könnte das Gras dann gut sein?* Sie kann die Frage nicht beantworten, sie ist aber letztendlich ein Ansatzpunkt weiterzudenken, zu forschen.

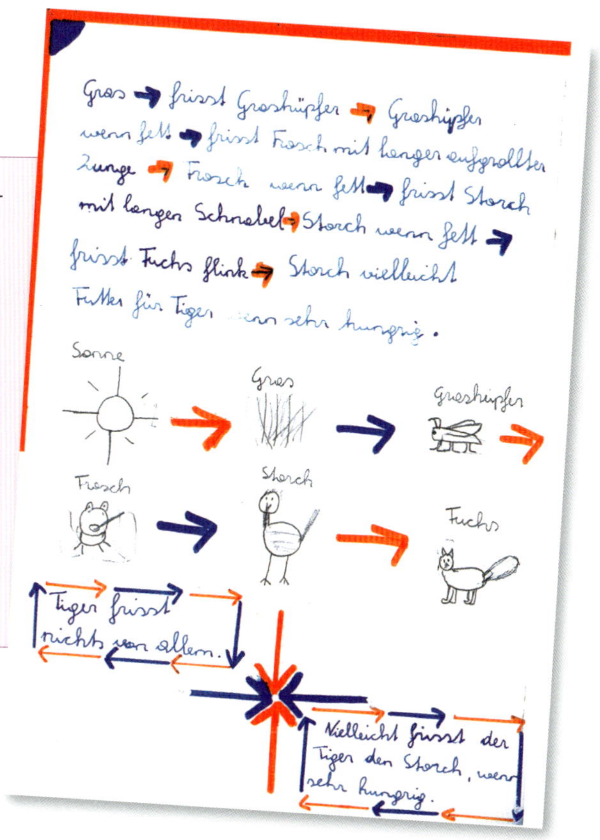

Feld 3: Julia bündelt, geht nach außen und dokumentiert geordnet ihre Gedanken. Nach und nach wird sie vertrauter mit dem Thema. Sie probiert zwei Möglichkeiten aus, den Text zu gestalten, für sich umzuformen: Einmal eine Gedankenfolge mit weiterführenden Pfeilen und einem bedingenden „wenn fett" bzw. „wenn hungrig", „dann vielleicht", sie sieht also nicht nur die Abfolge der Nahrungskette, sondern auch die Bedingungen für Fressen oder Nicht-Fressen. Dann zeichnet und beschriftet sie vereinfacht die Nahrungskette und bringt sie mit einer Behauptung, die sie mit Pfeilen gestaltet, auf den Punkt: „Tiger frisst nichts von allem". Mit einem vorsichtigen „Vielleicht" stellt sie diese Behauptung wieder in Frage.

6 In den oft vielfältigen und sehr persönlichen Ergebnissen wird sichtbar, was Schreiben leisten kann. Nicht ein schnelles „So ist das", sondern intensive Auseinandersetzung, bewusstes Nachdenken, nachhaltiges Sichtbarmachen wird möglich. Die Lernenden können ihren jeweiligen Lösungswegen und Lernprozessen folgen, im Vor- und Zurückschauen Muster erkennen, Schlüsse ziehen, Neues entstehen lassen – vernetztes Denken und Lernen.

Feld 4: Julia greift ihre Gestaltung mit den Pfeilen auf, begründet sie: *leicht zu merken, in Farbe,* damit sie *herausleuchten.* Sie erkennt nun auch, dass *Stufen im Text* sind (womit sie Unterschiedliches meinen kann: die Abfolge, die Reihung nach Größe oder auch schon die Nahrungskette), die sie mit den Pfeilen ausgedrückt hat. Die erwähnten Stufen könnten im Dialog ein Ausgangspunkt sein für eine weitere offene Aufgabenstellung bzw. einen Impuls in der gemeinsamen Gesprächsrunde im Austausch mit anderen. „Was meinst du mit ‚Stufen'?"

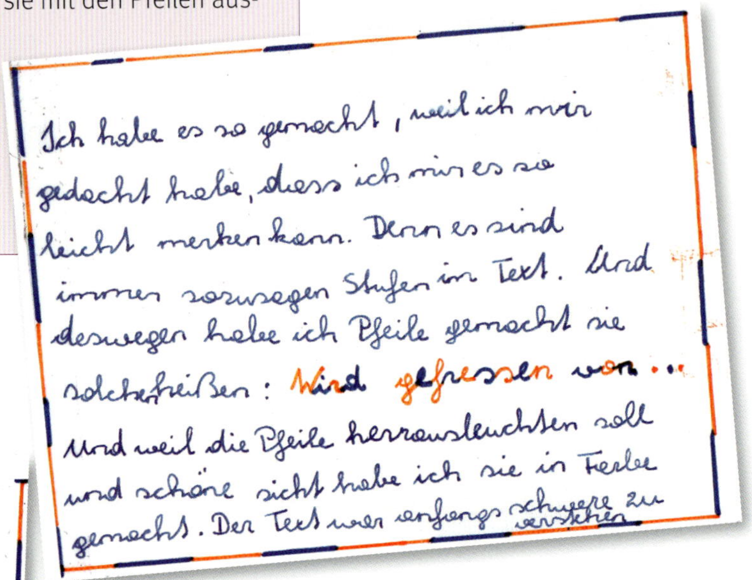

Ich habe es so gemacht, weil ich mir gedacht habe, dass ich mir es so leicht merken kann. Denn es sind immer sozusagen Stufen im Text. Und deswegen habe ich Pfeile gemacht sie solche heißen: Wird gefressen von... Und weil die Pfeile herrausleuchten soll und schöne sicht habe ich sie in Farbe gemacht. Der Text war anfangs schwere zu verstehen

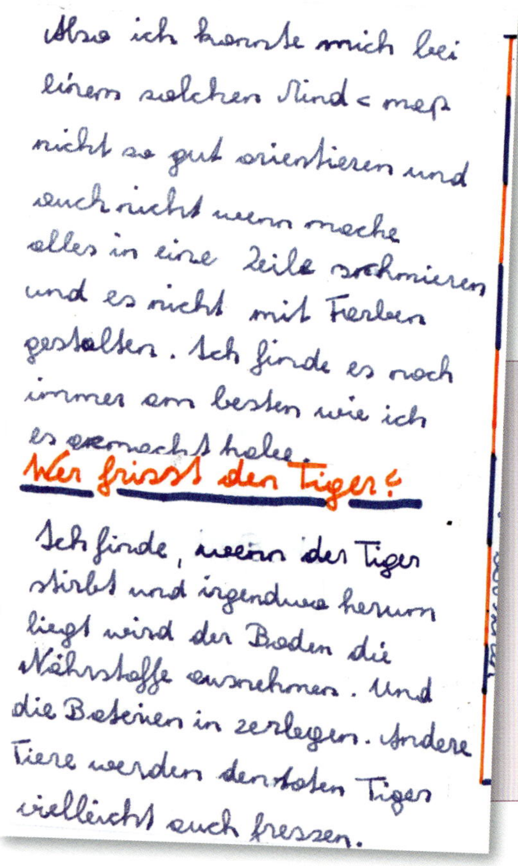

Also ich konnte mich bei einem solchen Mind-map nicht so gut orientieren und auch nicht wenn mache alles in eine Zeile schmieren und es nicht mit Farben gestalten. Ich finde es noch immer am besten wie ich es gemacht habe.

Wer frisst den Tiger?

Ich finde, wenn der Tiger stirbt und irgendwo herum liegt wird der Boden die Nährstoffe aufnehmen. Und die Bakterien in zerlegen. Andere Tiere werden den toten Tiger vielleicht auch fressen.

Im 2. Teil von Feld 4 führt Julia aus, warum sie den *anfangs schwer zu verstehenden Text* nicht als Mindmap darstellt. Sie reflektiert und begründet ihre Art zu arbeiten. Zum Schluss stellt sie sich die Frage, wer den Tiger frisst. Sie geht damit über den Text hinaus, bringt ihr Vorwissen ein (Bakterien, Nährstoffe), erkennt die Nahrungskette, zieht Rückschlüsse, beantwortet die Frage aber nicht.

Ein Hinweis, andere Quellen zur Beantwortung zu Hilfe zu nehmen, wäre für Julia ein nächster Schritt, eine Vertiefung ihrer Arbeit.

Julia erlebt ihr Tun bewusst und reflektiert es auf ganz persönliche Weise. Die Lehrerin erfährt, wie Julia an ein Thema herangeht, welche Fragen sie an den Text stellt, was ihr fehlt, was sie interessiert, welche Überlegungen sie anstellt. Julia wird mutig und immer ein Stück selbstständiger. Sie findet für ihr Nachdenken eine Sprache – sie schreibt, zeichnet, skizziert.

Bei vielen Blattformen erlebten wir im Projekt Aussagen, die uns staunen ließen. Wir beobachteten: Wenn den Lernenden etwas zugetraut, zugemutet wird, wenn sie Raum und Zeit bekommen für die Entfaltung ihrer Möglichkeiten, kommen sie nicht in die Situation, etwas sagen zu müssen, was von ihnen erwartet wird. Ihre Mitteilungen, Reflexionen werden langsam bewusster, oft auch mit überraschenden Erkenntnissen und Schlussfolgerungen. Die Schüler/innen ahnen ihre Möglichkeiten, sie spüren Lernen. Es fehlt ihnen aber noch die Sprache, dieses entdeckte Lern-Grundgefühl auszudrücken. Dabei brauchen sie Unterstützung und Rückmeldung im Dialog, im Austausch mit anderen. Die Blattform ist dazu Protokoll, Gesprächsgrundlage, sie macht das Ergebnis und den Prozess, den Weg dorthin sichtbar. Man kann sich darauf beziehen, kann nachvollziehen, zurückschauen, Zusammenhänge entdecken und vorausschauen.

Aisha, eine Schülerin mit türkischer Muttersprache, findet eine völlig neue Ausdrucksweise für den Tigertext, stellt ihn auf die Bühne ihrer Kultur. Sie wird plötzlich für die Klasse anders sichtbar. Ihre Sprache zeigt sich in Verbindungen – zum Beispiel mit einem Bild – und wird dadurch lebendig.

Der Tiger auf der Bühne

Jakob bringt erstaunliche Aspekte ein, zeigt, wie tief er denkt, wenn er seine Chancen wahrnehmen kann bzw. selbst wahrgenommen wird. (Dass Afrika südlich von Europa liegt, wisse er, nur war da eben kein Platz im Heft.) Seine Blattform öffnet auch einen unverstellten Blick auf die Rechtschreibung, auf die im Zusammenhang mit dem Text individuell eingegangen werden kann. *Tiger/Tieger: Warum schreiben wir Tiger, obwohl wir Tieger sprechen bzw. hören?*

Wir erleben immer wieder, dass Lernende, wenn wir uns mit unseren Fragen zurücknehmen, oft ganz andere Fragen haben: unerwartete, neugierige, kreative …

Vom Staunen zur Nachdenklichkeit

Die Ergebnisse der Tiger-Blattform waren für uns ein Schlüsselerlebnis. In ungefähr 400 Arbeiten verwendeten die Kinder etwa 200 unterschiedliche Strategien für ein und denselben Text! Es gab Zeichnungen, analoge Nahrungsketten, Philosophisches, Landkarten und Lebensräume, Kurzfassungen, Grafiken und Statistiken, Tigergöttinnen und Bildgeschichten.

Wir hatten Schätze der Kinder gehoben. Was aber, wenn kaum Schätze – aus welchen Gründen auch immer – zu bergen sind, die Felder leer bleiben, es Klassen gibt, in denen die Blattformen nicht gelingen? Wir sahen Lernwege, wussten aber nicht, wie wir damit umgehen können, hatten oft keine Antworten, um auszuwerten, daraus etwas zu machen; wir hatten keine Sprache, um die Qualität der Lernwege zu beschreiben, zu verdeutlichen. Wir begegneten sehr komplexen, dynamischen Prozessen mit linearer Sprache, ahnten nur, was in ihnen steckte.

Da und dort begann etwas aufzubrechen, aus dem Staunen wuchs Nachdenklichkeit. Wir sahen die Ambivalenz: einerseits die vielfältigen Lernwege und komplexen Denkwege der Kinder, ihre Strategien, Gespräche miteinander, die Auseinandersetzung mit einem Thema; andererseits aber auch wiederkehrende Muster, Hilflosigkeit und Ängste. Schnelle Ratschläge waren nicht möglich, Zurechtlegungen und Konstruktionen brachten uns nicht weiter. Es gibt auch eine andere Seite des Lernens, ein Lernen im täglichen Durcheinander. Unsere Erwartungen an die Kinder wurden uns bewusst, als plötzlich ganz andere, unerwartete Lösungen entstanden. Was ist richtig, was falsch? Wir können nicht mehr sagen, wie die Kinder auf eine Aufgabe reagieren, da sie individuell handeln und für sich selbst verantwortlich werden.

Fragen tauchten auf, auf die es keine schnellen Antworten gibt: Unter welchen Bedingungen gelingen die Blattformen, wann nicht? Wie viel Anleitung brauchen die Blattformen, welche? Wie viel Zeit gebe ich? Wie überprüfe ich? Wie gehe ich mit Fehlern um? Die Ergebnisse standen im Widerspruch zu den üblichen Lernstrategien. Keine rasche Erledigung von Stoff zu Stoff, keine Lebendigkeit auf Knopfdruck. Auch wir sahen unsere Muster, Ängste und Unsicherheiten.

Für mich als Projektleiterin nenne ich diese Zeit „meine Schachtelphase". Meine Führungsrolle bestand darin, die Blattform vorzugeben und die Ergebnisse zu sammeln (in Schachteln), um sie anzusehen. Irgendwie. Ich sah Buntes, Kreatives, Witziges. Das verdeckte aber das Lernen. Blendete. Mit zunehmender Fülle. Ich hatte die Produkte von den Schüler/innen und Lehrer/innen getrennt, sah die Blattformen nur als Ergebnisse. Der Prozess, der den Ergebnissen vorhergegangen war, fehlte. Wie waren die Blattformen entstanden, unter welchen Bedingungen? Mit welcher Intention? In welchem Kontext? Ich hatte eine Schachtel voller liebenswerter „Was".

In den Schulen entstanden damals viele Blattformen – in allen Gegenständen. Eine Übergangsphase, ein Probieren, Experimentieren mit unterschiedlichen Ergebnissen (fächerübergreifende Projekte, freieres Arbeiten, Toolbox …), manchmal ohne klaren Fokus, nur ab und zu eingesetzt, wieder auf die Seite gelegt, Blattformen als Methode. Das schmerzte Richard Stockhammer und mich ziemlich, forderte mich als Projektleiterin auch vehement heraus, einen nächsten Schritt zu setzen. Ich brauchte nicht Geschäftigkeit, sondern Vertiefung, Verdichtung. Daher:

- Öffnen der Schachteln und Zurückgeben der Blattformen und damit der Verantwortung: *Ihr seid Teil im Projekt. Im Prozess. In der Zielsetzungs- und Richtungsfindung.*

- Auftrag bei der nächsten Tagung, gemeinsam auf entstandene Blattformen zu schauen: Alle beschreiben zuerst die Blattform aus ihrer jeweiligen Sicht, aus ihrem Kontext heraus: Schüler/in, Lehrer/in, Direktor/in, wir reflektieren in der Gruppe und präsentieren im Plenum. Wir verdichten unser Sehen, nehmen die Einzel-Blattformen aus dem Ganzen heraus wahr und finden einen gemeinsamen Kontext. Was trägt die Einzelerfahrung zum Ganzen bei?

Sprache und Lernen im Dialog und Trialog entfalten

Der Grundtakt der Blattform und die damit verbundenen unterschiedlichen Qualitäten der Felder werden nach und nach Rhythmus im Unterricht, aber auch bei Tagungen und im Projekt. Ich schaffe Bedingungen dafür: der eigene Weg, die gemeinsame Intention, ein Zusammenspiel in der Lerngemeinschaft, Austauschen, Anreichern, Neues sehen, entwickeln – eine Spiralbewegung. Wir beginnen aus komplexen, vernetzten, dynamischen Situationen heraus zu denken und zu handeln, lassen Unterschiedlichkeiten, Vielfalt zu und sehen uns zunehmend als Lerngemeinschaft, als Projekt.

Ich möchte nun den Trialog (Schüler/in – Lehrer/in – Projekt) anhand der Einzelblattform in unseren Anfängen erneut aufgreifen und damit die nächsten Entwicklungen an den Schulen aus der Perspektive aller Beteiligten beobachten. Die Tiger-Blattformen und die Erfahrungen damit werden Ausgangspunkt für eine intensive Auseinandersetzung während der Tagung bzw. bereits davor, denn in der Einladung waren Arbeitsaufträge formuliert. Aus unterschiedlichen Sichtweisen (Schüler/innen, Lehrer/innen, Direktor/innen) sollte auf die Blattform geschaut werden. Die Ergebnisse ließen uns fündig werden. Wir nahmen gemeinsame Spuren auf und sahen immer mehr hinter den bunten, erstaunlichen Arbeiten: offene Aufträge, Rückmeldungen, eine Sprache dafür, Dialog.

Die folgenden Beispiele machen zuerst an Details, dann am Gesamtbild sichtbar, wie Sprache sich im Dialog, in der Beziehung, im Austausch verändert, entfaltet; wie Unterricht sich an den Schulen öffnet, Lernen immer bewusster und sichtbarer wird; wie typische Rollen sich zu verändern beginnen.

Experimentieren

Marianne Diermaier experimentiert in ihrem Unterricht mit einer anderen Aufgabenkultur, mit offenen Aufgaben. Sie verändert nach und nach die Aufgabenstellungen und ihre Sprache, um die Schüler/innen einzuladen, selbst aktiv zu werden, Ideen einzubringen:

Ich gehe nun über die einzelne Blattform hinaus. Ich biete den Kindern Raum, mit eigenen Möglichkeiten an das Wissen heranzugehen. Ich habe festgestellt, dass sie so mehr Bereitschaft zum Arbeiten zeigen, sie wollen ihr Wissen erweitern und sie wollen vor allem ihre eigenen Gedanken ins Arbeiten einbringen. Zum Beispiel gebe ich ihnen, wenn wir ein Buch lesen, zur Bearbeitung der Thematik keine konkreten Arbeitsaufträge mehr. Ich versuche, meine Impulse anders zu formulieren – als Begriffe, als Gedankensplitter ..., nicht als vorformulierte Fragen oder Befehle: mach, schreib, bring ... Sie sollen selbst Fragen stellen. Sie bekommen von mir nur Impulse, die sie nach ihrem Vermögen, ihren Erfahrungen, ihren Ideen ausarbeiten.

Marianne Diermaier

„Ich gehe nun über die einzelne Blattform hinaus." Marianne inszeniert ihren Unterricht, beobachtet die Lernenden, bleibt flexibel und agiert der Situation angemessen. Sie schaut anders hin, hört, sieht intensiver, bewusster, kann loslassen, den Kindern ihr Lernen in die Hand geben. Sie beschreibt in einer sehr persönlichen Sprache. Etwas kommt in Gang.

Ich lese meinen Schüler/innen das Wasser-Gedicht vor. Vorlesen/Vortragen geht in die Seele – viele Schüler/innen horchen in die Strophen hinein. Erfahrungen haben Kinder fast immer – in unterschiedlicher Breite. Sie schreiben es auf, auch ihre Empfindungen, die sie zum Thema Wasser haben. Alle arbeiten mit Eifer und Hingabe, es ist ein Vergnügen, ihnen dabei zuzusehen. Ich werde ruhig und zufrieden.

Allein eine solche Erfahrungsarbeit könnte eine Stunde in Anspruch nehmen. Die Schüler/innen arbeiten mit dem Gedicht. „Lass dich inspirieren und arbeite so frei wie möglich. Zeichnen, interpretieren, dichten, fabulieren, physikalisch aufarbeiten – alles steht dir frei!" Jedes Kind hat einen anderen Zugang zum Thema Wasser.

In einer Stunde werden die Kinder bei weitem nicht mit der Arbeit am Thema fertig. Trotz intensiven Arbeitens.

Marianne Diermaier

Marianne Diermaier eröffnet im ersten Feld der Blattform einen Möglichkeitsraum und lädt die Kinder ein, sich darauf einzulassen, einzutauchen und zu entscheiden, was für sie die richtige Aufgabe ist. Sie gibt den Kindern Verantwortung, nimmt ihnen keine Entscheidung ab. Sie führt, indem sie begleitet, mit ihrem Wissen zur Verfügung steht, sich auf die Kinder einlässt, ihre Sicht verstehen will, darauf neugierig ist. Und sie wird „ruhig und zufrieden". Die Schüler/innen arbeiten „mit Eifer und Hingabe" in einem Arbeitsprozess, der auch nach der Stunde weitergeht. Es ist ein Langsamwerden, ein Loslassen.

Schweigen brechen – wie?

Die Schülerin Hanna nimmt die offene Aufgabe an: „Schweigen brechen – wie?" – Ein Impuls, ein Begriff eigentlich nur, ein Sprachbild regt sie an, mit Thomas, der Hauptperson des Jugendbuches „Wintereis" (van Gestel 2008), ein Gespräch aufzunehmen. Hanna geht in einen Dialog im dritten Feld und durchbricht so das Schweigen, sieht sich als Teil der Handlung.

Hanna M.: Thomas und ich [7]

Ich:	*Hallo Thomas. Kann ich kurz mit dir reden?*
Thomas:	*Natürlich. Setzen wir uns hier hin.*
Ich:	*Ich möchte mehr über dich erfahren. Ich habe dich gestern an einem Fenster stehen sehen. Was hast du gemacht?*
Thomas:	*Man kann von dem Fenster unser altes Haus sehen.*
Ich:	*Warum bist du nicht zuhause?*
Thomas:	*Weil mein Vater einen Job bei den Amerikanern angenommen hat.*
Ich:	*Möchtest du nach Hause?*
Thomas:	*Nein, dann wäre ich ganz allein. Ich habe mich letzte Nacht gefragt, ob mein Vater je wieder nach Hause kommen wird.*
Ich:	*Ja, das kann ich verstehen. Aber was ist mit deiner Mutter?*
Thomas:	*Die ist tot. Grippe. Aber ich möchte nicht darüber reden.*
Ich:	*Redet ihr zuhause über den Tod deiner Mutter?*
Thomas:	*Nein.*
Ich:	*Du vermisst sie wohl sehr, oder?*
Thomas:	*Manchmal.*
Ich:	*Vermisst sie dein Vater?*
Thomas:	*Ich weiß nicht, aber ich glaube schon. Mein Vater redet nicht viel, er schreibt nur immer dicke Hefte ...*

Marianne Diermaier stellt einen persönlichen Bezug her zu den Schüler/innen und zu deren Arbeit. Sie traut den Schüler/innen etwas zu und nimmt sich selbst zurück. Ein Auf- und Abschwingen im Dialog. Es entsteht eine Sprache des Lernens. Sprache wird selbst zum Lernen, trägt es in sich, erklärt es nicht.

Sprache finden für Rückmeldung

Auch bei der Rückmeldung geht Marianne Diermaier neue Wege, schaut genau hin: *Was brauchen die Kinder von mir, um in den Prozess gehen zu können? Wie kann ich*

7 Text von Hanna M., Schülerin der Hauptschule Raab in Oberösterreich (4. Klasse).

sie als Lehrerin unterstützen? Was brauchen sie für ihre Reflexion? Sie benennt, was sie sieht, gibt Rückmeldung und damit wieder einen neuen Impuls, einen offenen Auftrag zum Weiterdenken, Vertiefen. Sie sieht die Unterschiedlichkeit der Schüler/innen, verdichtet, stellt Verbindungen her, sieht die Kinder in der Entwicklung ihrer Kompetenzen und erlebt sich selbst als Lernende.

Mit ihren schriftlichen Rückmeldungen nimmt sie mit den Schüler/innen zum Thema Wasser in der Physikstunde den Dialog auf, geht in ein Wechselspiel: offener Auftrag, hinschauen, beobachten, sagen, was sie sieht, damit weitere Impulse formulieren als Gedankensplitter, nur als Begriff ...

Du gehst deine Arbeit sehr gefühlsbetont an – es ist bemerkenswert. Du weißt aber noch viel mehr zum Thema Wasser, da bin ich mir sicher.

Du hast deine Arbeit sehr verkürzt bildnerisch dargestellt. Es ist dir gelungen, das Wichtigste zu präsentieren. Hast du vielleicht auch daran gedacht, die Darstellung in einem Kreis zu Papier zu bringen?

Du vergleichst den Kreislauf des Wassers mit dem Schicksal von Menschen, hier im Besonderen mit dem Schicksal eines Mädchens. Das ist eine ganz neue Vorgangsweise zum Herangehen an ein Thema. Es gibt viele Wege, um ans Ziel zu kommen. Wie bist du auf diese Geschichte gekommen?

Klaus Wechselberger (Lehrer an der Hauptschule 2 St. Johann in Tirol) wiederum sucht mit seinen Schüler/innen gemeinsam eine neue Sprache für Rückmeldungen: Sie benützen die Bezeichnungen „heiß" und „kalt". Es geht um Berührung und um Berührt-Sein, es geht um Dialog. Er und die Lernenden begründen in Sprechblasen, warum etwas für sie heiß oder kalt ist.

Arbeitet man mittels Blattformen im Unterricht, die ja eine Grundhaltung des selbstständigen und selbsttätigen Erarbeitens von Wissen durch Schüler/innen darstellen, gelangt man meiner Erfahrung nach bald an den Punkt, wo man mit Fragen seitens der Kinder konfrontiert wird, wie denn diese Arbeit benotet wird. In diesem Zusammenhang wollte ich mit den Kindern aber nie über Noten reden, da sie mit der oben beschriebenen Lernphilosophie kaum oder gar nicht kompatibel scheinen.

„Aber einen Wert beimessen müsse man der Arbeit schon", so der Tenor auf meine Ablehnung einer Notenbeurteilung. Ja, und ganz unrecht haben sie wohl nicht. Steckt doch hinter jedem erarbeiteten Wissen viel harte Arbeit, viel Zeit und Mühe. Also ein Feedback, eine Rückmeldung, ja vielleicht sogar eine kleine Honorierung müsste schon drin sein.

Meine Geschichteklasse 2a hat sich darauf eingelassen mitzudenken, wie das aussehen könnte. Ergebnis unseres Mini-Thinktanks: Fieberthermometer und Sprechblasen auf der Rückseite, wo Lehrer und Schüler/innen eintragen können, wie „heiß“ sie den Erarbeitungsschritt finden bzw. ob er sie „kalt“ lässt, samt einem kurzen und prägnanten Kommentar, der die Temperatur begründet.

Klaus Wechselberger

Der Vorstellung dieser Form der Rückmeldung im Plenum folgte zunächst die übliche Debatte „Noten: ja/nein“. Es zeigte sich, dass es nicht einfach ist, sich von alten Denkmustern zu lösen. Erst nach und nach sahen wir, dass sich ein neuer Zwischenraum, eine neue Denkweise auftun kann: Ergebnisse im Feedback wahrnehmen als Impuls zum Weiterdenken – ohne Wertung, ohne Beurteilung. Es bildete sich spontan eine Gruppe, die genauer hinschauen wollte: in der Praxis beobachten, hinhören, experimentieren, aufbereiten, was in Anfängen schon da ist. Kein Ja oder Nein, kein So oder So, statt Debatte oder Konfrontation Möglichkeiten aufzeigen, Ansätze kreativ ausbauen, Vielfalt zulassen.

Dialog fließt

Ich möchte nun die Aufmerksamkeit auf einen längeren Dialog lenken.

Daniela Grossmann (Lehrerin an der Neuen Mittelschule Himberg in Niederösterreich) erzählt von einer Unterrichtsstunde in einer dritten Klasse mit einer Blattform zum Thema Barockzeit im Fach Bildnerische Erziehung, von den Lernschleifen eines Schülers. Sie beschreibt und zieht Schlüsse aus der Situation.

Die Kinder bekommen von mir ein A3-Blatt, das sie zu einer Blattform falten. Schlüsselfragen und Impulse sind darauf kopiert. Ich lege Bücher auf, die das Thema in irgendeiner Form beinhalten, und einige Informationen aus dem Internet. Die Kinder haben eine Doppelstunde für die Arbeit zur Verfügung. Ich versichere ihnen noch einmal, dass sie entscheiden können, wie sie das Thema bearbeiten wollen. Ich lege Blätter bereit, falls sie etwas zeichnen wollen, das den Rahmen der Blattform sprengt.

Ich höre den Schüler/innen zu, sehe, wie sie überlegen und Lösungen finden. Ich denke nach, welche Aufträge ich stellen könnte und wie ich diese formuliere. Ich bin in der Rolle einer Verlangsamenden, die Unbekanntes, Widersprüche aufdeckt, Denken herausfordert, neugierig ist und selbst eine Lernende.

Ich beobachte und beschreibe nun den Schüler Martin, weil ich ihn durch die Arbeit mit der Blattform ganz neu kennengelernt habe. Martin ist in Deutsch, Mathematik und Englisch in der dritten Leistungsgruppe. Er ist gut in Musik und Bildnerischer Erziehung. Konzentriertes Arbeiten zählt eher nicht zu seinen Stärken. Das Bild, das viele Lehrer/innen von ihm haben, ist kein positives, weil er sich gerne zu Blödeleien verleiten lässt.

Martin beginnt sofort zu arbeiten und hat keine Scheu zu beginnen, wie manch andere. Bald sitzt er da, ich frage ihn, ob er schon fertig sei. Er meint nur: „Ich muss es wohl sein, weil ich keinen Platz mehr habe." Ich suche mit ihm eine Möglichkeit weiterzuarbeiten. Er blättert einige Bücher durch, findet aber das von ihm gewünschte Thema nicht. Schließlich nimmt er ein englisches Kinderbuch über Rembrandt, schaut nur die Bilder an und entscheidet sich für diesen Künstler. Danach sucht er das Gespräch mit mir. „Warum sind die Bilder so dunkel, wer ist der Mann, der so oft abgebildet wurde?", will er wissen. Da ich nur raten kann, gebe ich ihm ein Buch über das Haus von Rembrandt in Amsterdam, in dem er Antworten auf seine Fragen finden kann. Kurz vor der Pause bittet Martin mich, ein bestimmtes Bild für ihn zu kopieren. Er klebt das Bild ein, übersetzt die englisch geschriebenen Bilddaten. Für ein Wort braucht er das Wörterbuch, das er sich selbst holt.

Martins Blattform

Feld 2: Das weiß ich schon, das interessiert mich, so möchte ich zu diesem Thema arbeiten.

Dass man in der Barockzeit gepuderte Perücken getragen hat, dass das Barock in Frankreich erfunden wurde. Der Baustil der Fenster war mit Rundungen verziert oder mit fetten Engeln. In der Barockzeit war die Deckenmalerei sehr beliebt.

Über Kunst und Künstler in der Barockzeit weiß ich einiges – wie Rembrandt van Rijn. Viele seiner Bilder hängen in Wien, aber die meisten in Amsterdam, weil er dort sein Haus gehabt hat.

Martin verschafft sich einen Überblick, was er zu den Aspekten, die ihn interessieren, in den Büchern findet, erst dann entscheidet er sich für das Thema und schreibt es hin. In dieser Phase stellt er mir die oben erwähnten Fragen. Er hat sich auf seine Arbeitsweise im Vorfeld nicht festgelegt. Er beginnt sofort, das von mir Erzählte und aus den Büchern Erfahrene aufzuschreiben.

Feld 3: Los geht's!

Rembrandt van Rijn war in seiner Zeit kein beliebter Maler. Er hat seine Bilder oft oder immer sehr düster gemalt. Weil seine Bilder nicht gerade der Schrei waren, war er sehr arm. Rembrandt van Rijn kam aus dem Norden Hollands. Rembrandt hat seine Selbstbildnisse mit einem Schatten an einer Hälfte des Gesichtes gemalt. Er hat sogar ein Bild gezeichnet, wie er jung war.

(Martin skizziert ein Bild, er arbeitet den Schatten im Gesicht heraus.)

Er hat viele Bilder auf die Art gemalt. Das Bild ist 1629 gemalt worden. Die Platte ist auf Holz gemalt und ist 37,5 x 29 cm groß. Auf dem Bild ist er 23 Jahre alt. Rembrandt ist dafür bekannt, dass er die Gesichtsausdrücke der Leute im Hintergrund realistisch zeichnet.

Rembrandt Harmenszoon van Rijn, 15. 7. 1606 geboren, gestorben 4. 10. 1669

Feld 4: Das möchte ich mir merken, so habe ich gearbeitet, das würde ich gerne zum Thema weiterarbeiten.

Ich wollte zuerst etwas über Architektur in der Barockzeit machen, doch wenn alle Bücher weg waren. Ich habe mich für Kunst und Künstler entschieden. Rembrandt van Rijn ist ein sehr düsterer Künstler und für seine besonders dramatischen Gesichtsausdrücke bekannt! Ich habe mit Büchern gearbeitet und habe mir seine Bilder angesehen. Ich möchte mir merken, dass Rembrandt die Gesichtsausdrücke beherrscht. Ich möchte zu dem Thema so arbeiten, dass ich versuche Bilder von ihm nachzuzeichnen.

Martin schreibt sein erworbenes Wissen frei und in eigenen Worten nieder. Seine Auseinandersetzung mit dem englischen Text erlebte ich als mutig.

Martin wollte ursprünglich ein anderes Thema wählen, aber als „Emo“ [8] fühlte er sich wohl von den düsteren Bildern angesprochen. Die Kunst hat ihn so fasziniert, dass er diese Maltechnik beherrschen möchte.

8 Emo-Mode ist durch Farbe, Marke und Muster bestimmt. Schwarz nimmt in der Szene eine besondere Stellung ein. Emos schminken ihre Augen dunkel (beide Geschlechter), tragen Röhrenjeans, enge T-Shirts, Arm- oder Schweißbänder, Buttons, Sportschuhe sowie Nietengürtel und düstere Symbole, etwa Totenköpfe und Skelette.

Meine Rückmeldung an Martin

Lieber Martin!
Mir hat es Spaß gemacht, deine Arbeit zu lesen. Ich finde auch, dass Rembrandts Bilder sehr düster sind und sogar oft traurig wirken. Manchmal frage ich mich, ob die Armut ihn traurig gemacht hat oder die Traurigkeit ihn arm. Du solltest dir seine Bilder einmal im Original ansehen, im Kunsthistorischen Museum in Wien findest du viele. Wenn du möchtest, bringe ich dir in der nächsten Stunde Skizzen und andere Grafiken von Rembrandt mit, damit du sie nachzeichnen kannst. Ich bin gespannt, wie du sie dann ausführst.

Der Dialog fließt gestützt auf die Prozessstruktur des Werkzeugs Blattform im Wechselspiel Daniela – Martin, der seinen eigenen Weg findet.

Es kann Nähe entstehen, sowohl zu Martin als auch zur Sache. Daniela lässt sich auf den persönlichen Lernweg ein, hört zu, stärkt diese Verbindung, indem sie Mut macht, nachfragt, Impulse gibt und Rückmeldung – im Takt der Blattform, entlang der vier Felder. Sie bringt damit Wissen in Gang, nicht abstrakt und generell. Im Gespräch entwickelt Martin einen konkreten Wunsch, weiterzumachen, auftauchenden Fragen nachzugehen. Er zeigt von sich aus die Bereitschaft, Zugänge zu finden.

Hält er das ein, kann über den Prozess Wissen entstehen – im Kontext, im Dazwischen – zwischen Martin und Daniela. Im Gespräch, im Prozess sieht Daniela seine Interessen, erkennt Bruchstellen und reagiert wertschätzend in persönlicher Sprache.

Jesper Juul macht spürbar, dass erst in dieser Offenheit von beiden Seiten, im gegenseitigen Sehen im Dialog neue Einsichten entstehen können:

Ein Dialog setzt Offenheit, Interesse und Engagement von beiden Seiten voraus. Entweder im Verhältnis zur Sache oder zueinander oder zu beidem. Man kann seine Erwägungen, Ansichten und Erfahrungen ins Feld führen, sollte jedoch darauf eingestellt sein, durch den Dialog neue Einsichten zu gewinnen. Man muss sich, mit anderen Worten, dem Risiko aussetzen, klüger zu werden.

Juul 2010, S. 27

Die Blattform als Werkzeug wirkt in einer bestimmten Form erst in der Anwendung, sichtbar in den Beispielen aus der Praxis: andere Möglichkeiten für offene Aufträge, für Rückmeldung, für persönliche Zugänge zu einem Text. Es kommt darauf an, was ich als Lehrerin in meinem speziellen Kontext daraus mache, in welchen Prozess ich sie stelle, in welcher Haltung, Professionalität und mit welchem Vertrauen. Die Blattform steht nicht für sich, sondern entfaltet die Kraft erst im Zusammenspiel net-1, Projekt Sprache, Schüler/innen, Lehrer/innen, und sie weist schließlich über sich hinaus – in der Sprachentwicklung, in den Lernwegen, im Dialog, in offenen Aufgaben, in der Reflexion – und öffnet den Unterricht nachhaltig. Die Ganzheit erschließt sich in den Verbindungen, im Weitergehen von Feld zu Feld, von Blattform zu Blattform.

Kein Belehren

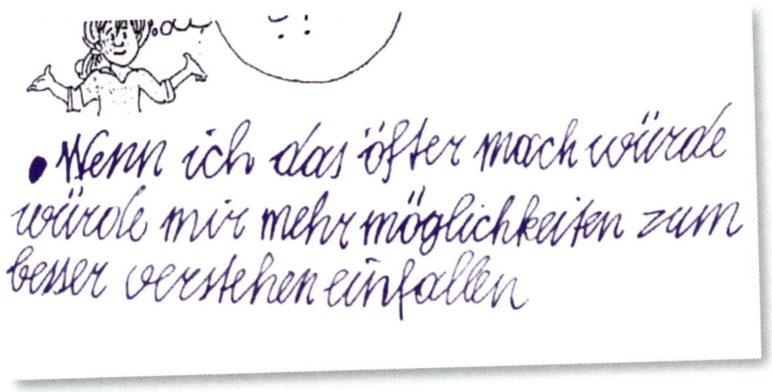

Die Blattform aufzunehmen, anzunehmen, ist ein persönlicher Prozess. Jede Lehrperson findet dabei schrittweise im Erproben einen eigenen Weg, gestaltet für den eigenen Unterricht die Prinzipien der Lernschleife, verdichtet, vertieft, erweitert auf unterschiedliche Art und Weise, um selbst Erfahrungen zu machen. Und so erleben wir auch Sprache wieder in ihrer Vielfalt – kontinuierlich, in Bewegung, im Fluss. Sie entzieht sich vereinfachenden Fixierungen, erschließt und bildet nicht ab. Dadurch ermöglicht sie Offenheit, das auszudrücken, was man denkt, fühlt, so trägt jede/r bei zum Gemeinsamen. Die Blattform zerteilt verwendet – mit Bewertungsblick auf jedes Feld – würde den Prozess einengen, abschneiden.

Einzelfälle zeigen Individualität und Einzigartigkeit der unterschiedlichen Akteur/innen, wir erlebten aber auch ein Heraustreten aus Einzelerfahrungen in eine Lerngemeinschaft. Erst als alle sich auf eine Vorstellung des Ganzen zu beziehen begannen, Verbundenheit spürten, gelang es, die verschiedenen Erfahrungen einzuordnen, einzuschätzen und gemeinsame Wege aufzuzeigen, dabei haben wir auch die Belastbarkeit der Lerngemeinschaft erfahren. Wie weit gehen die Schulen mit, wie kommunizieren wir, welche Auseinandersetzungen braucht es bzw. welche werden noch geführt und in unseren Prozess integriert? Ein Beispiel dafür ist die Auseinandersetzung um die Rückmeldung heiß/kalt, die bewirkt hat, dass wir nicht in einer Debatte verblieben, sondern sich eine Gruppe bildete, die sich gemeinsam mit den Schüler/innen mit Rückmeldung und Beurteilung beschäftigt.

Verlangsamung und Nachdenklichkeit führen heraus aus festgefahrenen Positionen. Kein „Nur so oder so", kein „Ja oder Nein", sondern ein „Sowohl als auch" in einem lebendigen Prozess. Kein „Wissen, wie es geht".

Wir mussten erst über alle Systemebenen hinweg das Zusammenspiel erkennen, Kriterien entwickeln für eine Lerngemeinschaft und Wege finden, die weiterführen: als Projektleiterin, Lehrerin – als Lernende; das heißt mich selbst wahrnehmen, die anderen sehen, einander zuhören, verstehen lernen, Verantwortung übernehmen. Schule ist nicht irgendwo außen, wir alle sind mittendrin, Teil von ihr. Mit all unseren Handlungen, unserem Denken, Fühlen, Wollen verantwortlich.

Ein anderes Lernen – der Kinder, mein eigenes, der ganzen Schule: Ich sehe, erlebe und durchlebe Tiefpunkte – bei mir und den Kindern. Ich kann meinen Unterricht argumentieren, ich habe keine Angst mehr vor Kritik.

Ich bekomme einerseits Distanz und andererseits eine andere, intensivere Nähe zu meiner Person und zu den Kindern. Ich sehe und erlebe Prozesse und Entwicklung, nicht fertige Produkte. Ich bin nicht allwissend, sondern kann sagen: „Schauen wir nach!"

Es macht nichts, etwas nicht zu wissen! Ich lasse in Ruhe arbeiten, greife nicht dauernd ein, warte auf das Ergebnis, über das wir dann reden.

Mir ist der Dialog wichtig geworden und ich möchte ihn nicht mehr missen. „Ich erwarte mir ..." habe ich aus meinem Denken gestrichen, stattdessen „Zeig, was du kannst!" eingeprägt.

Die Aussage „guter Schüler", „gute Schülerin" sehe ich in einem anderen Licht. Lernen ohne Lehrerin. Ich erfahre Dinge, die ich nicht gewusst habe, über die Lebenswelt der Kinder, ihre Themen.

Irgendwie gibt es das Generationenproblem nicht mehr.
Wir gehen in einen gleichwürdigen[9] Dialog.
Ich bekomme Energie, bin weniger geschafft nach dem Unterricht.
Die Disziplin wird besser, ist kein Problem mehr wie früher.
Ich bin offen geworden, obwohl ich dachte, ich wär's schon.

Die Lehrerinnen Anita Sagmeister und Kerstin Loidolt
über ihre Erfahrungen mit den Blattformen

---

9 Vgl. dazu Jesper Juul: „Das erfordert mehr, als nur den Dialog zwischen Kindern und Erwachsenen zu demokratisieren. Es beinhaltet, daß wir eine Form des Dialogs entwickeln müssen, die vielen Erwachsenen nicht gelingt: den ‚gleichwürdigen', persönlichen Dialog" (Juul 2007, S. 15).

„So wurde die Welt nach und nach vollständig. Mehr oder weniger."

Auf die Blattform in ihrer Gesamtstruktur kann man aufbauen, sich darauf beziehen. Erste Schritte sind getan. Hindernisse, Grenzen und starre Denkmuster mussten dabei überwunden werden. Wir erleben, dass sich mit der Blattform praktische Veränderungen erreichen lassen – sowohl persönlicher als auch systemischer Art. Eingebettet in den Unterricht sind die Veränderungen irreversibel geworden, Unterricht öffnet sich. Es ist eine der wichtigen Erfahrungen im Projekt, dass wir das Verständnis für Lernen, für Sprache bereits in uns tragen. Mit der Blattform machen wir es sichtbar und können danach handeln. Es geht nicht darum, jemandem etwas beizubringen, sondern gemeinsam mit anderen etwas zu tun.

In der Blattform, in offenen Aufträgen, im Feedback und in der Reflexion, im Dialog/Trialog entwickelt sich Sprache, die bewegt, nicht linear ist. Was wir sehen, hängt oft davon ab, was wir zu sehen erwarten – eine lineare Sichtweise, Ursache und Wirkung, „weil du", „deshalb …". Wir aber wollen eine Sprache entwickeln, die Verbindungen schafft zwischen dem, was da ist, was man nicht erkennt, dem Innen und dem Sichtbaren, dem Außen – ein spannungsreiches Zusammenspiel, das sich in den ausgefüllten Blattformen in den Lernwegen der Lernenden zeigt, in Grafiken, Skizzen, Zusammenhangsbildern, Landkarten ihren Ausdruck findet. Dazu arbeiten Schulen mit offenen Aufträgen und bauen diese für alle Fächer bzw. fächerübergreifend weiter.

Sprache, die sich entwickelt, verdichtet, vertieft – ausgehend vom Kind, das im Unterricht Raum und Zeit bekommt für sein persönliches Lernen – eine andere Blickrichtung auf Sprachunterricht. Da liegt auch ein Ansatzpunkt für Kinder mit Migrationshintergrund, den wir gemeinsam mit Fachleuten anschauen und weiterentwickeln wollen.

Das Potenzial des Projekts Sprache wird als Konzept sichtbar in der professionellen Anwendung im Unterricht, an den Schulen. Das Konzept ist tragfähig und kann ausgebaut werden, in den Transfer gehen. Wir haben ein Prozesswerkzeug, das Know-how, Sprach- und Prozesssensibilität, Dialog- und Sprachbewusstheit. Uns ist bewusst, dass diese Komplexität, unser Ringen im Projekt, der Prozess ganz andere Vorgänge für einen Transfer erfordern als ein Lehrgang.

Die Blattform zeichnen Selbst- und Sozialkompetenz, Dialog, Haltungen und Einstellungen gegenüber den Lernenden und dem Thema aus. Sie macht ganzheitlich die Lernwege und Kompetenzen der Lernenden sichtbar und nachvollziehbar, gibt Orientierung und baut durch den Takt der vier Felder Selbstevaluierung auf. Unsere neue Herausforderung ist nun, die Blattform in ihrem pädagogischen Verständnis als Konzept und als Prozesswerkzeug für den Kompetenzaufbau in den Unterricht möglichst vieler Schulen einzubringen und zu entfalten.

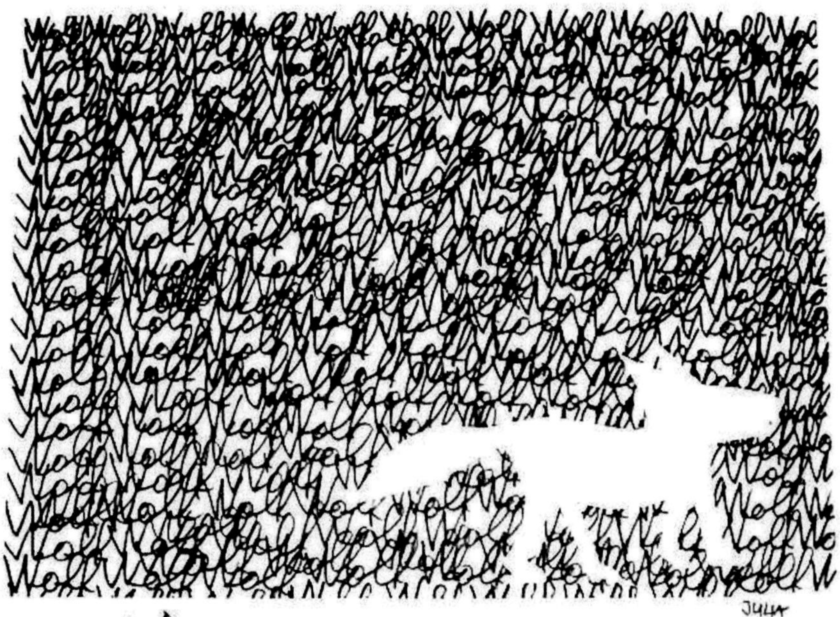

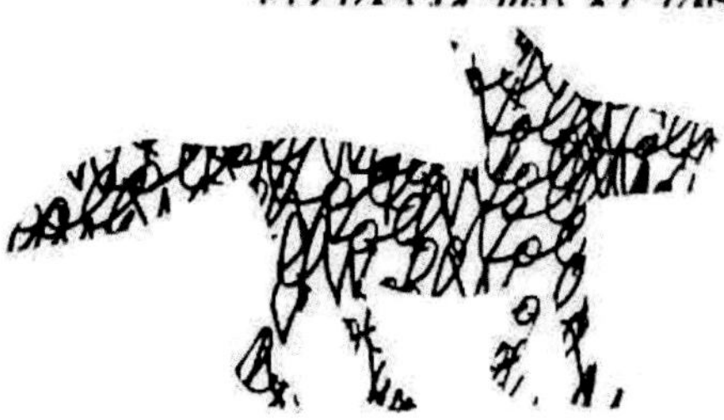

So wurde die Welt nach und nach vollständig. Mehr oder weniger. Manchmal habe ich immer noch das alte Gefühl, etwas stimmt nicht mit der Welt. Etwas Wichtiges ist noch unterwegs, so wichtig wie die Luft, die Erde, der Regen, das Licht, etwas Letztes fehlt noch.

Schubiger 1997, S. 107

Verantwortung übernehmen, Entwicklung begleiten

ELFRIEDE ALBER, CHRISTINE FISCHER, INGE FRITZ, HEINER JUEN,
BEATE KRÖPFL, BRIGITTE MAKL-FREUND UND MADELEINE STRAUSS

net-1-Projekt Mathematische Bildung
von der 5.–8. Schulstufe
Leitung: Elfriede Alber
Leitungsteam: Christine Fischer, Inge Fritz, Beate Kröpfl,
Heiner Juen, Brigitte Makl-Freund, Madeleine Strauss

P[MB:5-8] net-1

DAS NET-1-LEITPROJEKT MATHEMATISCHE BILDUNG

Das net-1-Projekt Mathematische Bildung signalisiert schon im Titel einen inhaltlichen bzw. fachlichen Ausgangspunkt und fühlt sich gleichzeitig einem tiefen Verständnis von Bildung verpflichtet. Das Verständnis von Bildung und Entwicklung wird inzwischen in einem vieldimensionalen Bild einer Lernlandschaft verdeutlicht.

Die Publikationen dieses Projekts erfreuen sich großer Breitenwirkung. Die Konzepte und Materialien werden bereits von Hunderten Lehrer/innen geschätzt und nachgefragt.

Immer mehr Schülerinnen und Schüler bereiten ihre Lernwege – in einem Lernjournal – so auf, dass sie von ihnen selbst besser reflektiert werden können und auch anderen zugänglich werden.

Einbeziehung und gemeinsame Entwicklung zeichnen dieses Projekt aus, das immer mehr mit regionalen Netzwerken in Kooperation auf Augenhöhe geht.

Der Kern der Akteur/innen dieses Projekts arbeitet schon über drei Projektgenerationen (also etwa dreimal drei Jahre) zusammen, wodurch eine neue Kultur des Lernens und Begleitens im Alltag tragfähig wird.

Dadurch wurden auch Voraussetzungen geschaffen, um andere Projekte und Entwicklungsimpulse integrieren zu können und die Initiative für regionale Entwicklungen und für neue Schulmodelle ergriffen werden kann.

Richard Stockhammer

Bauchweh vor dem ersten Plenum

Unsere Initiative hat ganz klein begonnen, einige Visionär/innen waren die Keimzelle. Dann der Versuch, „Unwissende“ einzuladen und zu infizieren. Bauchweh vor dem ersten Plenum – so viele sind gekommen. Werden sie uns auslachen, abstempeln, als Träumer/innen hinstellen? Drei Kolleginnen gesetzteren Alters, seriös im Auftreten, kommen uns in unverbindlicher Höflichkeit entgegen, mit ihnen eine spürbare Welle der Skepsis, eventuell Ablehnung, nicht einschätzbar, was sie wirklich denken, fühlen.

Egal. Augen zu und durch. Wir tun unser Bestes, kämpfen geradezu darum, ein Feuer zu entfachen. Und verlieren dabei die Einschätzung, wie es wohl ankommt und wirkt. Die Gefühle sind im Zwiespalt: War das jetzt zu dick aufgetragen? Unterscheidet sich unser Bild von Mathematikunterricht zu sehr vom bisherigen? Was ist angekommen? Endlich Ende der Veranstaltung. Egal wie, Hauptsache vorbei. Schweißtreibende Arbeit zurücklassen dürfen. Ein letzter Moment der Spannung, die Stimmung scheint gelöst, positiv, eine Leichtigkeit ist zu verspüren. Einbildung oder Realität?

Da kommen die drei Kolleginnen, um sich zu verabschieden. Sie lächeln. Warum? War es zu visionär, zu wenig theoretisch, zu abgehoben? – „Aus vollem Herzen danke! Wir gehen bereichert nach Hause!“ – Worte voller Wärme, die von innen kommen. Sie geben enorm viel Kraft und Energie!

Beate Kröpfl

Was wir bewegen wollen

Die Schulen, die am Projekt Mathematische Bildung mitwirken, befinden sich in ganz unterschiedlichen Ausgangspositionen. Manche sind schon lange auf dem Weg, manche haben sich erst bei Projektbeginn entschlossen, ihren Unterricht zu überdenken und zu verändern. Allen teilnehmenden Lehrer/innen ist wichtig, dass sich der Blick auf das Lernen der Schüler/innen verändert. In den Schulen wird darüber diskutiert, welche Rahmenbedingungen notwendig sind, um das Lernen der Schüler/innen in den Mittelpunkt des schulischen Geschehens zu rücken.

Das Ziel ist kompetenzorientierter Unterricht (aus der Sicht der Lehrpersonen) beziehungsweise kompetenzorientiertes Lernen (aus der Sicht der Schüler/innen). Die Wege dorthin können ganz unterschiedlich sein, die Prozesse vielfältig gestaltet werden: Die Schüler/innen stellen sich Herausforderungen, gehen Partnerschaften ein und wählen ihre Lernwege selbst. Sie erhalten dazu sowohl methodische (überfachliche Kompetenzen) als auch fachliche Begleitung (etwa durch Coaching und Lernberatung); sie erkunden vor dem Lernprozess, was sie schon wissen; halten zwischendurch inne, um zu erkennen, wo sie stehen (Reflexion); und sie überprüfen nach dem Lernprozess, wie weit sie gekommen sind (Feststellung des Lernstands). Auf ihrem Lernweg arbeiten sie mit anderen zusammen und präsentieren Lernergebnisse, um ihr eigenes Wissen zu vertiefen und weiterzuentwickeln (dialogisches Lernen). – Diese Lernlandschaft öffnet für ein eigenverantwortliches, selbstgesteuertes Lernen von Schüler/innen und Lehrpersonen weit über das Fach Mathematik hinaus.

Der veränderte Blick auf kompetenzorientierten Unterricht bedingt, auch beim fachlichen Lernen mitzudenken, wie der Kompetenzaufbau von der 5. bis zur 8. Schulstufe stattfinden kann, und dabei das jeweilige Vorher und Nachher einzubeziehen. Wir gehen von der Vorstellung einer fachlichen Curriculumspirale aus (angelehnt an das Konzept der Mathematikdidaktikerin Regina Bruder, Technische Universität Darmstadt) und entwickeln Grundmuster, die wiederkehrend einen langfristigen Kompetenzaufbau absichern und eine individuelle Weiterentwicklung möglich machen. Schüler/innen lernen verstehen, worum es bei einem Thema geht, und können daraus ableiten, wie man vorgehen kann, um Problemstellungen zum Thema erfolgreich zu bearbeiten. Sie entwickeln die Bereitschaft, dies auch zu tun. Damit können Schüler/innen auch Strategien entwickeln (fachliche und überfachliche), wie das Gelernte auf verschiedenste Situationen angewendet werden kann.

Lernprozesse, die in einem derartigen Umfeld stattfinden, ermöglichen individuelle Zugänge, sie überfordern und sie unterfordern nicht, was eine wesentliche Grundlage für das Lernen ist.

Woher wir kommen und was wir von dort mitbringen

Das Projekt „Mathematische Bildung von der 5. bis zur 8. Schulstufe“ – kurz: P[MB:5-8] – ist das Nachfolgeprojekt der Arbeitsgruppe „Bildungsstandards für Mathematik am Ende der 8. Schulstufe“, auch „M8-Workshop“ genannt. Die Erfahrungen und Rückmeldungen aus der Pilotierungsphase der Standards haben uns bestärkt, uns auf den Weg zu machen, gemeinsam Unterricht zu entwickeln, der sich von den Lernenden aus gestaltet und nicht vorrangig durch Inhalte. Wobei mit „gemeinsam" alle Lernenden im Prozess (Schüler/innen, Lehrer/innen, Schulleiter/innen und Eltern) gemeint sind. Wenn schulisches Lernen nach dem Konzept der Bildungsstandards verstärkt auf Lernergebnisse hinschaut, verlangt dies unserer Meinung nach kompetenzorientiertes Arbeiten und das Lernen vom Kind aus zu sehen. Wir haben uns dieser Herausforderung gestellt und es uns zur Aufgabe gemacht, Impulse zu geben, wie Mathematikunterricht neu konzipiert und gestaltet werden kann. Wir wollen Mut machen, neue Wege zu gehen, die unsere Schüler/innen spannend finden und ihre Leistung stärken.

Vier Mitglieder des Leitungsteams sind der verbliebene „harte Kern" des M8-Workshops, von dem orientierende Aufgaben entwickelt und pilotiert wurden, um zu einem Verständnis zu kommen, was wichtig ist, was Standards sein sollen. Von Beginn an haben wir Gefallen am Konzept der Bildungsstandards gefunden und den damit verbundenen veränderten Unterricht auf kompetenzorientiertes Lernen ausgerichtet – und immer schon mit dem Blick über das Fach hinaus geliebäugelt. Wir können auf langjährige Schulerfahrungen zurückblicken, wobei uns aus zahlreichen Gesprächen und Auseinandersetzungen heraus etwas stark Verbindendes bewusst geworden ist: Es „menschelt" bei uns, wir alle haben unsere Besonderheiten und unterschiedliche Zugänge. Das akzeptieren wir. Diese Haltung prägt auch unsere Arbeit mit den Schüler/innen.

Mit den Entwicklungen aus dem M8-Workshop sind wir unserem breiten Verständnis von Bildungsstandards treu geblieben: mit dem überfachlichen Ansatz der Mathematik^{Methoden}, mit dem Umgang mit Differenzierung, wie etwa in den zwei Heften zum Thema „BasisMathematik", oder mit „Hände reichen", einem Verfahren für den Blick auf den Lernstand an der Nahtstelle Grundschule/Sekundarstufe I. Verschiedene Zugänge zur kompetenzorientierten Aufgabenkultur werden in den „Exemplarischen, beziehungsreichen Aufgaben" dargestellt[1]. Zahlreiche Downloads und Bestellungen belegen das große Interesse an diesen Entwicklungen und Broschüren, das motiviert und stärkt unsere Projektarbeit.

H + C = Mathematik mit Methode

So um meinen 40er herum war's: Schularbeit in einer Klasse, ich stehe davor wie immer und passe auf wie immer. Das ist auch die seltene Gelegenheit, in Ruhe ein bisschen nachzudenken. Da sehe ich das kleine Teufelchen wieder, das mich schon länger verfolgt, und diesmal meldet es sich ganz laut: „Was passiert hier eigentlich, zum Teufel noch mal?" – Ja was denn? Was tun die Schülerinnen und Schüler hier? Sie spucken hoffentlich wieder aus, was ich ihnen täglich vorsetze. Ich arbeite den Stoff

1 Ein Verzeichnis der genannten Entwicklungen und Broschüren finden Sie auf Seite 316.

durch, bereite ihn häppchengerecht für die S & S auf, rechne vor, erkläre zum x-ten Mal den gleichen Sachverhalt, kontrolliere die S & S. Ich arbeite hart, 50 Minuten lang, und die S & S schauen begeistert zu. Na ja, eigentlich sind es ja nur 42 Minuten, am Anfang der Stunde bin ich vielleicht etwas zu spät, dann noch Klassenbuch, Ruhe herstellen ...

Sollte das nicht ganz anders sein? Ist Lernen nicht eigentlich aktive Arbeit für die S & S (die ja auch Spaß machen kann)? Müssen sie nicht selbst tätig sein, um überhaupt lernen zu können? Sollte ich nicht in der Vorbereitung mehr Zeit für die Planung aufwenden, Materialien, Inhalte, Arbeitsaufträge so gestalten, dass in der Stunde die S & S aktiv sind und ihren Lernprozess in die Hand nehmen? Dann könnte ich begeistert zuschauen und meine Rolle als Berater, Ansprechpartner und Hilfesteller wahrnehmen. Trotzdem würde ich die S & S nicht allein lassen. Ich könnte beobachten, wie sie sich den Aufgaben stellen, und erkennen, wo sie Hilfe brauchen.

Am Ende ihrer Schullaufbahn möchte ich meine S & S als selbstständig denkende, eigenverantwortliche Menschen sehen, für die Lernen eine Selbstverständlichkeit ist. „Tu 's doch!", spricht das Teufelchen und verschwindet in einer Kreidestaubwolke. Tja, und wer sieht schon gern Teufelchen?

Heiner Juen

Des Teufelchens Theorie: Ob von konstruktivistischem, eigenverantwortlichem oder dialogischem Lernen die Rede ist – eines ist all diesen Lernmodellen gemeinsam: Lernen ist eine individuelle Sache, die aber nur dann erfolgreich verläuft, wenn ein Austausch mit anderen Menschen stattfindet. An die persönliche, eigenverantwortliche Auseinandersetzung mit Lerninhalten schließt eine Diskussion mit einer Lernpartnerin bzw. einem Lernpartner oder mit einer Lerngruppe und die Präsentation vor einem Publikum an. Erst dann hat das Gelernte eine Chance, längerfristig verfügbar zu sein. Dann ist es zum Wissen und zur Kompetenz geworden und nachhaltig gesichert.

Damit Schüler/innen ausreichend Abwechslung beim Lernen vorfinden – auch dies regt an – wurden die Methodenhefte entwickelt. Der Lernprozess ist umso erfolgreicher, je genauer Inhalte und Methoden aufeinander abgestimmt werden. Die drei Hefte „Mathematik[Methoden]" bieten zehn unterschiedliche Möglichkeiten, Mathematikthemen im Unterricht mit Bezug zu den Bildungsstandards spannend zu gestalten.

Die Methoden lassen sich natürlich auch mit anderen Inhalten kombinieren. Die Erprobung im Unterricht hat gezeigt, dass die Idee gut und einfach umsetzbar ist und nachhaltig wirkt. Die Unterrichtsbeispiele und Methoden sind sofort in der Praxis anwendbar. Schüler/innen machen gerne mit und sind begeistert vom abwechslungsreichen Unterricht, der immer die Elemente „allein – zu zweit/in der Gruppe – alle gemeinsam" enthält. Vom Ich zum Du zum Wir (vgl. Ruf/Gallin 2005a, S. 228 ff.).

Als vor ungefähr zehn Jahren die Bildungsstandardsbewegung in Österreich vom Ministerium ins Leben gerufen wurde, wurde aus meiner Alleinarbeit zum eigenverant-

wortlichen/konstruktivistischen Lernen im Mathematikunterricht an der Hauptschule allmählich ein dialogisches Lernen zusammen mit H und schließlich mit den Partner/innen im Projekt Mathematische Bildung. Wie intensiv dieser Lernprozess sich auf mich ausgewirkt hat, kann aus der folgenden Formel abgelesen werden: $H + C = M^M$

Christine Fischer

Unser Konzept

Kompetenzorientiert lernen

Kompetenzorientierter Unterricht vollzieht sich unserer Meinung nach am besten in einer anregenden Lernlandschaft. Wir beginnen mit einem Blick auf den Lernstand im fachlichen Bereich und mit der Schulung der Methodenkompetenz im überfachlichen Bereich. Die Schüler/innen wählen ihre Lernwege selbst und begeben sich in einen dialogischen Lernprozess mit Lernpartner/innen. Von ihren Lehrer/innen werden sie unterstützt und begleitet und gegebenenfalls gecoacht. Zwischendurch finden Reflexions- und Präsentationsphasen statt, um den Lernprozess zu vertiefen und weiterzuentwickeln. Während des Lernprozesses werden immer wieder Lernergebnisse sichtbar gemacht. Dazu stehen Feedbackbögen, Kompetenzanzeiger und Orientierungsaufgaben zur Verfügung. Gegenseitige Rückmeldungen und Präsentationen runden den Lernprozess ab.

Lernen vom Kind aus: eigene Lernwege gehen

Lernen erfolgt im fachlichen und überfachlichen Bereich entlang einer Curriculumspirale. Wir gehen davon aus, dass Schüler/innen Kompetenzen entwickeln können, wenn

- sie verstehen lernen, worum es bei einem Thema geht;
- sie dieses Wissen langfristig behalten und verfügbar haben und daraus ableiten, wie sie vorgehen können, um Problemstellungen zum Thema erfolgreich zu bearbeiten;
- sie grundlegende Mathematisierungsmuster auf prototypische Sachverhalte anwenden können und die Bereitschaft haben, dies auch zu tun.

Lernen ist ein ganz persönlicher Prozess. Neuere Ergebnisse der Gehirnforschung zeigen, dass das Lernen nicht direkt beeinflusst werden kann, wir können allerdings das Lernumfeld entsprechend arrangieren und Anreize schaffen, die Lernende neugierig machen. In einer anregenden Lernlandschaft steuern die Schülerinnen und Schüler ihren Lernprozess selbst, wählen eigenverantwortlich ihre Lernwege und Inhalte, die sie interessieren. Ihre Lehrer/innen erstellen methodische Arrangements, die den selbstständigen Lernprozess anregen und unterstützen. Dieses dialogische Lernen ist begleitet von Phasen des Innehaltens und Reflektierens, des Feedback-Gebens und Orientierens. Lernergebnisse werden sichtbar gemacht und gewürdigt.

Die MB-Lernlandschaft, die beim Planen und Gestalten der Lehrer/innen mitschwingt, von den Schüler/innen erlebt wird und für das eigene Lernen und die persönliche Entwicklung genutzt werden kann:

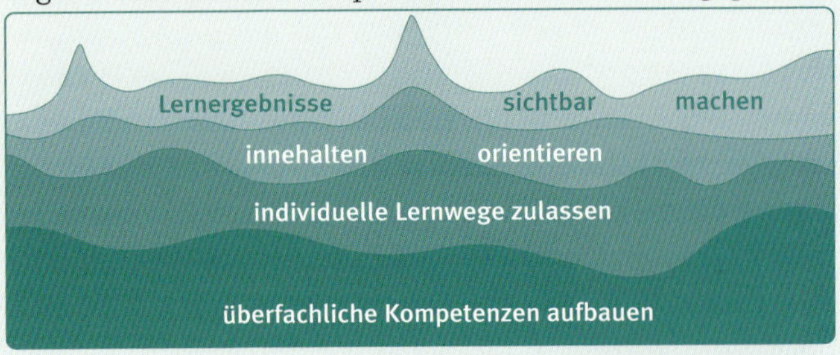

Abbildung C1: Die MB-Lernlandschaft

Dargestellt sind die grundlegenden Prozesse, die über das gesamte Schuljahr, die gesamte Sekundarstufe I laufen. Die Linienführung veranschaulicht die Ausprägung, die Intensität, mit der man etwas betreibt.

Diese vier Bereiche der Lernlandschaft – überfachliche Kompetenzen aufbauen, individuelle Lernwege zulassen, innehalten und orientieren, Lernergebnisse sichtbar machen – betreffen jedes Fach, die fachlichen Inhalte liegen darüber. Die Landschaft wird durch das Agieren der Beteiligten individuell gestaltet. Die Vernetzung sollte immer und von Anfang an mitgedacht werden. Die Herausforderung: Wie spannen wir den Bogen von der 5. bis zur 8. Schulstufe? Es wird leichter, wenn ich in der 5. Schulstufe schon daran denke, was in der 8. Schulstufe passieren wird.

Beim Aufbau der Kompetenzen sind die Akteure und Akteurinnen mitzudenken: die Schüler/innen, die Lehrpersonen, die Eltern, die Schulleitung und auch die Schulaufsicht. Grenzen überwinden!

Das Kind,

das du dir in den Kopf gesetzt
hast, widerspenstig nicht nur
das Strubbelhaar, ungebändigt.
Wo der Weg ist, findet es selbst,
zeigt dir den Stern, lächelnd.
Es hat deine Augen
weggenommen,
du siehst mit seinen jetzt,
ganz klar.
Und dein Lächeln ist
groß geworden,
weil du ihm geglaubt hast.
Kraft leuchtet daraus und
Zuversicht, Vertrauen
und Geduld.
Die anderen wird es anstecken,
dann seid ihr alle unterwegs,
auch die, die noch auf den
Koffern sitzen, unentschlossen.
Denn die gewohnten
Dinge wiegen schwer.
Aufbrechen werden sie und
Ballast von sich werfen.
Im frei gewordenen Kopf
hat es dann wieder Platz,
das Kind.

Madeleine Strauss

Das Projekt Mathematische Bildung: Entwicklung begleiten

P[MB:5-8] hat eigenverantwortliche, selbstgesteuerte Lernprozesse im Mathematikunterricht angebahnt. Eine Gruppe von Lehrerinnen und Lehrern, die neue Wege gehen wollen, beteiligt sich daran. Sie probieren verschiedene Methoden und Entwicklungen aus. Dabei schauen sie darauf, wie der Kompetenzaufbau der Zehn- bis 14-Jährigen im schulischen Kontext über vier Jahre gelingen kann. Das Lernen des Kindes wird als persönlicher Prozess verstanden.

Am Projekt beteiligt sind Schulen aus ganz Österreich, aus städtischem wie auch ländlichem Umfeld: Hauptschulen, allgemein bildende höhere Schulen, Kooperative Mittelschulen und Neue Mittelschulen. Diese ausgewogene Mischung sorgt für eine realitätsbezogene Grundlage, um mit diesem Konzept zu zeigen, dass individualisiertes Lernen in allen Schulen umsetzbar ist. Schließlich sollen die Projektschulen ihre Ideen weitertragen und sich mit anderen Schulen vernetzen.

Die am Projekt teilnehmenden Lehrer/innen thematisieren die mathematische Bildung an ihrer Schule und richten ihren Fokus dabei auf den Wandel von belehrender zu lernender Schule, auf das Stärken der Schüler/innen in ihrer Eigenverantwortung, das Mitgestalten von Entwicklungsprozessen (Lehrer/innen, Schüler/innen, Schulleiter/innen, Eltern) und das Sichtbarmachen von Veränderungen und Lernprozessen.

Periodisch treffen sich die Schulteams bei Plenartagungen, um gemeinsam zu arbeiten, zu reflektieren und Expertisen einzuholen, dabei entstehen Lernpartnerschaften, die im Prozess stärken.

Sitzen und die Ohren spitzen

An die 40 Personen im Raum. Es wird erzählt und ausgetauscht, angedacht und angebahnt, festgestellt und weiterentwickelt. Viele kleine Teams in einem Netzwerk, das sich mathematische Bildung ins Programm geschrieben hat.
Ich fange die Wörter ein, um sie später zu Papier zu bringen. Das Ergebnis nennt sich Tagungsdokumentation. Diese soll Auskunft geben über den Ablauf, die Inputs, die eingesetzten Arbeitsmethoden, die Ergebnisse von Gruppenarbeiten und Diskussionen im Plenum.

Das „Sitzen und die Ohren spitzen" habe ich sehr schnell einmal delegiert an mein Tonaufnahmegerät, denn das reine Wörter-Merken und -Wiedergeben kann die Technik besser. Ich bin entlastet und frei für den Blick aufs Gesamtgeschehen. Ich sehe ein

Leitungsteam, das umsichtig und harmonisch agiert. Gleich bei der ersten Tagung war ich fasziniert davon, wie sie einander genau an der richtigen Stelle den Ball zuspielen, drei Jahre und acht Tagungsdokumentationen später bin ich noch mehr fasziniert, denn durch das intensive Hinschauen und Verstehen-Müssen ist mir die Leistung, die dahintersteckt, erst so richtig bewusst geworden.

Sehr schnell habe ich auch erkannt, dass die Tagungsteilnehmer/innen in diesem Projekt nicht teilnehmen, sondern teilgeben. Die geben, dass es nur so kracht! Und das hört sich über die Kopfhörer dann auch so an. Ob Husten oder Lachen, „Schwätzen" oder tiefschürfende Analyse, das Mikrofon nimmt alles auf. Und ist damit wohl der „objektivste" Teil in dieser Geschichte. Diese „Objektivität" ist gut so, auch wenn meine Ohren protestieren, denn es verblüfft mich beim Anhören immer wieder, was mir alles entgeht, obwohl ich doch (meist) „nur" sitze und konzentriert verfolge, was sich tut. Es ist auch schon vorgekommen, dass sich live als „nicht so wichtig" wahrgenommene Aktivitäten beim Nachhören als Schlüsselstellen entpuppen.

Mein Hauptjob besteht darin, zu erkennen, was für die Rezipient/innen einer Dokumentation wichtig ist. Denn die Dokumentation ist dann gelungen, wenn sie alles darin finden, was für sie relevant ist, und sie nichts enthält, was für sie bedeutungslos ist. Das ist gar nicht so einfach zu bewerkstelligen, denn eine Doku hat unterschiedliche Empfänger/innen mit unterschiedlichen Erwartungen oder Bedürfnissen.

Den Schulteams und dem Projektleitungsteam soll die Dokumentation zur Orientierung dienen: Wo stehen wir? Was wurde vereinbart? Was angekündigt? Was sind die nächsten Schritte? Für das Dokumentieren bedeutet das: auf den roten Faden achten, Kontinuität schaffen. Hinterherschreiben, aber auch nach vorne denken, damit sich Schritte ableiten lassen, angeknüpft werden kann. Denn die Dokumentation/Tagung ist kein Einzelereignis, sondern ein Glied in einer kommunikativen Kette.

Auch Personen im Nahbereich des Projekts sollen eine Dokumentation „verstehend aufnehmen" (= rezipieren) können. So kann etwa darauf verwiesen werden, wenn sich Kolleginnen oder Kollegen an der Schule nach den Inhalten der Tagung erkundigen. Schaffe ich es, komplexe Vorgänge und Arbeitsmethoden so darzustellen, dass sie ganz einfach erscheinen (was eine ordentliche Herausforderung sein kann!), könnte das die eine oder andere Leserin vielleicht sogar dazu animieren, eine dargestellte Methode gleich in der eigenen Klasse auszuprobieren.

Neben dem richtigen Verhältnis von Distanz und Nähe verlangt das Dokumentieren auch noch Feinfühligkeit und Vertrauen: Die „Dokumentierten" müssen darauf vertrauen können, dass ihre Integrität gewahrt wird. Erreichen kann ich das mit einer entsprechenden Sensibilität für Prozesse und Menschen, die in einer Atmosphäre der Entwicklung gut oder auch manchmal weniger gut Gelungenes präsentieren und immer wieder Neues ausprobieren.

Inge Fritz

Schulentwicklung anbahnen

Eine der zentralen Fragen in der Projektarbeit ist, wie weit es den Teilnehmenden gelingt, die Kolleg/innen an ihren Schulen einzubeziehen. Das erfolgt zum Beispiel im Rahmen einer Konferenz, bei der die Qualitätsbereiche Leistung, Vielfalt, Unterricht, Verantwortung, Schulleben und Schulentwicklung[2] für die Reflexion der eigenen Schulsituation verwendet werden. Auch der fächerübergreifende Ansatz des Mathekrimis „die wilden vier"[3] eignet sich gut, eine nähere Zusammenarbeit mit Kolleg/innen anzubahnen. Auf diese Weise haben wir die unterschiedlichsten Erfahrungen gesammelt. Da gab es Lehrer/innen an den Schulen, die durch einen diskreten Blick über die Schulter neugierig wurden, angeregt wurden, die eigene Arbeit zu reflektieren, Impulse für die eigene Unterrichtsgestaltung bzw. die Schulentwicklung zu setzen.

Allerdings ist es nicht an allen Schulen gelungen, die Kolleg/innen bzw. die Schulleitung für die Mitarbeit zu gewinnen. Interesselosigkeit und kritische Bemerkungen machten sich in manch einem Konferenzzimmer bemerkbar. Dieses Spannungsfeld hat viel Dynamik in unser Lernnetzwerk gebracht und es vor eine Zerreißprobe gestellt, die letzten Endes unseren Prozess gestärkt hat. Das Netzwerk hat seine Tragfähigkeit und Tragweite gezeigt. Einzelne unverständige Kolleg/innen haben unsere Projektpartner/innen nicht entmutigt. Dass pro Schule mindestens zwei Kolleg/innen eine Projektpartnerschaft eingegangen sind, hat stärkend gewirkt.

„Willst Direktor werden?" – Ein innerer Monolog

Was hat er da gesagt? Direktor! Ob ich Direktor werden will! Wenn überhaupt, dann wohl Direktorin, du Macho! Und wie unverschämt er dabei grinst! Dabei hab ich gestern noch einen Kaffee mit ihm getrunken. Na gut, da hat er mir ja auch schon erklärt, dass alle Kolleg/innen, die Probleme im Unterricht haben, selbst schuld sind. Bei ihm gibt's da keine Würstel, er zieht sein Programm durch, beinhart. Hab ich mir eh gedacht, schließlich hat er einen gewissen Ruf bei den Schülerinnen und Schülern. Jetzt zeigt er den Kids die Beispiele in Mathe nur mehr auf Powerpoint. Toll, da könnt er gleich zu Hause bleiben! Dann diese blöde Wortmeldung!

Dabei ist zunächst alles recht gut gelaufen. Beate und ich haben die sechs Qualitätsbereiche für guten Unterricht als Skalen im Konferenzzimmer aufgehängt und dann haben die Kolleginnen und Kollegen Punkte dorthin geklebt, wo sie unsere Schule sehen. Das hat recht gut funktioniert, niemand hat einen Allergieanfall bekommen. Auch die weniger Innovationsfreudigen waren nur gering empört und haben brav ihre Punkte geklebt, erstaunlich, aber für sie war's wohl nur eine Aufgabe, die man halt erledigen

2 Es handelt sich dabei um die sechs Qualitätsbereiche, die als Kriterien für den Deutschen Schulpreis 2006 herangezogen wurden (vgl. Fauser et al. 2007, S. 9 ff.).

3 Näheres dazu siehe Seite 68 f.

muss – seufz. Vielleicht haben sie ja einfach keine Energie mehr, jedenfalls haben sie keine abfälligen Bemerkungen gemacht. So wie der „nette“ Kollege.

Natürlich hat er sich auch nicht an den Diskussionen beteiligt, die vor den Skalen entstanden sind. Das war ganz toll, sie haben über Unterricht gesprochen, ohne zu jammern, einfach nur so. Tatsächlich nachgedacht haben sie! Beate und ich waren ganz glücklich, irgendwie haben wir das Gefühl gehabt, dass sich doch etwas bewegen könnte in unseren heiligen Hallen der Bildung.

Und dann das! Ist es nicht genug, dass er jedes Mal, wenn wir von einem Seminar zurückkommen, fragt, ob der Urlaub auch schön war? Ohrfeigen könnt ich ihn dann, besonders wenn es am Vortag spät war, ich vom Zug kommend ins Bett gefallen bin, und um sechs schon wieder der Wecker geläutet hat. Wie soll man umgehen mit Leuten, die alles schlecht machen, nichts anerkennen, sich keinen Zentimeter bewegen wollen, weil sie ja eh bald in Pension gehen? Hilfe! Wie funktioniert Frustvermeidung? Alles hinschmeißen? Wieder einfach Dienst nach Plan? Sagt eh keiner danke.

Diese ganze Aktion mit den Qualitätsbereichen war sowieso für nichts gut. Was soll denn jetzt weiter passieren? Gut, sie haben geredet, gemurrt, sogar nachgedacht. Und jetzt? Da ist nichts weiter geplant. Es ist so mühsam! Jetzt kommen auch noch die zwei Obermeckerer daher: „Ist das Pflicht, dass man da mitmacht?“ – Aber was ist das? Was hat die Kollegin geantwortet, die sonst nie etwas sagt? „Pflicht ist es nicht, aber sei froh, wenn du einmal gefragt wirst! Hör auf mit der i-Tüpferl-Reiterei, ich finde es toll, dass sich jemand das antut, das ist doch ganz was Positives!“ – Juhu und Halleluja, es gibt doch noch Hoffnung! Nein, Direktorin will ich nicht werden, aber vielleicht eine bessere Lehrerin, wenn ihr mich lasst, wenn ihr mitmacht, am besten alle!

Madeleine Strauss

Unterrichtsentwicklung anregen

In der ersten Projektphase (November 2007 bis Juni 2009) haben die Projektpartner/innen erfahren, wie motivierend es sein kann, den eigenen Unterricht weiterzuentwickeln, im Team zu arbeiten, andere mit neuen Ideen anzustecken und gleichzeitig die Schüler/innen zentral im Blick zu haben. Gemeinsam ist ihnen das Interesse an einer Weiterentwicklung des Mathematikunterrichts und an fächerübergreifendem Unterricht. Sie sind offen für Neues und bereit, an der Schulentwicklung mitzuarbeiten und andere Schulen einzubinden. Am Ende dieser Phase stand die Frage, wie es gelingen kann, bei Kolleg/innen, Schulleiter/innen, Schüler/innen, Eltern und Schulaufsicht für unsere Projektarbeit und die damit in Verbindung stehenden Entwicklungen mehr Interesse zu wecken. Wie kann unser Netzwerk wachsen?

Eindrücke von Grafiker Klaus Pitter während einer Plenartagung (Workshop der Themengruppen, März 2010)

In der zweiten Projektphase (Dezember 2009 bis Juni 2011), für die wir den Titel „Miteinander bewegen. Mehr bewirken. Mathematik bereichern" („MB^3") gewählt haben, soll das Erreichte weiterentwickelt und in die Breite getragen werden. Unser Ziel: Den Weg zu beschreiben, wie der Kompetenzaufbau bei den Zehn- bis 14-Jährigen gelingen kann. Dabei orientieren wir uns am Lehrplan und an den Bildungsstandards. Das Konzept beruht weiterhin auf dem Dialog zwischen Theorie und Praxis. Mehr Raum in den Plenartagungen erhalten die Workshops, in denen zu selbst gewählten Themenbereichen gearbeitet wird. Ergeben sich aus den Reflexions- und Feedbackphasen Fragen im Entwicklungsprozess, holen wir uns Unterstützung durch Expert/innen. Die Tagungen und Lernpartnerschaften inspirieren dazu, Abschied von traditionellen Denkstrukturen zu nehmen. Die Projektpartner/innen werden immer mehr bereit für den Rollenwechsel von den Belehrenden zu den Unterstützenden, zu Begleiter/innen oder Lerncoaches. Die Schulen werden als Kompetenzzentren des Lernens gesehen. Der Mut wächst, die bisherigen Wege zu verlassen und veraltete Systeme aufzubrechen.

Aus Begleituntersuchungen zu Entwicklungsprozessen ist bekannt, dass Unterrichtsentwicklung meist in derartigen Experimentalgruppen von erfahrenen Lehrer/innen beginnt. Unterrichtsentwicklungsprozesse brauchen Initiativ- und Trägergruppen, die veränderte Unterrichtskonzepte erproben, reflektieren und diskutieren (vgl. Bastian 2007, S. 60). Die kooperative Bearbeitung von Entwicklungsaufgaben, das forschend experimentelle Erproben, die Diskussion der Rückmeldungen und von Expertisen sowie die professionelle Bearbeitung von Problemen, die bei der Arbeit auftreten, sind Erfolgskriterien für das Gelingen von Unterrichts- und Schulentwicklung. Das Projekt Mathematische Bildung versucht, diese Faktoren zu berücksichtigen. Die Teilnehmenden werden bei ihren Projekten begleitet, unterstützt und gestärkt. Bedenken, Skepsis und kritische Fragen werden herzlich begrüßt. Entwicklung geschieht in der Auseinandersetzung und führt über die Standpunkte in den Dialog.

Was uns ermutigt hat, diesen Weg zu gehen

Das wachsende Vertrauen in unsere Projektarbeit und zunehmend mehr Eigenverantwortung haben uns ungemein motiviert, uns Luft zum Atmen gelassen. Wir konnten immer wieder einen Schritt zurücktreten und die Perspektive ändern, vieles ausprobieren und die Angst vor dem Scheitern verlieren. Nachdenkliche, chaotisch-schöpferische Phasen wechseln mit strukturierenden Phasen, in denen es zwar nicht immer ganz ruhig, aber letztlich doch konstruktiv und harmonisch zugeht.

Forderungen, die wir an den geänderten Unterricht stellen, setzen wir in den Plenartagungen um und machen sie damit für alle Beteiligten erfahrbar. Mit dieser Selbsterfahrung im Lernprozess kehren die Projektpartner/innen an ihre Schulen zurück. Es ist der Blick auf die Kinder, der in diesem Projekt so viel ermöglicht.

Die kreativen und innovativen Projektpartner/innen aus den Schulen bilden neue Konstellationen und Netzwerke, weil sie die Freiheit dafür vorfinden. In diesem Entwicklungsraum kann scheinbar Unmögliches angedacht und ausprobiert werden.

Wie wir arbeiten: Blitzlichter auf Entwicklungen, Erprobungen, Erfahrungen

Der Mathekrimi „die wilden vier“

Unsere Projektarbeit wird wesentlich durch den Weg des Dialogs bestimmt. So wurden und werden Entwicklungen und Produkte stets einem Pilotierungsprozess (durch Schüler/innen, Lehrer/innen, Fachexpertisen usw.) unterzogen. Eines dieser Pilotier- oder vielleicht eher Pionierprojekte ist der Mathekrimi „die wilden vier“.

Die Idee zum Mathekrimi entstand aus dem Versuch, in einer ersten Klasse einer allgemein bildenden höheren Schule Deutsch und Mathematik fächerübergreifend zu unterrichten: Zunächst war es gar nicht leicht, vom Schubladendenken wegzukommen und die Kinder zu vernetztem Denken anzuregen. Aus unseren Überlegungen, wie wir das erreichen könnten, kristallisierte sich die Idee zum Mathekrimi heraus.

Im Vordergrund steht nicht der Erwerb von Fachwissen, sondern ein lustbetonter Umgang und eine veränderte Sichtweise der beiden Gegenstände. Zwei unterschiedliche

Arten des Lesens treffen aufeinander, die im Allgemeinen in den jeweiligen Unterrichtsfächern getrennt verwendet werden. Im Alltag greifen sie jedoch häufig ineinander. Das ganze Leben ist Mathematik, mit dem Krimi wird den Kindern sichtbar gemacht, dass auch in ihrem Leben viele Querverbindungen zur Mathematik existieren.

Marcel

Marcel sitzt. Er sitzt ganz ruhig. Das ist außergewöhnlich und etwas Besonderes. Er ist ganz allein in der ersten Reihe in der Klasse. Das ist nicht außergewöhnlich und nichts Besonderes. Die Beine hat er auf die Bank gelegt, neben den Zettel, auf dem schon alle Rechnungen aus dem ersten Kapitel des „Mathekrimis" gelöst sind. Das ist ganz „easy" gewesen, lächerlich leichte Aufgaben, geradezu kindisch. Was sich die beiden Lehrerinnen wohl dabei gedacht haben, als sie diese Geschichte in die Klasse brachten. Deutsch im Matheunterricht!
Marcel ist ein Rechner, einer, dessen Texte immer so kurz wie möglich sind, der am liebsten nur Zahlen schreibt, und wenn er sprechen muss, würde er gerne nur Formeln ausspucken und sie der Lehrerin zur freien Entnahme vor die Füße werfen. Aber jetzt liest er und allein schon die Länge des Textes lässt auf seiner Stirn zwei tiefe, senkrechte Falten entstehen.

Und dann kommt Sophia. Sie setzt sich neben ihn. Sie bittet ihn, ihr bei der Lösung der Aufgabe mit dem Zahlenschloss zu helfen. Sie hält sein „Ist doch baby!" aus und bleibt neben ihm sitzen. Zwei Köpfe über das Papier gebeugt, Marcel spricht. Er spricht über Mathe. Mit Sophia. Die erzählt, was im ersten Kapitel passiert, und hört zu.

Am nächsten Tag meldet sich Marcel in der Deutschstunde: „Ich hab den Krimi schon fertig gelesen!"

Madeleine Strauss

Nach ersten Erfahrungen wurde der Mathekrimi in einen breiten Pilotierungsprozess geschickt. Dabei war es uns wichtig, Kolleg/innen dafür zu gewinnen, in den dialogischen Lernprozess einzusteigen. Der tiefere Sinn eines Pilotprojektes ist es, neue Verfahren und Methoden zu erschließen, über die unterschiedlichen Wahrnehmungen und das daraus folgende Feedback Entwicklungen voranzutreiben. Dazu ist ein dialogischer Prozess zwischen den Entwickler/innen und Tester/innen notwendig. Wir nutzen für die Pilotierung eine Internetplattform, den Kreis der net-1-Schulen und Fortbildungsveranstaltungen. Kolleg/innen bringen ihre Erfahrungen und Ideen ein und tragen so im Sinne des Nehmens und Gebens dazu bei, dass das Produkt reift und das Netzwerk weiterwächst.

Mathilda oder Wie wir für die Nachhaltigkeit unseres Lernens sorgen

Maria, Miriam, Sarah, Pamina, Olivia, Klara, Alexandra, Kathi und Sofie – neun Schülerinnen aus Linz – präsentieren im Rahmen einer Plenartagung ihr Projekt „Mathilda". Die gemeinsame Arbeit an diesem Spiel habe die Klassengemeinschaft gestärkt und großen Spaß gemacht – so die Schülerinnen. „Es war eine tolle Erfahrung, selbstständig arbeiten zu dürfen!" Die Begriffe wurden selbst ausgesucht und Erklärungen dafür gefunden, Spielkarten und Spielfiguren selbst gestaltet und ein Name für das Spiel gesucht, was gar nicht so einfach war. Schließlich wurde es „Mathilda".

Nachhaltigkeit durch ein Spiel?

Welche Begriffe aus der Mathematik sind wichtig? Und was bedeuten sie? Die Schülerinnen haben Schulbücher von der 5. bis zur 8. Schulstufe hergenommen und darin gefundene Fachbegriffe auf ihre Tauglichkeit für „Mathilda" geprüft. Ergebnis ist ein Spiel voller mathematischer Ausdrücke, differenziert in vier Jahrgänge und drei Schwierigkeitsgrade (leicht, mittel, schwer). Zusätzlich gibt es ein Jokerfeld, wo man seine Rechenkünste unter Beweis stellen kann. Je nachdem, auf welches Feld man kommt, sind mathematische Begriffe pantomimisch darzustellen, zu zeichnen oder zu erklären, die anderen müssen erraten, was gemeint ist. Dabei werden die im Unterricht gelernten Begriffe, Formeln, Aufgaben etc. wiederholt und auf spielerische Art und Weise gefestigt.

„Blattformen" im Mathematikunterricht

Viele Schüler/innen sind durch den Mathematikunterricht so „konditioniert", dass sie sofort zu rechnen beginnen, wenn sie Zahlen sehen. Mit der folgenden Aufgabenstellung sollten die Schüler/innen auf dieses Verhalten aufmerksam werden. Die Arbeitsweise mit der „Blattform" haben wir gewählt, weil sie ein sehr individuelles Arbeiten ermöglicht, den Schüler/innen ihr Vorwissen bewusst wird und sie zum Reflektieren ihrer Vorgangsweise angeleitet werden[4].

4 Näheres zu den Blattformen finden Sie im Beitrag „Auf [eigenen] Sprachspuren" von Sonja Vucsina.

Lisas Party

Lisa hat morgen Geburtstag. Sie wird zwölf Jahre alt. Ihre Mutter hat ihr versprochen, dass sie eine Party machen darf. Sie feiert mit vier Freundinnen und ihren drei Geschwistern. Für die Geburtstagsfeier kauft die Mutter für jeden genau einen Krapfen und zusätzlich zwei Stück für besondere Naschkatzen. Lisas großer Bruder Patrick ist schon fünfzehn Jahre alt und dementsprechend hungrig. Er isst die Hälfte der Krapfen und noch einen Krapfen dazu. Als Lisa das zwei Stunden vor der Party bemerkt, versteckt sie den Rest der Krapfen in der Küche. Aber sie hat nicht mit Martin gerechnet, ihrem fünfjährigen Bruder, der die Krapfen innerhalb von zehn Minuten gefunden hat. Er isst vom vorhandenen Rest der Krapfen die Hälfte. Lisa ist verzweifelt. In zwanzig Minuten beginnt die Party. Sie hat nur noch die zwei „Reservekrapfen". Wie viele Leute sind bei ihrer Geburtstagsparty?

Lernstand erheben

Der Schritt von der Volksschule in die erste Klasse der Sekundarstufe I ist als kritisches Lebensereignis Heranwachsender zu sehen, das von vielen Kindern als positiv besetzte Herausforderung betrachtet wird. Aus der Sicht von Lehrer/innen zeigt sich ein mitunter sehr heterogenes Leistungsbild. Für den gezielten Blick auf den Lernstand haben wir das Instrument „Hände reichen" entwickelt. Es umfasst zehn Aufgabenblätter und eine Auswertung. Jedes Kind erhält sein persönliches Kompetenzprofil und die Lehrperson ein Klassen- bzw. Gruppenprofil. Jedes Aufgabenblatt bezieht sich auf ein klar umrissenes Themengebiet. Um die Schüler/innen auf dieses einzustimmen und ihnen zu ermöglichen, ihre Aufmerksamkeit gezielt auf ein Aufgabenblatt zu richten und vorhandene Einsichten und Kenntnisse zu erinnern und abzurufen, empfehlen wir, zu Beginn der Einheit – eventuell in einem Sitzkreis – in einem Gespräch Volksschulerinnerungen an die Erarbeitung dieses Themas wach werden zu lassen. Entsprechendes Anschauungsmaterial soll die Kinder bei ihrer Erinnerungsarbeit unterstützen. Gegebenenfalls werden sie angeregt, ihre Hefte oder andere Materialien aus der Grundschulzeit als Erinnerungshilfen mitzubringen.

Gemeinsam wiederholte Regeln und Kenntnisse werden schriftlich festgehalten und gut sichtbar als Hilfe für alle im Klassenraum aufgehängt. Erst nach dieser Einstimmung beginnen die Kinder mit der Bearbeitung ihres Blattes. Den Kindern wird klar gemacht, dass es sich bei der Arbeit um keine Prüfung handelt, sondern dass die Lehrperson auf diesem Wege versucht, das bei den Einzelnen bzw. in der Klasse insgesamt vorhandene Wissen zu einem bestimmten Mathematikbereich zu erforschen, um den weiteren Unterricht darauf systematisch aufbauen zu können.

Die Lernstandserhebung kennzeichnet nicht nur die Übergangsphase von der Volksschule zur Sekundarstufe I, sondern bleibt wesentlicher Bestandteil auf dem Lernweg. Es ist immer wieder notwendig innezuhalten und festzustellen, wie weit die Lernprozesse fortgeschritten sind. Immer mehr wird die Verantwortung dafür in die Hände der Schüler/innen gelegt. Von den Lehrer/innen werden Möglichkeiten der Diagnose bereitgestellt. Hilfestellung wird dann angeboten, wenn die Schüler/innen sie brauchen.

Lernen begleiten

In unserem Projekt verstehen wir die Aufgabe der Lehrer/innen im Sinne des Konstruktivismus als Lernprozessbegleitung. Einige Aspekte dieser veränderten Rolle der Lehrer/innen sind dem Lerncoaching entnommen. Der Ursprung des Begriffs *Coaching* stammt aus dem englischen Wort *coach*, das Kutsche bedeutet. Eine Kutsche ermöglicht Menschen, von einem Ort zum anderen zu gelangen. Wird *Coaching* auf der Metaebene betrachtet, so kann es als Entwicklungsinstrument gesehen werden. Auf den Lernprozess bezogen bedeutet dies, dass ein Klient sein Ziel formuliert und von einem Coach auf dem Weg zum Ziel begleitet wird (vgl. Pallasch/Hameyer 2008. S. 18). Durch entsprechende Fragen wird der Klient *(Coachee)* angeregt, selbst Lösungen für Probleme zu finden. Im Projekt stellten wir uns die Frage, wie man den Effekt des Coachings für den Lernprozess nutzen kann. Wir haben uns dem Coaching in verschiedener Weise angenähert.

Schüler/innen lernen mit Schüler/innen

Das Schulprojekt „MatheCoaching“ ist ein Tutoring, bei dem Schüler/innen der 8. Schulstufe mit Schüler/innen der 5. Schulstufe („Schützlinge“) lernen. Die Übungssequenzen dauern zehn Minuten und finden ein- bis zweimal in der Woche vor dem Unterrichtsbeginn statt. Jeder Schützling wird von seinem Tutor so lang wie erforderlich begleitet. Schüler/innen, die sich bereit erklären, die Aufgabe eines Tutors zu übernehmen, erhalten durch die Beratungslehrerin ein Training hinsichtlich Gesprächsführung und Konfliktlösung. Bei einem „Arbeitsessen“ (wöchentliche Zusammenkunft der Tutor/innen, der Beratungslehrerin und der Mathematiklehrerin) werden Erfahrungen reflektiert, Fragen erörtert, Änderungen besprochen. Die Tutoren und Tutorinnen können dies als Plattform für die persönliche Weiterentwicklung nützen und sich auch Hilfestellungen holen, sodass das MatheCoaching im Sinne einer Lernbegleitung immer professioneller wird.

Schon vorbei?

Es ist eine Viertelstunde vor Unterrichtsbeginn. Es läutet. Martin aus der 4a kommt zum Mappenregal, entnimmt eine Mappe samt Materialbox und trifft sich mit Lisa, einer Schülerin aus der 1b, im Musikraum.

„Hallo, was sagst du – heute bin ich ganz, ganz pünktlich! Was hast du heute für mich?", so Lisa. „Tja, heute werde ich deine Speicherplatte und dein Matheregelwerk im Kopf überprüfen", antwortet Tutor Martin mit einem Lächeln. Damit beginnt ein zehn Minuten langes Training. Routiniert schlägt Martin bestimmte Seiten in der Mappe auf, erteilt Arbeitsaufträge und hört geduldig zu. Er gibt Hilfen aus der Materialbox oder lässt sich selbst etwas einfallen. Er lässt seinem Schützling Zeit und gibt ihm die Gelegenheit, seine Gedanken zu artikulieren: „Wie bist du auf die Lösung gekommen?"

Lisa arbeitet konzentriert, schmunzelt über manche Erklärung und versucht, die Aufgaben auch flott zu bewältigen. Das eine oder andere „Ach, so geht das" bestätigt dem Tutor, dass Lisa verstanden hat.

Dann läutet Martins Handy. Kein Anruf, sondern das Zeichen, dass die zehn Minuten um sind. „Schon vorbei?", wundert sich Lisa. Gekonnt trägt Martin jetzt in seine Mappe das Datum, die Nummern der erledigten Arbeitsblätter und heute eine Bemerkung zur Arbeitshaltung seines Schützlings ein: „überpünktlich". Dann gehen beide in Richtung Klassen. Am Gang, noch immer vor Unterrichtsbeginn, begegnen sie einer Lehrerin, die sie nach dem Verlauf des Tutorings fragt. Lisa antwortet wie aus der Pistole geschossen: „Martin erklärt einfach besser und es macht Spaß." Der Tutor meint nach einem kurzen Innehalten: „Es macht mich stolz zu sehen, wie sie sich verbessert." Beide tauschen einen freundlichen Blick aus und starten in ihren Schultag. Es läutet zum Stundenbeginn.

Brigitte Makl-Freund

Für die Tutor/innen ist im Laufe des Projekts Mathematische Bildung eine Mappe mit einem Aufgabenpool samt entsprechender Materialbox (Operieren, Modellbilden, Gedächtnistraining) entstanden, die ihnen die Arbeit mit den Schützlingen möglich macht. Diese Aufgaben sollen das Zahlenverständnis, das Finden und Anwenden von Rechenregeln, die Rechenfertigkeit, das Erkennen von Strukturen, die Stärkung der Vorstellung und vieles mehr verbessern helfen. Die kurze, aber regelmäßige Trainingseinheit im Zweierteam stellt eine individuelle Förderung dar und lässt eine entspannte Lernsituation entstehen.

Schüler/innen unterrichten Schüler/innen

Auch eine andere Projektschule hat einen schulstufenübergreifenden Ansatz für das Lerncoaching entwickelt und erprobt: „Wie nutzen und aktivieren wir die Kräfte unserer Schüler/innen für das Lernen voneinander und miteinander?", lautete ihre Fragestellung. Schüler/innen der zweiten Klasse vermitteln im Rahmen der Freiarbeit Schüler/innen der ersten Klasse die Grundbegriffe der Bruchrechnung. Von der Ausarbeitung bis hin zur Evaluierung werden die Lernsequenzen in die Hände der Zweitklässler gegeben. In einer Vorbereitungsphase haben sie sich nochmals das Gelernte in Erinnerung gerufen. In den Freiarbeitsphasen bereiten sie die Inhalte auf und erstellen Arbeitsblätter. In der Vermittlungsphase arbeiten jeweils zwei Kinder der einen Klasse mit zwei Kindern der anderen Klasse zusammen. Die Gruppen bilden sich beim Kennenlerntag in Selbstorganisation. Die Lehrer/innen sind stille Beobachter/innen und greifen in das Geschehen nicht ein. Eine Schülerin der ersten Klasse auf die Frage, wie es ihr beim Lernen mit den Zweitklässlern ergangen ist: „Es war lustiger als mit den Lehrern, die Schüler haben ein bisschen besser erklärt."

Voneinander lernen: Klein trifft Groß

Eine Projektschule hat sich für das laufende Schuljahr die Reflexion von Lernen, das Beschreiben von Lernwegen und das Verständnis für Lernstrategien zum Schwerpunkt gesetzt: Schüler/innen der dritten Klasse einer allgemein bildenden höheren Schule sollen darüber nachdenken, warum und auf welche Weise sie etwas gemacht haben, und darüber auch sprechen können. Um dieses Ziel zu erreichen, wurde eine Begegnung mit Kindern einer ersten Klasse Volksschule durchgeführt. Als Lernpartner/innen sollten die Großen lernen, Verständnis für das Lernen anderer aufzubringen, Lernen kritisch zu betrachten, eigenes Lernen besser zu verstehen, zu beobachten, Rückmeldung zu geben, zu dokumentieren, als Lerncoach zu handeln, Wissen aus einzelnen Fächern zu verbinden und Verantwortung zu übernehmen.

Dass diese Rechnung aufgegangen ist, zeigte die Reflexionsphase der „Großen" nach dem Treffen. Auffällig war, dass fast alle Schüler/innen festgestellt haben, dass die Volksschulkinder „sich besser konzentrieren können, genauer zuhören und viel leiser sind". Außerdem haben die Großen erkannt, dass sie von den Kleinen viel lernen können.

Die Schüler/innen der dritten Klasse haben sich großteils als sehr engagierte Lernbegleiter/innen erwiesen und zum Teil auch kritische und genaue Beobachtungen formuliert. Erkenntnis einer Schülerin: „Kinder lernen bei den Aufgaben am meisten, die sie nicht verstehen und wo sie versuchen müssen, durch genaues Nachdenken auf eine Lösung zu kommen."

Aufgaben öffnen

Lernen ist ein sehr individueller Prozess, ein aktiver Konstruktionsvorgang, bei dem jedes Individuum sein persönliches Denknetz knüpft. Durch Diskussionsimpulse und Denkanstöße ergeben sich Ideen für Hilfestellungen und Anleitungen. Eine Möglichkeit dazu bietet sich bei offenen Aufgabenstellungen. Offene Aufgaben sind solche, bei denen ein Lösungsweg nicht vorgezeichnet und eine eindeutige Lösung nicht unbedingt erforderlich ist. Oft enthalten sie Aufforderungen zum Beschreiben, Begründen oder Erklären. Auch Irrwege dürfen beschritten werden. Die Aufgaben regen zu grundlegenden Überlegungen an und entfachen Diskussionen. Ihre Lösung erfordert inhaltliche, qualitative Argumentation und vertieft damit die Auseinandersetzung mit den Lerninhalten. Offene Aufgaben ermöglichen den Schüler/innen, Raum für eigene Denkstrategien zu entwickeln. Sie werden ermuntert, eigene Wege zu finden, diese in eigene Worte zu fassen und dann mit Mitschüler/innen und der Lehrperson zu diskutieren. Darüber hinaus werden sie auch angeregt, eigene Aufgaben zu formulieren. Eine Möglichkeit, Gedanken beim offenen Lernen festzuhalten, bieten Lernjournale. In Lernjournalen oder „Reisetagebüchern" (vgl. Ruf/Gallin 2005b) reflektieren Schüler/innen die in der Schule gelernten Inhalte. Die individuellen Lernprozesse werden einsichtig und sichtbar gemacht.

Fermi-Aufgaben – ein Beispieltypus für offene Aufgabenstellungen

Enrico Fermi (1901-1954), einer der bedeutendsten Kernphysiker des 20. Jahrhunderts, war bekannt für seine schnellen Abschätzungen. Unter „Fermi-Aufgaben" versteht man Beispiele, bei denen es darauf ankommt, Größen, über die man keine vollständigen Informationen hat und für die man auch keine Berechnungsformel kennt, näherungsweise abzuschätzen.

Durch die Offenheit der Fragen regen sie zum eigenständigen Nachdenken, zum Recherchieren, aber auch zum Diskutieren mit anderen an. Schüler/innen werden ermuntert, eigenständige Denkwege zu gehen und diese auch anderen zugänglich zu machen. Erreicht werden kann damit das Verstehen und Ausbilden von Strategien, das Präsentieren und „laute Denken" – wichtige Schritte im kompetenzorientierten Lernen. Fermi-Aufgaben eignen sich sehr gut für den Mathematikunterricht der Sekundarstufe I. In gewisser Weise entspricht ihr Charakter dem fragenden Entwicklungsprozess eines Kindes.

Enrico Fermi ging es nicht um exakte Resultate. Vielmehr legte er Wert darauf, dass man die richtige Größenordnung herausfand. Wo immer es ging, bevorzugte er einfache, modellhafte Vorstellungen, die ein Problem auf das absolut Wesentliche reduzierten. Mögliche Strategien zur Lösungsfindung sind Schätzen, Rechnen oder Messen.

Ein Beispiel: MB in Bewegung

Eine Besonderheit des Projekts „Mathematische Bildung" ist, dass Projektpartner/innen aus allen Bundesländern daran teilnehmen. Wie viele Kilometer werden da pro Plenartagung zurückgelegt?

Hilfreiche Überlegungen dazu wären: Wie viele Personen kommen aus jedem Bundesland? Wo findet die Plenartagung statt? Wie groß sind die Entfernungen des jeweiligen Tagungsortes zu den einzelnen Landeshauptstädten? Spielt es für das Ergebnis eine wesentliche Rolle, in welcher Stadt die Tagung stattfindet?
(Unter der Annahme von ca. 40 Teilnehmer/innen aus allen Bundesländern liegt das Ergebnis in der Größenordnung von ca. 12 000 km – ob es dann tatsächlich ein paar Kilometer mehr oder weniger sind, spielt keine Rolle, wesentlich ist die richtige Zehnerpotenz, es sind nicht 1 200, aber auch nicht 120 000, sondern eben ca. 12 000 km.)

Reif für den Transfer

Im April 2009, wenige Monate vor Abschluss der ersten Projektphase, bot sich die Möglichkeit, im Rahmen einer Konferenz der Landesschulinspektor/innen auf die Qualität des Projekts Mathematische Bildung aufmerksam zu machen. Worin besteht diese Qualität?

Am Projekt beteiligen sich Lehrer/innen und Schulleiter/innen, die sich auf einen Veränderungsprozess einlassen, ohne sich ihm passiv auszusetzen. Die Mitglieder des Leitungsteams sind in unterschiedliche Kontexte – wie z. B. Unterricht, Pädagogische Hochschule, Koordination der Bildungsstandards, Schulleitung – eingebunden und verfügen über gemeinsame Projekterfahrungen, die für die Begleitung von Veränderungsprozessen sehr unterstützend sind, sei es bei der Betreuung und Begleitung von Schulen, bei der Organisation, Moderation und Gestaltung von Veranstaltungen, beim Sichtbarmachen von Ergebnissen und der Umsetzung in ein Produkt, beim Auf- und Ausbau von Netzwerken.

Die Leitungsgruppe begleitet und unterstützt den gesamten Projektverlauf. Gegenseitige Schulbesuche und Lernpartnerschaften der Projektpartner/innen sollen die Unterrichts- und Schulentwicklung an den Standorten anregen und weiterbringen. Dabei ist wesentlich,

- dass sich in einer Schule mindestens zwei Lehrpersonen (nicht nur für Mathematik) finden, die gemeinsam arbeiten wollen und an den Plenarveranstaltungen bzw. eventuell auch an Themengruppentreffen teilnehmen;
- dass Schüler/innen in diesen Prozess einbezogen werden, zum Beispiel bei der Pilotierung einzelner Entwicklungen, und so das Lernen der Zukunft mitgestalten;
- dass es eine innovative Schulleitung gibt, die diesem Projekt positiv gegenübersteht und es unterstützt.

Die Lerngemeinschaft erweitern – Bereitschaften, auf die wir bauen:

- Den Lernzyklus vom Kind aus wahrzunehmen und sich mit dem eigenverantwortlichen, individuellen Lernen der Schüler/innen sowie mit methodischen Zugängen auseinanderzusetzen;
- kompetenzorientierten Unterricht mitzuentwickeln und fächerübergreifend zu arbeiten, gemäß dem dialogischen Lernen nach Urs Ruf und Peter Gallin (vgl. Ruf/Gallin 2005);
- im Team zu arbeiten, über Unterricht zu reflektieren und diesen weiterzuentwickeln;
- auf den Lernprozess, der auf den Kompetenzaufbau im Verlauf von vier Jahren ausgerichtet ist, zu schauen;
- Materialien gemeinsam mit Schüler/innen zu entwickeln und auszuprobieren bzw. zu pilotieren;
- Pionierarbeit für die Öffnung von Unterricht zu leisten, zum Beispiel ausgehend von Falko Pe-schels Stufenmodell für die Grundschule (vgl. Peschel 2006a, Teil I, S. 51 ff.), ein Stufenmodell der Öffnung von Unterricht für die Sekundarstufe I zu entwickeln, das für Lehrer/innen, Schüler/innen, Schulleiter/innen, Eltern und die Schulaufsicht leistbar bzw. vertretbar erscheint;
- die Ergebnisse und Konzepte so vorzubereiten, dass eine Art Handbuch/Logbuch/Kompass für den Transfer entsteht, damit andere Lehrende und Lernende auf Erfahrungen und Erkenntnissen aufbauen können;
- darüber hinaus an der Schulentwicklung – am inneren und äußeren Transfer (an der eigenen Schule, an anderen Schulen) – mitzuarbeiten und gegebenenfalls als Referent/in oder Berater/in tätig zu werden.

Abbildung C2: Die Lerngemeinschaft erweitern – Bereitschaften, auf die wir bauen

Das Leitungsteam und auch die Projektpartner/innen an den Schulen wurden während der ersten Projektphase immer wieder gefragt, ob die Entwicklungen und Produkte für interessierte Lehrer/innen zugänglich gemacht werden. Dementsprechend wurden bei zahlreichen Veranstaltungen Entwicklungen vorgestellt. Sie kamen somit zum Einsatz in der Praxis, weit über den Kreis der Projektpartner/innen hinaus. Die Botschafter/innen gerieten dabei an die Grenzen der Leistbarkeit, da ein Veränderungsprozess nicht allein durch Materialien ausgelöst werden kann und die Nachhaltigkeit erst zum Tragen kommt, wenn man auch selbst Anteil an der Entwicklung hat. Daher entschlossen sich das Leitungsteam und der net-1-Initiator Richard Stockhammer, diese Projektqualität als Gesamtkonzept für einen Transfer anzubieten.

Eine Grenze ist überwunden und neue Pionierwege beginnen

Pionierarbeit steckt an. Die erste Anfrage kam aus Niederösterreich. Welche Personen gehen in Verantwortung? Wer übernimmt die Finanzierung? Welche Schulen sollen teilnehmen? Wer wird dieses Projekt leiten und begleiten? – Ein Landesschulinspektor blickt auf vorhandene Strukturen im Bundesland, sucht nach Partner/innen und schafft Rahmenbedingungen, Kooperationen mit Pädagogischen Hochschulen werden eingegangen. Im April 2010 startete die erste Generation Mathematische Bildung im Bundesland Niederösterreich mit 20 Schulen.

Manche dieser Schulen sind schon länger auf dem Weg, manche beginnen erst, ihren Unterricht zu überdenken und zu verändern. Die Schulteams diskutieren über die notwendigen Rahmenbedingungen, um das Lernen der Schüler/innen in den Mittelpunkt des schulischen Geschehens zu rücken. Das gemeinsame Ziel ist kompetenzorientiertes Lernen in einer anregenden Lernlandschaft. Die Wege dorthin werden unterschiedlich sein.

Das Netzwerk wächst.

Nachsatz: Der Beitrag wurde im Juni 2010 verfasst. Bei Erscheinen dieses Buches im Sommer 2011 hat das Projekt Mathematische Bildung die net-1-Geschichte Richtung Transfer weitergeschrieben. Nachzulesen im Kapitel „Der Weg in die Breite“ im hinteren Teil dieses Buches.

Persönliche Potenziale entwickeln

EVA THEISSL

net-1-Projekt KL:IBO
Kompetenzlernen durch
Individualisierung und Berufsorientierung
Leitung: Sabine Fritz, Eva Theissl

orientieren net-1

EIN KOMPLIZIERTES KONZEPT WIRD FEDERLEICHT

KL:IBO bedeutet: Kompetenzlernen (KL) durch (:) Individualisierung (I) und Berufsorientierung (BO).

Federleicht werden diese gescheiten Konzepte erst in der Hand unserer erfahrenen, liebevollen Projektleiterinnen. Jedes dieser Konzepte – zu denen folgende Module gehören: Portfolio, Orientierungsgespräch, freiwillige Zielvereinbarung, individualisierter Unterricht – wird dann leicht, wenn eine spielerische Arbeitsteilung erfolgt: Jede der beteiligten Projektschulen konzentriert sich auf ein kleines Entwicklungsvorhaben, das dann mit den anderen Projektschulen geteilt wird.

Zugegeben – das erfordert viel Gelegenheit zu gut angeleiteten (gecoachten) Übungsphasen mit anschließender mündlicher Kommunikation über die Erfahrungen und Fortschritte. Diese werden wiederum von weiteren Schulen als kleine Entwicklungsvorhaben aufgegriffen.

Und doch – insgesamt ein komplexer Musterwechsel und Weg, der international aufhorchen lässt.

Und die Entwicklungsgruppe schwebt: Alle haben Spaß und schaffen mehr als zuvor.

Und genau dort liegt das Systeminteresse: Hier ist ein Weg begonnen, wie auf wundersame Weise von den Beteiligten selbst – im Zusammenspiel mit komplexen Konzepten und Ansprüchen – Energien, Musterwechsel und Ressourcen im System aktiviert werden.

Wie gelingt es, eine Projekt- und Lerngemeinschaft in Schwung zu halten?

Die Interessenten am net-1-Projekt KL:IBO sind zahlreich. Und das Schulwesen ist voller schaler Kopien.

Und die Projektakteur/innen sind überzeugt: Das KL:IBO-Virus ist nicht aufzuhalten.

Denn KL:IBO lässt die Schülerinnen und Schüler wieder an sich glauben.

Richard Stockhammer

Die Ausgangsfrage

Ausgangspunkt dieses ungewöhnlichen Projekts war die Frage, wie man von einem Minifach Berufsorientierung (BO), das von fünfzehn anderen Fächern übertönt wird [1], zu einem übergreifenden Prinzip kommt. Das Hervorbringen von Orientierungsfähigkeit und von Brücken in den Beruf ist – wie wir aus Untersuchungen wissen – ein Topanliegen von fast allen Eltern. Auch die bundesweite Koordinationsgruppe der Berufsorientierungslehrer/innen unter der Leitung von Sabine Fritz kämpft seit vielen Jahren um mehr Gewicht für das Fach und das Prinzip Berufsorientierung.

Der Projektansatz von KL:IBO ist noch breiter und tiefer. Es wurde das Abenteuer „Kompetenzlernen durch Individualisierung und Berufsorientierung" daraus.

Ein Initialwort als Programm

K	*Kompetenz*
L	*Lernen*
:	*durch*
I	*Individualisierung*
B	*Beruf*
O	*Orientierung*

Diese Buchstaben stehen für zentrale Begriffe, die KL:IBO zu einem ganzheitlichen, sehr umfassenden Projekt werden ließen.

Kompetenz ist unsere Urkraft zu lernen.

Lernen in seiner ursprünglichsten Form heißt, das eigene Verhalten zu verändern. Leben ist lernen. Man kann nicht nicht lernen. Lernen heißt, Kompetenzen zu entwickeln bzw. weiterzuentwickeln.

Individualisierung – individualisierter Unterricht: Kompetenzlernen gelingt in einem Umfeld, das den Schüler/innen zutraut, selbst wirksam zu werden, das ihnen ermöglicht, Vertrauen in die eigenen Fähigkeiten aufzubauen, das ihre Wünsche und Vorstellungen ernst nimmt. Menschen lernen selbst und ständig.

Berufsorientierung gelingt, wenn die Schülerinnen und Schüler ihre Persönlichkeit entdecken. Die Wahrung der Integrität jeder Person stärkt den Prozess der Reifung der eigenen Identität auf dem Weg in den Beruf.

1 Berufsorientierung ist in Österreich in den Schulen der Zehn- bis 14-Jährigen zwar ein Pflichtfach, aber nur eine verbindliche Übung – verpflichtend, aber ohne Benotung. In der Stundentafel, welche die Stundendotation je Woche festlegt, ist Berufsorientierung mit nicht ganz einer Stunde ausgewiesen; allerdings wird Berufsorientierung bei den Schulveranstaltungen zusätzlich betont (so ergeht es einem Fach, das erst vor wenigen Jahren dem Kanon der anderen Fächer hinzugefügt wurde).

Drei Module in Entwicklung

Das net-1-Entwicklungsprojekt, das ich gemeinsam mit Sabine Fritz leite, startete im März 2008. Im Fokus der ursprünglichen Projektkonstruktion stand die Berufsorientierung. Sie sollte jenen Stellenwert im schulischen Alltag erhalten, der ihr schon lange zusteht. Kurz vor der Auftaktveranstaltung brachten net-1-Pogrammdirektor Wilfried Schley und Richard Stockhammer, Initiator und Schirmherr von net-1, neue Sichtweisen und interessante Ansätze ein. Das auf zwei Jahre konzipierte Projekt wurde um einige Elemente erweitert und bekam dadurch eine völlig neue Ausrichtung.

Mit zwölf Projektschulen machten wir uns auf den Weg in eine neue Orientierungswelt. Wir stellten uns dieser Herausforderung gemeinsam mit dem erweiterten Projektteam: Peter Ebner, Isolde Giesenkirchen, Gabi Bogdan und Anita Marksteiner. Gezielt wurden Expert/innen aus den Bereichen Portfolio, Entwicklung von Talenten und offener Unterricht beigezogen. Und wie sich später herausstellte, ergriff einmal diese und einmal jene der zwölf Projektschulen die Initiative, bestimmte Entwicklungen voranzutreiben.

KL:IBO: Schülerinnen und Schüler gewinnen Orientierung zur aktiven und selbst verantworteten Gestaltung ihrer Bildungs- und Berufsbiografie. Ausgehend von der Berufsorientierung gelingt dies in einem Dreischritt aus Stärkenportfolio, Orientierungsgespräch und individualisiertem, offenem Unterricht.

Abbildung D1: Module des Projekts KL:IBO

Selbstwirksamkeit

Jedes der drei Module funktioniert nur, wenn die Initiative sich zu den Jugendlichen dreht. Ein Stärkenportfolio, das im Stile einer Pflichtübung und des Nachlernens gemacht wird, produziert kraftlose Klischees. Ein Orientierungsgespräch, zu dem sich die Eltern und auch der bzw. die Jugendliche vorgeladen fühlen, markiert keinen Übergang in die Eigenverantwortung. Individualisierter Unterricht, bei dem die Schüler/innen zum Opfer von Methoden und Förderung werden, lässt sie nicht erkennen, dass es um ihren Weg und um ihr Glück geht, das sie nur selbst schmieden können.

Die Kunst dieses Musterwechsels besteht darin, die selbstbewusste Suche nach dem eigenen Weg, nach den eigenen Stärken, nach der persönlichen Berufung und der Aufgabe in der Gemeinschaft zu initiieren.

Aus der Sicht der Schüler/innen bedeutet das: Die eigene Kraft spüren: Selbstwirksamkeit; zur eigenen Aufgabe finden: Authentizität, die Initiative ergreifen: Selbstverantwortung. Komplementär dazu brauchen die Lehrpersonen: Professionalität für Wege zur Selbstwirksamkeit, Authentizität und Selbstverantwortung – insgesamt eine neue Haltung: Rückhalt geben.

KL:IBO – eine Lerngemeinschaft

Was unterscheidet ein net-1-Projekt wie KL:IBO von anderen Projekten? Bei einem Projekt im herkömmlichen Sinn ist eine klare Projektkonstruktion vorherrschend, es werden Projektziele oder Thesen definiert und gleichzeitig Bedingungen festgelegt, an denen man den Erfolg des Projekts erkennen kann. Ein net-1-Projekt hat ebenfalls ein klares Ziel, einen roten Faden, der durch das Projekt leitet, doch die einzelnen Etappen sind offen und lassen viel Raum für Experimente, Querdenkerei und Kreativität.

Für mich als Projektleiterin bedeutet jedes net-1-Projekt Abenteuer und Freiheit. Es wird uns viel zugetraut, aber auch viel zugemutet. Wir betreten mit unseren Projektschulen Neuland, wir öffnen Räume und beschreiten neue Wege, manchmal sind das auch Umwege. Am Geschick der Projektleiterinnen liegt es dann, die Mitreisenden zu unterstützen, wenn sie von der Route abweichen oder einen Weg zur Intensivierung beschreiten. An der Führung des Projekts liegt es auch, Erfolge zu verstärken und Widrigkeiten zum Lernanlass zu machen. Und wir haben gelernt, Zuversicht und Vertrauen zu vermitteln, um das zu finden, was wir oft selbst noch nicht benennen können. Wir kennen zwar unser Ziel und wir wissen auch, wohin wir wollen, intuitiv spüren wir sogar, wie es sich dort leben lässt, trotzdem bleibt der Weg dorthin geheimnisvoll.

Struktur für neue Lernkultur

KL:IBO ist der Struktur nach als Learning Community aufgebaut. Alle beteiligten Personen sind Lernende, miteinander in Beziehung, in Kommunikation und in Bewegung. C. Otto Scharmer beschreibt in seinem Buch „Theorie U. Von der Zukunft her führen" seine Erfahrungen mit Learning Communities und zeigt deren Merkmale auf. Demnach kann die Kerngruppe einer Community dann am effektivsten arbeiten, wenn es sich dabei um eine Gruppe handelt, die die unterschiedlichen Teilgruppen der Gesamtgruppe spiegelt und reflektiert.

Erst die heterogene Zusammensetzung ermöglicht ein effektives gemeinsames Entwickeln (vgl. Scharmer 2009, S. 223).

Diesen Anspruch erfüllt das Leitungsteam von KL:IBO.

Sabine Fritz verfügt über eine langjährige Erfahrung in der Berufsorientierung und konnte die Teilnehmer/innen durch ihre Begeisterung für Portfolios motivieren, mit den Schülerinnen und Schülern Ich- und Stärkenportfolios zu produzieren. Vor allem sie hält Kontakt zu vielen Gruppierungen und Institutionen, denen ein optimaler Übergang von der Schule in den Beruf ein Anliegen ist.

Isolde Giesenkirchen brachte sich als Psychotherapeutin vor allem mit ihrem Wissen im Bereich der Theorie des Selbstwertgefühls ein und gab dem Projekt dadurch die notwendige Tiefe. Durch ihr Coaching – mit vielen praxisbezogenen Inputs und Übungen – gelang es den Teilnehmer/innen, ihre Haltung zu ändern, ein neues Denken in den Schulen zu initiieren, die Wahrnehmungen zu schärfen, den Blick auf die Stärken zu legen und damit ein neues Menschen- und Schulbild zu vermitteln.

Meine Leidenschaft für Strukturänderungen im Schulwesen und meine Erfahrungen mit individualisiertem Unterricht ließen die Teams andere Sichtweisen zulassen und machten ihnen Mut, gewohnte Wege zu verlassen. KL:IBO lebte und lebt von den Erfahrungen der Schulteams.

Durch den Austausch von Erfahrungen aus der Praxis wurden die Bundestreffen lebendig und spannend, sie machten Lust auf Nachahmung, immer unter dem Gesichtspunkt des individuellen Entwicklungsstands der beteiligten Schulen.

Wir spürten immer wieder Expertinnen und Experten auf, die für uns zum richtigen Zeitpunkt neue Übungsfelder erschlossen und uns mit Werkzeugen versorgten, durch deren Einsatz wir wieder zu neuen Lernerfahrungen animiert wurden. Diese neu erschlossenen Übungsräume ermöglichten parallele Lernstrukturen, die ganz wesentlich zum Gelingen beitrugen. Die unterschiedlichen Beobachtungsaufträge an die Schulteams ermöglichten einen echten Erfahrungsaustausch. Alle wurden dadurch zu Akteur/innen, zu Mitspieler/innen, zu Expert/innen. Niemand wurde zum passiven Zuhören gezwungen.

Die Teams holten sich Unterstützung in der Großgruppe, sie reflektierten, machten sich gegenseitig Mut und waren bereit für die nächste Lernerfahrung. Diese besondere Stimmung, diese Begeisterung, die in der Arbeit entstand, wurde von dem gemeinsamen Wunsch nach Veränderung getragen, einer Intention, die dem Projekt die Qualität brachte, die es heute hat.

Wir begannen, uns mit dem Projekt zu identifizieren, wir wurden zu KL:IBO. Im Zuge einer Gruppenaktivität beim Bundestreffen im Herbst 2008 erfanden wir unser „KL:IBO-Tier“, das unseren gemeinsamen Fokus noch verstärkte.

KLIBO steht auf vielen und festen Füßen. *Die Bodenständigkeit ist eingebettet in viel Bauch, viel Herz, viel Gefühl, viel Wärme und Mütterlichkeit. Vier Köpfe garantieren Neugierde, Informations- und Kontaktaufnahme. Die Verbindung von Intuition und Weitblick ist gepaart mit Überblick und Durchblick. Trotz vornehmer Zurückhaltung ist das Tier nicht zu übersehen. Selbstbewusst und verspielt zeigt es sich der Öffentlichkeit, immer im Bewusstsein, eine wichtige Mission zu erfüllen. Mit Leichtigkeit ist es durch ganz Österreich unterwegs und versucht, alle mitzureißen, die zu Veränderungen bereit sind.*

Anleitung zum Entstehen eines Gruppentiers: *Jedes Gruppenmitglied stellt sich als Körperteil eines Tieres im Raum auf. Der Körperteil und das gedachte Tier werden nicht verraten. Erst im anschließenden Interview werden die Gruppenmitglieder nach ihrer Identität gefragt und das Fantasietier nimmt Gestalt an.*

Unsere Leidenschaft für KL:IBO übertrug sich auf die Teams, auf die Schulen, auf die Klassen. Sabine Fritz und ich definierten die Etappenziele, die Auswahl der Route überließen wir den Schulteams. Wir beobachteten, motivierten, halfen aus, wenn wir um Hilfe gebeten wurden, drängten uns jedoch niemals auf.

Gelang einem Team ein Etappenziel, wurde die Ankunft gemeinsam gefeiert, das Erreichte gewürdigt.

Bei den Bundestreffen wurden völlig neue Qualitäten erkennbar. Die Akteur/innen erkannten die Wichtigkeit ihrer individuellen Beiträge für das Gelingen und waren bemüht, ihre Erfahrungen dem gesamten Schulsystem zur Verfügung zu stellen.

Diese wahrnehmungsgetriebenen Aktivierungen brachten ein gemeinsames Produkt auf den Markt, ein Produkt, das zu einer Marke wurde und derzeit in- und außerhalb des Schulbereichs reißenden Absatz findet.

Das Stärkenportfolio

Um Stärken stärken zu können, müssen sie zuerst einmal erkannt, sich selbst bewusst gemacht werden, aber auch von anderen wahrgenommen und anerkannt werden. Die eigenen Stärken aufzufinden und die individuellen Talente Heranwachsender zu unterstützen, hat KL:IBO sich zur Aufgabe gemacht.

Persönliche Erfolgsstrategien

„Talent" definiert das Fremdwörterbuch so: „Anlage zu überdurchschnittlichen geistigen oder körperlichen Fähigkeiten auf einem bestimmten Gebiet, angeborene besondere Begabung" (Duden-Fremdwörterbuch 2007). Für den deutschen Talent-Coach Klaus L. Siefert ist Talent die Summe aus individueller Begabung, den Fähigkeiten, die aus der Begabung entwickelt sind, und den persönlichen Erfolgsstrategien. Ein Talent kommt nach Siefert erst dann zur Wirkung, wenn alle drei Aspekte – Begabung, Fähigkeiten und Erfolgsstrategien – genutzt werden. Er geht davon aus, dass Begabungen angeboren sind und Ressourcen für Spitzenleistungen darstellen, an sich selbst aber schwer erkennbar sind. Fähigkeiten werden durch beständiges Üben ausgeprägt. Je mehr Fähigkeiten entsprechend der eigenen Begabung vorhanden sind und je komplexer diese Fähigkeitsbündel sind, desto herausragender sind die Ergebnisse. Wenn jedoch die eigenen Begabungen und deren Wert nicht bewusst sind, werden entsprechende Fähigkeiten oft nur in einem Lebensbereich entwickelt, manchmal nur im Freizeitbereich. Ein Talent lässt sich auf jeden beliebigen Lebensbereich übertragen. Es ist eine unerschöpfliche Ressource, weil man mit Hilfe der eigenen Erfolgsstrategie die eigene Begabung zum Ausdruck bringen kann, auf diese Weise kann man seine Talente ohne fremde Hilfe weiterentwickeln (vgl. Siefert, S. 2 ff.).

Zu Beginn des Projekts hatten wir keine Vorstellung davon, welches Land der unbegrenzten Möglichkeiten wir betreten und welche Schätze wir mit dem Stärkenportfolio finden und heben würden. Sabine Fritz und ich gingen von der Annahme aus, dass wir unsere Schulteams und die Schülerinnen und Schüler bei der Suche nach ihren Stärken begleiten und unterstützen werden. Welch ein Irrtum! Wir alle wurden Lernende – das Projektteam, die Projektschulen und die Schülerinnen und Schüler.

Der zündende Funke sprang durch Sabine Fritz über. Sie kann über die Entstehung von Stärkenportfolios so authentisch und mitreißend erzählen, dass man schon beim Zuhören Lust bekommt, sofort in eine Klasse zu gehen und Stärkenportfolios mit Kindern anzulegen.

Gläserne Falle

Stärkenportfolios anlegen macht Spaß und verlangt nach mehr, daraus entwickelt sich eine eigene Dynamik. Und darin liegt manchmal auch eine Falle. Man tappt hinein und erkennt gar nicht, dass man gefangen ist. So eine *gläserne Falle* ist ein genau vorgegebenes Stärkenportfolio, ein sogenanntes Musterportfolio – schöne Zettel ohne Aussagekraft.

Auch wir konnten erst nach einem Jahr den Stärkenportfolios Leben einhauchen. Die wirklichen Stärken wurden erst sichtbar, als wir in die Tiefe gingen und die Prozesse reflektierten. Plötzlich lagen keine Bilderbücher, Schönschreibhefte, keine geschönten Mappen mit nachgesagten und abgeschriebenen Inhalten vor uns, sondern Dokumente, bei denen man die Sehnsucht dahinter spüren konnte, aus denen Leben und Vorfreude auf das Leben sprühten.

Jeder Mensch kann etwas gut

Den Stärken Leben einhauchen. Das war viel einfacher, als wir gedacht hatten. Aber trotzdem oder gerade deshalb unglaublich schwer, denn wir begaben uns in einen Bereich, der im schulischen Alltag Neuland war. Es ging nicht mehr um Stoff, Fach, Kopien und Belehrungen, sondern um uns. Wir selber wurden zum Fach, zum Gegenstand. Und wir erkannten, dass wir damit ein Grundbedürfnis jedes Menschen nach Anerkennung, nach Gesehen- und Gehört-Werden erfüllten.

Jedes Stärkenportfolio beginnt mit einem Ich-Teil. Wir – und damit meine ich alle am Projekt Beteiligten – setzten uns mit unserer eigenen Kindheit, mit unseren Kindheitserinnerungen auseinander. Wer bin ich? Woher komme ich? Was sind meine Wurzeln? Was macht mich aus? Für dieses Ich-Portfolio wurde viel nachgedacht, nachgefragt und gezeichnet. Der Durchbruch geschah vermutlich an dem Tag, an dem wir in Partnerinterviews unsere Kindheitsspiele analysierten. Was habe ich als Kind gespielt? Keine harmlose Frage! Es ist eine Frage, die Stärken ans Licht bringt, Stärken, die wir in der Kindheit im Spiel trainiert und dadurch perfektioniert haben, Talente, die uns unserer Berufung näher bringen. Wir forschten nach unseren Stärken und Fähigkeiten und erkannten: Diese Themen interessieren, das motiviert, das verlangt nach mehr. Es ging nicht mehr um Defizite, Fehlersuche und Fördern, sondern um Ich-kann-Listen, um selbst definierte Ziele, um Erfolg, um Erfolgsrezepte und um die Erlaubnis, mit Stolz auf das schauen zu dürfen, was man geleistet hat.

Ab diesem Zeitpunkt wurde im Schulalltag sehr sorgfältig nach Beweisen für die gefundenen Stärken Ausschau gehalten. In Partner- oder Kleingruppeninterviews wurden Hobbys analysiert, das Erkannte und Erfahrene mit Liebe und Sorgfalt aufbereitet. Neben diesen „schönen" Blättern wurden auch die so nebenbei entstandenen Notizen und Skizzen gesammelt, weil gerade sie die wichtigsten Lernspuren im Stärkenportfolio darstellen. Schließlich wurde das Stärkenportfolio zum Kompass auf dem Orientierungsweg.

Das KL:IBO-Virus

Es ist wie ein Virus. Ich habe mich angesteckt und es hat Besitz von mir genommen. Es hat mich als Person erfasst und damit auch als Lehrerin. Es verändert meine Sichtweise, stellt die Schülerinnen und Schüler als Persönlichkeit in den Mittelpunkt. Mir fällt dazu die Präsentation der Schatzkistchen ein: Wie sie mutig vor die anderen treten, um ihre persönlichen Schätze zu präsentieren. Wie beim Erzählen und

Erklären ihrer Stärken und Fähigkeiten sich plötzlich ihre Körperhaltung und ihr Gesichtsausdruck ändert. Ich kann direkt sehen, wie das KL:IBO-Virus sie wachsen lässt. Aber auch die Zuhörenden sind offensichtlich infiziert – Aufmerksamkeit und Wertschätzung sind zu spüren, Achtung vor den anderen.

Im Sesselkreis steht der zarte Mostafa. Stolz und mit glänzenden Augen erzählt er von seiner Familie in Ägypten, vom Roten Meer und dessen faszinierender Fauna und Flora. „Wo ist das Rote Meer genau, ist es wirklich rot?" Mostafa erklärt mit Atlas und Globus, zeigt uns mitgebrachte Schneckengehäuse, berichtet vom Tauchen, erklärt uns seine Welt. Schon sind wir mitten im Geografieunterricht, nein, eigentlich ist das ja Biologie, natürlich immer mit Deutsch verbunden ...

Schließt man die Augen, kann man die Lebendigkeit spüren. Das KL:IBO-Virus holt das Leben in unsere Klassen zurück. Es färbt die Stärken ein und lässt sie strahlen – wie Mostafa. Die anderen Kinder spüren das, sind aufmerksam, lassen Fehler zu, ohne auszulachen, nicht gerade typisch für eine zweite Klasse. Das sprechende Kind und sein Atmen dazwischen. Sonst nichts.

Eine Kollegin kommt herein. „Habt ihr Prüfung? Ihr seid so aufmerksam!" Ihr unsicherer Blick genügt, und einige Kinder starten los, um ihre Portfoliomappen zu holen, die sie nun unbedingt herzeigen wollen. Sie erklären, was es mit dem Schatzkistchen auf sich hat, was KL:IBO ist, dass jeder Mensch etwas gut kann, dass er das nur erkennen muss, dass wir eine KL:IBO-Klasse sind und alle etwas Besonderes.

Wie ein echtes Virus in die Wirtszelle, schleust es Werte in den Schulalltag, die für mich genauso wichtig sind wie für meine Schüler/innen: Wertschätzung, Respekt, Eigenverantwortlichkeit. Zielvorgaben, die ich mir immer gewünscht habe! Jemand erkennt meine Leistung an, ich denke über meine Stärken nach, beginne sie zu erkennen, arbeite an mir.

Ich sehe, dass das Virus nicht nur Kinder wachsen lässt und sie fähig macht, es verändert auch mich, öffnet mir neue Fenster. Ich bin angekommen, wo ich schon immer hin wollte. Ich kann mich mit den Inhalten identifizieren, bin stimmig. Die Kinder spüren meine Überzeugung. So trage ich dieses Virus in die Klasse, stecke meine Kinder an. Wir haben gemeinsam das KL:IBO-Virus, und es geht uns gemeinsam gut.

Susanne Nikowitz,
Lehrerin an der Musik- und Informatikmittelschule Wien 10, Wendstattgasse

Das Orientierungsgespräch

In unserer Projektkonstruktion positionierten wir das Orientierungsgespräch am Ende der 7. Schulstufe. Die Herausforderung an diesem Gespräch war das für Schulen sehr ungewöhnliche Setting: Die Lernenden laden zu einem Gespräch in die Schule ein. Eltern und Lehrkräfte sind Gäste, die primär zuhören. Das Gespräch wird vom Kind geführt, in einem eigens für diese besondere Gelegenheit vorbereiteten Raum. Gesprächsgrundlage bilden die von den Schüler/innen zusammengestellten Dossiers. Sie enthalten Arbeitsergebnisse aus einzelnen Fachbereichen, Kopien von gelungenen Tests oder Schularbeiten, Fotos von Werkstücken oder Zeichnungen und schriftliche Reflexionen zu persönlichen Lernfortschritten. Die Schüler/innen stellen damit ihre Wünsche und Vorstellungen in Bezug auf ihre Berufs- und Schulwahl dar. Im Dialog werden die Einschätzungen aller Beteiligten genützt und unterschiedliche Wahrnehmungen geklärt. Anschließend legen die Schüler/innen ihre bereits vorbereiteten Lernverträge vor. Darin halten sie ihre individuellen Lernschwerpunkte in Form von Zielvereinbarungen für die 8. Schulstufe fest. Der Lernvertrag wird am Ende des Gesprächs von allen Beteiligten – Kind, Eltern, Lehrperson(en) – unterschrieben. Im folgenden Schuljahr reagiert die Schule auf diese individuellen Vereinbarungen und stimmt ihre Unterrichtsgestaltung und Angebote mit den Wünschen und Bedürfnissen der Schülerinnen und Schüler ab. So gesehen lenken die Schüler/innen die Schule.

Im Orientierungsgespräch gestalten die Gesprächspartner/innen gemeinsam etwas Neues. Der Dialog wird als kooperativer Prozess der Verständigung betrachtet, die Qualität dieses Prozesses bestimmt das Ergebnis. In diesem Sinne vollzieht sich auch ein gegenseitiger Lernprozess.

Unser Weg zum Orientierungsgespräch

Als wir die Idee des Orientierungsgesprächs bei unserer Auftaktveranstaltung vorstellten, hielten wir uns an folgende Projektbeschreibung: „In diesem Gespräch spielen die Haltung und die Einstellung gegenüber jungen Menschen im Berufswahlprozess eine sehr große Rolle. Es ist wichtig, ihre Äußerungen ernst zu nehmen und ihnen zuzutrauen, selbst Entscheidungen für ihr eigenes Leben zu treffen, um anschlussfähig an die Bühne des Lebens zu werden." – Unter dieser nüchternen Beschreibung konnten sich damals weder wir Projektleiterinnen noch die Schulteams etwas vorstellen. Wir stießen auch sehr bald an unsere persönlichen Grenzen, als es um Haltungen und Einstellungen ging. In unseren

Köpfen schwirrten Fragen umher, auf die wir keine Antwort wussten. Wie können junge Menschen selbst Entscheidungen für ihr Leben treffen? Warum sollen wir, die wir gewohnt sind, als Expertinnen und Experten aufzutreten, plötzlich nicht beraten? Wie kann ein Kind ein zwanzigminütiges Gespräch über sich selbst moderieren? Was passiert, wenn bei diesem Gespräch Eltern und Kind nicht der gleichen Meinung sind und es zu einem Streit kommt?

Diese Überlegungen machten Angst und erzeugten Druck. Wir fühlten uns für das Ergebnis verantwortlich und trauten den Lernenden nicht zu, zu wissen, was für sie wichtig ist. Erst ein Coachingseminar mit Isolde Giesenkirchen führte zur Erkenntnis, dass die Lösung unserer vermeintlichen Probleme in uns selbst zu finden ist. Alle Beteiligten gewannen zusehends mehr Selbstvertrauen. Wir veränderten unsere Haltungen und Einstellungen. Nur als selbst Betroffene, die diesen Entwicklungsprozess spüren durften, waren wir in der Lage, die Lernenden zu begleiten.

Das Orientierungsgespräch wurde lebendig. Wir wussten, wie es sich anfühlt, wenn man weiß, was man will und was man kann. Kein Arbeitsblatt und auch keine Anweisung kann diesen Prozess der eigenen Lernerfahrung abkürzen oder ersetzen. Die Schilderungen unserer Schulteams, die ihren Schülerinnen und Schülern diese Gespräche sehr bald zutrauten, waren nahezu ident. Alle sprachen von einer von Stolz und Begeisterung geprägten Atmosphäre. Diese Begeisterung von allen an dem Gespräch Beteiligten war es, die ansteckte, geradezu nach mehr schrie, süchtig machte.

Vater, Mutter, Kind an einem Schultisch ... und ein Glas Wein

Geschafft! Unglaublich, aber wahr ... Ich schenke mir ein Glas Rotwein ein, lass mich in meinen gemütlichen Wohnzimmersessel fallen und stoße mit mir auf den Gesprächsmarathon an. Zufrieden lasse ich den Tag an mir vorüberziehen. Es ist Freitag, Ende Juni. Gestern drei Gespräche, heute zehn, nahezu nonstop im Halbstundentakt. Das erste Gespräch um 12 Uhr 30 und das letzte um 21 Uhr.

Und es sind wirklich alle zu zweit gekommen, überall Mama und Papa; auch bei den geschiedenen Eltern waren beide da. Manche Väter sind weit angereist, um zu hören, was die Kinder zu erzählen haben. Ganz sicher waren sie sich nicht, was sie da erwarten würde. Wer konnte sich schon was unter KL:IBO vorstellen. Und Schule – was kann Schule schon von Eltern wollen, noch dazu an einem Freitag. Elternabend, Sprechtage, Menschenschlangen vor geschlossenen Türen und Gespräche über Verhalten, Noten oder Fehler, das sind normalerweise die Berührungspunkte mit Schule.

Die weißen KLI:BO-Mappen, die sich wirklich noch mit Blättern gefüllt haben, die mich fast an den Rand des Wahnsinns gebracht haben, sie werden mir jetzt, wo es vorbei ist, fehlen. Seit Wochen waren sie Tag und Nacht präsent. Wer hat was schon eingeordnet, wer hat seinen Zettel wieder verloren, bei wem ist die Mappe fast noch jungfräulich, wer muss noch was kopieren, sind die „besonderen Tests und Schularbeiten" auch tatsächlich in den Mappen gelandet?

Die Kinder! Dass die mitgespielt haben! Wenn ich daran denke, muss ich wieder schmunzeln. „Ich mach da ganz sicher nicht mit!", hat Gabriel lautstark verkündet. „Meine Eltern kennen mich seit meiner Geburt, die wissen, wer ich bin, was soll ich ihnen erzählen? Das ist ja Schwachsinn, diese Idee!" Und Laura, die das Informationsschreiben nicht hergezeigt hat, damit der Papa ja nicht in die Schule kommt, vor lauter Angst, dass das Gespräch auf die letzte Schularbeit kommen könnte. Erst nach einem längeren Telefongespräch konnte ich ihre Mama beruhigen, dass wir ganz sicher nicht über Noten reden werden. Und meine Integrationskinder: Wolfgang, der nicht einmal im Unterricht ein Wort spricht, und Teresa, die ihre Mappe vom ersten Tag an wie einen Schatz gehütet hat und bei der nie ein Zettel gefehlt hat oder falsch eingeordnet war. Die zwei haben mich die letzten Wochen immer wieder völlig verzweifelt angeschaut und mir mit jedem ihrer Blicke zu verstehen gegeben, dass sie von meiner Idee nicht wirklich etwas halten.

Und dann die Probegespräche. Einen ganzen Vormittag haben wir in Kleingruppen an meinem freien Tag trainiert. Zu dritt, mit verteilten Rollen, einer war der Papa und eine die Mama. Vom Anklopfen bis zum Hinsetzen, alles wollten sie genau einstudieren. Wo sitzt der Papa, wo die Mama? Wir haben die Zeit gestoppt, nach Worten gerungen und nebenbei die Zettel sortiert.

Die Lernreflexionen und die Lernverträge konnten durch fast nichts mehr getoppt werden. Ich hätte nicht gedacht, dass das noch was wird. Drei Tage nur Reflexionen und Lernverträge lesen, rückmelden, motivieren zum Weiterschreiben, beraten, nach Sätzen ringen und schreiben, schreiben, schreiben. Angefangen hat Andreas mit zwei Sätzen, dann ist ihm nichts mehr eingefallen, und alle zwei Minuten hat er lautstark kundgetan, dass es über sein Lernverhalten nichts mehr zu schreiben gibt, weil es einfach perfekt ist. Die Lernverträge, die ständig neu aufgesetzt und umformuliert wurden.

Mathematik war in den letzten zwei Wochen unwichtig. Mit meinen Binomischen Formeln und den Gleichungen konnte ich niemanden begeistern, in unseren Köpfen geisterten KL:IBO und Orientierungsgespräche.

Mit Stolz lasse ich die Gespräche noch einmal Revue passieren. Wie sie ihre Eltern hereingeführt haben, nervös, mit glühenden Wangen und roten Ohren, und wie sie dann zuerst noch etwas zaghaft zu erzählen begonnen haben, über sich und ihre Hobbys, und mit jedem Satz sicherer wurden. Ich werde die überraschten Gesichter der Eltern nie vergessen, wie sie andächtig zuhörten und voll Stolz auf ihre Töchter und Söhne blickten.

„Was ich als Kind gespielt habe." – Bei diesem Blatt konnte man bei allen Eltern erkennen, wie vor ihren Augen plötzlich wieder die kleinen Kinder auftauchten, die sie einmal waren. Genau dort gelang es den Kindern zu ankern, dort schafften sie es, Emotionen freizusetzen. Bei diesem Blatt fanden die Eltern Anschluss an eine schon lang vergangene Zeit, als ihre Prinzessinnen und Prinzen in ihren Erinnerungen auftauchten. Die Kraft des Kindes wird präsent. Plötzlich nehmen die Eltern die aktuellen Träume ihrer Kinder ernst, ihre Vorstellungen von der eigenen Zukunft, von der zukünftigen Schule, vom zukünftigen Beruf. Und mit Bewunderung konzentrierten sie sich auf die Erzählungen der Kinder.

Dieses Gespräch war mehr als nur ein Gespräch. Vater, Mutter, Kind an einem Tisch und ich als Beobachterin, als Mediatorin eine Fremde und doch eine Verbündete auf dem Weg zur Selbstständigkeit, zur Eigenständigkeit auf dem Orientierungspfad ins Erwachsenenleben. „Mein Vater ist für dieses Gespräch extra von Wien nach Graz gekommen, es war völlig neu für mich, dass er nur mir zugehört hat, denn sonst höre ich ihm immer bei seinen Veranstaltungen zu, wenn ich ihn begleite", flüstert Philipp mir nach dem Gespräch ins Ohr. „Wir gehen jetzt Eis essen", lässt Karin mich wissen, während sie ihre Mappe einpackt, weil die Mama darum gebeten hatte, damit sie zu Hause noch einmal alles in Ruhe durchblättern kann.

„Da, auf der ersten Seite, da habe ich noch nicht gewusst, was meine Stärken sind", erzählt Irina. „Da steht noch Snowboarden, Lesen und Malen. Erst nach der Straße der Fähigkeiten habe ich gewusst, dass ich kreativ bin, gut erklären kann, konzentriert arbeiten kann und sehr sozial bin."

Florian erklärt seinem Vater so nebenbei: „Seit der Lernstandserhebung verstehe ich, dass ich nicht in Englisch schlecht bin, sondern dass ich mir in Grammatik allgemein schwer tue. Dafür kann Englisch nichts, seither mag ich Englisch wieder."

Sogar der redescheue Wolfgang hat seine 15 Minuten geschafft. Er hat seinen Papa immer wieder am Ärmel gezupft, wenn der das Gespräch an sich reißen wollte, und mit dem Finger auf seine Seite geklopft und darauf bestanden, weitererzählen zu dürfen.

„Ich hätte mir nie gedacht, dass man mit so wenig Blättern so lang über sich reden kann", betont Fabian sichtlich zufrieden, als er seine Mappe schließt und sich freut, dass seine halbe Stunde endlich vorbei ist.

Diese Gespräche waren ein Erfolg. KL:IBO ist eine Revolution in der Schullandschaft. Einmal angesteckt, ist man nicht mehr in der Lage, zur gewohnten Tagesordnung überzugehen.

Eva Theissl, Hauptschule St. Marein bei Graz

Individualisierter Unterricht

Nach Orientierungsgesprächen mit der Intensität der spürbaren Veränderung geht die Schule daran, Möglichkeiten zu arrangieren, damit die Schüler/innen ihre Wünsche realisieren können. Im Verlauf der 8. Schulstufe arbeiten die Schüler/innen möglichst eigenständig nach ihren individuellen Entwicklungsplänen. Um ihr Wissen selbstständig und eigenverantwortlich vertiefen zu können, werden offene und alternative Lernmöglichkeiten (Workshops, Projektunterricht, Wahlfächer, Freiarbeit, Lernateliers, individuell gewünschte Fördermaßnahmen) angeboten – eine besondere Herausforderung für die Unterrichts- und Stundenplanung.

Wer die Wirksamkeit der Eigeninitiative erlebt hat, überlegt sich, ob das Orientierungsgespräch und der offene Unterricht nicht schon um Schuljahre früher einsetzen sollten.

Modulstunden an der Hauptschule St. Marein bei Graz

Mit den „Modulstunden" schafft die Schule Freiräume zur Erfüllung der individuellen Lernverträge. Jeden Freitag werden drei Stunden geblockt angeboten, die Ressourcen dazu kommen aus den Gegenständen Deutsch, Englisch und Mathematik. Die Schülerinnen und Schüler können jede Woche aus vier Kursangeboten wählen. In Eigenverantwortung tragen sie die besuchten Modulstunden in eine Liste ein und lassen sich diese von der Lehrkraft bestätigen. 35 Stunden pro Hauptgegenstand müssen in einem Schuljahr nachgewiesen werden.

Das Angebot richtet sich nach den Schüler/innen. Es wird allein, zu zweit oder zu dritt gebüffelt, für Schularbeiten trainiert, gefestigt und wiederholt. In prüfungsfreien Zeiten gibt es manchmal auch Fantasiereisen, um Stress abzubauen und Prüfungsängste zu minimieren, es wird Theater gespielt, Bilder werden gemalt oder auch eigenwillige Rhythmen einstudiert. Nach einem halben Jahr sind die Modulstunden der Hit. Schüler/innen und Lehrer/innen sind hochzufrieden.

Karin Flucher (14 Jahre alt): Die Modulstunden sind für mich so etwas wie frei sein. Wir können frei entscheiden, was wir am Freitag in der 5., 6. und 7. Stunde machen. Es sagt uns kein Lehrer, wo wir hingehen sollen. Es dürfen zwar immer nur 15 Schüler/innen in einem Modul sein, aber die meiste Zeit können wir uns das Modul aussuchen, und genau das bedeutet für mich frei sein. Frei zu sein ist für mich, wie auf dem Meer sein – es kann dir keiner sagen, wo du hinfahren sollst mit deinem Boot oder wo du ins Wasser springen darfst, wenn du schwimmen möchtest. Das ist für mich frei sein!

Die Module sind nicht so wie normaler Unterricht. Es gibt zwar Regeln, klar, die gibt es immer, aber wir können unsere Zeit selber einteilen, wir können bestimmen, ob wir zuhören wollen oder nicht. Wer stört, fliegt raus, aber bis zum Ende des Schuljahrs müssen wir unsere Stunden in jedem Hauptfach nachweisen. Wenn wir schon vor Schulschluss alle Stunden haben, dürfen wir früher nach Hause gehen, wenn nicht, haben wir halt bis zum Sommer am Freitag immer sieben Stunden. Es ist unsere Entscheidung, wir können frei sein.

Eva Theissl und Karin Flucher, Hauptschule St. Marein bei Graz

Der Pokal: Leistungen konkreter würdigen

Auf der Suche nach geeigneten Feedback-Instrumenten vor dem Orientierungsgespräch entstand mit dem „Pokal" ein Instrument, das zu einer der wichtigsten Schlüsselpassagen im Projekt KL:IBO wurde. Die Idee: Schüler/innen dürfen als Beweis für ihre Stärken in einem bestimmten Fach bei ihren Lehrer/innen einen Pokal anfordern. Die Herausforderung für die Lehrer/innen: In einer wertschätzenden Sprache schriftliches Feedback geben. Diese Sprache des Beobachtens, des Beschreibens musste erst erlernt und trainiert werden, um dann an die Kolleginnen und Kollegen in der Schule weitergegeben werden zu können.

Bei den Kindern war der „Pokal" Auslöser für eine Haltungsänderung, er förderte ihre Lernmotivation. Anfangs haben sie nur deshalb Pokale angefordert, weil wir sie immer wieder darum gebeten hatten. Sie waren überrascht, dass sie ernst genommen wurden und wir auf ihre Forderungen reagiert haben. Sie hatten mit Kritik oder Bewertung gerechnet und waren vom Ergebnis sehr berührt. Beim Formulieren der Pokaltexte erkannten wir, die Lehrer/innen, dass es für uns noch viel zu lernen gibt und einiges zu erforschen. Viele Fragen sind noch nicht gedacht und schon gar nicht gestellt worden, hier liegt noch Potenzial für einen neuen Prototyp. Damit meinen wir: Die ungewöhnliche Form der Leistungswürdigung zeigt vielleicht einen Weg, Leistungen konkreter, persönlicher, anschaulicher zu würdigen und dem einen höheren Stellenwert neben den abstrakten Schulnoten zu geben.

Lieber Gabriel!

Ich überreiche dir einen Pokal für Mathematik. Du arbeitest besonders konzentriert und aufmerksam während der Mathematikstunden mit. Du versuchst auch die schwierigsten Beispiele selbstständig zu lösen. Deine Mitschülerinnen und Mitschüler dürfen dich jederzeit um Hilfe bitten. Du bist sehr geduldig und erklärst ihnen Rechenvorgänge auf einfache Art.
Deine Mitarbeit ist hervorragend. Bei den Wochenplänen gibt es nie Probleme. Die freien Merktexte hast du immer rechtzeitig abgegeben. Bei den selbst erfundenen Beispielen kannst du ganz genau unterscheiden, ob es sich um leichte, mittlere oder schwierige Aufgabenstellungen handelt. Deine Lernzielüberprüfungen und Schularbeiten schreibst du meistens auf „Sehr gut".
Du hast dir wirklich einen großen Pokal verdient.
Deine Lehrerin Eva Theissl

Das Orientierungsgespräch – Orkan oder Lüftchen

Zwei Schülerinnen auf die Frage ihrer Lehrerin, warum das Orientierungsgespräch in einer Klasse einen Orkan auslösen kann und in einer anderen nur ein kleines Lüftchen: Wir haben gemerkt, dass es auch für Sie wichtig ist, dass wir unseren Weg finden, nicht nur für uns. Wir haben in der Klasse zusammengearbeitet, Interviews geführt, und wir konnten unsere Interpretation der Ergebnisse im Anschluss noch einmal mit Ihnen unter vier Augen besprechen. Wir durften uns bei Ihnen Beratung holen. Wir wurden mit unseren Fragen ernst genommen. Wir haben uns immer ausgekannt und gewusst, warum wir etwas machen, weil wir vorher immer ein Beispiel gemeinsam durchgespielt haben. Wir haben auch sonst viel in Gruppen gearbeitet, deshalb war es für uns nicht schwer, miteinander zu arbeiten.

Die Mappen waren bei uns nicht wirklich wichtig, unsere eigentliche Arbeit waren die Zettel, auf die wir unsere Antworten gekritzelt haben. Was hat man schon von einer perfekten Mappe, wenn wieder keiner weiß, was da eigentlich gemacht wurde. Zuerst wollten wir auch keine Beweise für unsere Stärken in die Mappe legen, aber dann haben wir gemerkt, dass man dadurch erkennen kann, wo man gut ist. Es war dadurch auch leichter, Pokale anzufordern, weil wir uns auf die „Beweisstücke" beziehen konnten.

Wir haben das Orientierungsgespräch mit Ihnen gemeinsam am Vormittag in kleinen Gruppen durchgespielt, da hat man gleich gemerkt, dass es etwas Wichtiges sein muss. Wir waren dann beim Gespräch nicht mehr so nervös, weil wir es ja vorher geprobt haben.

Zwei Schülerinnen im Gespräch mit Eva Theissl, Hauptschule St. Marein bei Graz

Unsere Entwicklungsräume sehen

Um etwas Neues in ein bestehendes System zu bringen, bedarf es nach C. Otto Scharmer der Entwicklung von Prototypen (vgl. Scharmer 2009, S. 204 ff.), und genau darin sahen wir als Projektleiterinnen unsere Aufgabe. Das LILA-Management-Prinzip von Kurt Völkl und Heinz Peter Wallner gibt dem Prozess der Veränderung eine neue Abfolge und beschreibt vier wichtige Phasen: neues Denken, neue Haltung, neues Tun und neue

Erkenntnis (vgl. Völkl/Wallner 2008, S. 49 ff.). Das Neue, die Prototypen sind demnach in vier Entwicklungsphasen zu implementieren.[2]

LILA steht für „Lernen in der liegenden Acht". Die liegende Acht, das mathematische Zeichen für unendlich, das in manchen Religionen auch Weiterentwicklung zu höherem Bewusstsein symbolisiert, entsteht in den oben genannten vier Phasen. Mit jedem neuen Entwicklungsprozess vergrößert die liegende Acht ihren Schwingungsradius und nimmt den dadurch entstandenen Schwung in die neue Bewusstseinsebene mit.
Ohne beim Start des Projekts KL:IBO von diesem Prinzip zu wissen, haben wir uns an das Neue herangetastet und dabei diese Phasen durchlaufen.

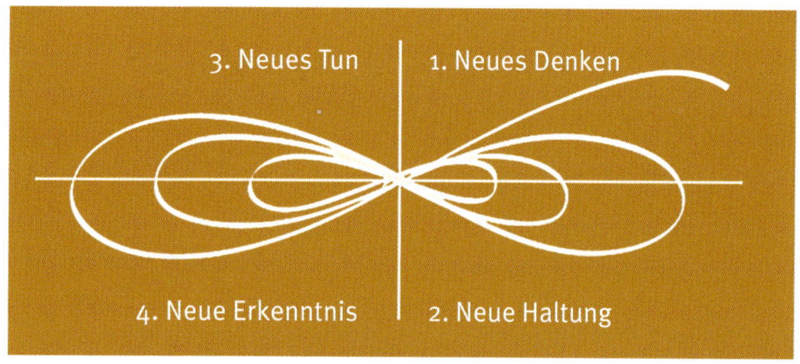

Abbildung D2: Das LILA-Management-Prinzip mit vier Entwicklungsräumen (Völkl/Wallner 2008, S. 49)

In der ersten Phase (Neues Denken) verließen wir unseren gewohnten Gedankenraum. Wir entfernten uns von unserem ursprünglichen Projektverständnis und dem Konzept der Berufsorientierung. Wir lösten uns von unseren bisherigen Vorstellungen von gutem Unterricht, beugten uns weit über die selbst gesetzten Grenzen hinaus, indem wir einfach darauf vertrauten, dass das, was wir gerade machten, passt. Wir schlüpften als Projektleiterinnen auch in völlig neue Rollen, wurden zu Akteurinnen und Lernenden. Wir verließen unser bisheriges Verständnis von Fortbildung. Unsere Schulteams lösten sich von ihren bisherigen Vorstellungen von Projekt, Seminar und Unterricht und eroberten ebenfalls ihnen unbekannte Räume.

In der zweiten Phase (Neue Haltung) erkannten wir, dass sich durch das Sehen mit einer anderen Brille unsere Wirklichkeit verändert hatte. Das neue Denken erzeugte plötzlich eine Resonanz mit den Gefühlen der neuen Haltung. Unser eigenes Fühlen, unser gedankliches Betreten von neuen Räumen ließ uns Feuer fangen. Die Funken sprangen auf die Schulteams über und in der Folge auf die Schülerinnen und Schüler. Die neue Haltung der Lehrer/innen – „Ich sehe dich" (anstatt „Ich messe dich an der erwarteten Leistung") – wurde von manchen als Virus bezeichnet, eine Haltung, die ansteckt. Die neue Haltung der Schüler/innen: „Ich beziehe mich weniger auf Schulerwartungen und mehr auf meine Fähigkeiten und Wünsche, die Kraft liegt in meinen Stärken und auf diese schaue ich genauer", erzeugte bei vielen das Gefühl, mit KL:IBO über sich hinauswachsen zu können, ein Schüler meinte: „KL:IBO lässt die Menschen wieder an sich glauben."

2 Hier wird die liegende Acht so verwendet, wie in der Management-Literatur vorgefunden. An allen anderen Stellen in diesem Buch wird nicht das Denken (1) zum Ausgangspunkt genommen, sondern das Tun (3).

Es gelang uns, dem Projektleitungsteam, die Energie dieser Euphorie für die dritte Phase (Neues Tun) zu nutzen. Hier durchgedacht am Modul Orientierungsgespräch: Erst der Termin zum Orientierungsgespräch löst den Probe- und Lernvorgang aus. Wenn wir die Schüler/innen in die Rolle der Gesprächsführenden bringen, lassen wir selber los, geht die Initiative über zu den Schüler/innen. Sie bereiten sich akribisch vor und kommen in eine andere Haltung, die zur Erkenntnis führt: „Wenn ich das Gespräch führe, steigen die anderen ein, sie nehmen mich anders wahr und unterstützen mich."

Danach folgt die Zielvereinbarung der Schüler/innen, hier wieder in den vier Phasen dargestellt: Neues Denken: Ich lasse los, dass es Außenziele sind. Neue Haltung: Ich vertraue meinen Zielen. Neues Tun: Ich setze mich genauer mit meinen Zielen auseinander: Von der Lieblingstätigkeit als Kind bis zur aktuellen Lieblingstätigkeit. Dann schaue ich auf die Möglichkeiten und Wünsche: Was brauche ich, damit ich dorthin komme? Das finde ich heraus, fixiere es. Das nehme ich mir vor. Neue Selbsterkenntnis: Mit diesem Bündel von Zielen erreiche ich ein großes Ziel.[3] Unterschrift (Schüler/in, Eltern, Lehrer/in).

Dann beginnt ein neuer Prozess der personenorientierten Unterrichtsgestaltung. Wieder eine Achterschleife (Freiraum für die einzelne Person): Das neue Denken der Lehrer/innen knüpft an die Zielvereinbarung der Schüler/innen mit sich selbst, den Eltern und der Lehrkraft an – Loslassen des üblichen Unterrichts, in dem ein Plan nach gleichen Vorgaben für alle umgesetzt wird („Fließbandmodell"). Die neue Haltung der Lehrkraft: Wenn ich die einzelne Person mit ihren Wünschen, Zielen, Bedürfnissen und Möglichkeiten sehe, noch dazu, wenn sie sich klar äußert und sich selbst in die Pflicht nimmt, kann ich mein Unterrichtskonzept und auch die Organisation zumindest phasenweise so gestalten, dass diese Schülerwünsche und Schülerziele tragend werden und ich in die neue Haltung des Coaches, des Inspirierens, des Ermöglichens gehe. Im neuen Tun – im Coachingprozess – nehme ich mich zurück. Ich freue mich, wenn die gecoachten Personen sich entwickeln. Ich bin für die Qualität des Dialogs zuständig, bin aufmerksam, dass die Lernumgebung und das Zusammenspiel stimmig sind. Als professionelle Partnerin im Dialog gebe ich Rückmeldungen an die Person. Ich sehe dich. Und ich gebe auch Rückmeldung, wenn die Person sich messen will, etwa im Hinblick auf Anforderungen bei einer Aufnahmsprüfung, also objektivierende Rückmeldung haben möchte. Und ich gebe Rückmeldung zum Verlauf des Lernprozesses. Ich bin verbunden mit dem Potenzial der Lernenden. Neue Selbsterkenntnis: Dieses Zusammenspiel wirkt, je klarer ich in meiner neuen Rolle

3 Vielleicht sollte ich statt Ziel manchmal Konzentration sagen. Das passt besser zur Lebendigkeit der Suche und zu den Überraschungen auf dem Weg.

des Coaches bin. Ich sehe mich als Gestalterin einer Lern- und Beziehungslandschaft. Eine erhebende Aufgabe.

Aus der Position der Schüler/innen betrachtet: Ich lasse die Vorstellung los, dass ich in der Schule abarbeiten muss, was andere vorgeben (Neues Denken). Die neue Haltung: Jetzt geht es darum, die Punkte der Zielvereinbarung ernst zu nehmen. Ich baue meine Stärken aus und bügle so manche Schwäche aus. Ich handle mit den Lehrkräften Möglichkeiten, Arbeits- und Trainingsformen aus, damit ich gut weiterkomme. Ich wachse auf meinem Weg. Das Tun wird zu meiner Stärke! Ich hole mir kleinere und größere Aufgabenstellungen, gehe Lernpartnerschaften ein, manchmal hole ich mir persönliche Bestärkung bei der Lehrkraft, die mich coacht. Manchmal frage ich, wie weit ich bin. Ob ich zum Beispiel den Anforderungen einer Aufnahmsprüfung schon gewachsen wäre. Manchmal bitte ich sie um eine freundliche Beratung, manchmal ersuche ich sie um einen harten Test. Wenn es spielerisch geht oder wenn Projektphasen dabei sind, ist es mir am liebsten. Neue Selbsterkenntnis: Ich tu's für mich! Und ich nehme die anderen als Partner/innen wahr. Ich bin auf Augenhöhe mit meinen Lehrer/innen und mit meinen Aufgaben.

„KL:IBO lässt die Menschen wieder an sich glauben“

Durch KL:IBO wird Lernen als Zusammenwirken mehrerer Bewusstseinsdimensionen gesehen. Orientierung ergibt sich aus natürlicher Ich-Stärke, reflexiver Selbsterkenntnis, der Erschließung der Welt der Arbeit und im Finden eines Berufs in der Gemeinschaft. Daraus ergibt sich eine attraktive Herausforderung, die als Zielvereinbarung und Lernvertrag formuliert wird.

Das Schülerzitat „KL:IBO lässt die Menschen wieder an sich glauben“ wird Realität, wenn die Äußerungen von jungen Menschen ernst genommen werden und man ihnen vorbehaltlos zutraut, selbst Entscheidungen für ihr eigenes Leben treffen zu können. So stehen sie mitten im Leben. Auf ihrem Weg. Sie erschließen sich neue Möglichkeiten.

Landkarte des Lernens mit Ball der Erholung
Fabian Eder, Mehrstufenklasse Hauptschule St. Marein bei Graz

Schulporträt Hauptschule Niederndorf:
Neue Wege in der Berufsorientierung – von Netzwerken profitieren

DIETER DRAXL UND MARTIN HARTMANN

net-1-Projekt Schulporträt

Leitung: Karin Grinner

schulporträt net-1

EINE SCHULE JONGLIERT MIT PROJEKTEN

Die Porträtierenden (ein Forscher und ein Lehrer) beschreiben ihren Weg von außen nach innen. Sie haben einen Blick für die Menschen und Strukturen und schließlich für Entwicklungsprozesse.

Der Gesamteindruck: Diese Schule nützt an Unterstützung von außen, was es nur gibt. Der Leiter, selbst fünf Tage pro Monat unterwegs, bringt viele Anregungen und Beteiligungsmöglichkeiten mit – und legt Wert auf geöffnete, aufnahmefähige Strukturen der Koordination im Inneren.

Der Lohn: Ehrungen, Publizität, Lebendigkeit.

Der Preis? Es ist schwer, an dieser Schule eine Kehrseite zu entdecken. Vielleicht hohes Engagement – aber das kann man vielleicht auch als zweiten Lohn bezeichnen. Vielleicht manchmal Anpassung an die äußeren Kriterien?

Kann man sich an Netzwerke anpassen? Antwort des Leiters: „Was ich am meisten gelernt habe, ist, dass ich nicht auf den Gesetzgeber warte, bis er kommt und sagt, du darfst, sondern dass wir selbst aktiv werden."

Die Schule jongliert mit vielen Projekten und zieht dabei auch Ressourcen an, integriert viele (kleine) Fortbildungsmöglichkeiten in wenige (größere) anspruchsvolle und längerfristige Entwicklungen. In diesem Zusammenhang werden net-1-Aktivitäten aus zwei Perspektiven beleuchtet: Wie Forscher (die das Porträt erstellen) sie im Rahmen der Schule wahrnehmen und wie die Schule die Mitarbeit im Projekt KL:IBO und im Netzwerk des ISV darstellt.

Was in der Haltung *Orientierung nach außen* (und Hereinholen, was geht) begann, schlägt um in innere Entwicklung, nämlich: „Die im Projekt Beteiligten glauben an die Fähigkeiten jedes einzelnen Menschen: Junge Menschen gehen stark und selbstbewusst in ihren nächsten Lebensabschnitt. Sie wissen, dass sie (selbst-)wirksam sind."

Und die Schülerinnen und Schüler? Sie übernehmen eine Tutorenrolle zur Betreuung des nächsten Jahrgangs und sie machen Verbesserungsvorschläge.

Richard Stockhammer

Eine preisverdächtige Schule?

Niederndorf, ein kleiner, idyllischer Ort an der Grenze zu Bayern mit einer durchwegs ländlichen Struktur, macht immer wieder in den bildungspolitisch orientierten Medien des Landes Tirol und Österreichs von sich reden. Das Lehrer/innenteam der Hauptschule Niederndorf arbeitet seit Jahrzehnten an einer qualitativen Verbesserung ihrer Angebote für Schüler/innen und Eltern. In den vergangenen drei Jahren befasste sich eine Gruppe von Lehrer/innen intensiv mit der Vorbereitung der Schüler/innen auf ihr zukünftiges Berufsleben und der Stärkung ihrer Kompetenzen und konnte dabei auf die Unterstützung und Weiterentwicklung dieser Arbeit durch das Bildungsministerium und dessen Netzwerke (KL:IBO und ISV) zurückgreifen. Dass ihre Anstrengungen und ihr Einsatz Früchte tragen, spürt man im und um das Schulhaus.

„Wir haben einen Preis gewonnen und müssen, wenn ihr da seid, noch etwas für die Präsentation vorbereiten, geht das für euch in Ordnung?“, fragt uns Rupert Mayr, Leiter der Landhauptschule Niederndorf, beim letzten Telefonat vor unserem Schulbesuch. „Natürlich geht das für uns in Ordnung“, antworten wir und möchten gleich wissen, um welchen Preis es sich handelt. „Wir haben den ÖKOLOG-Preis gewonnen!“, erklärt Herr Mayr.

Nach unserem Besuch wird die Schule mit acht anderen österreichischen Schulen schon für den nächsten Preis, den Österreichischen Schulpreis, nominiert und für diese Nominierung ausgezeichnet. Aus unserer Vorrecherche wissen wir, dass die Schule in Schul- und Innovationsnetzwerken aktiv ist, doch warum gewinnt sie immer wieder Preise? Was machen die Niederndorfer Lehrer/innen anders und welche Besonderheiten hat die Schule? Diese Fragen wollen wir bei unserem Schulbesuch klären.

Rahmenbedingungen und Ausgangslage

Die Hauptschule Niederndorf liegt nahe der bayerischen Grenze, im Nordosten Tirols. Sie hat elf Klassen mit ca. 240 Schüler/innen, die von 26 Lehrpersonen unterrichtet werden. Sie ist eine „freiwillige Gesamtschule mit freiwilliger Nachmittagsbetreuung“ (Rupert Mayr). Freiwillige Gesamtschule deshalb, da bis auf ein bis zwei Ausnahmen alle Kinder des Schulsprengels die Schule besuchen und somit das „gesamte Spektrum“

vorhanden ist. Die Schule hat einen verschwindend kleinen Anteil an Kindern mit Migrationshintergrund und keine Kinder mit sonderpädagogischem Förderbedarf. Etwa 40 Prozent der Schulabgänger/innen besuchen eine allgemein bildende oder berufsbildende höhere Schule mit Matura, ca. 25 Prozent die Polytechnische Schule und der Rest eine berufsbildende mittlere Schule. Es gibt seit Jahrzehnten einen hohen Anteil an Maturant/innen. Die Quote von Repetent/innen ist äußerst gering. Eine klassische Schule am Land? Es ist verlockend, von den geografischen Bedingungen der Schule direkt auf den Titel *Landhauptschule* zu schließen, doch es steckt mehr dahinter, eine Geschichte, die bis in die Gegenwart wirkt.

Die Hauptschule Niederndorf wurde vor ca. 40 Jahren für die Kinder der vier Sprengelgemeinden Niederndorf, Niederndorferberg, Erl und Rettenschöss gegründet. Seit dem Schuljahr 1985/86 ist Schulentwicklung ein wichtiger Bestandteil der Arbeit. Damals nahm die Schule an dem Schulversuchskonzept „Tiroler Landhauptschule – Dr.-Fritz-Prior-Modell“ teil, zusammen mit den Hauptschulen Gries am Brenner, Wenns und Fieberbrunn. Der damalige Landeshauptmannstellvertreter Fritz Prior forcierte den Schulversuch und war Namensgeber für das Schulmodell.

Hofpause mit Turul, dem Maskottchen der Schule

Im Schulversuch Landhauptschule wurden die Pflichtstunden zugunsten eines breiten Angebots von freiwilligen Kursen und Projekten radikal gekürzt. Das gesamte schulische Angebot, das über die Pflichtwochenstunden hinausgeht, ist freiwillig, also auch der Förderunterricht, der am Nachmittag angeboten wird. Die ergänzenden Lernmöglichkeiten werden in Form von Kursen und Projekten angeboten. In den Anfängen des Modells fuhren die Lehrer/innen der Schule für ein Nachmittagsangebot hinaus in die Sprengelgemeinden und organisierten dort Projekte und Kurse. Ein wesentliches Element der damaligen Landhauptschule war somit das freiwillige Angebot. Dadurch wollte die Landhauptschule besser eingehen auf die Interessenlagen und Neigungen unterschiedlichster Schüler/innengruppen, auf die regionalen Gegebenheiten und Anlässe des Schulsprengels und auf die Neigungen und Fähigkeiten der Lehrpersonen.

Völlig neu waren damals die Einführung des Zweilehrer/innensystems (Teamteaching) und die Zusammenfassung von Fächern bei Projekten. Der Schulversuch Landhauptschule lief im Schuljahr 1999/2000 aus. Zu diesem Zeitpunkt war es bereits möglich, im Rahmen der Schulautonomie Erfahrungen und Elemente der Landhauptschule fortzusetzen, was sich im aktuellen Leitbild der Schule in Niederndorf widerspiegelt: „Die autonome Stundentafel wertet die Hauptgegenstände Deutsch, Mathematik und Englisch auf. Für alle übrigen Unterrichtsfächer gibt es nach Begabung, Neigung und Interesse Kurs- und Projektangebote. In ganzheitlicher und nachhaltiger Vernetzung werden die Bereiche Informatik, Ökologie und Kreativität durch fächerübergreifende, aktuelle Unterrichtsgestaltung ständig berücksichtigt und gefördert. Freigegenstände, unverbindliche Übungen, Förderunterricht, Kurse und Projekte werden so organisiert, dass der Jahresplan durchschaubar und die freiwillige Teilnahme allen Jugendlichen möglich ist.“ [1]

Freiwilligkeit und alternative Angebote sind wichtige Elemente der Landhauptschule. Sie wurden auch nach dem Auslaufen des Schulversuchs beibehalten, davon konnten wir uns vor Ort ein Bild machen. Die Kinder erhalten am Schuljahresanfang eine Übersicht über diejenigen Veranstaltungen, die für die Nachmittage des kommenden Schuljahrs projektiert sind.

Von Netzwerken profitieren

Es ist frühmorgens, der Unterricht beginnt schon um 7:40 Uhr und die Kinder strömen an diesem etwas trüben Donnerstag im Juni zur Schule. Direktor Rupert Mayr empfängt uns freundlich und ist uns sofort behilflich, einen Mechaniker zu organisieren, da unser Anreisefahrzeug eine ernsthafte Panne hat. Er stellt uns den anwesenden Lehrer/innen im Konferenzzimmer vor. Wir setzen uns zu einer Tasse Kaffee und schon beginnt unser erstes Gespräch mit Othmar Mairer, der seit 1993 an dieser Schule unterrichtet. Bald gesellt sich auch Rupert Mayr, der Direktor, hinzu.

1 Ausschnitt aus dem Leitbild der Landhauptschule Niederndorf. Das gesamte Leitbild kann auf der Schulhomepage nachgelesen werden: www.hs-niederndorf.tsn.at (27. 6. 2011).

Wie bereits angedeutet, zeigte sich bei unseren Recherchen im Vorfeld des Schulbesuchs, dass die Landhauptschule Niederndorf in vielen Netzwerken aktiv ist. Sie ist Mitglied im ISV (Innovative Schulen im Verbund)[2], ist ÖKOLOG-Schule[3] und auch als Projektnehmer bei IMST[4] vertreten. Diese Netzwerke haben und hatten einen bedeutenden Einfluss auf die Schule, wie uns Rupert Mayr erklärt, da sie Impulse zur Weiterentwicklung geben. Wir möchten wissen, wie das genau funktioniert mit den Impulsen, wie kommt das Neue in die Landhauptschule Niederndorf? Ist die Arbeit in den Netzwerken das „Hobby" einiger weniger und die Arbeit der Mehrheit bleibt davon unberührt? Wie der weitere Schulbesuch und die Gespräche zeigten, ist die interne Führungs- und Kommunikationsstruktur für die Weitergabe von Impulsen in und aus den Netzwerken von großer Bedeutung. Die Teamstruktur stellt die koordinierte Kommunikation an der Schule sicher.

Führungsstruktur und Kommunikation nach innen

Wir haben bereits die ersten Interviews mit Lehrer/innen geführt und Unterrichtsbesuche gemacht, als wir in der fünften Einheit Gast bei einer Teambesprechung sind. An der Schule gibt es Fachteams für Englisch, Mathematik und Deutsch, in denen alle Lehrpersonen des Standorts vertreten sind. Jedes Fachteam trifft sich einmal wöchentlich zu einer institutionalisierten Teambesprechung. Die Besprechungsstunden sind im Stundenplan fixiert und liegen am späten Vormittag. Die Situierung am Vormittag ist das Ergebnis eines Lernprozesses, denn ursprünglich fanden die Besprechungen am Nachmittag statt, was nach Aussagen der Lehrer/innen ungünstige Effekte auf die Motivation der Teammitglieder hatte. Das Fachteam Deutsch besteht aus sieben Personen und wird – wie auch die anderen Hauptfachteams – von einer Lehrperson, die demokratisch bestimmt wird, koordiniert und geleitet. Der Koordinator bzw. die Koordinatorin sammelt die Themen, die zu besprechen sind, moderiert die Sitzungen und gibt Informationen aus der wöchentlichen Besprechung mit dem Schulleiter an das Team weiter.

Die heutige Sitzung des Deutschteams steht ganz im Zeichen der Planung für das kommende Schuljahr: „Welche Literatur soll bestellt werden?" Erfahrungen werden aus-

2 Der Verbund innovativer Schulen (ISV) wird im Kapitel „ISV oder Der Blick über den Tellerrand" von Christoph Hofbauer dargestellt.

3 ÖKOLOG ist eine Initiative des Unterrichtsministeriums. Oberstes Ziel ist es, Bildung für nachhaltige Entwicklung im Schulprogramm zu verankern und Schritt für Schritt anhand von konkreten Themen wie Wasser, Abfall, Energie, Schulgelände, Gesundheit usw. sichtbar zu machen.

4 IMST ist ein vom Unterrichtsministerium in Kooperation mit Universitäten, Pädagogischen Hochschulen, Schulbehörden, Schulen etc. getragenes Projekt, mit dem der Unterricht in Mathematik, Naturwissenschaften, Informatik und Deutsch sowie in verwandten Fächern verbessert wird. IMST – Innovationen Machen Schulen Top!

getauscht und diskutiert. Eine konstruktive Diskussion entsteht. Das Team einigt sich auf die Bestellung für das nächste Jahr. Dann wird über die Einteilung der Leistungsgruppen diskutiert. An der Schule wurden die zweite und dritte Leistungsgruppe zur sogenannten Innovationsstufe II zusammengelegt. „Machen wir drei kleine erste Leistungsgruppen und eine große Innovationsstufe II oder zwei erste Leistungsgruppen und zwei Innovationsstufen II?" – „Sollen wir uns bei der Einteilung nach dem Urteil der Volksschullehrer/innen richten?" – „Wer nimmt welche Gruppe im kommenden Jahr?" Die geführte Diskussion macht die Grenzen der Innovationsstufe II deutlich und bietet einen Ansatzpunkt zur Weiterentwicklung der Schule – Stichwort: Personalisierung und Individualisierung des Lernens.

Hier liegt also eindeutig Potenzial für die Unterrichtsentwicklung der kommenden Jahre. Wie auch in vielen anderen Hauptschulen Österreichs wird die starke Differenzierung in drei Leistungsgruppen immer mehr als Handicap für die Kinder der dritten Leistungsgruppe gesehen, vor allem für die Schulabgänger/innen, die rasch ins Berufsleben einsteigen und Lehrstellen finden möchten. Um dennoch den unterschiedlichen Begabungsniveaus der Schüler/innen gerecht werden zu können – auch in „bunt gemischten" Klassen –, wird es einer Umgestaltung des Unterrichts bedürfen.

Die wichtigsten Themen sind für heute besprochen, wir bekommen etwas Zeit, um Fragen zu stellen: „Wie würdet ihr eure Erfahrungen mit den Teambesprechungen beschreiben?" Die Lehrer/innen antworten: „Sie sparen viel Zeit." – „Es ist fein, dass wir die Besprechungen institutionalisiert haben und uns am Vormittag treffen. Früher hatten wir alle zwei Wochen ein Treffen, das war zu wenig." – „Es ist für Neueinsteiger praktisch, hier treffe ich alle und bekomme die nötigen Informationen." Es wird wiederholt darauf hingewiesen, wie angenehm es sei, dass alle auf dem gleichen Informationsstand sind. Die Teamstruktur gewährleistet eine transparente Kommunikation und Themen können von „unten" (Team) oder „oben" (Schulleitung) eingebracht und diskutiert werden: „Die Koordinatoren sind ein gutes Bindeglied. Ideen können weitergereicht werden und man muss nicht wegen allem zum Direktor laufen." Die drei Koordinatoren treffen sich einmal in der Woche gemeinsam mit dem Schulleiter zu einer „Schulentwicklungsstunde". In dieser Besprechung werden einerseits Informationen aus den Teams besprochen, andererseits kommuniziert der Schulleiter aktuelle Themen. Entscheidungen werden gemeinsam diskutiert und vorbereitet. Dabei finden die Diskussionsprozesse in den einzelnen Teams ebenso Berücksichtigung wie die Meinung des Schulleiters. Otmar Mairer, Koordinator des Englischteams: „Es ist ein gutes System. Jeder hat das Gefühl, mehr Informationen zu haben, und es wird schnell klar, wie die Stimmung für ein Thema ist. Ein Beispiel ist die Frage der Teilnahme an der Prüfung für das Umweltzeichen. Bevor wir etwas in die Gesamtkonferenz tragen, diskutieren wir es in den Teams aus, Entscheidungen werden dadurch von vielen getragen." Peter

Widmann, ebenfalls Teamkoordinator, meint: „Jeder kann seine Meinung artikulieren. In der großen Gruppe geht das nicht so einfach."

Die vorhandene Führungsstruktur ist ein gutes Beispiel für *Shared Leadership*, wie Brent Davies sie beschreibt: „Leadership is not the provenance of one individual but of a group of people who provide leadership in the school and, by doing so, provide support and inspiration to others to achieve the best for the children in their care" (Davies 2005, S. 2). Führung und Führungsverantwortung werden durch eine institutionalisierte Struktur geteilt und von den betroffenen Lehrpersonen übernommen. In den Teams werden Neuerungen und Herausforderungen besprochen, Impulse aus den Netzwerken aufgenommen und an die Bedürfnisse der Schule adaptiert. Die Führungsstruktur, die mit einem mittleren Management verglichen werden kann, entlastet den Schulleiter, da er nicht zum alleinigen Reibebaum wird und erhöhte Transparenz und Eingebundenheit gegeben sind. Neben den Fachteams gibt es noch weitere Kooperations- und Kommunikationsformen: Konferenzen (alle sechs Wochen), Jahrgangsteams (einmal in der Woche) und thematische Teams (beispielsweise zur Berufsorientierung).

„Es gibt nichts Gutes, außer man tut es!"

Trotz der Übernahme von Ideen aus den Netzwerken ist die Multiplikation oft schwierig, wie uns Schulleiter Rupert Mayr erklärt: „Wir kommen mit vielen Ideen von den Netzwerktreffen zurück, aber oft lassen sich die neuen Gedanken und Pläne nicht sofort umsetzen. Man müsste mit Lehrer/innenteams hin. Wir machen auch Schulbesuche. Als Leiter muss ich darauf achten, meine Lehrkräfte durch neue Ideen nicht zu überfordern – die meisten von ihnen arbeiten weitaus mehr, als sie ihrer Dienstverpflichtung nach arbeiten müssten, es schauen fast alle auf die Sache, nicht auf die Zeit." Wir fragen, was Rupert Mayr konkret aus dem ISV für seine Tätigkeit mitgenommen hat. Er meint: „Regionale Schulentwicklung – was ich am meisten gelernt habe, ist, dass ich nicht auf den Gesetzgeber warte, bis er kommt und sagt, du darfst, sondern dass wir selbst aktiv werden, nach dem Motto: Es gibt nichts Gutes, außer man tut es! Die Kontakte zu den involvierten Schulen haben mir dabei sehr geholfen. Diese Form der Vernetzung, der persönliche Kontakt und das Kennenlernen praktischer Beispiele, macht für mich viel Sinn."

Regionale Schulentwicklung und Vernetzung sind für Rupert Mayr wichtig. Er ist deshalb viel unterwegs, wie er erzählt: „Ich bin seit drei Jahren jeden Monat mindestens fünf Tage außer Haus, bei Netzwerktreffen, Konferenzen oder an Schulen, die an unseren Erfahrungen interessiert sind." Besonders ertragreich sind jene neuen Kontakte zu anderen Schulen innerhalb der Netzwerke, die sich im Rahmen der Tagungsarbeit ergeben. Auch viele neue Ideen zur Unterrichtsstruktur und Unterrichtsgestaltung kommen über die Arbeit in den Netzwerken an die Schule. Die Planung des individuellen Förderunterrichts und Ideen zur regionalen Schulentwicklung erhielten Impulse durch die Arbeit im ISV. Im net-1-Projekt KL:IBO (Kompetenzlernen durch Individualisierung und Berufsorientierung) entwickelten Lehrer/innen an der Schule ein neues Modell zur Berufsorientierung, das inzwischen flächendeckend an der Schule angewendet wird.

Die Schule entwickelt ein Modul des bundesweiten Projekts KL:IBO

Wir treffen uns mit den drei Mitgliedern des KL:IBO-Projektteams – Peter Widmann, Rosemarie Margreiter und Maria Rameshan – am Kaffeetisch im Konferenzzimmer und möchten mehr über Berufsorientierung und das Projekt KL:IBO an der Landhauptschule Niederndorf erfahren. An der Schule gibt es eine lange Tradition im Bereich Berufsorientierung, so gewann die Schule 2006 den von der Wirtschaftskammer Tirol ins Leben gerufenen Hauptpreis „Gütesiegel – Berufsorientierung plus". Die Schule bringt viele Impulse ins KL:IBO-Netzwerk ein, wie uns Peter Widmann erzählt.

Im Vorfeld des Starts des bundesweiten Projekts KL:IBO hatte Anita Marksteiner, Referentin und Koordinatorin für Berufsorientierungsunterricht in Tirol, die Landhauptschule Niederndorf zur Teilnahme an KL:IBO eingeladen. KL:IBO folgt folgender Vision: „Schülerinnen und Schüler gewinnen Orientierung zur aktiven und selbst verantworteten Gestaltung ihrer Bildungs- und Berufsbiografie. Ausgehend von der Berufsorientierung gelingt dies in einem Dreischritt aus Stärkenportfolio, Orientierungsgespräch und individualisiertem, offenem Unterricht" (KL:IBO-Folder 2009).

KL:IBO-Kernteam: Maria Rameshan, Peter Widmann und Rosemarie Margreiter

KL:IBO ist ein Projekt, das es sich zum Ziel gesetzt hat, Jugendlichen zu ermöglichen, im Bewusstsein ihrer fachlichen und überfachlichen Kompetenzen eine erste Berufs- und Bildungswahlentscheidung zu treffen und somit anschlussfähig zu sein. Die im Projekt Beteiligten glauben an die Fähigkeiten jedes einzelnen Menschen: Junge Menschen gehen stark und selbstbewusst in ihren nächsten Lebensabschnitt. Sie wissen, dass sie (selbst-)wirksam sind.

Auf Bundesebene leiten Sabine Fritz und Eva Theissl das Projekt. Sie unterstützen gemeinsam mit dem KL:IBO-Projektteam die teilnehmenden Schulen bei der Umsetzung des Gedankens, Kompetenzorientierung, Individualisierung und Berufsorientierung zu verbinden.

An der Landhauptschule Niederndorf fungieren Peter Widmann, Rosemarie Margreiter und Maria Rameshan als Multiplikator/innen und Entwickler/innen. Sie führen das neue Berufsorientierungskonzept innerhalb des Vormittags- und Nachmittagsunterrichts in Zusammenarbeit mit anderen Fächern (z. B. Bildnerischer Erziehung, Geografie, Geschichte, Werken, Biologie und Physik) durch. Sie nehmen an den regelmäßigen Treffen der Pilotschulen teil, berichten dort von ihrer Arbeit, tauschen ihre Erfahrungen mit den anderen Teams aus und tragen neue Impulse, Arbeitsmaterialien etc. zurück in die Schule, um sie dort wiederum an die regionalen Bedürfnisse anzupassen und auszuprobieren. Sie erzählen uns von den Entwicklungen an ihrer Schule. Die Aufbau- und Entwicklungsarbeit war in den vergangenen eineinhalb Jahren intensiv, da in der vierten Klasse die Berufsorientierung neu konzipiert wurde. „Wir haben das Resultat vorweggenommen, was wir von der ersten Klasse weg in vier Jahren aufbauen möchten, haben wir in einem Jahr durchgezogen." (Peter Widmann) Im Schuljahr 2009/10 ist geplant, mit der systematischen Entwicklung der Kompetenzen schon in der ersten Klasse zu beginnen und nicht erst ab der dritten. Es sollen im Unterricht in verschiedenen Einheiten (soziales Lernen, Lernen lernen usw.) systematisch Lernstrategien entwickelt werden und gezieltes Methodentraining (nach Klippert) stattfinden.

Das derzeitige KL:IBO-Konzept besteht aus drei Bestandteilen: Stärkenportfolio, Orientierungsgespräch und alternative Lernmöglichkeiten.

Die Grundlage im Projekt KL:IBO bildet das Stärkenportfolio. Die Schüler/innen sammeln in diesem jene schulischen und außerschulischen Arbeitsergebnisse, auf die sie besonders stolz sind, die ihre individuellen Erfolge sichtbar machen. Die für sie bedeutsamsten Materialien und Dokumente aus diesem Stärkenportfolio werden in einem Dossier (Entwicklungsstanddokumentation) verdichtet. Dieses Dossier dient als Grundlage für ein Orientierungsgespräch, das der/die Jugendliche mit den Eltern und einer Lehrkraft führt. Im Orientierungsgespräch formulieren die Schüler/innen ihre individuellen Schwerpunktziele für das nächste Schuljahr. Unsere Projektschulen bieten den Schüler/innen entsprechende individuelle, ausreichend offene und alternative Lernmöglichkeiten (Workshops, Projektunterricht, Wahlfächer, Freiarbeit, Lernateliers, individuell gewünschte Fördermaßnahmen ...) an.

Sabine Fritz (Fritz 2008, S. 3)

Stärkenportfolio

An der Landhauptschule Niederndorf startete das KL:IBO-Projekt mit der Ausarbeitung von Stärkenportfolios durch die Schüler/innen.

Eine Seite aus dem Stärkenportfolio eines Schülers

Die Arbeit mit den Portfolios entwickelte sich dabei zu einem langen Prozess unter dem Motto „Meine Fähigkeiten". In mehreren Fächern wurde dazu gearbeitet. „Das war wichtig, um sich auf den Prozess einlassen zu können", meint Maria Rameshan, und dass es vorteilhaft sei, wenn man viele verschiedene Fächer in den einzelnen Klassen unterrichte: „Damit ließ sich vieles im normalen Unterricht verwirklichen, ohne dass es zu komplexen Stundenplanumgestaltungen kommen musste." Im Zentrum des Prozesses bei KL:IBO steht und stand die Entwicklung von Persönlichkeit und Kompetenzen. „Es geht darum, sich bewusst zu werden, wer man ist, was man ist und wo man hingeht, um Eigenstärkung, aber auch um das Hinarbeiten auf Schlüsselqualifikationen." (Peter Widmann)

Das Projektteam in Niederndorf versuchte von Beginn an, möglichst viele externe Personen und Ressourcen zu integrieren, die Beiträge zu den Portfolios der Schüler/innen leisteten. Zu den genutzten Quellen zählt unter anderem die kompetenzorientierte Lernstandserhebung für Englisch, Deutsch und Mathematik, die unter Leitung von Elfriede Alber im Rahmen des Tiroler Projekts „Lernen, Kompetenzen, Standards" am Landesschulrat für Tirol entwickelt wurde. Eine weitere Quelle war das Wirtschaftsförderungsinstitut (WIFI). Es bot der Schule die „Talent-Card" für alle Schüler/innen der vierten Klassen gratis an. Die Talent-Card, ein Eignungstest für Jugendliche, war eine gute Ergänzung zu den Produkten der Schüler/innen und den Einschätzungen der Lehrpersonen. Sie stellt einen externen Blick auf die Kompetenzen der Schüler/innen dar. In einem dreistündigen Testverfahren mit anschließendem einstündigem Feedback, durchgeführt von Mitarbeiter/innen des WIFI Tirols, wurden die Stärken ermittelt. Für die kommenden Jahrgänge bietet das WIFI die Talent-Card zu einem vergünstigten Preis für die Schüler/innen an.

Orientierungsgespräch und Impulse vom/ins Netzwerk

Nachdem die Schüler/innen einiges über ihre Kompetenzen in Erfahrung gebracht hatten bzw. diese Kompetenzen erlebt und weiterentwickelt hatten und die Portfolioarbeit (vorläufig) abgeschlossen war, ging es in die zweite Phase des Projekts: das Orientierungsgespräch mit Kindern und Erziehungsberechtigten. Die bundesweite KL:IBO-Projektgruppe veranstaltete dazu eine Schulung, von der die drei Teammitglieder der Landhauptschule Niederndorf besonders profitierten. Die erworbenen Kompetenzen wurden anschließend in einer schulinternen Lehrer/innenfortbildung zum Thema Gesprächsführung und Kommunikation vertieft, an der das gesamte Kollegium teilnahm. Maria Rameshan: „Alle Lehrer/innen haben davon profitiert. Es ist wichtig, ob der Bub neben dem Papa oder der Mama sitzt. Wie setzt man sich selbst hin? Wie schirmt man sich gegenüber Negativem ab? Der Schüler bzw. die Schülerin soll absolut im Mittelpunkt stehen."

An diesem Beispiel wird deutlich, wie Impulse aus dem Netzwerk, hier das Thema Gesprächsführung, in die Schule hineinwirken und das gesamte Kollegium davon profitiert. Der Kontakt zu den einzelnen Netzwerken wird von unterschiedlichen Personen getragen. Für Berufsorientierung und Kompetenzsteigerung im Rahmen des KL:IBO-Projekts ist das Team um Peter Widmann verantwortlich – die Mitglieder besuchen die österreichweiten Veranstaltungen und sitzen in Workshopteams. Sie geben Informationen an ihre Kolleg/innen weiter und integrieren neue Lehrer/innen in das Projekt. Den Kontakt zum ISV halten Hubert Praschberger und Rupert Mayr aufrecht. Die Zusammenarbeit und Impulssetzung für schulische Initiativen mit dem ÖKOLOG-Netzwerk wird vor allem von Rupert Mayr und in Zukunft vom neuen Schulleiter Hubert Praschberger bewerkstelligt. Hier zeigen sich die Vorteile einer geteilten Führungsstruktur, denn nicht alle Entscheidungen und Initiativen gehen von einer einzigen Person – in den meisten Fällen der Schulleitung – aus. Die Verantwortung wird geteilt und Initiativen können auch von anderen (ein-)geleitet werden. Besonders wichtig scheint die Unterstützung von „oben" und die Möglichkeit zu scheitern. Peter Widmann führt dies für das KL:IBO-Projekt aus: „Wir durften auf Seminare fahren und erhielten jegliche Unterstützung. Wir hatten auch die Möglichkeiten zu scheitern. Druck wurde uns genommen. Hätte etwas nicht geklappt, wäre dies auch keine Affäre gewesen. Wir haben von oben Freiheit vorgelebt bekommen – und die Chance, uns selbst zu verwirklichen." Maria Rameshan fügt hinzu: „Das schätze ich überhaupt an der Schule. Ich habe im kreativen Gestalten absolute Freiheit."

Kreative Arbeit wird großgeschrieben – Wandbemalung in der Schule

Die Freiheit zu gestalten wirkt sich offenbar auf die Arbeit im Netzwerk aus, denn wesentliche Elemente im KL:IBO-Projekt wurden an der Landhauptschule Niederndorf im Sinne von Prototypen entwickelt, wie uns Peter Widmann, Rosemarie Margreiter und Maria Rameshan erklären: „Diese Art der Portfolios ist von uns entwickelt worden. Den Anreiz dazu erhielten wir bei der Anbahnungsveranstaltung zum Projekt KL:IBO im Februar 2008. Wir dachten uns: ‚Das wäre etwas Tolles.' Wir drei und Anita Marksteiner setzten uns zusammen und arbeiteten die Ideen aus. Auch die Coaching-Arbeit und das Tutoring entstanden hier."

Die Erfahrungen des Niederndorfer KL:IBO-Teams wurden von den anderen am Projekt beteiligten Schulen interessiert aufgenommen und an weiteren KL:IBO-Standorten zu eigenen Konzepten umgebaut. Viele ihrer Erfahrungen, so die Niederndorfer, wurden aufgegriffen durch Teams an anderen Schulen, weiterentwickelt und wieder an sie zurückgespielt. Beispiele dafür sind das Stärkenportfolio und das Tutoring. Die Idee zum Tutoring kam von den Schüler/innen. Einigen Mädchen der vierten Klassen wurde rückblickend auf ihre ersten Erfahrungen mit dem Portfolio bewusst, wie schwierig das Führen und Ausarbeiten der Mappe gewesen war. Sie kamen auf die Idee, ihren Erfahrungsschatz an die dritten Klassen weiterzugeben. „Es war der Wunsch der Kinder – sie hatten selbst vor einem Jahr nicht gewusst, was diese neue Arbeitsform mit den Portfolios bedeutet. Stärken ausarbeiten – was ist das? Und so wollten sie als Mentor/innen in die dritten Klassen gehen und die Arbeitsweise aus ihrer Sicht vorstellen. In einer Unterrichtseinheit zum sozialen Lernen erläuterten sie den Schüler/innen der dritten Klassen ihre Sichtweise und stellten ihre Portfolios vor, selbst wenn diese nicht perfekt ausgearbeitet waren, so hatte jeder eine Chance, sich einzubringen und zu lernen." (Peter Widmann) Im späteren Interview mit den Schüler/innen erzählen uns zwei Mädchen von ihren Erfahrungen: „Es hat uns gefallen, dass wir ihnen das zeigen konnten und dass sie Einblick gewinnen und dann gleich an ihrem Portfolio arbeiten und sich anstrengen." Es hat den Schüler/innen Spaß gemacht, ihr Wissen weiterzugeben: „Sie, die Drittklässler, haben, glaube ich, etwas daraus gelernt."

Bedeutend für den Austausch von Ideen, wie die des Tutorings, sei die Koordination und Ressourcenzuteilung durch das bundesweite KL:IBO-Team, da es die Möglichkeit eines Erfahrungs- und Ideenaustausches biete und Weiterentwicklungen vorantreibe. Wie bereits erwähnt, seien Fortbildungsanreize von Seiten des übergeordneten KL:IBO-Teams wichtig, wie zum Beispiel das Angebot eines Trainings zur Gesprächsführung. „Insofern haben net-1 und KL:IBO sehr viel für uns getan. Was aber die Projekte selbst betrifft, haben wir oft selbst die Ideen eingebracht." (Peter Widmann) Die schulinterne Fortbildung zu Gesprächsführung hat bei vielen einen bleibenden Eindruck hinterlassen, so erzählten uns auch andere Lehrer/innen von diesem Seminar. Hintergrund für die Fortbildungen waren die anstehenden Orientierungsgespräche. Mit allen Schüler/innen der 7. Schulstufe und deren Eltern wurde zwischen März und Mai ein Gespräch über die Stärken und Fähigkeiten der Jugendlichen geführt. Das Gespräch baute auf den Stärkenportfolios und den darin gesammelten Elementen (Arbeiten aus der Schule, WIFI-Talent-Card, Lernstandserhebung ...) auf, die in einem Dossier (einer einseitigen Zusammenfassung) verdichtet wurden. Im nachfolgenden, etwa eine halbe Stunde dauernden Gespräch, fanden die Perspektiven aller Beteiligten (Schüler/innen, Eltern, Lehrperson) Platz, dabei wurde das Potenzial von Selbst- und Fremdeinschätzungen genutzt und mögliche Berufsziele besprochen. Am Ende des Gesprächs vereinbarten Schüler/innen, Eltern und Lehrpersonen individuelle Lernschwerpunkte in Form von Zielvereinbarungen für die 8. Schulstufe. Die Gespräche kamen bei den Eltern gut an, wie uns die Elternvertreterin der Schule beim Interview erzählte. Die Umsetzung der individuellen Lernschwerpunkte erfolgte zu einem großen Teil im Rahmen von Projekten, die die Schüler/innen eigenständig auf der 8. Schulstufe durchführen.

Alternative Lernmöglichkeiten – Projektarbeit

Mit Hilfe der sie unterrichtenden Lehrpersonen fanden sich die Schüler/innen zu Beginn des neuen Schuljahrs in Kleingruppen zusammen – manche wollten auch lieber alleine arbeiten. In Vorgesprächen konnten sie Ideen entwickeln und strukturieren. Sie sollten die im Vorjahr erkannten Stärken und beruflichen Perspektiven praktisch, in Form eines Projekts, umsetzen.

Während einer kurzen Pause bei unserem Schulbesuch sehen wir eine Schülerin im Konferenzzimmer an einem PC arbeiten. Dieter, selbst Informatiklehrer, möchte von der Schülerin erfahren, was sie am PC macht. Sie erzählt uns, dass sie einen Film zum Thema „Biathlontraining" schneidet und vertont. Dies sei Teil ihrer Projektarbeit. Größtenteils fänden die Projekte in der Freizeit an den Nachmittagen statt, da sie zu Hause aber keine Software zum Schneiden des Filmes habe, arbeite sie in der Schule. Die Projekte der Schüler/innen sind vielfältig und sie organisieren sich Hilfe, wenn diese notwendig ist. Beispielhaft sei hier die Bildung einer Cheerleader-Gruppe genannt, welche nun gegen Ende des Schuljahres ihre Freundinnen und Freunde bei diversen Schulveranstaltungen lautstark unterstützt.

Die Mädchen erledigten alles in Eigenregie, sie sammelten Sponsorengelder in der Höhe von 500 Euro, um sich Kostüme anzuschaffen. In der Freizeit recherchierten sie und studierten Tanzschritte ein. Ihren ersten Auftritt feierten sie am Ende der alljährlichen Wienwoche, weitere Auftritte folgten. Maria Rameshan berichtet über das Vorgehen: „Wir wollten nicht nur Theorie, sondern auch Praxis. Es folgte ein allgemeines Vorgespräch. ‚Was interessiert euch, was würdet ihr auch außerschulisch gerne mal machen, nicht nur alleine, sondern auch in der Gruppe?' Wir haben nur angedeutet, dass man im musikalischen, künstlerischen, handwerklichen und sozialen Bereich dieses oder jenes machen könnte. Die Kinder haben sich bald selbstständig zusammengefunden."

Beispiele für weitere Projekte von Schüler/innen

- Aufbau einer Homepage, in der alle Projekte der Schüler/innen vorgestellt werden
- Gründung einer Schulband
- Aufbau und Errichtung einer „Teestube" mit Hilfe eines alten Boilers, der zum Samowar umfunktioniert wurde
- Planung und Durchführung eines „Gesunden Frühstücks" für alle Schüler/innen der vierten Klasse
- Planung und Organisation einer nachmittäglichen Trainingseinheit für Biathlon mit einer professionellen Biathlon-Trainerin
- Neugestaltung eines Klassenraums mit Ausmalen an einem Wochenende
- Bau von Mofa-Anhängern zum Transportieren diverser Gegenstände
- Teilnahme am Quiz der *Tiroler Tageszeitung*
- Errichtung von Heumännchen zu Dekorationszwecken im Schulhaus
- Gestaltung von Videos zur Selbstdarstellung mit selbst erworbenen Puppen („Mannschgerln")
- Erstellung einer Website zu einem Kinofilm
- Entwicklung und Ausarbeitung eines Spiels inklusive Spielanleitung für Kindergärten, erprobt im Kindergarten Erl
- Gestaltung künstlerischer Werke für eine Vernissage und Organisation derselben (die Schüler/innenband sorgt für den musikalischen Rahmen)

Als Abschluss ist daran gedacht, dass alle Beteiligten ihr Projekt vorstellen.

Voraussetzungen und Perspektiven für KL:IBO

Voraussetzung zur erfolgreichen Teilnahme am KL:IBO-Projekt war die Einbindung vieler anderer Fächer, denn alleine kann eine derartige Aufbauarbeit nicht bewältigt werden. Hilfreich dabei war die schon seit Jahren bestehende gute Zusammenarbeit innerhalb der an der Schule bestehenden Jahrgangsteams – so konnten zum Beispiel gemeinsam die KL:IBO-Workshops besucht und viele Aufgabenstellungen arbeitsteilig erledigt werden. „Es braucht ein starkes Klassenlehrer/innenteam. Man kann nicht mehr alles mit Berufsorientierungseinheiten alleine abdecken. Es braucht auch Geografie, Geschichte, ja sogar Physik. Daraus entwickelte sich vernetzter Unterricht." (Peter Widmann)

Auch nach den bisherigen Erfahrungen mit Mehrarbeit und der geforderten Flexibilität scheint die Stimmung dem KL:IBO-Projekt gegenüber sehr positiv. Für den nächsten Jahrgang arbeitet das Klassenlehrer/innenteam bereits freiwillig an Nachmittagen für das kommende Schuljahr. Das Ursprungsteam wirkt dabei unterstützend und es wird weniger Hilfe von außen benötigt. Allerdings besteht Sorge, ob es Fortbildungen für zukünftige Teams geben wird. Peter Widmann bringt es auf den Punkt: „Die Infizierung hat bereits stattgefunden – der Leitsatz an unsere Neuen lautet: Ihr müsst euch nun auf den Treffen die anderen schnappen und euch coachen lassen!"

KL:IBO aus Sicht der Schüler/innen

Selbstverständlich waren wir auch gespannt darauf, wie sich die Arbeit des KL:IBO-Teams auf die Betroffenen auswirkt, insbesondere auf die Kinder, die nun seit eineinhalb Jahren daran teilgenommen haben. Im schuleigenen Mediationsraum befragten wir die zehn Mädchen und zwei Burschen aus den vierten Klassen mit dem von uns vorbereiteten Reflexionstool. Die Schüler/innen sollten zu vorher festgelegten Äußerungen über Berufsorientierung an ihrer Schule Stellung beziehen und diese Stellungnahme anschließend begründen. Dazu klebten wir vier Aussagen („Ich stimme völlig zu", „Ich stimme teilweise zu", „Ich stimme eher nicht zu", „Ich stimme überhaupt nicht zu") in die vier Ecken des Raumes, die Jugendlichen versammelten sich vor jeder Stellungnahme in der Mitte des Raumes. Vorausschickend ersuchten wir die Anwesenden, wirklich nur ihrer persönlichen Meinung zu folgen und nicht auf die Entscheidung ihrer Freund/innen zu achten. So wollten wir einer möglichen Verzerrung der Ergebnisse entgegenwirken.

Schülerinnen begründen ihre Entscheidungsfindung

Dieter las Aussagen vor, die Schüler/innen bezogen Stellung und Martin interviewte anschließend die Gruppen, die sich in die vier Ecken verteilt hatten, um so noch vertiefende Informationen zu bekommen. Wir stellen hier die zentralen Aussagen komprimiert vor.

Die Erstellung der Portfolios brachte die Schüler/innen persönlich weiter

Bis auf zwei stimmen alle Schüler/innen der folgenden Aussage völlig zu: „Die Erstellung des Portfolios in der dritten Klasse hat mich persönlich weitergebracht." Beispielsweise meint Nina, sie habe gelernt, selbst die Initiative zu übernehmen: „Wir haben gelernt, dass man selber etwas machen muss. Wir haben nicht viel Hilfe von den Lehrer/innen bekommen. Da haben wir eigentlich alles selber gemacht." Das Selbstmachen wird von manchen auch kritisch bewertet. Es ist für Marko ein Grund, warum er der vorgelesenen Aussage nur teilweise zustimmt. Er meint: „Es hat schon etwas gebracht, aber es war ein bisschen aufwendig." Sein Freund schließt sich dieser Meinung an. Er findet das Projekt generell toll, „weil man sich mit sich selbst befasst hat. Aber es war ein ziemlicher Zeitdruck." Er hätte sich bei manchen Aufgaben mehr Zeit gewünscht. Hilfreich bei der Arbeit mit den Portfolios finden die Schüler/innen, dass „man eigentlich nichts falsch machen kann" (Christina).

Die Schüler/innen sind in ihrer Berufswahl sicherer

In diesem Zusammenhang sind drei Phänomene feststellbar:

- Es gibt Schüler/innen, die schon eine Vorstellung von ihrem Beruf hatten und in ihrem Berufswunsch gestärkt wurden. Ein Mädchen meint beispielsweise: „Ich habe immer schon gewusst, was ich möchte, und das hat sich durch das Projekt bestätigt."
- Manche Schüler/innen waren sich in ihren Vorstellungen noch nicht sicher und haben durch die Beschäftigung mit ihren Stärken und möglichen Berufsfeldern ein klareres Bild von ihren beruflichen Perspektiven bekommen. Dabei veränderten sich teilweise auch die Berufsvorstellungen. Sarah erzählt beispielsweise, sie habe vor dem KL:IBO-Projekt einen ganz anderen Berufswunsch gehabt. Jetzt wisse sie, was der richtige Beruf für sie sei und das habe auch mit dem Portfolio zu tun gehabt.
- Eine dritte Gruppe von Schüler/innen hatte überhaupt keine Vorstellung, wie ihre berufliche Zukunft aussehen könnte. Das Projekt half ihnen dabei, ausgehend von ihren Stärken Perspektiven zu entwickeln: „Ich habe gar nicht gewusst, was ich tun möchte. Jetzt weiß ich es."

Die von den Schüler/innen beschriebenen Prozesse scheinen mit der intensiven Beschäftigung mit den eigenen Stärken und möglichen Berufen zusammenzuhängen. So geben alle Schüler/innen an, mehr über ihren Wunschberuf erfahren zu haben. Zwei Mädchen erklären, sie hätten sich auch ohne KL:IBO mit ihrer Berufswahl beschäftigt und wären zu einem Ergebnis gekommen. KL:IBO habe jedoch den Prozess beschleunigt: „Ich hätte das schon alleine herausgekriegt, vielleicht nicht so früh, aber früher oder später schon.“ Die Schüler/innen geben an, keine Angst vor ihrer beruflichen Zukunft zu haben: „Ich habe keine Angst davor, weil ich weiß, was ich möchte.“ „Ich wüsste nicht, wovor ich Angst haben sollte.“

Traumberuf Disponentin – Plakatarbeit im Rahmen des KL:IBO-Projekts

Brückenfunktion des Portfolios

Das Portfolio erfüllt eine Brückenfunktion zwischen Schule und Außenwelt. Alle Schüler/innen geben an, dass sich Leute außerhalb der Schule für ihre Portfolios interessiert hätten und sie darüber ins Gespräch gekommen seien. Auf die Frage, mit wem sie über das Portfolio geredet hätten, nennen sie Eltern, Großeltern, andere Verwandte, Freund/innen und Lehrpersonen.

Es gibt geschlechtsspezifische Unterschiede in der Wahrnehmung des Projekts

Buben und Mädchen nehmen das Projekt und dabei vor allem die Arbeit mit dem Portfolio unterschiedlich wahr. Die Mädchen sind der Meinung, sie hätten sich bei der Portfolioarbeit mehr Mühe gegeben und seien im Gestalten kreativer gewesen. Die befragten Buben meinen, diese Aussage sei etwas pauschalierend, geben den Mädchen jedoch teilweise recht: „Ja, das stimmt schon, wir tun schon ein bisschen weniger." Die Buben meinen, die Arbeit mit den Portfolios liege den Mädchen mehr. Auf die Frage, was man am Portfolio verändern könnte, damit es den Buben noch besser gefalle, meinten die Mädchen: „Man müsste ihnen mehr Materialien geben und sie stärker anleiten." Die Buben fänden es gut, wenn noch stärker gestalterische Elemente eingebaut werden würden: „Vielleicht, dass man Werkstücke dazu machen kann." Generell finden Mädchen und Buben das Projekt sehr sinnvoll. Dies zeigt sich beispielsweise bei der Bewertung der folgenden Aussage: „Es wird in den Berufsorientierungsstunden zu viel geredet – und es schaut wenig heraus." Alle Schüler/innen stellen sich in die „Ich stimme überhaupt nicht zu"-Ecke. Die Burschen meinen: „Man weiß danach, was man kann und wo man gut ist." Ein Mädchen: „Es ist nicht zu viel und nicht zu wenig geredet worden. Es hat immer etwas herausgeschaut." Die Mädchen berichten uns auch über das Kennenlernen von typischen Männerberufen.

Die Schüler/innen empfehlen KL:IBO und das Stärkenportfolio anderen Schulen

Alle Befragten sind der Meinung, dass Schüler/innen an einer Schule sehr viel für sich gewinnen, wenn sie ein Stärkenportfolio anlegen und führen. Sie begründen ihre Meinung wie folgt:

„Weil man sich mehr mit sich selbst befasst und sich damit besser kennenlernt."
„Weil man genauer weiß, was man als Beruf machen möchte."
„Weil man seine Fähigkeiten und Stärken besser kennenlernt."
„Weil man sich selbst sicherer wird."
„Weil man sich selbst besser kennenlernt und sich dann besser auskennt."
„Es bestätigt sich auch die Berufswahl – und dann macht man es lieber."
„Ich habe zwar schon davor gewusst, was ich machen möchte.
Aber man ist selbstständiger geworden, weil man alles selber machen musste."

Was die Schüler/innen noch sagen wollten

Nachdem alle von uns vorbereiteten Fragen gestellt sind, geben wir den Schüler/innen die Möglichkeit, Dinge anzusprechen, die ihnen wichtig sind, und von uns noch nicht berücksichtigt wurden. Zwei Mädchen meinen, sie hätten im Rahmen des Projekts zu viele (Kompetenz-)Tests ausgefüllt, was für sie sehr anstrengend gewesen sei: „Drei Stunden hat so ein Test gedauert. Es war schon sehr lang und es waren immer wieder Pausen, aber es waren schon schwierige Fragen." Ein Mädchen betont: „Ich finde es gut, dass wir KL:IBO an unserer Schule machen, weil es schon sehr viel bringt." Die Burschen bringen nochmals die Anregung, als Ergänzung zum Portfolio ein Werkstück zu erstellen.

Der Schulgarten – Symbol für eine offene und ökologische Schule

Es ist am späteren Nachmittag, als uns Rupert Mayr in den Schulgarten führt. Er kündigt uns eine Fahrt nach Wien Anfang nächster Woche an, um mit einer Delegation von Schüler/innen und Eltern den ÖKOLOG-Preis in Empfang zu nehmen. Die Schule bekommt den Preis für das Projekt „Mischkulturgarten im Schulgarten".

Bei diesem Projekt haben Schüler/innen und Eltern freiwillig an einer besonderen Versuchsreihe teilgenommen. Eltern und Schüler/innen teilten sich die Betreuung des Gartens und legten Versuchsbeete an. In unterschiedlichen Kombinationen wurden in den Beeten zahlreiche Kräuter und Gemüsesorten angebaut und gepflegt. Es konnte dabei beobachtet werden, welche Pflanzen sich „gegenseitig mögen" und welche nicht. In der Projektbeschreibung heißt es: „Das Projekt stellt so einen erfolgreichen Zusammenhang zwischen Schule und Leben dar. Begeisterte Eltern berichten von ihren Töchtern und Söhnen, die sich plötzlich im eigenen Garten engagieren. Die Nachhaltigkeit des Projektes kann daran gemessen werden, wie sehr Familien der Region ihre Vorgärten verändern, eine Garten- und Kräuterkultur entwickeln und aktiv das Umfeld gestalten." Die Jury teilte diese Aussage und zeigte sich von der Öffnung der Schule nach außen und der Integration vieler Eltern und Schüler/innen beeindruckt.

Das beschriebene siegreiche Projekt ist nur eine von vielen Aktivitäten aus dem Bereich Umwelterziehung und Erziehung zur Nachhaltigkeit. Auf der Homepage der Schule finden sich aktuelle Berichte und Fotodokumentationen zu den jeweiligen Veranstaltungen und Initiativen. Besonders erwähnenswert erscheint uns das Langzeitprojekt „Kräuterspirale mit Vernetzung", das im vergangenen Schuljahr in Zusammenarbeit mit dem Fonds für Unterrichts- und Schulentwicklung (IMST) fächer- und schulstufenübergreifend durchgeführt wurde.

Als wir den Garten betreten, ist eine Gruppe von Schüler/innen mit dem Jäten des Unkrauts in den Beeten beschäftigt. Die zwei schuleigenen Laufenten watscheln auf der Suche nach Schnecken durch den Garten und ein Vertreter des örtlichen Gartenbauvereins schneidet das Gras am Rand der Wiese. Wir kommen mit ihm ins Gespräch. Josef Buchauer ist Pensionist und geprüfter Baumwart. Er erzählt uns, dass er immer wieder am Nachmittag in den Garten kommt und den Schüler/innen zeigt, wie man Bäume züchtet und veredelt. Die Schüler/innen seien daran sehr interessiert und alle bekommen am Ende ihrer Zeit an der Schule einen kleinen Baum geschenkt. Wir werden von der Atmosphäre im Garten angesteckt und würden am liebsten gleich selbst mit anpacken. Diese Stimmung spürt man auch bei den Schüler/innen und der Ehefrau von Rupert Mayr, die sich mit den Kindern beim Jäten unterhält.

Projektarbeit im Kräutergarten

Der Schulgarten ist voller Kleinodien: die Kräuterspirale, die Beete mit verschiedenen Gemüsesorten, eine „Pension" für Insekten und vieles mehr. Der Garten kann als Symbol für eine starke Verwurzelung in der Region gesehen werden. Im Schulgarten zeigen sich die Offenheit der Schule und der Beitrag der Dorfgemeinschaft. Ob Eltern oder Personen aus dem Gartenbauverein, das Dorf kommt in die Schule und die Schule lädt ein. Essenziell für das Gelingen der Projekte scheinen die zeitliche Einbettung in den Schulalltag und die Freiwilligkeit der Teilnehmenden, seien dies nun die Schüler/innen selbst, die Lehrpersonen, die sich engagierenden Eltern oder diverse Vereinsmitglieder aus den umliegenden Gemeinden. Direktor Rupert Mayr wirkt auf uns als wichtiger Initiator und Motivator all dieser Anstrengungen im biologisch-ökologischen Bereich. Er stammt aus einem bäuerlichen Umfeld und hat vor seiner Tätigkeit als Lehrer jahrelang in landwirtschaftlichen Betrieben gearbeitet. Seine für uns wahrnehmbar tiefe, positive Lebensbeziehung zu Pflanzen und Tieren überträgt sich auf alle jene Menschen, die im schulischen Wirken mit ihm zu tun haben. Er versteht es hervorragend, auch dank seiner guten Beziehungen nach außen, externe Fachkräfte in die schulische Arbeit einzubinden. In seiner Funktion als Obmann des regionalen Gartenbauvereins kennt er Persönlichkeiten der Umlandgemeinden, welche ihm und seinen Projektteams beistehen können. Dies bestätigt uns auch Stefan Himberger, Vizebürgermeister und Bildungsreferent der Gemeinde, der extra für ein Gespräch mit uns an die Schule gekommen ist. Tief eingebettet zu sein in die dörfliche Gemeinschaft in vielen Funktionen erweist sich für die Schule und ihre Kinder als vorteilhaft.

Blick in die Zukunft

Mit Ende des Schuljahrs 2008/09 übergibt Rupert Mayr die Leitung der Schule an Hubert Praschberger. Die Übergabe ist gut vorbereitet, Hubert Praschberger hat bereits in seiner Funktion als Koordinator Leitungserfahrungen gesammelt und wurde von Rupert Mayr in alle wichtigen Aktivitäten des letzten Jahres eingebunden. Er ist auch bei unserem Rückmeldegespräch dabei. Wir erzählen von unseren Eindrücken, heben hervor, dass wir von der breiten Wirkung des KL:IBO-Projekts und der Resonanz bei allen Beteiligten beeindruckt sind. Wir reflektieren die Funktion des Führungsteams für die Schule und sprechen über die Möglichkeit einer Weiterentwicklung in der Innovationsstufe II. Beim Verfolgen der Diskussion im Deutschteam, aber auch in

Gesprächen mit Lehrpersonen haben wir den Eindruck gewonnen, dass in diesem Bereich das größte Entwicklungspotenzial liegt. Die Schule besitzt einige Erfahrungen im Bereich des personalisierten Lernens – Stichwort: Berufsorientierung, Projekte, freiwillige Angebote. Für die Weiterentwicklung in den Hauptgegenständen könnte neben diesen Erfahrungen auch das Wissen in den Netzwerken, in denen die Landhauptschule Niederndorf aktiv ist, hilfreich sein. Wir wünschen der Schule und ihrer Weiterentwicklung sowie ihrem neuen Leiter alles Gute und dass sie noch viele Preise gewinnen möge!

Hinweis der Redaktion:
Die wertschätzende Beschreibung von Schulen und Lernvorgängen ist seit der frühen Phase von net-1 ein wichtiges Thema. Dass jemand – die Porträtierenden – von außen kommt, dass die Schule sich öffnet für neuartige Evaluation, wird an der Schule und im Netzwerk als Energiesprung erlebt. Die Warteliste für weitere Schulporträts ist lang.

So wurde Karin Grinner von der net-1-Führung gebeten, eine Gruppe von Porträtistinnen und Porträtisten aufzubauen und jenes Verfahren, mit dem Porträts erstellt werden, zu vergemeinschaften. So fand die Erstellung dieses Schulporträts – im Schuljahr 2008/09 – im Verband dieser Projektgruppe statt. Das wissenschaftsgestützte Verfahren Schulporträt wird im Beitrag „Lernen im Spiegel der anderen" dargestellt.

Paul Justus Lück: Ohne Titel

Zwischenbetrachtung

RICHARD STOCKHAMMER

DAS NEUE BEGRÜSSEN

Das Neue ist da, wenn eine Schulklasse die Schulglocke überhört – die Zeit beim Lernen stehen geblieben ist. Stille.

Das Neue ist da, wenn eine Projektgruppe für sich entdeckt: Die Kompetenz einer Person ist unteilbar und das hat nichts mit Beurteilen zu tun. Mein Potenzial (die Kompetenz) kann sich verflüchtigen unter dem strengen Blick der Kontrolle. Integrität.

Das Neue stellt sich ein, wenn es gelingt, in einem alltäglichen Konflikt das gemeinsame Anliegen zu erkennen, nicht indem man darauf pocht. Bitte.

Das Neue ereignet sich, wenn man weder mit der Vergangenheit hadert, noch in die Zukunft flüchtet. Jetzt.

Das Neue kommt auf leisen Sohlen – vielleicht. Wenn man die mächtigen Methoden in der Lade „Arbeitsblätter" lässt und dafür die unterschiedlichen Lernwege der Lernenden selbst Bedeutung gewinnen. Selbst.

Das Neue erscheint früher oder später – wenn die Haltung, die Zuversicht, das Zulächeln zum Nährboden werden. Klima.

Das Neue ist da. Babys tun es, Kinder tun es, manche Erwachsene, manche Organisationen tun es. Mit Herzklopfen.

Das Neue braucht man nicht suchen – in Methoden, Konzepten, Vorgaben, Kontrollen – es leuchtet und erfreut, bescheiden und tief. Paradoxie:

Ich habe dich gefunden, darum suche ich dich.

Das Neue kann flüchtig sein.
Chancen muss man beim Schopf packen!
Vielleicht braucht es sogar besonderer Anstrengungen, das Neue im System zu halten.
Vielleicht wird das Neue nur fassbar, wenn es einige Zeit als Parallelkultur überlebt, so lange am Leben bleibt, bis das System dafür bereit ist.

Richard Stockhammer

Das Neue ist da! Erkennen wir es? Wie vertiefen und verankern wir es?

Nehmen wir an, das Neue (das effiziente, intensive Lernen) ist bereits da, aber wir erkennen es nicht. Was könnten wir tun, um es zu erkennen?

Für die neue Schule ist alles bereits da. Wir brauchen es nur zu begrüßen. Auch wenn es uns überrascht. Und verdichten, durchgängig zur Geltung bringen.

Manche sagen, die Herausforderung für das Schulsystem besteht darin, das Neue auch im System zu (er-)halten.

Das Neue im net-1-Projekt Sprache

Energie im Wechsel der Arbeitsformen – Blattformen

In der allgegenwärtigen Sprache, im Medium kommunizierender Zeichen, in den selbstverständlichen Worten und in den beiläufigen Wendungen finden wir Ansatzpunkte, an denen wir uns am eigenen Schopf emporarbeiten können – Sprache für die Entwicklung unseres Bewusstseins.

Die *Blattformen* sehen wir als Prototyp eines Werkzeugs, das vier unterschiedliche Arbeitsweisen hervorruft und sichtbar macht. Sonja Vucsina beschreibt in ihrem Beitrag die Annäherung an die Entwicklung der Blattformen, ihren Einsatz, ihre Nutzung – und damit das Neue:

- Kargheit wird vor didaktische Raffinesse gestellt.
- Im schlichten Rhythmus der vier Phasen, die durch das zweimalige Falten des weißen Blattes entstehen, wird methodische Dominanz des pädagogischen Alltags abgeschüttelt.
- Und siehe da: In dieser Schlichtheit entfalten sich Schüler/innen *und* Lehrer/innen.
- Die Menschen sehen einander wieder. Achtsam und staunend.

Vieles wirkt – doch wir suchen weiter. Denn viele Fragen ergeben sich aus dem Weg, den die Lerngemeinschaft im Einsatz der Blattformen beschritten hat.
Unser großes Schulwesen neigt zur raschen Kopie von zu wenig gründlich verstandenem Wissen. Und das wäre ein Gegensatz zur Offenheit, die aus den Erfahrungen mit den Blattformen spricht.

Erste Erkenntnis: Den Prototyp Blattformen zeichnen Rhythmus und Kargheit aus. Die Blattformen sind offensichtlich in vielen Varianten und vielen Inhaltsbereichen einsetzbar. Ein bloßes Verbreiten, Transferieren widerspricht dem Geist der Blattformen und dem Geist von net-1. Also lade ich ein, genauer zu unterscheiden: Was ist gesichert? Was benötigt weiteres Forschen?

Weiterführende Fragen

Ich umkreise die Blattformen als Werkzeug, in dem weiteres Potenzial schlummert:

- Im Wechsel von Arbeitsweisen wird Kraft frei. Wie können wir diese Dynamik genauer verstehen?
- Die unterschiedlichen Arbeitsweisen in ihrer jeweiligen Produktivität nebeneinander zu sehen, scheint eine Frage kluger Dokumentation und auch passender Anschlusskommunikation zu sein.
- Im Zusammenspiel von generellen Arbeitsweisen und konkreten individuellen Ausprägungen scheinen zusätzliche Möglichkeiten zu liegen.
- Gibt es Entfaltungslogiken des Bewusstseins? – In welcher Reihenfolge und mit welcher Arbeitsweise sprechen wir welche Dimension an?

Obwohl sie wirken und weil sie wirken, wird man den Entwicklungen erst dann gerecht, wenn ausgesprochen wird, was in der Weiterentwicklung noch tiefer geklärt werden möge. Echte und offene Fragen sind eine Chance und Einladung an weitere Projekte. Dabei geht es darum, dass die Beteiligten im Alltag selbst forschen und entwickeln – unter Einbeziehung von Forscher/innen. Diesen Aktionsforschungsansatz integrieren wir in unsere Arbeitsweise.

Projektleiterin Sonja Vucsina hat ein Naheverhältnis zur Kunstdidaktik. Sie hat immer wieder überraschende Ergebnisse der Arbeit mit den Blattformen vor Augen geführt. Da war es naheliegend, nach noch offeneren Varianten Ausschau zu halten, die schöpferisches Potenzial evozieren – wie in der folgenden Abbildung aufgezeigt. Denn die Kreisbewegung ist grundsätzlich geschlossen, in gewisser Weise ist sie rückbezüglich. *Der Kreis schließt sich*, wie das geflügelte Wort treffend sagt.

Der Unterschied des Wechsels vom Kreis zur Spiralacht: Noch größere Selbstständigkeit der einzelnen Bewusstseinsquadranten und ihrer jeweiligen Arbeitsweisen, Verdeutlichung von weiteren Durchgängen, Unterscheidung auf den Achsen, Vertikale: Höhe + Tiefe, Horizontale: links + rechts.

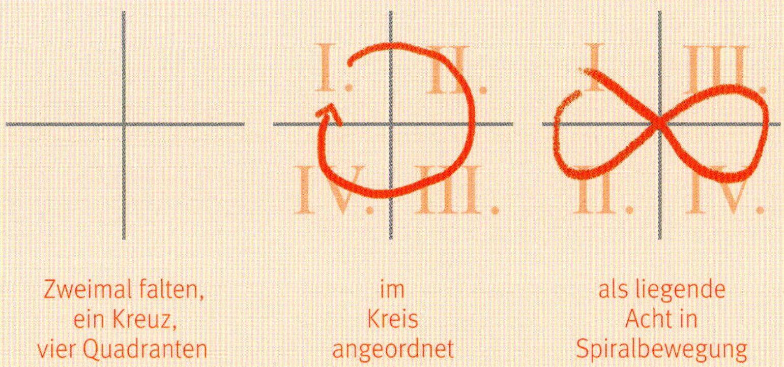

Die Blattformen sind ein Bewusstseinswerkzeug, das die Übergänge der Quadranten des gefalteten Blattes nutzt, um zu verdeutlichen, dass ab dem Übergang eine andere Arbeitsweise erfolgt, was zu einer Intensivierung führt:

I. des Tuns

II. des Selbsterlebnisses

III. des Denkens

IV. der integrativen Vernetzung

Abbildung E1: Das Bewusstseinswerkzeug Blattformen als selbstbezüglicher Kreis und als offene, liegende Spiralacht betrachtet

Die Spiralacht als Grundform für offene Prozesse

Der Philosophie der offenen Aufgaben entspricht meines Erachtens die offene Form der Spiralacht. Denn wer eine offene Aufgabe stellt, muss damit rechnen, dass der oder die Ausführende eigentlich eine Variation oder Präzisierung der Aufgabenstellung vornimmt.

Im Beitrag „Auf [eigenen] Sprachspuren" (Abschnitt „Experimentieren") greift Marianne Diermaier nur am Anfang sehr stark in den Prozess ein, indem sie ein Gedicht zum Thema Wasser vorliest.[1] Das spricht beim Menschen sehr früh ausgebildete Fähigkeiten des Zuhörens und der Zugehörigkeit (zur Vorlesenden) an. Man hört im Mutterleib schon die Umgebungsgeräusche.

Intuitiv spricht die Lehrerin an, was im Konzept der liegenden Acht – frei nach Kurt Völkl und Heinz Peter Wallner (Völkl/Wallner 2008) und variiert von mir in An-

1 Einem Gedicht wird man am ehesten gerecht, wenn man es – wie jedes Kunstwerk – in Offenheit betrachtet oder es wirken lässt. In diesem Verständnis ist Kunstdidaktik in der Regel offene Didaktik. Ein Verständnis von Kunst ist, dass man ein Kunstwerk immer wieder betrachten und genießen kann. Es offenbart den Betrachtenden eine neue Seite. Oder anders ausgedrückt, es ruft neue Betrachtungen hervor.

Abbildung E2: In liegender Spiralacht. Vier generative Bewusstseinsstrukturen im Deutschunterricht

lehnung an Jean Gebser (1999)[2] – ausgedrückt und in mehrere Dimensionen aufgeschlüsselt wird: (I) nämlich etwas Ursprüngliches tun, zuhören und mitschwingen. (II) Erzählen, aufschreiben, was einem einfällt, dabei sich selbst erleben und erkennen. (III) Das spontane und persönliche Erleben durchdenken oder weiterdenken. (IV) Und schließlich neuerlich in Beziehung treten und eine Rückmeldung geben bzw. empfangen. Vermutlich wird aus diesem eher individuellen Prozess in einem weiteren Durchlauf – dialogisch – auch einiges an *gemeinsamen* Erkenntnissen gewonnen.

Marianne Diermaier schreibt: „Vorlesen/Vortragen geht in die Seele [...] Alle arbeiten mit Eifer und Hingabe, es ist ein Vergnügen, ihnen dabei zuzusehen. Ich werde ruhig und zufrieden." Ich interpretiere sie: Zuerst gibt sie dem Tun (I), dem Horchen, dem Hineinfinden Rückhalt, indem ihre Schüler/innen mit der Kraft des inneren Kindes zuhören. Dann ermuntert sie, Verbindung zum eigenen Erleben (II) aufzunehmen. Kommt das ins Fließen, wird sie als Lehrerin ruhig und zufrieden – ihr Rückhaltgeben wirkt gut auf die Schüler/innen. Und sie ermuntert sie, ganz frei weiterzuarbeiten (III). Sie stellt fest: Jedes Kind hat einen anderen, individuellen Zugang zum Thema Wasser – und diese Erkenntnis wird später auch zur Erkenntnis der gesamten Klasse (IV). Jeder und jede von uns lernt individuell.

2 Beide Konzepte werden im Kapitel „Das vierdimensionale Lern- und Prozessverständnis" näher ausgeführt.

Prozesshoheit

Die Lehrerin hält den Prozess in Gang und thematisiert in einer anderen Stunde die physikalische Seite des Wassers, was vermutlich die stärker verstandesmäßige Seite des Themas anspricht: das Denken (III), ob es nun naturwissenschaftlich eingesetzt wird oder reflexiv. Schließlich gibt die Lehrerin zu den individuellen Arbeiten mit den Blattformen zum Thema Wasser ihre Rückmeldung.

Die Blattformen können hiermit als ein einfaches Bewusstseinswerkzeug beschrieben werden, das die Übergänge über die Ränder der Quadranten des gefalteten Blattes nützt, um zu verdeutlichen, dass ab dem Übergang eine andere Arbeitsweise erfolgt, was zu einer Intensivierung der Betrachtung führt.

Und die Blattformen helfen, Prozesse bewusst zu machen, geben den Lernenden Schritt für Schritt die Hoheit über ihre Lernprozesse (IV) zurück.

Unserem Bedürfnis nach Offenheit und Struktur Raum und Form geben

Offenheit und Struktur, Enge und Weite – mit diesen Polen arbeiten. Es ist wie beim Einatmen und beim Ausatmen: Die Kraft, die in diesem Rhythmus liegt, kann professionell zu höchster Wirkung gebracht werden. Schauspielerinnen und Sänger erzielen unglaubliche Reichweiten und bewirken tiefe Rührung. Ein Grund liegt in tiefer Bauchatmung. Auch in der Tiefenpsychologie weiß man um deren Bedeutung.

Das Erschließen der Potenziale, die im alltäglichen Sprachgebrauch schlummern, ist Anliegen des Projekts Sprache. Es lohnt sich, dieses Potenzial im (Schul-)Alltag weiter zu erforschen, Sprache als Medium, das uns alle verbindet.

Das net-1-Leitprojekt Mathematische Bildung

Im Kapitel „Verantwortung übernehmen, Entwicklung begleiten“ kann man klar jenes Selbstverständnis nachvollziehen, das dieses Projekt zu einem Leitprojekt in net-1 und in der österreichischen Entwicklungslandschaft macht. Das zeige ich anhand einiger

Zitate, sie stehen meist an den Kapitelanfängen, an ihnen erkennt man, wie Innovation in Fluss kommt.

„Unsere Initiative hat ganz klein begonnen, einige Visionär/innen waren die Keimzelle. Dann der Versuch ‚Unwissende' einzuladen und zu infizieren." So beginnt der Vorspann mit dem Titel: „Bauchweh vor dem ersten Plenum". Das bringt Wachstumsverständnis zum Ausdruck. Wachstum geht immer von Klein auf Groß. Und es wird ein erstes Licht auf das Verständnis von Verantwortung geworfen, Verantwortung für die Keimzelle, aus der später etwas gedeiht, das vorher grundgelegt wird.

„Die Schulen, die am Projekt Mathematische Bildung mitwirken, befinden sich in ganz unterschiedlichen Ausgangspositionen. Manche sind schon lange auf dem Weg, manche haben sich erst bei Projektbeginn entschlossen, ihren Unterricht zu überdenken und zu verändern." – Auch wenn das Fach Mathematik am Stundenplan steht und es von Fachlehrer/innen unterrichtet wird, das Projekt geht konsequent von größeren Ganzheiten aus: vom Kind, der Schule, dem Leben.

„Das Projekt ‚Mathematische Bildung [...] ist das Nachfolgeprojekt der Arbeitsgruppe Bildungsstandards für Mathematik [...]. Die Erfahrungen und Rückmeldungen aus der Pilotierungsphase der Standards haben uns bestärkt, uns auf den Weg zu machen, gemeinsam Unterricht zu entwickeln, der sich von den Lernenden aus gestaltet und nicht vorrangig durch Inhalte." – Nicht nur, dass die Entwicklungsakteur/innen sehr klar ihre Herkunft sehen und ernst nehmen, sie zeigen auch, inwiefern sie sich auf einen neuen Weg machen: gemeinsam Unterricht zu entwickeln, der von den Lernenden ausgeht.

„Kompetenzorientierter Unterricht vollzieht sich unserer Meinung nach am besten in einer anregenden Lernlandschaft." – Hier kommt ein sehr feiner Unterschied zwischen Vereinnahmung und Ermöglichung zum Ausdruck. Während im Schulwesen häufig unter vielversprechenden Titeln wie Kompetenzorientierung normative Fremddefinitionen erfolgen, wird hier sofort die Verantwortung übernommen, und zwar für die ermöglichenden Bedingungen, unter denen sich die Lernenden eigenaktiv und selbst reguliert entwickeln können. Diese anregende Umgebung wird so skizziert: „Die MB-Lernlandschaft, die beim Planen und Gestalten der Lehrer/innen mitschwingt, von den Schüler/innen erlebt wird und für das eigene Lernen und die persönliche Entwicklung genutzt werden kann." Kompetenz wird somit als innere Fähigkeit und Bereitschaft der Lernenden verstanden, die die Lernenden selbst (in begünstigender Umgebung und vor allem auch in anregenden Beziehungen) zur Entfaltung bringen.

„Lernen ist ein ganz persönlicher Prozess." – Mit diesem Satz bringt dieses Projekt auf den Punkt, was gemeinsam von allen Akteur/innen praktisch ermöglicht und laufend beforscht wird, um geeignete Lernumgebungen zu schaffen: „In einer anregenden Lernlandschaft steuern die Schülerinnen und Schüler ihren Lernprozess selbst, wählen eigenverantwortlich ihre Lernwege und Inhalte, die sie interessieren."

„Die am Projekt teilnehmenden Lehrer/innen thematisieren die mathematische Bildung an ihrer Schule und richten ihren Fokus dabei auf den Wandel von belehrender zu lernender Schule, auf das Stärken der Schüler/innen in ihrer Eigenverantwortung, das Mitgestalten von Entwicklungsprozessen […] und das Sichtbarmachen von Veränderungen und Lernprozessen." – Hier wird deutlich, warum ein Projekt mit fachlichem Ausgangspunkt zum Leitprojekt für ein vielschichtiges innovatives Netzwerk werden kann, denn es stehen vollkommen die beteiligten Menschen und die beteiligten sozialen Systeme im Vordergrund. Bei diesem Prozessverständnis kann vieles über den fachlichen Ausgangspunkt hinaus in einem Integrationsprozess angenommen werden. Mehr noch: Die integrierende Haltung bewirkt einen Sog zur Ganzheit.

Integrationskraft erwächst aus Prozess und Haltung

Die Integrationskraft des Projekts und seiner Hauptakteur/innen zeigt die folgende Abbildung.

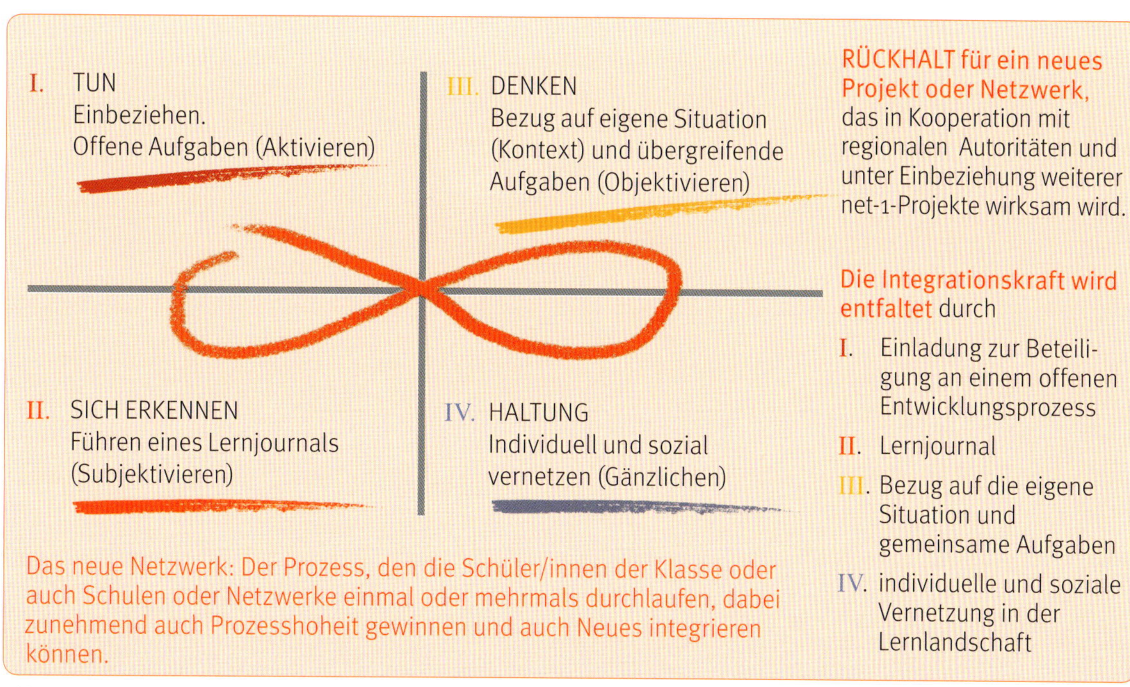

Abbildung E3: Vierdimensionaler Prozess mit Integrationskraft

In der rechten Spalte der Abbildung E3 wird ausgeführt, was dem vierdimensionalen Prozess Rückhalt und Form gibt, nämlich die bewusst gemachte Erfahrung der Projektakteur/innen. Das Leitungsteam baut auf drei Projektgenerationen auf. Zunehmend beteiligen sich Lehrer/innen anderer Fächer am Projekt und mittlerweile treten drei net-1-Projekte gemeinsam auf: Mathematische Bildung, KL:IBO und Sprache. Die gewonnene Klarheit drückt sich auch in hoher Reichweite aus.

Durch die Spiralacht wird hervorgehoben, dass ein innovierender Prozess aufrechterhalten wird. Wie vielseitig ein über längere Zeit bestehender Prozess sein kann, zeigte die frühe Phase der Entwicklung von Bildungsstandards. Damals wurden Aufgaben entwickelt und erprobt, die für alle Beteiligten Orientierungskraft entfalteten. Das Integrierende an derartigen Prozessen ist, dass alle Beteiligten Klarheit finden. Voraussetzung ist, dass die unterschiedlichen Sichtweisen wechselseitig dargelegt werden. Im Dialog entsteht Einfühlung in die Position und Situation der anderen.

Erst später wurde aus dieser kommunikativen Verständigungsbewegung ein normatives Anordnungs- und Test- und Rückmeldeverfahren. Wenn es so viele Mitwirkende auf verschiedenen Ebenen gibt – Lehrer/innen, Schüler/innen, Didaktiker/innen, Eltern, Bildungsadministration und Wirtschaft –, kann es leicht zu Verkürzungen kommen und zu hierarchischen Vereinfachungen. Der Preis für den Verzicht auf Weiterführung der dialogischen Prozesse ist Sinnverlust (bei Lehrer/innen und Schüler/innen). Die Projektgruppe Mathematische Bildung hat sich frühzeitig vorrangig für Unterrichtsentwicklung und Qualitätsaufbau entschieden, sie wirkt auch an der Umsetzung des verordneten Konzepts der Bildungsstandards mit.

Dem Prozess kommt bei den Aktivitäten des Projekts Mathematische Bildung herausragende Bedeutung zu. Ein prozesshaftes Verständnis von innovativem Lernen und Schulentwicklung mit vielen selbstbewussten, autonomen Beteiligten entsteht. Der Prozess wird aus guten Gründen vierdimensional dargestellt. Die Prozesse schwingen durch vier Quadranten.

Der angestoßene Prozess lebt vom Rückhalt, der im Vorprozess aufgebaut wird. Am klarsten kann man das an den Vorbereitungsarbeiten erkennen, die von Elfriede Alber geleitet werden. Sie nutzt dabei ihre Erfahrungen aus drei Funktionen: Leiterin des net-1-Projekts Mathematische Bildung, Landeskoordinatorin für Bildungsstandards in Tirol sowie Koordinatorin weiterer Entwicklungen in Tirol in enger Kooperation mit dem Landesschulrat und der Pädagogischen Hochschule Tirol. Dieser Rückhalt wird als Prozess zu den Beteiligten gebracht. Diesen Prozess stelle ich als Spiralacht dar, die durch vier qualitativ unterschiedliche Felder schwingt. Die neu Hinzukommenden finden Orientierung in einer vorbereiteten Lernlandschaft.

Das Tun (I) stelle ich auch in Bezug auf dieses Projekt an die erste Stelle, denn im Tun hat sich diese Projektgruppe gefunden und im Tun werden die ersten und wichtigen Verbindungen mit neuen Projektpartner/innen geknüpft. Ich habe in Abbildung E3 sowohl offene Aufgaben als auch Beteiligung an einem offenen Entwicklungsprozess hervorgehoben, denn auch die neu am Projekt Beteiligten arbeiten nicht vorgegebene Aufgaben ab, sondern sind aufgerufen, ihre eigene Situation mit offener Aufgabenstellung zu bearbeiten. Die Zusammenarbeit im Netzwerk schafft eine neue Situation, die als zusätzliche Möglichkeit genützt werden soll. Offene Aufgaben sind auch eine Spezialform von Aufgabenstellungen im Unterricht, wobei manche Eckpunkte der Aufgabe erst aus der jeweiligen Situation erkannt werden müssen. Das stellt nicht in Abrede, dass auch geschlossene Aufgaben eine aktivierende Funktion haben, etwa zur praktischen Orientierung, zum Stiften von Sicherheit. Das ist, wie vieles im Leben, eine Frage der Dosierung und des Gespürs für Angemessenheit. Zweifellos sind offene Aufgaben eine besonders hohe Form des Lernens, weil man sich dadurch selbst stärker in die Pflicht nimmt, eine umfassendere Aktivierung vornimmt. Hier werden offene Aufgaben (und offene Prozesse) betont, weil damit unter günstigen Bedingungen Kreativität und Intuition am stärksten angesprochen werden.

Sich erkennen (II): Dazu wird ein Lernjournal eingesetzt. Beim Führen eines Lernjournals gilt die Aufmerksamkeit dem eigenen Prozess, dem eigenen Weg, den eigenen Gefühlen, den eigenen Fragen. Aus dieser auf sich selbst bezogenen Aufmerksamkeit erwächst Energie in mehrfacher Weise: Ein Tagebuch führt man idealerweise für sich, um den eigenen Weg oder das eigene Lernen besser zu verstehen. Manches wird erst im Erzählen und Aufschreiben klarer. Menschen erzählen einander gerne von dem, was sie tun, was sie bewegt – einfach so, wie es ist und wird. Und wenn sich jemand wirklich interessiert dafür, ist es doppelt schön. Später werden wir noch sehen, dass es in diesem Quadranten II vor allem wichtig ist, das Erzählen in Fluss kommen zu lassen. Das Nachdenken darüber gehört schon zum nächsten Quadranten, da ist der denkende Kopf stärker beteiligt. Im Quadranten II sind die erzählende Zunge und der Mund, aus dem es sprudelt, mehr gefordert. Genial ist in diesem Zusammenhang der *Mathekrimi*, hier wird der Erzählfluss des Krimis zum tragenden Prozesselement.

Das Denken (III) ist die dritte Station im Prozess. Denken hat viele Ausprägungen, es wird hier selbst als Prozess gesehen. Ich zähle zunächst einige dieser Denkprozesse auf: Aus bunten Erscheinungen wenige herausheben, zum Beispiel drei Hauptfarben. Aus vielen Vorstellungen, wie etwas zusammenhängen könnte, ein Modell hervorheben. Eine Logik in einem komplexen Geschehen herausarbeiten – das tue ich mit dieser vierdimensionalen Prozessgrafik. Eine theoretische Fundierung für bestimmte Praktiken suchen – das geschieht insgesamt in diesem Buch. Einen Vorgang neuerlich (vielleicht mit den Augen eines anderen) betrachten – reflektieren. Vorausdenken –

projizieren. Einschätzen, abschätzen, schätzen. Messen – in Maßeinheiten denken. Sich auf Normen beziehen – Normabweichungen ausdrücken, beurteilend denken. Einen Normierungsprozess betreiben. Von Normen ausgehen und andere mit der Brille der Normen sehen – normativ denken.

Kommt es zu einer Absolutsetzung bestimmter Denkarten oder Denkergebnisse, treten leicht Verhärtungen ein. Aus den generierenden Prozessen, die hier durchgängig beschrieben werden (wegen ihrer Entwicklungskraft), werden Aufwertungen und Abwertungen, Privilegien und Diskriminierungen, Beurteilungen und Aburteilungen usw. Aus *effizienten*, fortschreitenden, schöpferischen, produktiven, leistungssteigernden Prozessen werden *defiziente*, hemmende, ermüdende, leistungssenkende Zustände.

Offensichtlich kann mit dem Denken gewaltiger Fortschritt erzielt werden – und offensichtlich kann mit dem Denken auch viel Zerstörung passieren. Daher ist es wichtig, der ungeheuren Kraft des Denkens auch maßvolle, liebevolle Haltungen und Werte an die Seite zu stellen und Verantwortung für das Ganze und die Nebenwirkungen zu übernehmen. Das geschieht im vierten Quadranten.

Die Haltung (IV) wird doppelt dargestellt: Einerseits ist Haltung die vierte Station im inneren Prozess der Lernenden, jenes Prozesses, der in der Prozessschleife der liegenden Spiralacht dargestellt ist und den die Lernenden durchlaufen. Andererseits bekommt die Haltung, welche die Lernenden im Prozess aufbauen (so wie der gesamte Prozess), Rückhalt durch das Projektteam, der in der rechten Spalte der Abbildung E3 dargestellt ist. Dieser Rückhalt wird durch das Mutterprojekt in Zusammenarbeit mit regionalen Autoritäten als Partner aufgebaut. Gemeinsam errichten sie den Nährboden und die förderlichen Rahmenbedingungen für das neue Projekt oder Netzwerk. Dadurch ermöglichen sie, dass die neuen Akteur/innen sich selbst im Rahmen einer größeren Lernlandschaft als neue, aktive, produktive Partner/innen einordnen können. Gemeinsam tragen sie – das alte und junge Projekt, die alten und neuen Autoritäten – zu neuer Qualität bei, sie helfen mit, die verteilten und zerteilten Kräfte zu einen, zu gänzlichen.

KL:IBO lässt Schülerinnen und Schüler wieder an sich glauben

Das Projekt KL:IBO zeigt, den Beteiligten geht es um ein neues Verständnis von Schule. „KL:IBO lässt die Menschen wieder an sich glauben!“ So spricht es ein Schüler aus.

Und die Lehrer/innen sprechen von einem Virus, der um sich greift. Projektleiterin Sabine Fritz sagt: „Das ist nicht mehr aufzuhalten." Und alle schwören auf hartes Training, um sich die bewertende Sprache abzugewöhnen, Bewertung und Lob seien – auch wenn es gut gemeint ist – herablassend, verkleinernd. Projektleiterin Eva Theissl meint: „Die Zeit für notwendige Entwicklungen nehmen wir uns einfach! Damit Neues entsteht und glaubwürdig wird, müssen wir es vor Ort neu erfinden und in größeren Zusammenhängen betrachten." Beide Projektleiterinnen tummeln sich auf internationalen Kongressen, man reißt sich um sie. Sie zeichnet aus, dass sie aus einer neuen Praxis erzählen können. Sie wenden das Bewusstsein im Alltag.[3]

Kleine Beispiele, die das Bewusstsein im Alltag wenden

Das Führungsverständnis zweier Projektleiterinnen, von denen eine auch Lehrerin ist, drückt sich häufig in unerwarteten Aktionen aus.

Wenn die Schüler/innen glauben, sie können sich zurücklehnen, sich beschulen lassen, führt ihre Lehrerin einen *Sprechtag für Schülerinnen und Schüler* ein, fragt sie einzeln nach ihrer Perspektive – und plötzlich merken die Schüler/innen, es kommt auf sie selber an.

Wenn die Schüler/innen glauben, dass über sie geurteilt wird, fragt die Lehrerin: „Willst du dir nicht einen *Pokal für ungewöhnliche Leistungen* holen?" – Und so entwickeln die Schüler/innen ihren eigenen Leistungsbegriff.

Wenn Eltern meinen, ein Elternsprechtag sei eine unpersönliche Informationsveranstaltung, bekommen sie eine Einladung ihres Sohnes oder ihrer Tochter auf dem Briefpapier der Schule zu einem Orientierungsgespräch. – Und vollends dreht sich die Vorstellung von Schule, denn im Orientierungsgespräch wird deutlich, dass *Orientierung eine lebendige Kompetenz* ist, die aus dem Inneren des Sohnes oder der Tochter die Welt umgreift.

Und wenn der Schulleiter glaubt, die Aktivität gehe in dieser Situation von ihm aus und er solle das Orientierungsgespräch eröffnen, wird durch das eingeübte Prozedere deutlich gemacht, dass die *Initiative bei der Schülerin* liegt. Die Schülerin begrüßt alle Anwesenden, auch den Herrn Direktor. Erst gegen Ende des Gesprächs wird er feierlich gebeten, mit seiner Unterschrift eine Unterstützungserklärung abzugeben – für

3 Ein Modul des Projekts KL:IBO, das Orientierungsgespräch, wird im Kapitel „Das Orientierungsgespräch als vierdimensionaler Prozess" genauer untersucht.

die Ermöglichung individueller Sequenzen im Stundenplan, die die Schülerin für ihre Berufsambitionen benötigt.

Wenn ich als Sponsor für Ressourcen des Projekts nach einem aktuellen Projektplan frage, erzählen mir beide Projektleiterinnen, was läuft und noch ins Laufen kommt. Den *Projektplan* sehen sie als *etwas Lebendiges*, wendig wie eine Herde Zebras in der Wildnis.

Als ich einst hartnäckig nach einem genaueren Projektplan (und nach der Berücksichtigung von Vorgaben) gefragt habe, wurde ich auf die publizistischen Aktivitäten des Vaters eines Schülers verwiesen, der die Schule als Unternehmensberater unterstützt. So kamen wir auf die LILA Schleife – auf das Lernen (L) in (I) liegender (L) Acht (A) –, publiziert als Managementprinzip (Völkl/Wallner 2008). Wendig und suchend wie ich bin – alles andere als ein zentralistischer Hierarch – stieg ich darauf ein. Denn schon lange waren wir auf der Suche nach einer angemessenen Sprache für dynamische, offene Prozesse. Also ahnte ich auch als formeller Auftraggeber des bundesweiten Projekts KL:IBO, dass ich wohl meine Vorstellungen von Projekt und von Leadership – im Sinne der liegenden Acht – überdenken müsste. Allerdings wird sich noch zeigen, dass ich prompt und postwendend auch die liegende Acht umgekrempelt habe, sie geht als Managementprinzip vom (fertigen) Denken aus[4] und nicht von viel ursprünglicherer und tieferer Kreativität, die jedes Kind von Natur aus mitbringt.

Die hier genannten kleinen Beispiele zeugen von der Klarheit der zwei KL:IBO-Projektleiterinnen. Sie setzen immer wieder situationsgemäße Interventionen – kurz, in Alltagssprache –, um die Beteiligten zu einem aktiven und selbstverantwortlichen Verständnis zu provozieren.

Diese Führungsqualität, gepaart mit einem umfassenden Prozessverständnis, bringt die Beteiligten immer wieder in jene erhöhte Aufmerksamkeit, aus der sie Zuversicht schöpfen, neue Wege zu beschreiten.

4 Die Umkrempelung dieses Konzepts der liegenden Acht bezieht sich auf die Bezeichnungen der Quadranten der liegenden Acht und vor allem auf die Frage, welcher der vier Quadranten als Quadrant I bezeichnet wird: In der Praxis von Betrieben spielen vorgedachte Produktionsziele eine überragende Rolle. Diese Zielstrebigkeit auf Lernprozesse zu übertragen, würde dazu führen, dass alle Lernenden zu bloßen Ausführenden der Zielvorgaben werden. Das ist zwar eine gängige Vorstellung von Schule, aber für die schöpferische und eigenwillige Entfaltung von Lernenden nahezu eine Katastrophe. Alle werden in die Rolle des Nachlernens gebracht, Energie und Kreativität bleiben auf der Strecke. Die Lernenden gähnen. (Natürlich gibt es einige, die geschickt jene Inhalte zum Nachlernen auswählen, die sie interessieren.)

Das vierdimensionale Lern- und Prozessverständnis

RICHARD STOCKHAMMER

SPRACHE FÜR PROZESSE, TIEFE, HALTUNG

In unserer Entwicklungswelt sind wir schon längere Zeit auf der Suche nach jener Sprache, mit der wir Neues mitschwingend begreifen, ohne es zu fixieren oder anzuhalten. Und wir suchen nach neuer Evaluation, die nicht von oben herab auf die Akteurinnen und Akteure blickt. Und wir suchen nach den Wirkweisen für weiterführende Vernetzung.

Auch ahnen wir, dass die Zeit neu gesehen werden könnte. Es ist für uns so selbstverständlich, dass alles scheinbar hintereinander abläuft. – Allerdings gibt es in der Natur offensichtlich auch eine andere Zeit, zum Beispiel die Langsamkeit der Wahrnehmung und der biologischen Abläufe im Winterschlaf. Oder die Vorwegnahme der Zukunft im Samen. Und schließlich gibt es plötzliche Übergänge, etwa bei der Geburt eines Kindes: Die Atmung setzt ein, der Blutkreislauf wird nach der Entbindung vom Mutterkreislauf zum selbstständigen Kreislauf des Kindes. Es gibt qualitative Umschläge – qualitative Sprünge, in denen die Zeit Kapriolen schlägt. Nur unsere Uhr tickt gleichmäßig und der Zeiger rückt stetig und gleichmäßig vor.

Im Abschnitt „Die liegende Spiralacht" werden Zugänge aus verschiedenen interdisziplinären und integralen Forschungen erschlossen. Im Abschnitt „Pädagogische Entfaltung in vier Bewusstseinsdimensionen" wird der Fokus auf die Selbstentwicklung von Lernenden gerichtet. Bewusstsein wird in Entfaltung systematisch dargestellt. Wie können die Entfaltung und vielleicht sogar sprunghafte qualitative Weiterentwicklungen unterstützt werden?

Es werden verschiedene Entfaltungssystematiken aus unterschiedlichen wissenschaftlichen Ansätzen zu einer neuen, schlichten und doch vierdimensionalen Spiralbewegung verbunden. Die Beiträge zur Fundierung und Systematisierung kommen aus der Geschichte, Kunstgeschichte und Anthropologie; Psychologie, Kognitions- und Wahrnehmungsforschung; Sprachforschung; Biologie, Biokybernetik und Hirnforschung; Erkenntnistheorie, Philosophie, Moral- und Religionsforschung; Körperarbeit; aus der Erforschung von lebenden Systemen und aus der Pädagogik.

Richard Stockhammer

Achtsam werden für den Quellort der Aufmerksamkeit

Viele Anregungen für die net-1-Entwicklung kommen aus dem *U-Prozess*, wie ihn C. Otto Scharmer in der Theorie U entfaltet (Scharmer 2009): Zunächst erfolgt in der Abwärtsbewegung des U ein dreifaches Loslassen der Konventionen des Alltags, dann ein Innehalten (im unteren Wendepunkt) und schließlich ein Kommenlassen und ein Entwickeln von Prototypen (in der Aufwärtsbewegung rechts im U), ein Experimentieren mit Innovation bis hin zur Realisierung in der Breite.

WAS IST MEINE AUFGABE? *Prozess der Veränderung nach C. Otto Scharmer*

Abbildung F1: Prozess der Veränderung (vgl. Scharmer 2009, S. 241 ff.)

Die *Theorie U* von C. Otto Scharmer bietet umfassende Bezüge für die Fragestellungen zum Lernen im sozialen Kräftefeld. Das soziale Lernen ist eine – wenn auch häufige und oft auch sehr bestimmende – Dimension des Lernens. Der Unterschied zwischen sozialem Lernen und persönlichem Lernen wird später genauer beleuchtet.

Der Begriff Quellort ist für das Verständnis von Lernprozessen ungewöhnlich und dennoch aussagekräftig für die Untersuchung, wie man den Ort der Aufmerksamkeit verlagern kann, oder auch, wie die Beteiligten selbst sich schöpferische Strukturen schaffen können.

Stille Selbstverständnisse – Quellen für Missverständnisse

Das zwischenmenschliche Handeln ist von stillen Selbstverständnissen mitbestimmt, die einem erst auffallen, wenn andere Personen andere stille Annahmen oder andere Selbstverständnisse haben und dies zu Spannungen führt. Diese „Selbstverständlichkeiten" sind – meist unausgesprochene – Bestandteile einer Kultur. Treffen allerdings Menschen mit unterschiedlichem kulturellen Hintergrund zusammen – etwa in einem Arbeitsteam –, kommt es zu Spannungen. An den Beteiligten liegt es nun, sich eine neue Basis, ein gemeinsames Selbstverständnis zu erarbeiten.

Unser blinder Fleck

Scharmer setzt sich intensiv mit unbewussten Selbstverständlichkeiten auseinander, und zwar unter der Bezeichnung blinder Fleck. Mehr noch: Er weist darauf hin, dass unser Handeln häufig vom Ort des blinden Flecks aus geschieht.

> *Wir nehmen unsere Realität als etwas Äußeres wahr, als etwas, das mit uns geschieht. Wir sehen den Prozess nicht, durch den wir selber die soziale Realität gemeinsam hervorbringen.*
>
> Scharmer 2009, S. 112

Diese Selbstverständlichkeiten kennzeichnen gerade jene komplexen Situationen, die Scharmer als soziale Netzwerke bezeichnet.

> *Menschen bringen die komplexen sozialen Netzwerke, in denen wir leben, gemeinsam in die Welt. Obwohl 6,5 Milliarden Menschen diese Beziehungsnetzwerke kontinuierlich entstehen lassen, verstehen wir den Prozess des In-die-Welt-Kommens sozialer Realität nicht vollständig, weil er mit unserem blinden Fleck verbunden ist. Die meiste Zeit erleben wir soziale Realität als etwas außerhalb von uns, als eine Welt ‚da draußen', die uns etwas antut. Ein Bewusstsein des Entstehungsprozesses, des In-die-Welt-Kommens dieser äußeren sozialen Realität, besteht nicht. Dieses Bewusstsein erfordert ein Achtsamwerden für den Quellort, aus dem unsere Aufmerksamkeit und unser Handeln entspringen.*
>
> Scharmer 2009, S. 227 f.

Scharmer beschäftigt sich ausgiebig mit Lernen als Umlernen von Erwachsenen in ihrem Führungsverhalten, und zwar im Hinblick auf das Hervorbringen dieser komplexen sozialen Netzwerke, in denen wir leben. Diese sozialen Netzwerke – und das ist für die Frage nach der Effizienz des Lernens besonders wichtig – werden nach den Erfahrungen Scharmers nicht hauptsächlich durch äußere Normierung oder Steuerung hervorgebracht, sondern durch die innere Aufmerksamkeit der Beteiligten selbst. Diese Erkenntnis ist in unserem Alltag greifbar, uns allerdings nicht ganz bewusst. Nur bezeichnen wir diese generativen Quellorte meist ganz anders – vielleicht als Haltung, manchmal als Leichtigkeit.

Die liegende Spiralacht

Lange schon sind wir auf der Suche nach einer Sprache für höchst lebendige Prozesse, ähnlich den pulsierenden Verbindungen im menschlichen Körper. Immer mehr zeigte sich, dass einfache technische Begriffe und eindeutige Symbole nicht angemessen sind.

Auf dieser Suche stießen wir auf eine interessante Kombination: die liegende Acht als Zeichen für unendlich und die Spirale als Symbol für Entfaltung. Diese Bewegungsfiguren – kombiniert zur liegenden Acht – greifen Kurt Völkl und Heinz Peter Wallner als Entwicklungsprinzip für Unternehmen auf. Sie stilisieren es als *LILA-Management-Prinzip* (Völkl/Wallner 2008). Sie empfehlen spielerisches Experimentieren mit diesem offenen Konzept. Ich stelle es hier in einer Variation vor, die zwar die Form der Spiralacht aufgreift, allerdings die Reihenfolge und auch die Bezeichnungen teilweise verändert. Völkl und Wallner machen das Denken zum Ausgangspunkt.[1] Das mag sinnvoll sein für die Veränderung von Unternehmen. Im Zusammenhang des Lernens, wie es hier thematisiert wird, lohnt es sich, über einen anderen Anfangspunkt nachzudenken. Entwicklungspsychologisch und auch anthropologisch betrachtet, wird das Denken erst mit dem Einsetzen der Aufklärung und mit dem Beginn der Neuzeit zur tragenden Bewusstseinsstruktur. Seitdem drehen sich alle Räder des Fortschritts um das Denken. Und wir tun so, als ob Denken der Ausgangspunkt wäre. Andere Formen des Bewusstseins werden vom

1 Das Konzept von Völkl und Wallner wird auf Seite 97 abgebildet und angewandt.

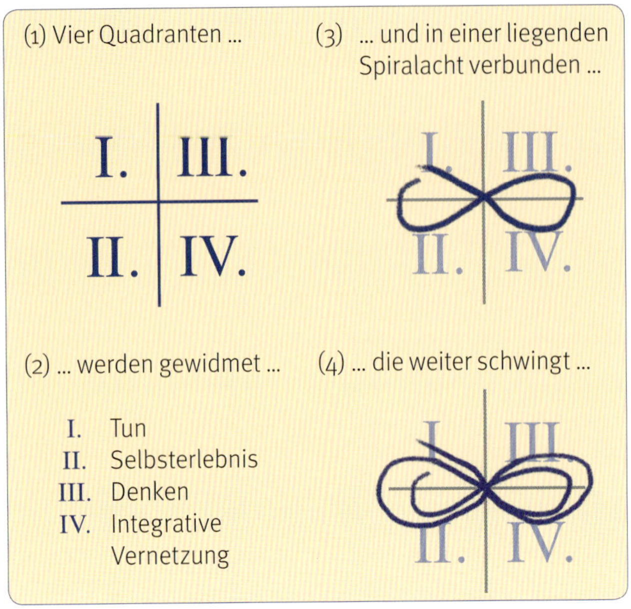

Abbildung F2: Das offene Konzept der liegenden Acht

Denken übertrumpft und häufig auch als überwunden und minderwertig angesehen. Im hier zu entwickelnden vierdimensionalen Verständnis von Lernen und Bewusstsein soll die Kraft früherer und späterer Bewusstseinsformen produktiv integriert werden. Das Denken ist im Prozess und der Evolution nur eine Station, wenn auch eine sehr wichtige. Wenn man also mit frühen Phasen beginnt, geht alles vom Tun aus. Somit schreibe ich dem (ursprünglichen) *Tun* die Position eins (I) zu.

Der zweite Quadrant (II) wird dem *Selbsterlebnis* gewidmet.[2] Während man oft im ursprünglichen Tun gleichsam eins ist mit dem Tun, wird im Selbsterlebnis dieses Tun erzählend versprachlicht und somit auf eine andere Bewusstseinsstufe gehoben. Sportler/innen und Künstler/innen wissen, dass die größte Kraft und die größte Leistung im intuitiven, automatischen Tun steckt und das Nachdenken darüber in der entscheidenden Situation ausgeblendet ist, auch wenn es – etwa in Zeiten der Übung – ganz wichtig war.

Über das Geschehen erhebt sich das *Denken* (III), das mit Distanz und im Prozess objektiviert.[3] Der Verstand kann logisch, projektiv, reflexiv, umkreisend, kreativ, kontrollierend, analysierend usw. eingesetzt werden.

Den vierten Quadranten (IV) nennen Völkl und Wallner meist Haltung. Ich lade diesen Quadranten mit Erklärungsansätzen für Vernetzung oder auch integraler Verantwortung oder auch Rückhaltgeben auf und nenne ihn hier *integrative Vernetzung*. Bei Jean Gebser wird diese vierte Dimension des Lernens und des Bewusstseins *Integral* genannt, bei C. Otto Scharmer *Presencing*. Im Übrigen rücken bei der Darstellung der liegenden Acht alle vier Dimensionen des Bewusstseins aus der Mitte, um dem Schnittpunkt der Achsen Platz zu machen. Durch diesen Schnittpunkt der vertikalen und horizontalen Achse schwingen auch die diagonalen Verbindungslinien der liegenden Acht. Zu diesem Zentrum – dem Hier und Jetzt – wird noch einiges zu sagen sein.

2 Der Quadrant links unten wird bei Völkl und Wallner meist Erkenntnis genannt. Ich ziehe Selbsterlebnis vor, um die Subjektivität stärker zu betonen. Und im Übrigen variiere ich die Bezeichnungen je Anwendungssituation, was auch Völkl und Wallner in spielerischer Weise tun.

3 Ein feiner Unterschied kann sich ergeben aus dem Prozess der Objektivierung und der Behauptung der Objektivität. In der Kommunikation entstehen die härtesten Auseinandersetzungen, wenn jemand behauptet, dass etwas so ist. Diese Objektivsetzung der eigenen Meinung provoziert Widerspruch. Der Begriff Objektivität ist also verfänglich. Einerseits sind unter der Annahme der Objektivität von Daten und insbesondere von Naturgesetzen seit der Neuzeit große Fortschritte erzielt worden, andererseits zeigt sich bei tieferer Betrachtung fast immer, dass hinter aller Festigkeit weitere Prozesse stattfinden: Jeder feste Körper, den wir in die Hand nehmen, besteht aus Schwingungen. Die Forschungen im Mikrobereich beweisen das.

Epochale generative Bewusstseinsstrukturen

Für das Verständnis unterschiedlicher Bewusstseinsstrukturen beziehe ich mich auf das Lebenswerk von Jean Gebser, der sich in der gesamten Menschheits- und Kulturgeschichte nach generativen Strukturen des Bewusstseins umgesehen hat (Gebser 1999). Strukturen, die große kulturelle Leistungen hervorbringen, die das Leben der Menschen in den verschiedenen Epochen prägen und verändern.

Beim Studium des Werks von Jean Gebser wird man in ein anderes Verständnis von Struktur geführt. Ähnlich ergeht es einem beim Studium der Arbeiten von C. Otto Scharmer oder Erich Fromm. Das Strukturverständnis wandelt sich von außen nach innen. Die äußeren Strukturen machen einen scheinbar zum Opfer, die inneren zum Täter. Beides ist eine Frage der Ausprägung des jeweiligen Bewusstseins, mit dem man die Welt betrachtet.

Wichtig bei der Darstellung von mehrdimensionalen evolutionären Prozessen (wie in der liegenden Acht) ist die Frage, was eine natürliche Reihenfolge in jenem Entwicklungsgeschehen ist, das hier in vier Dimensionen (Quadranten) aufgeschlüsselt wird. Viele nehmen das rationale Denken als Ausgangspunkt (I), was allerdings den Nachteil hat, die vorherrschende Denkweise absolut zu setzen. Dadurch dominiert in den Schulen das kognitive Wissen. Ich habe mich in der adaptierten Darstellung der liegenden Acht für die historisch gewachsene Reihenfolge entschieden, wie in der folgenden Abbildung zum Ausdruck kommt, die sich an die Systematik von Jean Gebser anlehnt.

Abbildung F3: Vier epochale generative Bewusstseinsstrukturen (nach Jean Gebser: Ursprung und Gegenwart)

Jean Gebser schlüsselt die Bewusstseinsstrukturen nach vielen Gesichtspunkten auf. Durchgängig verwendet er dabei die Bezeichnung „Ursprung" oder „archaische Struktur" für die vorhistorische Menschheitsphase. Für die späteren, historisch besser zugänglichen Phasen verwendet er in dieser Reihenfolge folgende Strukturbezeichnungen: magisch, mythisch, mental, integral. Je nach Struktur ergeben sich nähere Fokussierungen: Bezieht sich die Struktur auf Raum und Zeit, spricht Gebser bei der archaischen Struktur von nulldimensional[4], bei der magischen von eindimensional, bei der mythischen von zweidimensional, bei der mentalen von dreidimensional und bei der integralen Struk-tur von vierdimensional. Wenn Gebser sich auf die Realisations- und Denkformen dieser Struktur bezieht, und da wiederum auf den Aspekt Valenz, sind bei der archaischen Struktur keine historischen Zeugnisse über das Denken aufzufinden. Bei der magischen Struktur findet er Hinweise auf Univalenz, bei der mythischen Struktur zeigt er Ambivalenz auf, bei der mentalen Struktur Trivalenz und bei der integralen Multivalenz (vgl. Gebser 1999, Teil 2, Anhang: Synoptische Tafel).

Wozu Entwicklungen in natürlicher Reihenfolge vollziehen?

Durch den Bezug auf Gebser und seine anthropologischen Darlegungen gelingt es, Wachstum – auch Bewusstseinswachstum – in einer natürlichen Reihenfolge darzustellen. Was ist der Vorteil einer historisch geleiteten Reihenfolge? Vor allem wird man das leidige Problem des Umlernens los. Inwiefern? Wenn man immer wieder die natürliche Reihenfolge vollzieht, baut man auf das intuitiv ursprüngliche Tun, das bewusst werdende Imaginieren und Erzählen auf, und erst dann auf das (rationale) Denken, welches viele Formen annimmt: umschreibende, beschreibende oder analysierende. Erst dort tritt Richtig und Falsch in der uns bekannten Form auf, während es in früheren Strukturen um Zugehörigkeit zur Gemeinschaft und um Orientierung an höheren Wesen und Werten geht. Im Durchlaufen dieser entwicklungsgeschichtlichen Reihenfolge finden sich die Lösungen in Wachstumsprozessen und nicht so sehr in Korrekturprozessen.

So erlebt man bei aufbauender Moderation von Entfaltungsprozessen, dass entwicklungsgeschichtlich frühe Arbeitsformen zum Einstieg und zum Ankommen genutzt werden. Darauf baut der Fluss der Bilder und Erzählungen auf. Dann erst wird das komplexere Denken angesprochen und schließlich die noch komplexere Vernetzung gesucht.

Einheit, Maß und Masse

Ich möchte mich auf das Werk Jean Gebsers nicht beziehen, ohne ihn selbst zu Wort kommen zu lassen. Er hebt hervor, dass wir den verschiedenen epochalen *Strukturen* und deren Wandel, die er als *Mutationen* bezeichnet (der Stimmbruch bei Jugendli-

4 Von der archaischen nullten Dimension gibt es wenig Zeugnisse, daher wird sie in allen folgenden Darstellungen zusammengezogen mit der ersten, der magischen Dimension. Der Ursprung bleibt geheimnisvoll und entzieht sich unserer Darstellung.

chen wird häufig auch als Mutation bezeichnet), nur gerecht werden, wenn wir das *Einheitsmoment des Maß-Masse-Problems* erfassen:

Und die Unverlierbarkeit der archaischen Struktur in uns, eine Struktur, die ja nicht zeitverhaftet anfänglich ist, sondern ursprünglich ist, bringt es mit sich, dass alle aus ihr heraus erfolgenden Mutationen ebenfalls unverlierbar sind. Von unserer heutigen Bewusstseinsstruktur aus gesehen, sind wir selber nur in dem Maße Mensch, als uns diese Ganzheit bewusst ist; andernfalls sind wir nur Teilaspekt dieser Ganzheit; aber das will besagen: wir sind nicht im Gleichgewicht, oder mental ausgedrückt: wir sind nicht im Maß, sondern in dessen negativem Gegensatz: in der Masse, die stets auch unpersönlicher Zustand ist und an das Unmenschliche grenzt.
Gebser 1999, Teil 1, S. 210 f.

Der Ursprung der Haltung

In der Folge setzt sich Gebser mit Verantwortung und Effizienz auseinander und lenkt die Aufmerksamkeit auf Haltung. Einer bestimmten *Haltung* wird oft ein großer Anteil am Gelingen oder Misslingen von Aktivitäten zugeschrieben. „Es hängt lediglich von uns ab, ob wir es vermögen, die Phänomene nicht nur messend in Rechnung zu stellen, nicht nur bildhaft zu erfahren, nicht nur einheitlich zu erleben, sondern sie ganzheitlich zu durchblicken“ (Gebser 1999, Teil 1, S. 211). Gebser spricht hier zunächst die (heutige) *mentale* Struktur mit ihren exakt messenden Methoden an, die *mythische*, bildhafte Erfahrung, weiters das frühe, *magische*, einheitliche Erleben. Und schließlich das (erst heraufdämmernde) *integrale*, ganzheitliche Durchblicken.

Dann kommt Jean Gebser zur Frage, wie Haltungen – die so entscheidend sind für Erfolg oder Misserfolg und Effizienz oder Defizienz – entfaltet werden:

Wie aber gelangen wir zu einer solchen Haltung? Diese Frage muss wohl gestellt werden, denn die Erfahrung lehrt, dass sich durch rationale Überlegungen das, was wir als menschliche Haltung bezeichnen, bisher noch selten ändern ließ oder geändert hat. Der Grund dafür ist leicht einzusehen: die menschliche Grundhaltung, also die Haltung jedes einzelnen Menschen, gründet in erster Linie im Vitalen und Psychischen, also in dem, was wir die magische und mythische Struktur nennen; Bitte und Wunsch (Äußerungsformen der magischen und der mythischen Struktur), die als Forderung somit jeder Haltung meist ‚unbewusst' ihr Gepräge geben, können nur teilweise von dem mentalen Willen gerichtet werden, es sei denn, dass wir uns ihrer bewusst würden.
Gebser 1999, Teil 1, S. 211

Die Beeinflussung der Haltung eines Menschen entzieht sich also teilweise der heute vorherrschenden mentalen oder verstandesmäßigen Bewusstseinsform.

Der folgende Text wird verständlicher, wenn man die Bewusstseinsströmungen der Zeit, in der er entstanden ist, beachtet. Der Schweizer und Weltbürger Jean Gebser schreibt das mehrbändige Werk „Ursprung und Gegenwart" Anfang der 1930er- und Ende der 1940er-Jahre, in einer Zeit verheerender Polarisierung und kriegerischer Schuldzuschreibungen.

Woran erkennt man, mit welchem Bewusstsein jemand handelt?

Gebser beantwortet diese Frage mit dem Hinweis, das hänge davon ab, inwieweit jemand die Ursache für Streit und Unglücksfälle bei sich selbst suche:

Es gibt nur ein Anzeichen dafür, ob dies (Anm.: gemeint ist das integrale Bewusstsein) durch einen Menschen erreicht wurde oder nicht: wer fähig wurde, bei Ungemach, Zerwürfnissen, Streit, Unglücksfällen nicht den anderen oder der Welt oder den Umständen oder dem Zufall Vorwürfe zu machen, sondern wer es vermag, zu allererst den Grund oder die Schuld, in ihrem ganzen Umfange bei sich selber zu suchen, der dürfte auch fähig sein, die ganze Welt und alle ihre Strukturen zu durchblicken. Andernfalls wird er von der in ihm vorwiegenden Struktur entweder trieb- oder affekt- oder willensmäßig vergewaltigt, und er versucht dann kompensatorisch (oder sich rächend) seinerseits die Welt zu vergewaltigen.

Gebser 1999, Teil 1, S. 211

Wieder spricht Gebser der Reihe nach alle für die Haltung maßgeblichen Strukturen des Bewusstseins an, indem er zuerst auf die *magische* Wucht der Triebe, die *mythische* Energie der Affekte und die *mentale* Kraft des Willens hinweist. Solange diese Bewusstseinshaltungen unbewusst sind, sind sie für den Menschen ungezähmte Gewalten, die mit Wucht unkontrolliert ausagiert werden.

Der Wald, der zurücktönt, ist die Welt

Gebser findet oft im Volksmund Weisheit: „Der Satz, dass es so zurücktönt, wie man in den Wald ruft, ist ohne Zweifel richtig. Und der Wald ist die Welt. So ist alles, was uns geschieht, nur Antwort und Echo dessen, was und wie wir selber sind" (Gebser 1999, Teil 1, S. 211). Als ich die oben zitierten Passagen erstmals in der Runde der net-1-Projektleiterinnen einbrachte, habe ich sie ausdrücklich und sehr deutlich auf mich selbst bezogen und betont, dass ich in Konfliktsituationen oft heftig kritisiere, also die Ursache für eine Spannung bei den anderen suche, anstatt konstruktiv und bescheiden meinen Anteil an der Situation zu bearbeiten. Trotz dieser nachdenklichen Anwendung auf mich selbst wurden diese Passagen von einem Teil der Runde als belastender und überhöhter moralischer Anspruch empfunden und mit großer Distanziertheit aufgenommen. Für mich war die spröde Aufnahme einer pointierten Formulierung der (vierten) Qualität *Haltung* Anlass, einerseits den historischen Zusammenhang dieser Worte noch einmal genauer anzusehen, und anderseits die praktische, pädagogische Seite noch konkreter weiterzuentwickeln (und weniger zu philosophieren). Gebser suchte in einer Zeit großer Polarisierung nach jener Weiterentwicklung des Bewusstseins, mit der die Menschen in der Lage sind, große, selbst hervorgerufene Katastrophen – wie die Weltkriege und die Wirtschaftskrisen – zu bewältigen. Jean Gebser hat diese Suche nach der vierten Dimension des Bewusstseins mit unglaublicher Sorgfalt betrieben. Er hat aus der Fülle der ihm zugänglichen Ansätze aus den Naturwissenschaften, den Geisteswissenschaften, der Kunst und der Sprache Möglichkeiten herausgearbeitet, zu höherem Bewusstsein, zu mehr Verantwortung zu gelangen, um so zu einer friedlicheren, harmonischeren integralen Entwicklung beizutragen.

Diese kleine Auswahl allgemeiner Fundierungsansätze diente der Klärung von Verantwortung und Haltung, vor allem der Frage, wie jene Verantwortung und Haltung hervorgebracht wird, die Rückhalt stiftet. Und zwar ohne Belehrung und erhobenem Zeigefinger. Die Form des Rückhaltgebens ist entscheidend für die Weiterentwicklung der Pädagogik und der Schule.

Pädagogische Entfaltung in vier Bewusstseinsdimensionen

Die Praxis zuerst

„Die Praxis zuerst!" – Das ruft uns der Habitus des neugierig laufenden Kindes zu. Dieses „Zuerst die Praxis" wird im gesamten Buch als Weg zur Erkenntnis betont. Der Vorrang der Praxis im Erkenntnisprozess wird theoretisch fundiert und durch Beispiele aus der Praxis belegt. Ich weise immer wieder darauf hin, um Missverständnissen vorzubeugen, denn dass wir der Praxis Vorrang geben, widerspricht gängigen Auffassungen. Häufig lautet das mentale Modell: Die Theorie bestimmt die Praxis. Ähnlich denkt man in hierarchiebetonten Organisationen, nämlich: Die Vorgabe soll die Praxis bestimmen. Und so lautet auch eine verbreitete Auffassung von Schule: Es gehe vor allem um Nachlernen von Wissen, das da ist.

Und so ähnlich lautet auch eine verbreitete Interpretation von wissenschaftlicher Arbeitsweise: Die rationale Logik schaffe Wissen. Dem gegenüber sagen forschende Wissenschaftler/innen, gerade die Überschreitung logischer Erwartungen führt zu neuen Erkenntnissen und Entdeckungen. Die vorab methodisch stringent festgelegte Vorgangsweise blendet nahezu aus, was nicht in den methodisch festgelegten Horizont passt.

Die im Buch dargelegten Innovationen versteht man entlang der gerade genannten These – die Praxis kommt vor der Theorie – besser. Das Theorie-Praxis-Verhältnis wird vom Kopf auf die Füße gestellt. Dieses Verhältnis von Praxis und Theorie lehrt uns das Kind, das nicht ruhig sitzen kann, auch gehen ist ihm zu wenig, es läuft gerne, so neugierig ist es – auf das Leben.

Dieses Bild des neugierig laufenden Kindes[4] ist jedem von uns bekannt. Eva Theissl, eine der Projektleiterinnen von net-1, hat dieses Bild mit unserer Entwicklung in folgender Form verbunden:

Sich auf etwas zubewegen

Ich habe eine interessante CD von Manfred Spitzer im Auto gehört, du weißt ja, ich fahre ständig irgendwo hin. Sie heißt ‚Glück ist …'. Er sagt, dass wir das Angstzentrum im Gehirn haben, damit wir überleben, damit der Säbelzahntiger uns nicht frisst. Das Angstzentrum ist immer online und wird nie ausgeschaltet. Dann haben wir aber auch ein Lust- oder Glückszentrum, es ist sogar zweifach vorhanden. Es wird aktiviert, wenn wir uns bewegen, es schüttet Glückshormone aus. Nur Bewegung aktiviert es. Und weißt du, warum? Damit wir uns auf etwas zubewegen, das wir noch nicht kennen, damit wir Neues erforschen, denn alles, was neu ist, bringt unser Gehirn dazu, zu lernen. Wir haben also das Glückszentrum nur zum Lernen. Glück und Lernen sind ganz eng miteinander verknüpft.

4 Spontane, kindliche Neugierde ist vermutlich etwas ganz anderes als die distanzierte Neugierde vieler Erwachsener. Kinder leben diese Neugierde, lassen sich mitreißen von ihr, tun etwas, riskieren etwas. Peter Sloterdijk nennt es Vorfreude auf sich selbst. Da wird das Leben zunächst zum Wunder, dann zum Geheimnis. Das bedeutet, in produktiver Neugierde zu sein.

Lernen wollen wir vom ersten Schrei in unserem Leben an. Wir wollen immer mehr lernen, wir sind begierig zu lernen. Daher können kleine Kinder und Volksschulkinder nicht gehen, sondern immer nur laufen, weil sie das Leben kennenlernen wollen, es erforschen, weil sie begierig darauf sind, mehr und mehr zu lernen.

Eva Theissl in einer E-Mail an den Autor

Falko Peschel, Grundschullehrer und Wissenschaftler, hat als Dissertant seine eigene Praxis des offenen Unterrichts untersucht. Unter dem Titel „Die neue Rolle der Theorie – von der Vorschrift zur Absicherung" schreibt er: „Man muss ein Konzept in der Praxis entwickeln, um es dann – im ständigen Widerspiel mit dieser – in die entsprechende Theorie einzubetten" (Peschel 2006a, Teil I, S. 126).

In einer wichtigen Übergangsphase – von straff geführten Entwicklungsprojekten hin zu größerer Offenheit für die Selbstentwicklung der einzelnen Personen und der jeweiligen Lerngemeinschaft – haben wir mit Falko Peschel eine Arbeitstagung durchgeführt, an der aus jeder Schule des net-1-Netzwerks bis zu drei Personen teilnahmen. Jede net-1-Projektgruppe (Lerngemeinschaft bzw. Teilnetzwerk) zog anschließend Konsequenzen aus dieser Begegnung für ihre Konzeption offenen Unterrichts. Im offenen Unterricht sind die Menschen mit ihrer jeweiligen Geschichte und ihren jeweiligen Kontexten wichtiger als die theoretischen Konzepte.

Vier Quellen, sich das Lernen bewusst zu machen

Lernen findet überall statt – in der Schule, in den Pausen, auf dem Schulweg, zu Hause, beim Lesen, zwischen den Zeilen, ja sogar beim Fernsehen, liegend, sitzend, stehend, laufend, viele bemerken, dass es auch im Traum und beim Aufwachen stattfindet – und doch ist es nicht ganz greifbar.

Lernen ist unser größter Schatz, unser höchstes Potenzial, mit dem wir neue Situationen bewältigen. Im Folgenden geht es darum, sich der Quellen des Lernens bewusster zu werden. Dazu dient die Aufschlüsselung in vier Dimensionen oder vier Quellen.

Lernen überall und doch nicht ganz greifbar. – Dafür steht in der Abbildung das große Fragezeichen in der Mitte. Es steht auch für Ganzheit, die oft als Lösung auftaucht und doch wenig fassbar scheint. Und was soll „(Hinter den Wolken ...)" bedeuten? Ganz einfach: Um Überblick zu gewinnen, schauen wir wie von einem Ballon aus auf die Lernlandschaft im Quellgebiet. Und in Quellgebieten, besonders hoch oben in den Bergen, ist oft der Boden und die Luft feucht, alles ist diesig, neblig, in Wolken. Jedenfalls steht das Fragezeichen für die Frage nach dem wirksamen Zusammenspiel der verschiedenen Quellen: Wie gelingt intensives, effizientes Lernen? Und was (ver-) heißt ein vierdimensionales Lernkonzept?

Abbildung F4: Vier Quellen, sich das Lernen bewusst zu machen

Die Annahmen zu den einzelnen Dimensionen

I. Ursprünglich lernen: Unsere ursprünglichen Tätigkeitsstrukturen lassen uns nicht ruhen: Bewegung ist Leben.

II. Selbst bewusst lernen: Strukturen der Imagination. Diese Bilder erzählen Geschichten. Und wenn wir davon erzählen, wird uns vieles bewusster, auch wer wir selbst sind.

III. Mental und rational lernen: Mit unserer mentalen Kraft können wir uns Ziele vorstellen, etwas logisch, sachlich untersuchen und technisch durchdenken. Seit der Zeit der Aufklärung und des industriellen Fortschritts in Europa dominiert technisch-rationales Denken. Das hat unsere Lebens- und Gedankenwelt verändert.

IV. Integral und vernetzend lernen: Zunehmend werden wir uns der Grenzen der Machbarkeit und des technischen Fortschritts bewusst. Die vielfältigen Zusammenhänge und Nebenwirkungen werden uns wichtiger. Einfühlung in andere Menschen und Lebewesen lassen uns Verantwortung neu begreifen. Das Ganze wird zum Thema.

Im Folgenden werden die vier Dimensionen der Reihe nach und im Zusammenspiel besprochen.

Ursprünglich lernen (Dimension I)

Es gibt kaum Zweifel darüber, in welchem Lebensabschnitt wir die größten Lernfortschritte machen: Wir machen sie als Baby und Kleinkind.

Fängt man an, darüber nachzudenken, was ein Schulanfänger im Vergleich zu einem Neugeborenen schon alles gelernt hat (und zwar ohne Schule), dann kann man nachvollziehen, dass es Schätzungen gibt, wonach Schulanfänger bereits mehr als die Hälfte dessen gelernt haben, was in unserem Kulturkreis ein durchschnittlicher 20-Jähriger weiß und kann.

Reichen 2001, S. 34, zitiert nach Peschel 2006a, Teil I, S. 109

„Ursprünglich lernen" bezeichne ich in der Folge auch als *nebenbei* lernen oder auch als *intuitiv* lernen oder *implizit* lernen.

Die intuitive Lernkompetenz wahren

Erst wenn die Lerntechnologie der Schule (und auch der Massenmedien) durch die Köpfe und Körper der Kinder fegt – und die intuitiven Geschöpfe verwirrt –, fragen sich immer mehr Menschen, wie die intuitive, natürliche Kompetenz des Kindes erhalten werden kann. Und sie suchen nach einer Schule, die bei ihrem Kind respektvoll alle im Ansatz vorhandenen Kompetenzen zur Entfaltung kommen lässt.

Diese ursprüngliche Kompetenz, mit der man außerhalb der Schule mehr lernt als durch zielgerichtete Lehr-Lern-Arrangements in der Schule, charakterisieren Urs Ruf und Peter Gallin so:

Alles, was zur Lernkompetenz gehört, ist den Kindern bereits aus ihrem vorschulischen Lernen bekannt. Im Umgang mit Menschen und Gegenständen haben sie erfahren, was es bedeutet, Resonanz zu spüren und zu erzeugen, Vorhandenes spielerisch zu variieren und Regelhaftigkeiten zu entdecken. Weil Lernprozesse außerhalb der Schule aber kaum je von langer Hand vorbereitet und systematisch auf gewisse Ziele hingelenkt werden, verlaufen sie spontan und unbemerkt. Kinder lernen unmittelbar aus den Situationen, in die sie mehr oder weniger zufällig hineingeraten, darum brauchen sie kein Bewusstsein des Lernens zu entwickeln.

Das ändert sich radikal beim Eintritt in die Schule. Schulisches Lernen ist bewusst inszeniertes, auf globale Normen gerichtetes Lernen. Angesichts der Leistungsfähigkeit der globalen Normen kann die persönliche Lernfähigkeit nur überleben, wenn sie ins Bewusstsein gehoben und als Instrument verfügbar gemacht wird. Die Aufgabe der Schule ist es, die Kinder auf ihre Fähigkeit zu Resonanz, zur Variation und zur Regelbildung aufmerksam zu machen und sie herauszufordern und zu ermutigen, diese Fähigkeiten im Umgang mit den fachlichen Objekten systematisch einzusetzen.

Ruf/Gallin 2005a, S. 239

Diese Gedanken werden in Abbildung F5 grafisch dargestellt, wobei abweichend von Urs Ruf und Peter Gallin eine vierte Dimension Gewicht erlangt: das vernetzende Lernen. Ich schreibe die Auflösung des Konflikts unterschiedlicher Lernformen dem vernetzenden Lernen bzw. einem integralen Prozess zu. Alle vier Zugänge für bewusstes Lernen sollen nebeneinander zur Geltung kommen. Oder anders ausgedrückt: Das kognitive Lernen soll weder das intuitive, noch das selbstbezogene, noch das integral vernetzende Lernen verdrängen oder dominieren.

Abbildung F5: Vier Quellen des Lernens in Spannung

In den Ausführungen der beiden Schweizer Didaktiker kommen nur drei Formen des Lernens vor: Die Lernkompetenz vor der Schule, für die die Lernenden kein Bewusstsein des Lernens brauchen; das schulische, bewusst inszenierte, auf globale

Normen gerichtete Lernen, von dem die Leistungsfähigkeit der globalen Normen hervorgehoben wird, wobei dieses schulische Lernen die persönliche (unbewusste) Lernfähigkeit gefährdet, welche deswegen ins Bewusstsein gehoben werden muss. Die Frage ist nur, wie und durch wen das geschehen soll. Ruf und Gallin weisen diese Aufgabe der Schule zu. Die Aufgabe der Schule wäre demnach, die Kinder auf ihre Fähigkeit zur Resonanz, zur Variation und zur Regelbildung aufmerksam zu machen. Ich möchte das vorläufig als Schlüsselfrage stehen lassen. Wollte man die Aufhebung dieser Gefährdung des ursprünglichen Lernens, verursacht durch die Schule, durch die Schule selbst heilen lassen, müsste man das Grundverständnis von Schule verändern. Derzeit gehört es zum dominierenden Selbstverständnis von Schule, dass sie belehrt, also auf direkte Einflussnahme und Korrektur von Lernprozessen setzt. Die Außensteuerung ist die vorherrschende Logik. In der Abbildung F5 wird die Lösung in einem Integrationsprozess unterschiedlicher Lerndimensionen gesehen und die Prozesshoheit zunehmend den Lernenden übergeben. Auch wenn dies ein großes Vorhaben ist, ansatzweise gelingt es in den aufgezeigten Praktiken der Projekte und Lerngemeinschaften von net-1. Sie geben dem vernetzenden Lernen Rückhalt.

Mit dem intuitiven Lernen verbunden bleiben

Falko Peschel, ein führender Vertreter des offenen Unterrichts in Theorie und Praxis, schreibt zum Zusammenhang „Selbstgesteuertes und selbstreguliertes Lernen – bewusstes, unbewusstes oder intuitives Ausbilden von Kompetenzen?“:

Zusammenfassend ist festzustellen: Primat muss das intuitive Lernen haben, das möglichst wenig durch ‚verschultes' Lernen, d. h. auswendig gelerntes Wissen gestört wird. Während die Bewusstmachung von außen ineffektiv bzw. störend ist, erfolgt vom Kind selbst ganz automatisch eine eigene Bewusstmachung bzw. Musterbildung. Das Entscheidende ist also der intuitive Zugang, der auf der Seite des Lernenden sowohl bewusste als auch unbewusste Elemente enthalten kann. Diese gehen dann in eine höhere Stufe eines verstandenen Wissens über, die durch das wirkliche Verständnis dann wie automatisiert erscheint, aber von einer ganz anderen Qualität ist als die Automatisierung, die im normalen schulischen Unterricht durch Üben oder Auswendiglernen angestrebt wird. Weil die meisten dieser Prozesse höchst individuell und selbstgesteuert (im Sinne eines ‚vom Selbst gesteuert') verlaufen, erübrigt sich eigentlich die Frage nach einem Strategietraining. Dieses erfolgt durch das Lernen und den Lernenden selbst.

Peschel 2006b, Teil II, S. 21 f.

Falko Peschel will dem intuitiven Lernen Schutz und Vorrang gewähren. Der öffentliche Diskurs des Jahres 2011 – nicht nur in Österreich – lenkt die Aufmerksamkeit stärker auf Außensteuerung und äußere Strukturen, bei gleichzeitiger Vernachlässigung der inneren Strukturen.

Mit der Betonung der intuitiven Lernkompetenz wird die Aufmerksamkeit auf Prozesse im Inneren der Lernenden verlagert. Weiters wird dem Zusammenspiel der vier Quellen, sich das Lernen bewusst zu machen, Raum gegeben. Die Gefährdung der Quelle des ursprünglichen Lernens hat nahegelegt, es zu schützen. Der beste Schutz besteht darin, dass jede lernende Person selbstbewusst auf ihre höchstpersönlichen Lernwege verweisen kann und unerschütterlich zum eigenen Lernen steht.

Die ursprüngliche Kompetenz des Kindes in Beziehung entfalten lassen

Jesper Juul rückt in seinem Buch „Das kompetente Kind" (Juul 2007, Originalausgabe 1996) die ursprüngliche Lernkompetenz der Person und die Beziehung in der Familie, durch die Lernen begünstigt wird, in den Vordergrund. Gemeinsam mit Helle Jensen führt er dieses Verständnis von Beziehung auf die Schule bezogen weiter aus – im Buch „Vom Gehorsam zur Verantwortung" (Juul/Jensen 2005). Juul hat einen sehr differenzierten Blick auf Lernen. Wenn ich seine Ausführungen auf die dargelegten vier Quellen beziehe, ergibt sich folgendes Bild und folgende Gewichtung:

- Die erste und wichtigste Quelle ist die ursprünglich bei jedem Menschen vorhandene *Kompetenz*.
- Weiters betont Juul die *Verantwortung für die eigene Integrität* (der lernenden Person) und damit die vierte Quelle, die dazu beiträgt, sich das Lernen bewusst zu machen. Komplementär dazu betont er auch die Verantwortung (der mächtigeren Person) für das Klima, in dem die Integrität des Kindes geschützt wird. – Indem die jeweilige Lehrperson (oder auch die Mutter, der Vater) als Person authentisch zum konkreten Gegenüber wird (und sich nicht hinter einer Rolle verschanzt), und andererseits durch Professionalität.
- Die dritte Quelle – die geplante Seite der Schule und der Profession: Juul sieht die Hauptaufgabe der Lehrperson in der *Lernunterstützung*, und die Schule als System, das systematisch förderliche *Lernumgebungen* als Rahmenbedingung zur Verfügung stellt.
- Die zweite Quelle dient dem *subjektiven Fluss des Lernens.* Juul stärkt die Subjektivität der Lernenden, indem er ihre Lernkompetenz und Integrität achtet.

Nachdenklich und ausblickend schließe ich diese Überlegungen zum ursprünglichen Lernen: Es steht in den frühen Lebensjahren außer Zweifel. Mit Eintritt in die Schule wird die Kraft des ursprünglichen Lernens gefährdet. Da scheint sie Schutz zu brauchen.

Selbst bewusst lernen (Dimension II)

Im Kern geht es bei dieser Quelle oder Dimension des Lernens darum, sich die eigenen Lernwege und Strategien soweit bewusst zu machen, dass man einigermaßen unerschütterlich und unbeirrbar gegenüber jenen Belehrungen ist, die sich schwächend oder verwirrend breit machen und die Kompetenz zur Selbstregulation bedrohen. Wie viel und welche Außenintervention (= Belehrung) beim Lernen als annehmbar oder eben als störend empfunden wird, dürfte bei jeder Person verschieden sein.

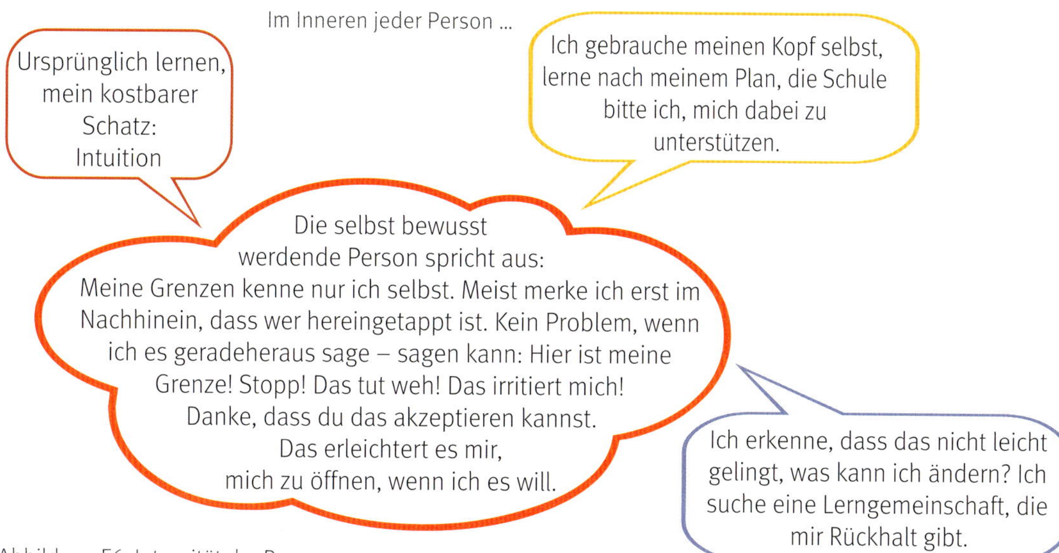

Abbildung F6: Integrität der Person

In Abbildung F6 spricht die selbst bewusst werdende (lernende) Person aus, wie sich ihre Integrität entwickelt – indem sie sich ihrer Verletzlichkeit und ihrer Grenzen bewusst wird, dies sagt und erkennt, dass darin ihre Freiheit, sich zu öffnen, sich weitet, wenn sie es will. Sie erkennt, welcher Schatz das ursprüngliche Lernen – ihre Intuition – ist. Weiters will sie den eigenen Kopf gebrauchen, nach eigenem Plan lernen, die Schule bittet sie um Unterstützung. Und schließlich erkennt sie, dass das nicht leicht gelingt, weil es einen Kulturwechsel darstellt. Damit es gelingt, sucht sie Rückhalt und Unterstützung in einer kontinuierlich wirkenden Lerngemeinschaft.

Es ist eine Freude zu sehen, wie jemand in sich ruht und selbstbewusst agiert. Und umgekehrt ist es oft erschreckend zu sehen, wie weit viele unserer Schulabsolvent/innen davon entfernt sind, selbstständig zu denken und zu handeln. Offensichtlich kratzen unsere Schulen am Selbstgefühl und am Selbstvertrauen unserer Jugend. Jesper Juul unterscheidet in seinem Buch „Das kompetente Kind" zwischen Selbst*gefühl* und Selbst*vertrauen* so:

Selbstgefühl ist unser Wissen und Erleben davon, wer wir sind. Selbstgefühl handelt davon, wie gut wir uns selbst kennen und wie wir uns zu dem verhalten, was wir wissen. Bildlich gesprochen läßt sich Selbstgefühl als eine Art innerer Säule, als Zentrum oder Kern beschreiben. [...] Das Fundament des Selbstgefühls läßt sich vielleicht am besten kurz mit dem Erleben beschreiben, das die meisten frischgebackenen Eltern hatten, wenn sie zum ersten Mal ihr schlafendes Baby betrachteten: das Gefühl, daß dieser neue Mensch etwas Wunderbares und Wertvolles ist, und zwar ganz allein deshalb, weil er ist!

Selbstvertrauen handelt von dem, was wir können, worin wir gut und tüchtig sind oder dumm und schlecht – das, was wir leisten können.

Juul 2007, S. 96 und 97

Authentisch sein

Früher dürfte dieses Selbst-bewusst-Werden noch den erwachsenen Helden vorbehalten gewesen sein: Odysseus findet zu sich nach langer Odyssee, Parzival geht einen langen Weg voller Abenteuer, bis er – gereift – es wagt, das auszusprechen, was er fühlt. Heute scheinen bereits viele Kinder und Jugendliche diesen Weg zu sich selbst zu finden und authentisch zu sprechen und zu handeln. Sie tun damit in frühen Jahren, was die Helden der Antike und des Mittelalters erst nach einer fast lebenslangen Reise zu sich selbst geschafft haben. Aufbauend auf diesen frühen Reifungsprozess gehören Selbstfindungsprozesse zu jedem weiteren Lebensabschnitt

Mental und rational lernen (Dimension III)

Es gibt keinen Zweifel über die Kraft des Verstandes – jedenfalls seit der Neuzeit.

Vor allem das auf ein Ziel gerichtete Lernen hat hohe Wirkung. Ein achtjähriges Mädchen zeigte mir kürzlich, wie gut es Rad schlagen kann. Es wies darauf hin, dass es ein Jahr lang mit gewisser Regelmäßigkeit dafür geübt habe.

Gesichertes Wissen, aufbereitet und sortiert, kategorisiert und gut zugänglich in Bibliotheken, wird zur Selbstverständlichkeit. Wenn es zur Anwendung zusammengefügt wird zu Techniken und in komplexeren Verfahren wirtschaftlich genutzt wird, entstehen Technologien. Vermittelt wird Fachwissen und Allgemeinwissen mithilfe von Didaktiken und angemessenen Methoden. Lehrpläne legen fest, was planvoll vermittelt werden soll, Lernpläne zeigen einen individuellen Weg auf.

„Wissen ist Macht", das war lange Zeit ein Slogan, um breiten Zugang zu Wissen einzufordern. Schule dient bis heute der Vergrößerung der wirtschaftlichen und gesellschaftlichen Macht und der individuellen Behauptung. Schule wird zum Inbegriff der Technologie des Lehrens und Lernens und der Aufklärung.

Und doch sehen immer mehr Menschen auch die Gefahr, dass es mit der Schule oder der Nutzung rationaler Hebel und rationeller Technologien manchmal ist wie mit Goethes Zauberlehrling, der zunächst glaubt, sich der Technologien des Meisters bemächtigen zu können. Aber es kommt anders, der (anmaßende) Zauberlehrling schreit verzweifelt: „Die ich rief, die Geister, werd ich nun nicht los." – Welcher Meister bändigt jene Kräfte des Denkens, die sich offenbar verselbstständigen können und den Menschen bedrohen können?

Hier sei aber zunächst herausgearbeitet, dass das rationale Denken eine hohe Bewusstseinsform darstellt, mit der wir auf die „früheren" Formen des Bewusstseins blicken können, um sie klarer zu sehen. So können wir auf eine spontan sprudelnde Erzählung reflexiv hinschauen. Durch dieses Hinschauen auf Erzählflüsse machen wir oft die Erfahrung, dass manche Erlebnisse je nach Publikum unterschiedliche Verläufe nehmen. Beim Aufsatzschreiben kann man beobachten, sobald der erste Satz gelungen ist, fließt die weitere Erzählung wie von selbst.

Solche Metagedanken weisen darauf hin, dass das Lernen (oder Denken) der Dimension III in der Lage ist, Regelmäßigkeiten im Erzählen (bzw. Lernen der Dimension II) zu erkennen. Also könnte man sagen, das rationale Lernen (III) mit seinen ihm eigentümlichen Metafähigkeiten steht über dem subjektiv erzählenden Lernen. Viele nennen diese Fähigkeit, über etwas noch einmal – vielleicht aus einem anderen Blickwinkel – nachzudenken, auch eine objektivierende Fähigkeit.

Wenn man die bisherigen drei Bewusstseinsformen qualitativ unterscheiden möchte, dann wäre die erste Form als intuitiv und impulsiv zu charakterisieren. Hier kommt die ursprüngliche Kraft des Kindes ins Spiel. Und wir tun gut daran, die Verbindung mit dieser Urkraft weiterhin zu suchen. Die zweite Qualität wird sich der subjektiven Besonderheit des Erlebens bewusst. Und die selbstbewusste Beteiligung bringt zusätzliche Energie ins Geschehen. Mit der dritten Qualität kommt die Metafähigkeit der Objektivierung, der Systematisierung und der allfälligen technischen Verwertbarkeit hinzu. Ist die Entwicklung, die mit der vollen Entfaltung des Verstandes, also der Dimension III, erreicht wurde, noch steigerbar?

Integral vernetzendes Lernen (Dimension IV)

Zwar gibt es wenig Zweifel, dass auch im integrierenden und vernetzenden Lernen Potenzial liegt, doch welchen Stellenwert diese vierte Dimension im Zusammenwirken der vier Quellen, sich das Lernen bewusst zu machen, hat, ist im öffentlichen Diskurs eher ungeklärt und auch im offiziellen Verständnis von Schule nicht klar. Natürlich kann es sein, dass wir im Alltag, wenn komplexe Aufgaben gelingen und wenn wir verantwortungsvoll und intuitiv miteinander umgehen, vernetzt lernen. Doch die Qualität, um die hier gerungen wird, mag geschmälerten Wert haben, wenn uns nicht voll bewusst ist, was wir und wie wir zum Gelingen integraler Vernetzung beitragen. Vielleicht geht es zunächst auch darum, den Begriff „vernetzend“ erst sinnvoll aufzuladen. Vielleicht geht es auch um mehr als „bloß“ vernetzt: nämlich um offen, verantwortungsvoll, Rückhalt gebend, vertrauensvoll, integrierend, integral.

Netzwerke, die ich tagtäglich bewundere, sind kleine soziale Netzwerke, die zum Beispiel kommunikative Eltern rund um ihre Kinder aufbauen: Es entlastet die Eltern, wenn die Kinder einmal in dieser und dann wieder in jener Familie mit betreut werden, das eröffnet den Kindern vielfältige Möglichkeiten zu spielen, Anschluss an andere Familienwelten zu finden. Diese Netzwerke rund um kleine Kinder werden meist von Frauen aufgebaut. Soziale Netzwerke scheinen vorwiegend weiblich zu sein.

Embodiment – Die Person, ein Netzwerk

Auch die einzelne Person können wir als Netzwerk und als Ganzheit betrachten und bewundern. Unter dem Titel „Embodiment" haben Fachleute aus vier Disziplinen – Kognitionswissenschaften, Psychologie, Neurobiologie und Körperarbeit – gemeinsam ein interdisziplinäres Projekt betrieben, um die Zusammenhänge ihrer Disziplinen verständlich auszudrücken. „Embodiment" nennen sie die Beziehung zwischen Denken, Körper und Umwelt.

Intelligentes Denken findet immer in einem dichten Geflecht von Bezügen statt, ist eingebettet in einen Kontext. [...] Menschen arbeiten ihr ganzes Leben daran, ihre vielfältigen und täglich verfeinerten Erfahrungen mit ihrem Kontext, ihrer „Einbettung", zu intuitivem Wissen und Handeln zu destillieren.

Wolfgang Tschacher. In: Storch/Cantieni/Hüther/Tschacher 2010, S. 14

Für vierdimensional halte ich dieses Geflecht insofern, als die Autor/innen letztlich auffordern, auch die Verbindung, also die Beziehung zwischen den drei ins Auge fallenden Gefäßen – Kopf, Körper und Umwelt –, bewusst als gestaltbare Möglichkeit zu nutzen. Anders ausgedrückt, sie weisen auf die Wechselwirkungen hin und laden ein, die *persönliche Verantwortung* (die vierte Dimension) für sich selbst auszuweiten.

Ein kleines Beispiel, wie der Körper auf die Gefühle wirken kann: Wenn man trübe Stimmung hat, kann man aufhellende Emotionen selbst hervorrufen: „Facial feedback".

Durch Rückmeldungen über die Gesichtsmuskulatur werden im Gehirn Veränderungen bewirkt, welche die Emotion erzeugen, die zu der aktuellen Mimik passt. Die Facial feedback Hypothese geht davon aus, dass die Rückmeldung der Gesichtsmuskulatur mit dem Erleben einer Emotion im Zusammenhang steht; diese Hypothese wurde in zahlreichen Studien belegt. Versuchspersonen, die lächeln, berichten über bessere Gefühle als Versuchspersonen, die man aufgefordert hatte, die Stirn zu runzeln [...]

Maja Storch. In: Storch/Cantieni/Hüther/Tschacher 2010, S. 40

Gerald Hüther bringt solche Verflechtungen zwischen Körper und Emotion mit neuer Hirnforschung in Verbindung und verweist auf größere Zusammenhänge, die mittlerweile immer klarer gesehen und bewiesen werden können. Er fasst seine Erfahrungen unter dem Titel „Vom Wiederfinden der verloren gegangenen Einheit" zusammen:

Unser Gehirn ist eine Baustelle, und zwar nicht nur während der Kindheit, sondern lebenslang. Und das ist gut so. [...]

Wie die Hirnforscher inzwischen an vielen Beispielen zeigen konnten, wird unser Erleben von uns selbst und von den Erfahrungen, die wir in der Beziehung zu unserer Mitwelt machen, ständig neu kreiert. Neuronenverbindungen, die wir nicht nutzen, lösen sich auf. „Use it or lose it" heißt das allgemeine Prinzip. Muster des Erlebens und Verhaltens, die wir häufig aktivieren, werden verstärkt und als neuronale Verschaltungsmuster strukturell verankert, das heißt, sie werden im Gehirn „verkörpert". [...]

Nun zeigt uns aber die Hirnforschung, dass wir uns zu jedem Zeitpunkt unseres Lebens auch neu konstruieren können, indem wir irgendeines dieser alten motorischen, sensorischen oder affektiven Muster verlassen, also anders zu sehen, zu fühlen oder zu handeln beginnen, als bisher. Und wenn es gelingt, auf einer dieser Ebenen ein neues Muster auszubilden, so werden alle anderen Ebenen davon gleichsam „mitgezogen".

Gerald Hüther. In: Storch/Cantieni/Hüther/Tschacher 2010, S. 91 f.

Also auch einzelne Musterwechsel von Abläufen des Sehens, Fühlens oder Handelns ziehen weitere Veränderungen nach sich. Es ist erstaunlich, dass gerade die neuere Hirnforschung darauf hinweist, welche Verluste es uns bringt, wenn wir einem kopflastigen Lernverständnis folgen. Hier ahnt man auch, dass die vierte Dimension nicht nur der Vernetzung dient, sondern der bewussten Integration aller Lernmöglichkeiten und darüber hinaus – auf höherer Stufe – dem Wiedergewinnen ursprünglicher Intuition und Kraft. Und das beginnt bei scheinbar kleinen Abläufen.

Für jeden, der sich darum bemüht, alte eingefahrene Körperhaltungen und Bewegungsmuster zu verändern, besteht der Lohn seiner Anstrengung in einer Wieder-

entdeckung seiner eigenen Kompetenz, in einer neuen Haltung und einer neuen Gesinnung – und nicht zuletzt in einem Zuwachs an Selbstgefühl und Selbstvertrauen. Das bedeutet nichts anderes, als das Wiederfinden der eigenen Gestaltungskraft und Lebendigkeit. [...] was Milton Erickson so wunderbar auf den Punkt gebracht hat: „Es ist nie zu spät, eine glückliche Kindheit zu haben".

Gerald Hüther. In: Storch/Cantieni/Hüther/Tschacher 2010, S. 96 f.

Global Village

Den Begriff *vernetztes Lernen* hat Frederic Vester populär gemacht. Im Geleitwort zum Buch „Die Kunst vernetzt zu denken. Ideen und Werkzeuge für den Umgang mit Komplexität" schreibt der damalige Ehrenpräsident des Club of Rome, Ricardo Diez Hochleitner:

Spätestens seit dem ersten Bericht an den Club of Rome „Die Grenzen des Wachstums" aus dem Jahre 1972 wissen wir, dass die Menschheit in einem natürlichen System mit begrenzten Ressourcen lebt, in dem wir bei Gefährdung der menschlichen Gesellschaft nicht alles machen können, was wir wollen. Tun oder Unterlassen an einer Stelle des Globus hat zwangsweise Auswirkungen auf andere Regionen; im global village gibt es keine fernen Probleme mehr. [...]

Es ist das große Verdienst unseres Kollegen Frederic Vester mit seinem biokybernetischen Denkansatz [...] einen Weg zu weisen, wie wir Lebensbedingungen für die Menschheit schaffen können, die der sustainability genügen.

Vester 2002, S. 7

Ich bevorzuge hier den Begriff vernetzendes Lernen und füge hinzu: voller Kunst, Verantwortung und Wechselseitigkeit. Damit möchte ich die Bedeutung im Alltag, die Vernetzung, die in den kleinen Handlungen hergestellt wird, betonen und so auch über die mahnende Expertenkultur eines Frederic Vester oder des Club of Rome hinausweisen.

Das Recht zu lernen hochhalten

Im Eingangsbeitrag, in dem die vier Akteure des komplementären Zusammenspiels für gelingende Schule (Schüler/innen – Lehrer/innen – konkrete Organisation vor Ort – das Schulsystem) einander ergänzend gezeigt wurden, stand das Lernen gemeinsam hochhalten im Zentrum[5]. Und Falko Peschel, der diesen Leitgedanken als offenes Lernen sehr anschaulich beschreibt und beforscht, betont auch, dass man ein so wichtiges Geschehen nicht verordnen kann. Es ist sogar umgekehrt. Man kann bloß Freiraum schaffen. Weniger ist mehr.

Lernen ist kostbar wie die Liebe, die Freiheit oder das Wasser.

Schützen wir die Integrität der Lernenden! Achten wir die unterschiedlichen Lernkulturen!

Geben wir dem schöpferischen Lernen Rückhalt und den Lernenden Prozesshoheit.

Meine persönlichen Entwicklungsphasen in und durch net-1

Im Folgenden wende ich die vierdimensionale Darstellungsweise auf Phasen meiner eigenen Bewusstseinsentwicklung an, sofern sie in Wechselwirkung stehen mit den etwa sechs Jahren der net-1-Entwicklung (2006 bis 2011), die in diesem Buch dargelegt ist.

In der ersten Phase hat mein bisheriges Tun, meine bisherige Praxis und große Verbundenheit zu vielen Entwicklungsakteuren und deren Drängen, über das Bisherige hinauszugehen, die Grundlage gebildet. Und intuitiv (also ohne exakte Klarheit) wollte ich (so wie viele, die näher an den Schulen arbeiten) über dieses Tun hinausgehen. Mein Tun, das mich zu net-1 geführt hat, war die jahrelange Praxis (seit 1984) als

5 Siehe Kapitel „Komplementäre Akteure für schöpferische Entwicklung".

Ministerialbeamter, zuvor die Praxis (seit 1968) als Lehrer an Volksschulen, Sonderschulen, Hauptschulen und Polytechnischen Schulen, daneben war ich in die 1968er-Bewegung an den Universitäten in Wien und Linz involviert. Und ich zögerte 2004 keine Sekunde, als ich von der Leadership Academy als intensive berufsbegleitende Weiterqualifizierung hörte. Ich war reif und bereit für bewusstere Praxis. Und so kam es auch rasch zu einem – intuitiv gewollten – Bewusstseinsprozess.

In der zweiten Phase, bewusstes Selbsterlebnis, suchte ich meine und unsere[6] tatsächlichen Spuren und Wege – im Licht neuer Ideen und Reflexionspartner/innen – zu verstehen. Zunächst schienen die deklarierten Absichten meine, unsere Wahrnehmung zu verstellen. Je sorgfältiger ich dokumentiere, was geschieht und wie es uns geschieht, desto mehr kann ich erkennen. Mein *Mich auf dem Weg selbst Erkennen* wurde durch mehrere Umstände begünstigt: durch eine KTC-Gruppe[7] im Rahmen der Leadership Academy; durch die sofortige Anwendung des neu Gelernten in meiner Alltagspraxis im Ministerium, zuständig für pädagogische Angelegenheiten der Hauptschule, sowie durch ein paralleles Literaturstudium und schließlich durch die Gründung des ISV[8] und später von net-1. Durch diese Umstände konnte ich mein Lernen unter sehr günstigen Bedingungen, die ich selber mitgestaltet habe, intensivieren. In dieser Phase erlebte ich die Einbeziehung von Wilfried Schley (einem der Leiter der österreichischen Leadership Academy) sehr inspirierend und ermutigend.

In der dritten Phase, Denken und mentale Konzepte, dominierten sowohl das Projektkonzept als auch das Vertrauen in offene Prozesse. Diese beiden Ansätze wurden als Programm bezeichnet. Die Produktivität der Projekte ist gestiegen. Der Stress auch.

Mit Distanz und Sensibilität für die Systematiken und die Eigenlogik dieser Ansätze sehe ich nun, dass diese Ansätze nicht ohne Weiteres unter einen Hut zu bringen sind. Das mentale Konzept „Projekt und Programm" entspricht dem zielstrebigen, rationalen Denken: Ein Ziel wird ins Auge gefasst und verfolgt. Diese Zielstrebigkeit kann auch überzogen werden. Man verliert die innere Beziehung zum Ziel und zum Prozess und kippt in Außensteuerung.

Anders das offene Prozessverständnis: Es verweist darauf, dass die im Prozess ernsthaft Beteiligten eine Lösung finden. Somit wird letztlich auf einen schöpferischen Prozess verwiesen. Also müssen Logik und Ethik von schöpferischen Prozessen beachtet werden: Integrität der Personen, Autonomie sozialer Akteure, gleichwürdiger Dialog; Verständnis für die Entfaltung der ursprünglichen Kompetenz, der subjektiven Findung, der Objektivierung und der Integration der Teile (Gänzlichung) im Prozess.

6 „Unsere" meint Menschen in ähnlichen beruflichen oder persönlichen Situationen, die sich weiterentwickeln wollten.
7 Kollegiales Teamcoaching (KTC) nach Vera und Wilfried Schley (vgl. Schley/Schley 2010).
8 Zum ISV (Innovative Schulen im Verbund) siehe Kapitel „ISV oder Der Blick über den Tellerrand".

In der vierten Phase, integrale Vernetzung, komme ich jetzt an. Ich respektiere die Integrität und Eigenlogik der einzelnen Personen und Organisationen und verzichte darauf, die verschiedenen Entwicklungen und die einzigartigen Personen an meinen Erwartungen zu messen. Rückhalt entsteht im Prozess der bewussten und respektvollen Verbindung unterschiedlicher Akteure unter Achtung ihrer konkreten generativen (inneren) Strukturen. Ich bemühe mich, die einzigartigen Persönlichkeiten und die einzigartigen sozialen Systeme so weit zu verstehen, dass ich mit ihnen in ein freiwilliges Zusammenspiel treten kann. Das vierdimensionale Lern- und Prozessverständnis ist weder Schema noch Methode noch Konzept. Es dient lediglich dazu, die unterschiedliche Logik der jeweiligen generativen Bewusstseinsstrukturen besser zu verstehen, um sie zu respektieren und mit ihnen zu kooperieren. Dabei ist die schöpferische Verständigung auf Begriffe, Werte, Ziele und Prozesse eine unumgängliche Aufgabe. Sie gelingt meiner Erfahrung nach am besten in längerfristigen Lerngemeinschaften, die sich Aufgaben in Verantwortung für sich und größere Gemeinschaften stellen, dabei auf gemischte Zusammensetzung achten, sodass sie als kleine Lerngemeinschaft die Verbindung zu größeren Systemen, für die sie mitverantwortlich sind, in sich tragen.

Das Orientierungsgespräch als vierdimensionaler Prozess

RICHARD STOCKHAMMER

GENERATIVEN STRUKTUREN NACHGESPÜRT

Dieser Beitrag ist in mehrfacher Hinsicht ein Erstlingswerk. Es wird die Wirkung des im Projekt KL:IBO entwickelten Moduls *Orientierungsgespräch* mit Hilfe des vierdimensionalen Lernverständnisses untersucht. Dabei wird ein neuer Evaluationsansatz gezeigt. Es wird spürbar, dass dieser Ansatz erst in der Auseinandersetzung mit dem Orientierungsgespräch, wie es von Eva Theissl berichtet wird, entstanden ist. Wobei die Konzeption des Orientierungsgesprächs von mir mitgetragen worden war. Jetzt ist die spannende Frage, ob und wie es in einer Außensicht untersucht werden kann.

Verstehen will ich, wodurch die hohe Wirkung des Orientierungsgesprächs zustande kommt. Wie kommt es zustande, dass Schüler/innen wieder an sich glauben? Wie kommt es zu hoher Eigenverantwortung, kann sie gelernt, gelehrt werden?

Die Untersuchungsweise ist sehr langsam, wie in Zeitlupe werden die Verläufe nachempfunden.

Die vierdimensionale Spiralacht als Untersuchungswerkzeug legt eine Abfolge von Bewusstseinsstrukturen nahe – mit den Eigenschaften vital, psychisch, mental, integral und den Aktivitäten Tun, (Sich) Erkennen, Denken, Vernetzen.

Die Untersuchung mit Hilfe der Spiralacht ist als Annäherung an die Wirklichkeit gedacht. Und da taucht bei uns aufgeklärten Menschen die Frage auf: Eine Annäherung an was? An etwas Individuelles? (Meine Aufgabe? Wer bin ich? Was will ich?) – An etwas Gemeinsames? – An etwas Größeres? An das Ganze, von dem wir ein Teil sind?

Das Prozessmodell der liegenden Spiralacht gibt solche Fragen an die Beteiligten weiter. So werden diese wichtigen Fragen nach subjektivem Sinn und nach einer Aufgabe in der Gemeinschaft den Beteiligten in ihrem Prozess zugänglich.

Richard Stockhammer

Neuartige Karrierebegleitung

Das Orientierungsgespräch ist im Zusammenhang mit dem net-1-Projekt KL:IBO aus verschiedenen Entstehungsperspektiven genauer beschrieben.[1] Hier untersuche ich zunächst den Ablauf und die im Prozess auftretenden Kernfragen, danach die Wirkweisen, die das Orientierungsgespräch so effizient machen.[2] Und ich gehe der Frage nach, welche anderen Denkmodelle es außer Kraft setzt und wodurch dies gelingt. So werden auch die verschiedenen Bewusstseinsdimensionen in Aktion einsehbar.

Zur sehr sorgfältigen Betrachtung des Orientierungsgesprächs hat Eva Theissl, eine der beiden Leiterinnen des net-1-Projekts KL:IBO, mich ermuntert. Sie berichtet: „Ich habe gestern bei einer international gut besuchten Tagung, bei der es um Begleitung von Menschen auf ihrem Weg in den Beruf ging, das Orientierungsgespräch vorgestellt. Das Interesse der internationalen Expertinnen und Experten am ‚mutierenden Selbstbewusstsein' der Schüler/innen war enorm. Sogar der finnische Vertreter betonte, dass diese Form des Orientierungsgesprächs auch für das Lern- und Begleitverständnis in Finnland neu und interessant wäre. Der Brite staunte, wie viele Bewusstseinsmechanismen hier verändert werden; ein anderer Akteur sinnierte, wie es gelingen kann, so kräftige Systeme, wie jenes der Schule und jenes der Familie, in unübliche, nachgeordnete, unterstützende Position zum System des Jugendlichen zu bringen."

Das ermutigt mich, unkonventionelle Gedanken einfach und ohne Umschweife auszusprechen, und zwar ohne Rücksicht auf üblichen Sprachgebrauch und Gepflogenheiten im Denken.[3] Die Bewusstseinsdimensionen in Aktion sollen am Orientierungsgespräch deutlich werden.

1 Unter anderem in den Kapiteln „Persönliche Potenziale entwickeln" und „Schulporträt Hauptschule Niederndorf".

2 Im verbreiteten Sprachgebrauch würde man in diesem Zusammenhang von Mechanismen sprechen, und wenn mehrere Mechanismen verkoppelt werden von Technologie. Diese eher technisch-mechanische Ausdrucksform vermeide ich hier. Koordinationen, die auf lebendiger Sensibilität und schöpferischer Leistung beruhen, bezeichne ich lieber als Denkweisen. Damit will ich auch die Suggestion, die aus technischen Begriffen entspringt, vermeiden. So unterscheide ich zwischen mechanisch, exakt, rational, intentional, kausal einerseits, und schöpferisch, offen, einfühlend, beziehungsreich andererseits. Dadurch soll vermieden werden, dass der Mensch sich mit der Mechanik (die er hervorgebracht hat) identifiziert.

3 Erst als Außenstehende über unseren unkonventionellen Kurs staunen, gelingt es mir, das deutlicher und systematisch auszusprechen. Offensichtlich habe ich Mühe, mich dem Konventionsdruck, der im österreichischen Schulwesen – vor allem an der Spitze – wirksam ist, zu entziehen. Orientierung ist doppeldeutig: Man wird (von außen) orientiert. Man sucht Orientierung (von innen). Die Lösung dürfte in der Mitte liegen, im Prozess, dem Rückhalt gewährt wird. Wie diese Mitte gelingt, das soll in dieser Untersuchung klarer werden.

Vier Systeme im Gespräch

Kurzcharakteristik

Das Orientierungsgespräch wird kurz charakterisiert, indem es in einer Entfaltungslogik – gegliedert nach vier generativen Bewusstseinsstrukturen – beschrieben wird.

(I) Den Prozess in Gang bringen – Zusammenkommen zum Orientierungsgespräch

Eine Dreizehnjährige führt dieses Gespräch in den Flow. Mit Unterstützung ihrer Lehrerin hat sie ihre Eltern und ihr wichtige Lehrpersonen zu diesem Gespräch eingeladen. Vater und Mutter sowie drei Lehrerinnen sind gekommen. Nachdem sie alle Anwesenden begrüßt und auf den Zweck des Gespräches, der im Vorprozess kommuniziert wurde, verwiesen hat, geht es los. Die Schülerin gestaltet die drei Hauptinhalte: die reflexive Präsentation ihrer Stärken (II), die projizierende Verdichtung zu einem Weg in den Beruf (III) und schließlich die Bitte um Rückhalt bei ihrem weiteren Weg (IV).

(II) Reflexive Präsentation – subjektiver Inhalt

Die Schülerin gibt Einblick in ihre Stärken und kommentiert auch einige Bilder und Sätze aus dem bereitliegenden Stärkenportfolio, ein Klima der Reflexivität entsteht, Entwicklung, Kontexte und Möglichkeiten werden, auch im Spiegel der anderen, gesehen. Frühzeitige Gesprächseinstiege, Resümees oder Initiativen bittet sie noch abzuwarten, um ihren ganzen Entwicklungsbogen aufspannen zu können.

(III) Projektive Verdichtung – objektivierende Gestaltung

Die Dreizehnjährige verbindet ihre Stärken mit ihrem Berufswunsch, weist auch auf Lücken und Möglichkeiten hin. Das subjektive Potenzial wird in Zusammenhang gestellt mit Optionen, die in berufsbildenden Schulen und Berufsangeboten gesehen werden. Manchmal scheinen die Hürden hoch und die Realisierungsmöglichkeiten fern. Welche konkreten Anstrengungen könnten diese Diskrepanzen überbrücken? Die Schülerin spricht aus, inwiefern sie sich selbst in die Pflicht nehmen will, wie sie ihre weitere Entwicklung zu ihrem Projekt macht. Sie stellt eine knappe Zielvereinbarung mit sich selbst vor und unterschreibt diese vor den anderen. Sie bittet ihre Eltern und die Lehrerinnen um Unterstützung auf ihrem Weg.

(IV) Rückhalt – im Prozess zur Haltung finden

Die Bitte um Unterstützung für ihren Weg verdeutlicht das Vertrauen der Dreizehnjährigen in den Rückhalt, der zur Quelle der Wandlung dieses Selbstfindungsprozesses geworden ist. Woher hat die Lehrerin den Rückhalt, ihrerseits diesem Entwicklungsprozess Halt zu geben? Die Haltung der KL:IBO-Lehrerin gründet in integraler Verarbeitung der Prozesse, Anregungen und Konzepte in der KL:IBO-Entwicklungsgemeinschaft, in der gefestigten Entwicklungshaltung an ihrer Schule und im eigenen Weg zu hoher Professionalität. Das gesamte Orientierungsgespräch hat Rückhalt in vielen Vorprozessen, die dazu führen, dass die Beteiligten und die Situation reif sind für dieses Gespräch neuen Typs, das man vielleicht auch als Orientierungsritual am Übergang in eine neue Lebensphase bezeichnen könnte.

Das Orientierungsgespräch auf einen Blick

In jedem Quadranten kommt eine andere generative Bewusstseinsstruktur zum Zug.

Abbildung G1: Kurzcharakteristik des Orientierungsgesprächs – Differenzierung in vier generative Bewusstseinsstrukturen

I. TUN

Den Prozess in Gang bringen

Die Dreizehnjährige führt dieses Gespäch.

Drei Systeme am Tisch:

- die Schule
- die Familie
- die Jugendliche

III. DENKEN

Die Stärken verbinden mit beruflichen Möglichkeiten

Mein Weg in den Beruf.

Wie wird das Subjektive in die (objektive) Realität passen?

Ein viertes System:

- Berufswelt

Zielvereinbarung mit mir selbst

II. SICH ZU ERKENNEN GEBEN

Die Jugendliche gibt ihre Stärken reflexiv zu erkennen.

Bilder und Sätze subjektiver Stärken, Potenziale – persönliche Stärken.

Lehrer/innen, Eltern nehmen wahr, lassen sich berühren.

IV. RÜCKHALT GEBEN

Ich spüre den Rückhalt und bitte um Unterstützung.

Finde ich Rückhalt:

- in der Schule?
- in der Familie?
- in mir?
- in der Berufswelt?

Die vier generativen Bewusstseinsstrukturen sind in Abbildung G1 allgemein bezeichnet. In Farbe geschrieben ist, was die jeweilige Bewusstseinsstruktur im Orientierungsgespräch hervorbringt. Zuerst wird der Prozess in Gang gebracht (I). In diesem Prozess werden drei Systeme miteinander in Beziehung gesetzt und dafür an einem Tisch in einer bestimmten Sitzordnung positioniert. Man kann sich gut vorstellen, dass jede Person am Tisch dieses Zusammentreffen der unterschiedlichen Systeme auch wirklich spürt: erstaunt, feierlich, beklommen, erwartungsvoll. Neues nimmt seinen schwingenden Anfang.

Reifen im Prozess

Das Orientierungsgespräch initiiert und vertieft die Verbundenheit von Akteur/innen aus vier Systemen, die sich zur Aufgabe machen, große Potenziale in einem Reifungsprozess aufzubauen und den Akteur/innen zugänglich zu machen, damit die Jugendliche Hauptakteurin ein Bündel von Zielen, Werten, Verbindungen und Reifungsprozessen mit entsprechender Energie unter wechselnden Bedingungen meistern kann: den Weg in den Beruf und zur Berufung finden. Das System Berufswelt ist zwar nicht am Tisch des Orientierungsgesprächs, aber geistig präsent.

Reife wollen wir alle. Nehmen wir den Prozess zur Reife, das Reif-Werden, die Reifung wichtig genug? Bei Wein, bei Bier, bei den Bioäpfeln vielleicht schon. Bei Menschen, Organisationen, der Gesellschaft lernen wir es gerade. Dieses Lernen habe ich hier im Blick. Diesem Lernen widmen wir in net-1 unsere Energie, unsere Aufmerksamkeit.

Das Orientierungsgespräch dauert zwanzig Minuten. Wie kann es in dieser kurzen Zeit zu einem entscheidenden Reifungsprozess, zu einer Wandlung im Prozess kommen? – Das klären wir durch genauere Betrachtung dieses pulsierenden Prozesses, und zwar indem wir in jedem Quadranten in der Logik der jeweiligen Bewusstseinsstruktur die zutreffende Frage stellen.

Abbildung G2: Vier Fragen im Prozess des Orientierungsgesprächs – Pulsieren in Verbundenheit (Spiralacht)

Die Verbundenheit der Systeme und Bewusstseinsformen entsteht mit jedem Durchlauf durch die vier Bewusstseinsdimensionen und im Zusammenwirken der Akteure. Die Berufswelt ist insofern beteiligt, als immer wieder auf Partner aus Betrieben und Schulen Bezug genommen wird. Es werden Vereinbarungen, Anbahnungen, Zusagen, Absagen, Hoffnungen, Konkretisierungen angesprochen.

Mit der Differenzierung nach den vier Quadranten wird der Prozess des Hervorbringens dieses Gesprächs neuen Typs untersucht.[4] Zunächst wurden in Abbildung G1 Prozess und Inhalt in verdichteter Form in den vier Quadranten dargestellt.

In Abbildung G2 wird in jedem Quadranten – in der Logik der jeweiligen Bewusstseinsstruktur – eine Frage zur Dynamik gestellt.

So fragt das initiative Ich (I): Wie halte ich den Prozess in Schwung?
Das sich im Dialog erkennende Ich (II) fragt sich: Wie finde ich zu mir?
Das Ich wechselt in ein Wir- und Weltverständnis (III). Es erkennt, dass die Welt gestützt auf das Wissen der Vielen leichter zu erobern ist: Wie verbinde ich mich mit der Welt?
Das Ich wechselt in Prozessverantwortung für das Ganze (IV) und fragt:
Was ist meine Aufgabe, was ist meine Berufung?

Mit Rückhalt geht fast alles

Bevor alle vier Strukturen einzeln beschrieben werden, wird eine Bewusstseinsstruktur – die Rückhalt gebende (IV) – hervorgehoben. Abbildung G3 veranschaulicht, wie sehr die Bewusstseinsstruktur IV die anderen Strukturen beeinflusst, ihnen Rückhalt gibt.

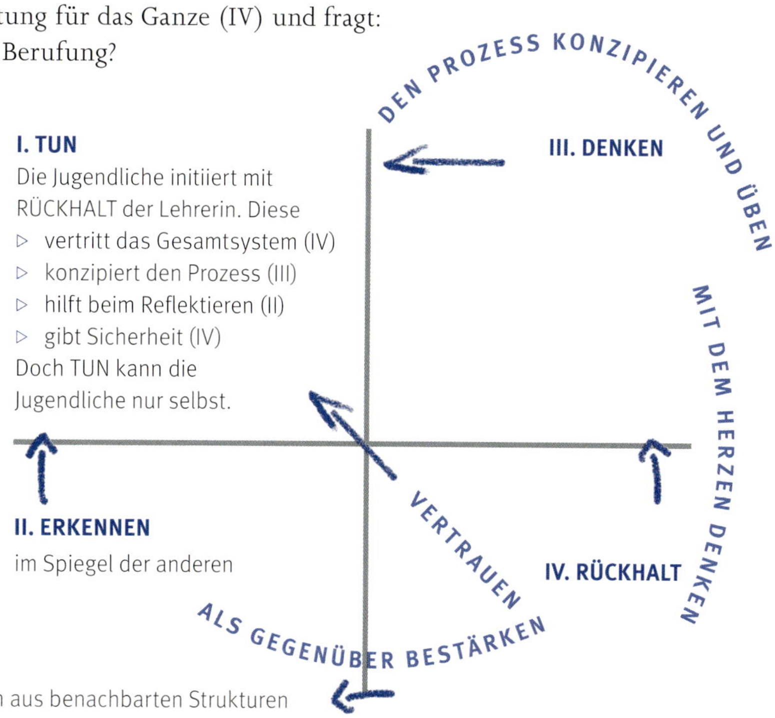

Abbildung G3: Aufladung einzelner Strukturen aus benachbarten Strukturen

4 Begründet und hergeleitet wird diese Untersuchungsweise im Beitrag „Das vierdimensionale Lern- und Prozessverständnis". Hier wird diese Untersuchungsweise in der Anwendung einsehbar.

Das Denken, das häufig richtet und urteilt, wird zu einem Denken mit dem Herzen. Das Erkennen (die Selbsterkenntnis) dreht sich leicht um sich selbst, bekommt ein stärkendes (nicht wertendes) Gegenüber. Das Tun mäßigt seinen Machtanspruch, berücksichtigt die anderen Bewusstseinsformen, wird also mit anderen Qualitäten aufgeladen: Im Fall des Orientierungsgesprächs geht die Jugendliche durch Sicherheit und Vertrauen gestärkt ins Gespräch, spürt, dass die anderen zu ihrem Wohl mitwirken. Und die Jugendliche vertraut auch auf den weiteren Prozess, dass sie im Prozess wachsen und lernen wird. Die Lehrerin, die das mit aufgebaut hat, kann das Tun der Jugendlichen diskret unterstützen.

Exkurs: Wie wir Prozesse untersuchen

Die Abbildungen G1 und G2 dienen nicht nur der Darstellung, sondern auch der Untersuchung eines dynamischen, fließenden Prozesses, der vier Bewusstseinsstrukturen verbindet. Wir wollen die Komplexität so weit durchschauen, dass wir mit ihr kooperieren können. Wenn ich mitfühle mit jemandem, der lernt und seine Lernumgebung (mit)gestaltet, bin ich näher dem Tanz als einer technischen Methode (obwohl zum Tanz technisches Können gehört). Und ich bin näher dem Dichten und Geschichtenschreiben als dem Ausführen eines technisch durchdachten Konzepts, obwohl wir auch beim Dichten einen Takt beachten. Beim Verständnis lebendiger Prozesse scheint es um ein kreatives Wechselspiel von hart und weich, scharf und unscharf, Nähe und Distanz … zu gehen.

In dieser Untersuchung werden zwei unterschiedliche Medien eingesetzt: Sprache und Bild.

Die Sprache erfüllt die Anforderung, lebendige Prozesse und hohe Komplexität fließend beschreiben zu können. Die Sprache ist unglaublich vielfältig, sie ändert ihr Gesicht und ihre Bedeutung laufend. Demgegenüber schaffen (stehende) Bilder und Bildsymbole einen konzentrierten Fokus.

Wir nutzen die Abbildungen – eine Kombination von plakativer Sprache und kargen Bildelementen – zum Verdeutlichen unterscheidbarer Strukturen. Zusammen ergeben der verdichtete Einsatz der Sprache und die schlichten Bildelemente Abbildungen von Prozessen in Form von Prozessgrafiken. Dadurch sollen Wachstumsprozesse und die Integration verschiedener Dimensionen veranschaulicht werden.

Die Untersuchungsmethodik hat den Anspruch, der Grundhaltung *Wertschätzung mit Blick auf das Potenzial* zu entsprechen.

Sprache und Bild: Dynamik und Statik

Das vielseitige, üppige Medium Sprache dient dem Darstellen einer fließenden, vermengenden Dynamik und der Bezeichnung der Elemente und Inhalte. Auch für das Ganze, für das Gewordene finden wir eine Sprache. Die Bildelemente der Abbildungen dienen dem Fixieren, dem Stilisieren oder auch einer vereinfachenden Klarheit. Die Grundform der in diesem Kapitel verwendeten Abbildungen ist das Kreuz, welches die Fläche in vier Quadranten teilt.

Generierende Strukturen am Beispiel eines Spiels

Das Wechselspiel von Dynamik und Statik kommt in jedem Spiel zur Anwendung: Die Spielregel vertritt die Statik, der Rest ist Dynamik und Offenheit – Spiel. Man denke an die Regel von „Fünf in einer Reihe": Weiß und Schwarz setzen abwechselnd einen Stein auf ein Spielfeld mit Quadraten. Wer zuerst fünf in einer Reihe hat (waagrecht, senkrecht oder diagonal), gewinnt. Die Kreativität kann sich entfalten.

Spielen mit möglichst einfachen Regeln[5] ist eine kultivierte Form des Menschseins. Wir wollen hier das Zusammenspiel von äußeren und inneren Strukturen begreiflich machen.

Die Regel im Spiel bildet die äußere Struktur, man kann sie auch den Rahmen nennen. Am Beispiel des Fußballspiels ausgedrückt: Die äußere Struktur ist das Fußballfeld, welches Regelbestandteile, nämlich die Begrenzungslinien, den Elferpunkt, das Tor deutlich macht. Auch Schiedsrichter (samt Linienrichter) repräsentieren die äußere Struktur, die Regeln. Allerdings kommen Fußballer und auch Fußballerinnen – wenn es nicht um das große Geschäft geht – auch ohne Schiedsrichter aus, sie haben die Spielregeln (und die Fairness) verinnerlicht.

Von den inneren Strukturen des Bewusstseins der Spieler/innen hängt es ab, wie sie sich im Spiel verhalten und allenfalls auch die Spielregeln mitgestalten. Natürlich

5 Das Kreuz mit der Schule ist, dass der Regeln zu viele sind. Viel zu viele. Und das alles gut gemeint. Zu viel des Guten. Gute Lehrer/innen, gute Leiter/innen, gute Verwalter/innen suspendieren folgerichtig einen Großteil der zu vielen Regeln und heben das Wichtigste hervor. Karg und klar. Damit der Mensch sich würdig entfalten kann.

kommt es auch darauf an, inwiefern der Körper in der Lage ist, mit dem Bewusstsein zu kooperieren, und umgekehrt, wie weit das Bewusstsein die körperlichen Bedingungen und Wahrnehmungen berücksichtigt, letztlich beide als intuitive Einheit agieren, was auch für die Einheit Spieler und Mannschaft zutrifft.

Das konkrete Spiel wird von beiden Strukturen hervorgebracht, den inneren und den äußeren. Und jetzt könnte man weiterfragen, was ein gutes Spiel konkret ausmacht. Was zeichnet eine gute Mannschaft konkret aus? Die Antwort verweist zurück auf das Bewusstsein des jeweils Antwortenden. Die Aufmerksamkeit des einen wird mehr die äußeren Strukturen hervorheben, die eines anderen vielleicht die inneren. Unentschieden?

Vier schöpferische Strukturen beeinflussen einander

Nun werden die vier generativen Strukturen im Zusammenwirken näher beschrieben. Im Orientierungsgespräch sucht eine Schülerin ihren Weg in den Beruf – Schule und Eltern helfen mit.

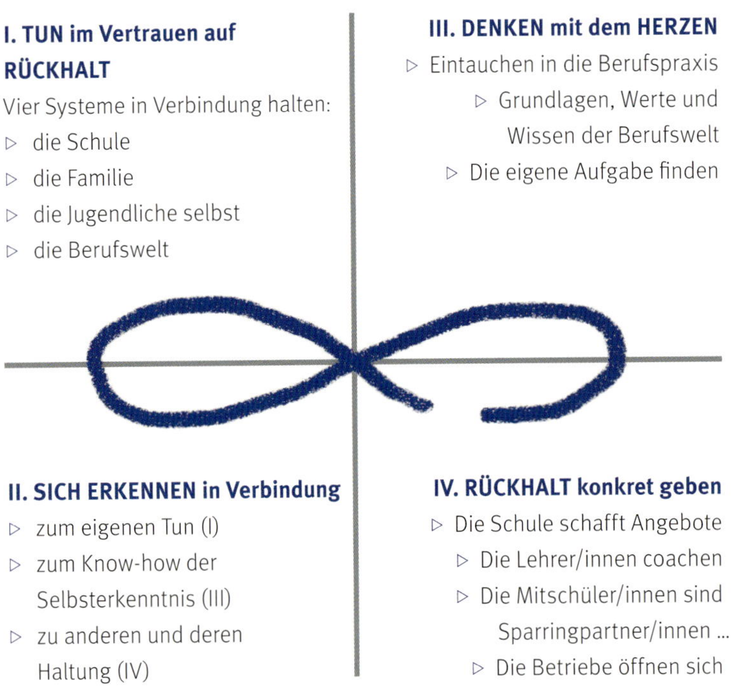

Abbildung G4: Bewusstseinsstrukturen beeinflussen einander – gezeigt am Beispiel eines Orientierungsgesprächs

Der hier verwendete Strukturbegriff meint Qualitäten von Bewusstseinsleistungen, auf denen ganze Epochen beruhen. Das archaische *Tun*, das mythische *Erkennen*, das mentale und rationale *Denken* und die neue, bewusster – und damit wirksamer – werdende integrale Struktur *Rückhalt*.

Tun mit Rückhalt

Was hier so schlicht als Tun bezeichnet ist, hat eine Vorgeschichte, denn sonst würde das initiierende Tun, das Neues hervorbringt, kaum gelingen. Es würde in „altes Tun" kippen, die Jugendliche würde nicht die Initiative behalten und das Gespräch führen, sondern das mächtige System Schule würde – noch dazu auf „eigenem Boden" – die Initiative ergreifen. Aber in diesem vierdimensionalen Verständnis des Orientierungsgesprächs hat die Schule ihre Position und Macht verlassen und in Rückhalt (Quadrant IV) umgewandelt für ein neues initiatives Selbstverständnis der Schülerin.

Etwas verkürzt ausgedrückt: Mit Rückhalt geht alles. Dazu muss man verstehen: Das Bewusstsein des vierten Quadranten, manche nennen es das Bewusstsein der vierten Dimension oder auch integrales Bewusstsein, ist sich der anderen Bewusstseinsformen bewusst. Dadurch ist es möglich, die Systeme Schule, Familie und Jugendliche in ein unterstützendes Zueinander zu positionieren:

Im Quadranten (I) Tun drückt sich das so aus, dass das jüngste und schwächste System Rückhalt vom Familiensystem bekommt und dieses wiederum vom mächtigeren Schulsystem. Was tun die stärkeren Systeme in Verbindung zum schwächeren, jüngeren? Sie hören zu. Dadurch geben sie Rückhalt, gewähren sie Macht. Im Prozess wird somit Ordnung und Zugehörigkeit gestiftet. Auch die Sitzordnung hilft mit. Sich von Schwächeren positionieren lassen, ist eine Form, diese Schwächeren zu stärken. Wobei die Anordnung im Hintergrund von der Regie führenden Lehrerin sehr überlegt mitgestaltet wird; so rät diese Lehrerin den Schülerinnen, ihre Mutter an ihre Seite zu bitten, um deren Wohlwollen zu spüren, den Schülern rät sie, den Vater neben sich zu bitten, um seine Kraft zu spüren.[6]

Sich im Spiegel der anderen erkennen

Im Quadranten (II) drückt sich die ordnende, fördernde Kraft des Rückhalts so aus: Die Jugendliche erzählt über ihre Stärken, gestützt auf ihr sorgfältig angelegtes Stärkenportfolio, in das bereits viel Feedback zu ihrer Person und zu ihren Talenten integriert ist. So kann sie die reflexiven Erkenntnisse auf zukünftige Möglichkeiten der Berufswelt projizieren.

6 Eva Theissl hat mir das erläutert: „Als einmal ein Vater verspätet zum Orientierungsgespräch kam, setzte er sich nicht neben seinen Sohn. Die Gesprächsentwicklung war danach schwierig, seither achte ich mehr darauf."

Das Erkennen ist zunächst reflexiv, Selbsterkenntnis. Es ist aber nicht bloß eine Innenschau, da wäre man auf sich selbst zurückgeworfen, alleine gelassen. Die Selbsterkenntnis ist eine Erkenntnis im Spiegel der anderen. Die anderen wirken bei der Selbsterkenntnis mit. Das ist im Kreis der Klasse sowie im Wohlwollen coachender, professioneller Lehrer/innen trainierbar.[7]

Die Eltern werden in ihrem liebevollen Verständnis angesprochen und erinnert, dass sie schon im Spiel des Kleinkindes große Talente ihres Kindes erkannten. Diese ursprüngliche Wertschätzung, mit der wir bei einem Kleinkind jeden Fortschritt begrüßen, ist ein gutes Vorbild für wertschätzende Grundhaltung. Und wieder überträgt sich im Zuhören und Imaginieren von Talenten Kraft auf die jüngere Person. Das ist ideal für das Wachsen des Selbstbewusstseins der Jugendlichen.

Denken mit dem Herzen – Realität wird gestaltbar

Im Quadranten (III) bekommt das Denken aus gebender Grundhaltung Rückhalt. Allein durch das Denken, das Analysieren und die auf einen Zweck gerichtete Auseinandersetzung mit Beruf und Eignung, reift selten eine Berufsentscheidung. Erst die von persönlichen Beziehungen getragene Verbundenheit mit bestimmten Erfahrungen, Erlebnisräumen, Bedürfnissen und Möglichkeiten schafft die Grundlage für eine tragfähige Entscheidung, die weit über Rationalität hinausreicht. Die Zuversicht wurzelt in eigenen Aktivitäten, die in Kooperation mit anderen Personen bestärkt wird. So können die Akteur/innen das subjektive Potenzial mit scheinbar objektiven Realitäten in Verbindung bringen. Und die objektiv erscheinende Realität wird weich und gestaltbar. Wie? Die Schülerin bittet um Freiraum im scheinbar fixierten Zeitablauf der Schule. Und die Schule wird sich überlegen, wie Freiarbeit, abrufbare Trainingseinheiten, berufsnahe Angebote usw. ermöglicht werden können. Vielleicht überlegen die Eltern, wie sie unerwartete Karrierewünsche ihrer Tochter unterstützen könnten. Die Jugendliche selbst listet auf, was sie einbringen kann, um ihrem Ziel näher zu kommen, und unterschreibt das. Denken mit dem Herzen ist umkreisend, einfühlsam, rhythmisch im Prozess.

Rückhalt – Verbindung zur Herkunft

Im Quadranten (IV) entsteht durch die Verbundenheit mit den anderen Beteiligten und im Vertrauen auf das Erreichen der eigenen Möglichkeiten Klarheit. Der

7 Eine große sprachliche Herausforderung dabei ist, nicht wertend, also nicht von oben herab beurteilend, mitzuwirken, sondern wertschätzend, beschreibend, heilend – siehe auch „Das Ur-Phänomen Heilung" (Rataj 2009).

Rückhalt der anderen wirkt sich aus. Die Jugendliche ist dankbar, dass vor allem die Eltern ihrer Vorstellung vom Beruf ausführlich zugehört haben und ihre Wünsche respektieren. Mit diesem Rückhalt kann sie selber noch sorgfältiger und verantwortungsvoller abwägen und Pläne fassen. Die Verbundenheit zur Familie, zur Schule und den beruflichen Möglichkeiten wird zu einer neuen tragfähigen Basis für den weiteren Weg.

Das Orientierungsgespräch – ein moderner Ritus?

Dieses Orientierungsgespräch kann als ritueller, tief wirkender Prozess oder auch deutlich gemachter Wendepunkt im Leben eines jungen Menschen bezeichnet werden. Die volle Wirkung kann nur entfaltet werden, wenn man die Eigenarten eines Ritus versteht und auch konsequent beachtet.

Das Orientierungsgespräch dauert zwar nur zwanzig Minuten, doch es wird von den Beteiligten meist als tief gehendes Erlebnis beschrieben. Die Eltern gehen mit ihrer Tochter oder ihrem Sohn im Anschluss an dieses Gespräch, das in der Schule stattfindet, in ein Kaffeehaus oder in ein Gasthaus und feiern das gemeinsam erlebte Ereignis – eine Stimmung wie nach der Firmung: Die Situation, die Stellung zueinander hat sich verändert. Wodurch?

Entwicklungsphasen bewusst initiieren: Ritus

Zunächst wird die Kraft des jugendlichen Tuns im Kreis der Älteren wirksam. Man kann dies auch als einen magischen Prozess bezeichnen und so einen Zusammenhang zu jener vorgeschichtlichen Epoche herstellen, in der das Tun noch die hauptsächliche Bewusstseinsform war. Ich ordne dieses Initiieren daher der Bewusstseinsstruktur Tun (I) zu.[8] Im Tun wird alles eins, wie in archaischen Zeiten.

Was wird initiiert?

8 Die Zuordnung von Strukturen hat immer auch etwas Willkürliches, Stilisierendes, vor allem, wenn sie miteinander verbunden und in Wechselwirkung stehen. Das nehme ich in Kauf, um einen Prozess, der letztlich ganzheitlich ist, doch genauer beschreiben und verstehen zu können.

Vier Systeme (Berufswelt, Schule, Familie, Jugendliche) werden miteinander in neuer Anordnung verbunden. Da die Berufswelt zunächst nur als Adressat und Thema präsent ist, wirkt sich dieses neue Zusammenspiel erst aus, wenn – angestiftet durch das Orientierungsgespräch – die Beziehung zur Berufswelt enger gestaltet wird.

Und auch vier schöpferische Bewusstseinsformen werden miteinander verbunden (Tun, Erkennen, Denken und Rückhaltgeben) und finden Rückhalt in der integrativen Bewusstseinsstruktur (IV).

Diese Verdichtung eröffnet eine Phase der selbst regulierten Vorbereitung der Jugendlichen auf ihren Weg in den Beruf. Dem Alter und der Aufgabe gemäß wird der Orientierungsritus von der Betroffenen selbst als Hauptakteurin initiiert (I). Die anderen Systeme geben der Jugendlichen Bühne und Rückhalt und ermöglichen Wachstum in allen vier Bewusstseinsstrukturen.

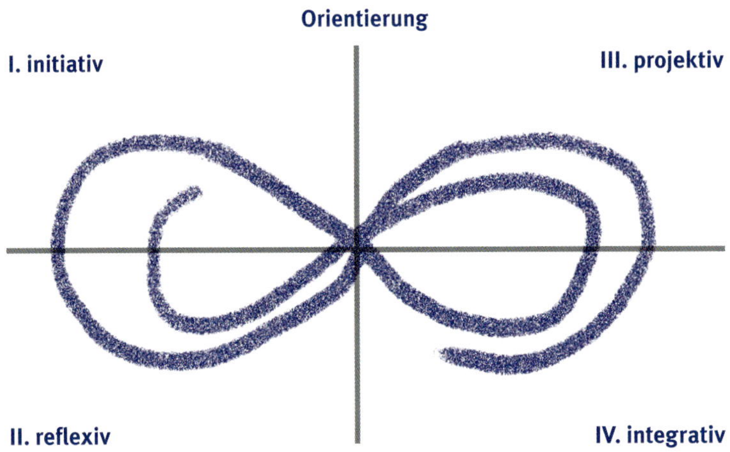

Der Gesamtprozess wird sichtbar:
- ▷ alle Systeme in Aktion, im neuen Zusammenspiel

Die Hauptakteurin tritt aktiv in
- ▷ eine neue Lebensphase

Die Akteur/innen, die Rückhalt geben,
- ▷ sind in neuer, gewährender Funktion

Insgesamt wird ein Übergang
- ▷ kundgetan, zelebriert

Abbildung G5: Das Orientierungsgespräch – ein moderner Ritus? Übergang zu einem neuen Zusammenspiel

Sich im Stärkenportfolio zu erkennen geben

Im Spiegel der anderen die eigene Entwicklung zu sehen, ist ein dialogisches Verständnis von Reflexivität (II). Zwar kann man Reflexivität auch monologisch verstehen und betreiben, wenn allerdings andere die Bühne bereiten und sie das inspirierend und mit ausreichender Professionalität tun (mit Coachingverständnis), verspricht Reflexivität besonders ertragreich zu werden.

Reflexivität und Selbsterkenntnis kennzeichnen eine lange Epoche der Bewusstseinsentwicklung, von der viele Mythen Zeugnis geben.[11] Sie wirken fort in unseren Träumen, spielen eine wichtige Rolle in moderner Psychologie, im bewussten und unbewussten Sprachgebrauch, und sie werden als *Kraft des Narrativen* in verschiedener Form und in verschiedenen Wissenschaften weiter gepflegt. Im Stärkenportfolio wird die narrative Tradition in neuer Form eingesetzt: Zeugnisse höchstpersönlicher Talente werden gesammelt, damit sie von den Stärken erzählen, die im Beruf angewandt werden wollen.

Die Verbindung des Subjektiven mit dem Objektiven zum Projekt machen ...

Die eigenen, subjektiv empfundenen Stärken mit den äußeren, scheinbar objektiven Möglichkeiten der Berufswelt in Verbindung zu bringen, ist die Herausforderung – das Projekt. Das ist genau die Stärke der Bewusstseinsstruktur des Denkens (III). Für die Realisierung eines klaren Zieles ist die Zweckrationalität wie geschaffen.

Das forschende, fokussierende und intentionale Denken umgreift, erfasst die projizierten (ins Auge gefassten) Möglichkeiten. Ein Weg wird zu Zielen gebahnt, die zu den Stärken passen. So weit reicht das (rationale) Denken, um Fassbares, Greifbares, Planbares zu erreichen. Das ist viel. Aber nicht alles. Wenn es um noch mehr geht, um Größeres, Komplexeres, schwerer Fassbares, wird (vielleicht) deutlich, dass eine weitere Dimension, noch intensiveres Bewusstsein und noch weiter führende Prozesse notwendig sind.

... und darüber hinausgehen

Doch jede der bisher genannten Bewusstseinsstrukturen und der drei genannten Formen der Weltbewältigung – Tun, (Sich) Erkennen, Denken – hat auch ihre Eigendynamik und Trägheit. Dann kehrt die jeweilige Struktur ihre effiziente in eine defiziente Kraft, nämlich:

Das ursprüngliche Tun wird zur bloßen Macht.
Die selbstbewusst werdende Erkenntnis wird zum Narzissmus.
Das rationale Denken wird zum verabsolutierten Rationalismus und Objektivismus.

11 Die Kraft der Mythen ist weitgehend in Vergessenheit geraten. Joseph Campbell (2007) und Karolina Frenzel (Frenzel/Müller/Sottong 2006) entdeckten sie für die lernende Person und die Entwicklung von Unternehmen wieder.

Auch das Netzwerk, die vierte Bewusstseinsform der Weltbewältigung, kann zum Inbegriff der Gratwanderung des modernen Menschen werden: Im Netzwerk ist alles Wissen, aber es ist uns egal, lautet eine verzweifelte Option (frei nach Elfriede Jelinek [12]).

Die andere Option lautet: Geben wir dem integralen Bewusstsein eine Chance. Dann ist im Netz nicht nur alles Wissen erreichbar, dann lassen wir uns berühren von unseren Möglichkeiten, die wir selbst generieren können im Tun, in der Selbsterkenntnis, im produktiven Denken und in ganzheitlicher Vernetzung. In Verbindung mit den verschiedenen Bewusstseinsstrukturen gehen wir in Verantwortung für das System und das zusammenhängende Ganze.

Und offenbar haben die Menschen ein tiefes Bedürfnis nach dieser Vielseitigkeit und Verbundenheit, wie sie in der integralen Bewusstseinsstruktur zum Ausdruck kommt. Die Sprache zeigt es uns: Wir Menschen wollen mehr als einen Job und eine Verdienstmöglichkeit, wir wollen einen Beruf und eine Berufung. Und wenn die suchenden Jugendlichen eine Vorstellung davon entwickeln, sind sie bereit, sich dafür einzusetzen. Und wenn das Familiensystem und das Schulsystem und das Beschäftigungssystem das bestärken, gelingt es auch, selbst wenn die konkreten Beschäftigungsmöglichkeiten einem ständigen Wandel unterliegen.

Paul Justus Lück: Leiter

12 „Wichtig sind und bleiben nur wir, wir wissen alles, aber es ist uns egal“ (Jelinek 2011, S. 53 f.). „Das Netz gibt unaufhörlich, es wirft uns die Bälle zu wie eine Wurfmaschine […] Dann nimmt das Netz einem die Arbeit des Suchens und die des Findens auch gleich ab, dieses findige Netz, das uns immer und überall findet und uns jede Arbeit abnimmt, weil wir immer schon gefunden worden sind und immer wieder andre finden, die unbedingt gefunden werden wollen, das geht ganz leicht“ (ebd. S. 68). „Dem Netz ist das alles eins. Nicht einmal Kontinente kümmern es. […] Der Mensch ist überall dort, wo seine Zelle ist, er ist die Zelle, in der sein Telefon ist, und das ist dort, wo er eben ist“ (ebd. S. 72).

ISV oder Der Blick über den Tellerrand

CHRISTOPH HOFBAUER

net-1-Projekt Innovative Schulen im Verbund

Leitung: Christoph Hofbauer, Franz Wimmer, Erika Rottensteiner (bis 2007)
unterstützt von Evelyn Leutgöb

PIONIERE DER OFFENHEIT VERÄNDERN IHR UMFELD

In der Natur gibt es einige Pionierpflanzen. Sie gedeihen unter ungewöhnlichen Bedingungen – eine kleine Birke habe ich auf einem schwimmenden Grasbüschel in einem Bergsee entdeckt! Pionierpflanzen halten sich nicht nur unter schwierigsten Bedingungen, sie verändern diese Bedingungen auch, sobald sie im Neuland sprießen. Die Birke schafft das durch ihr weitläufiges Wurzelnetzwerk. All das trifft auch auf den ISV (Innovative Schulen im Verbund) zu, das Pioniernetzwerk von net-1.

Auch der ISV – einmal vorhanden – zeigt erstaunliche Lebens- und Veränderungskraft, unabhängig davon, welche Gemenge von Nährstoffen, Erwartungen und Koordinationen zentral, regional, vor Ort vorgefunden wurden. Christoph Hofbauer beschreibt das sehr anschaulich. Er wählt eine ganz andere Metapher: die Mütze des Hobbykochs, die Teller, Töpfe und Zutaten der Umgebung. Man schmeckt, wie viel-sinnig verbunden wir mit urbanen und rustikalen Küchen sind.

Vor dem Hintergrund der entfalteten net-1-Geschichte wird man in der ausgebreiteten Vorgeschichte des ISV noch einmal fündig, sieht viele kleine und einige große Ansätze, die erst im Rückblick deutlicher funkeln:

Gelebte Beziehungskultur im Viereck (!) Kinder – Eltern – Lehrer/innen – Leitung. Diese möchte Christoph Hofbauer künftig bei Ausschreibungen zu innovativen Aktivitäten berücksichtigt wissen. Das ist nicht nur so dahingesagt. Dieser mehrdimensionale Anspruch zieht sich durch seine Ausführungen und sein Wirken im ISV.

Das Dreieck (Lehrer/innen – Schüler/innen – Eltern) ist – nach allen Erfahrungen in Kommunikation unter Ungleichen – eine stabile Form, die die Stärkeren begünstigt, letztlich Hierarchie (Pyramide) befestigt. In Prozessen wie dem World Café wird Gleichwürdigkeit systematisch initiiert.

Vom Dreieck – zum Viereck – zum Kreis – zur liegenden Acht. Dabei werden die Rollen – bei allem Verständnis für Wünsche nach Klarheit und Rollenklärung – in schwingender Verantwortung wieder aufgelöst. Und folgerichtig zitiert der Autor viele andere Akteure im ISV mit dem Tenor: Mut, sich etwas zu trauen, mit offenen Ohren und Augen durch die pädagogische Landschaft zu gehen.

So denken die Pioniere des ISV. Nach wie vor organisieren sie Vernetzungstreffen, indem sie an einem interessanten Schulstandort hospitieren.

Danke! Das Umfeld verändert sich durch das weitläufige Netzwerk.

Richard Stockhammer

Abstract für eilige Leserinnen und Leser oder Appetizer für Genussmenschen

Das Vernetzungsprojekt „Innovative Schulen im Verbund" (ISV) stellte sich dem Anliegen, die institutionellen und organisatorischen Voraussetzungen für eine Lernumgebung zu entwickeln, die Lernen als kreative Eigenleistung jedes Schülers/jeder Schülerin ermöglicht.

Ab dem Schuljahr 2006/07 widmeten sich bis zu 42 Schulen dem Schwerpunkt Individualisierung (auf Klassenebene) sowie Fragen der Rahmenbedingungen (auf Schulebene). Die Standorte arbeiteten entlang von sechs Qualitätsbereichen an ihren Entwicklungsprojekten, die in der Zusammenschau Next-Practice-Schritte an anderen Schulen anregen sollten.

Wie fruchtbar es für alle Beteiligten sein kann, wenn Pädagoginnen und Pädagogen einander als critical friends über die Schulter blicken, zeigte sich bei allen Tagungen, bei allen standortübergreifenden Vernetzungen, beim gemeinsamen Entwickeln von Manualen, bei den Regionaltreffen. Die oft geradezu verwirrende Konfrontation mit der anderen, nicht selten fremden Schulkultur ließ die eigene Schulkultur plötzlich in einem neuen Licht erscheinen, ermöglichte gleichsam den klärenden Blick über den Tellerrand der eigenen Schule. Dies wird bei den Schulporträts[1] noch deutlicher: Die Kraft, die in dieser wertschätzenden Wahrnehmung steckt, die Vorwärts-aufwärts-Bewegung, die durch diese Art der Evaluation für den Entwicklungsprozess am Standort angeregt wird, gilt es zukünftig systematischer zu nutzen.

Kochen Sie gerne? Ich tu's mit Begeisterung! Allein das Sinnieren, welche Zutaten wie zueinander passen könnten, welches Geschmackskonglomerat sich ergeben wird … Das Einbeziehen von regionalen Basisprodukten ist mir wichtig, auch die bekömmliche, leicht verdauliche Zubereitung. Ich bin kein Kochprofi, ich habe aber eine Lernmöglichkeit für mich gefunden: den verstohlenen, leider viel zu selten auch offenen Blick in die Kochtöpfe von Freunden und Nachbarn. Und richtig ergiebig wird diese Werkspionage in der Regel dann, wenn der andere Hobbykoch auch noch Zeit für ein Fachgespräch hat und ich so seine Tricks kennenlerne, mit denen er glaubt zu bewirken, dass seine Gemüsepfanne so viel besser schmeckt als meine. Natürlich hol ich mir auch Anleihen in Kochbüchern … bloß als Inspiration, denn ich vertraue mehr auf meine Kreativität als auf Rezepte. Meist hab ich ja auch andere Zutaten zu Hause oder nicht das passende Kochgeschirr oder einfach Gusto auf andere Beilagen. Und ehrlich: Hat bei Ihnen schon einmal das Nachgekochte genau so ausgesehen wie auf dem Hochglanzfoto im Rezeptbuch?

1 Das Verfahren, mit dem Schulporträts erstellt werden, wird im Kapitel „Lernen im Spiegel der anderen" dargestellt.

Kochen und Schule gestalten haben einiges gemeinsam: Man kann nie präzise vorhersagen, was am Ende dabei herauskommt. Die Kopie eines angeblich perfekten Vorbildes führt angesichts der immer unterschiedlichen Voraussetzungen keineswegs automatisch zu einem guten, bekömmlichen Ergebnis. Das hindert mich aber nicht, den Erfahrungsvorsprung von anderen, ihre Lieblingsgerichte, ihre Kochutensilien intensiv zu prüfen und – angepasst an meine Bedürfnisse – damit zu experimentieren.

Genug des Metaphernspiels.

Es ist viel da in der österreichischen Schullandschaft. Es gibt viele unbemerkte und vielleicht auch unbewusste Schätze. Es ist offensichtlich auch unter den derzeitigen Rahmenbedingungen möglich, auf der Ebene der Einzelschule vieles besser zu machen; dafür gibt es überzeugende Beispiele. Nicht nur in Schweden und Finnland, auch in Österreich gibt es Schulen, die das Lernen des Kindes in den Mittelpunkt ihres Handelns stellen, die Lernen als Eigenbewegung verstehen und in diesem Sinne sich selbst als lernende Organisation betrachten, die sich von sich aus auf den Weg gemacht und nicht auf Strukturänderungen und Vorgaben „von oben" gewartet haben. Aber diese Schulen kennen einander in der Regel kaum, haben keinen direkten Kontakt und deshalb auch praktisch keine Chance, sich wechselseitig anzuregen und zu unterstützen, zu ermutigen und weiterzuentwickeln – kurz: voneinander zu lernen.

Noch mehr Lernen in noch mehr Hände [2]

Unsere Gesellschaft wandelt sich atemberaubend schnell. Was gestern richtig war, wird heute in Frage gestellt und ist morgen vielleicht bereits falsch. Unsere Schülerinnen und Schüler sind heute anders, sie reagieren auf Anordnungen nur mehr bedingt und stellen sie oftmals in Frage. Die Schule hat sich daher von der Anordnungs- zur Aushandlungskultur zu verändern. Eltern, Schülerinnen und Schüler und Lehrpersonen sind daher gefordert, in Zukunft mehr miteinander zu arbeiten und gemeinsam individuelle Lernstrategien zu entwickeln und durchzuführen. Damit Lernen passiert, muss es in die Hand der Schülerinnen und Schüler kommen. Diese legen gemeinsam mit ihren Lehrpersonen den für sie passenden Lernstoff abgestimmt auf das individuelle Lerntempo fest. Die Lehrpersonen werden zu Lerncoaches. Die Hauptschule Spitz forciert und entwickelt seit einigen Jahren im Verbund innovativer Schulen diese Form des Unterrichts.

Franz Wimmer, Bezirksschulinspektor i. R.

---

2 Zitiert aus: Schulporträt-Update HS Spitz: Noch mehr lernen in noch mehr Hände. Februar 2010, S. 4 f. Als Einzelbeitrag veröffentlicht unter http://net-1.bmukk.gv.at (22.06.2011).

Die Welt im Wasserglas

Jede große Idee braucht Vorläufer, jede Entwicklung ein Reagenzglas, in dem der große Feldversuch vorweggenommen wird. Dieses Glas war und ist der ISV.

Die Innovativen Schulen im Verbund (ISV) sind der lebendig gewordene Versuch, das Manko des Nichts-voneinander-Wissens zu beheben. Wir regten ein Geben und Nehmen zum Thema Individualisierung an, einen Erfahrungsaustausch über die jeweiligen Konzepte, die Schwierigkeiten bei deren praktischer Umsetzung, die Überlegungen für künftige Vorhaben. Die Vernetzung über die Bundesländergrenzen hinweg brachte Schwung, ermöglichte einen Blick über den föderalen Tellerrand. Und durch das Wahrnehmen des Andersartigen und die damit einhergehende selbstreflexive Innenschau wurde Lernen initiiert.

Aus diesem ersten Netzwerk, aus der Aufbruchstimmung, die trotz vielfältiger Suchbewegungen und Ringen um gemeinsame Ziele von Anfang an spürbar war, kristallisierte sich dann die noch größere gemeinsame Idee heraus, das Lernen in die Hand des Kindes zu bekommen. Das heißt auch zurücktreten können, wahrnehmen lernen, in Beziehung treten.

Genese

Wir begannen 2005 mit dem „Projekt HIV“ [3]. Ausgangspunkt war während der Leadership Academy 2004, als in verschiedenen Diskussionsrunden mit Richard Stockhammer, dem damaligen Leiter der Hauptschulabteilung im Bildungsministerium, immer klarer wurde, dass mit den laufenden Hauptschulprojekten anscheinend nur die Fachentwicklungsebene erreicht wurde, nicht aber die Schulentwicklungsebene. Einzelne Fächer wurden zwar angestoßen, der gesamte, große Sprung einer Schule blieb jedoch aus. In der Folge wurde versucht, gemeinsam mit den Ländern und den Landesschulräten eine Entwicklungsinitiative auf die Beine zu stellen: Es sollten Schulen entstehen, die um das Lernen der Einzelnen gebaut sind, und es sollten transferierbare Gelingensbedingungen abgeleitet werden können.

Also zwei Ziele: einerseits der Wunsch, Standortentwicklung zu fördern, wie zum Beispiel das Geben und Nehmen [4], und andererseits einzelne Faktoren dingfest zu

3 „Hauptschulen im Verbund“: der Name „HIV“ erwies sich sehr bald als ungünstig ...
4 „Geben und Nehmen“ nannten wir eines der zentralen Merkmale des ISV: „Ich schau dir über die Schulter, schau dir zu und adaptiere das, was ich sehe, so, dass es für meinen Standort passt. Und umgekehrt schaust du mir über die Schulter.“

machen und eine Systementwicklung in großem Stil zu ermöglichen; und dazu Handreichungen zu haben. Zwischen diesen zwei Polen war das Projekt aufgespannt. Das hat sich in der Umsetzung allerdings manchmal wie eine Art Mäandrieren angefühlt, zur Verwirrung der Beteiligten. Und trotzdem entwickelte sich der ISV – nach innen und außen! – in der Folge zu einem Hoffnungsträger.

Bei der Ausschreibung wurden die Landesschulräte um Nominierungen ersucht. Es sollten Schulen gefunden werden, die zum Thema Individualisierung und Personalisierung schon mehr gemacht hatten als andere Schulen. Es sollten Schulen sein, die sich auf einen Entwicklungsweg begeben wollten und sich nicht nur stolz mit bereits Erreichtem zufriedengaben. Dies wurde von den Landesschulräten äußerst unterschiedlich interpretiert: Manche schickten Schulen, die schon extrem weit waren, wirkliche Zugpferde. Andere wiederum entsandten Schulen, die nur ein großes Wollen hatten. Und manche Standorte wollten womöglich von uns nur die Bestätigung, dass das, was sie machen, ohnehin toll ist und sie den Status quo beibehalten sollen. Wir sind also mit einer extrem breiten Basis gestartet, das Spektrum reichte von „sehr innovativ“ bis hin zu „wir würden auch gern beim Bundesprojekt dabei sein“.

Gelingensbedingungen

Wertschätzende Wahrnehmung[5]

Die Neue Mittelschule Markt Allhau wurde seit ihrem Musterwechsel zur neuen Lernkultur im Schulversuch „Kompetenzhauptschule“ von vielen Seiten evaluiert und mit Feedback bedacht. Das Schulporträt von Karin Grinner war für die gesamte Schulfamilie jedoch die einfühlsamste und aufschlussreichste Rückmeldeform von allen. Dem Schulporträtteam ist es gelungen, aus einer sensiblen Außensicht eine poetische Komposition der Spiritualität unserer Schule zu Papier zu bringen, wie sie bis dahin für die im System lebenden Personen lediglich aus ihrem Bauchgefühl heraus zu spüren war.

Letzten Endes war es die gelungene Wertschätzung unserer schulischen Arbeit durch das Schulporträt, die uns dazu motivierte, darin auch nach vermeintlichen Defiziten

5 Zitiert aus: Schulporträt-Update NMS Markt Allhau: „... und irgendwann bin ich so weit, dann geh ich hinaus in die Welt und behalt' mir diese kostbare Zeit.“ Dezember 2009, S. 1 f.
Als Einzelbeitrag veröffentlicht unter http://net-1.bmukk.gv.at (22.06.2011)

zu suchen bzw. entsprechende Hinweise dazu zu finden: [...] Wir sind in Folge des Schulporträts nicht nur diesem (stillen) Hinweis zum Leistungsbegriff nachgegangen, sondern haben alle sechs Qualitätsbereiche, inklusive Leistung, Umgang mit Vielfalt, Unterricht, Verantwortung, Schulleben und Schulentwicklung, noch einmal näher betrachtet, um dann im Entwicklungsplan des Schuljahrs 2008/09 im Besonderen den Qualitätsbereich Leistung unter die Lupe zu nehmen.

Alfred Lehner, Direktor der NMS Markt Allhau

Sehen und Gesehenwerden

Schulen sind lebendige Organismen – wie Personen; sie sind auch den gleichen personellen Entwicklungen unterworfen wie jeder Mensch in seinem Werdeprozess. „Der Mensch wird erst am Du zum Ich" (Martin Buber): Auch die Schulen im Verbund haben ein Gegenüber gebraucht. Dabei ging es immer um das Bedürfnis, wahrgenommen zu werden, auf gleicher Augenhöhe Rückmeldung für die eigene Arbeit, die eigenen Entwicklungen zu bekommen [6]. Dies halte ich für essenziell: das Hineinschauen in die anderen Kochtöpfe zu kultivieren. In jeder Schule arbeiten Menschen, sie erfinden etwas oder erfinden nichts, sie gehören zu den Fleißigsten oder eher nicht. Alle machen etwas aus ihren konkreten Bedingungen. All das erzeugt eine gewisse Energie. Und erst wenn sie mit Wohlwollen und Wertschätzung von außen betrachtet werden, beginnt das Ganze zu pulsieren, erst durch den Außenblick in dieser bestimmten Haltung wird es lebendig.

Man muss sich einmal vorstellen, dass diese gut 40 Schulen alle „wollende Schulen" waren. Und von diesen wollenden Schulen waren die „wollendsten" Lehrer/innen dabei; mit einer extrem hohen Bereitschaft, etwas zu verändern, zu gestalten. Natürlich wurde diese Bereitschaft nicht immer von den anderen Lehrer/innen am Standort mitgetragen. Innerhalb des ISV bekamen die Teilnehmer/innen Rückmeldungen, dass das, was sie tun, wichtig und wertvoll ist. Möglicherweise zum ersten Mal in dieser geballten Form. Das hat den Odem eingehaucht und Flügel verliehen: Das war Pegasus live. Also: Gelingensfaktor *Sehen und Gesehenwerden*.

Vielleicht können wir daraus eine These ableiten: Vieles kann innerhalb einer Schule angestoßen werden, wenn die Leiterin bzw. der Leiter wohlwollend und wertschät-

6 Wobei die Übergänge von Wahrnehmung über Wertschätzung, Bestätigung und Anerkennung zu Lob fließend sind, allerdings den großen Unterschied ausmachen, ob der Effekt stärkend ist oder in schwächende Außensteuerung mündet.

zend auf die Arbeit der Lehrer/innen schaut. – Bloß, es findet nicht statt, zumindest nicht sehr häufig. Die Leiterin der Neuen Mittelschule Mattersburg (Burgenland), im ISV seit der ersten Stunde, hat es perfektioniert – mit dem „Classroom Walk-Through“ [7]. Ziel ist es dabei, vom Kontrollieren wegzukommen hin zum Sehen und Gesehenwerden. Dadurch gehen Klassentüren auf – freiwillig!

Kollegiale Anerkennung[8]

Von den besuchenden Schulen haben wir viel Anerkennung sowie auch die eine oder andere wertvolle Anregung erhalten. Es tut gut, wenn auch andere, versierte Kolleg/innen ein angenehmes Arbeitsklima und die Freude der Schüler/innen an der Freiarbeit verspüren. Umgekehrt wurde auch vieles mitgenommen an den eigenen Standort: Von der täglichen Leseviertelstunde, die wir selbst vor einigen Jahren von der Hauptschule Birkfeld für uns adaptiert haben, bis zum wöchentlichen Jour Fixe fanden die Besucher/innen für sich Anregungen.

Johann Kießner-Haiden; Direktor der Hauptschule Lebring-St. Margarethen

Rollenklarheit

Der nächste Gelingensfaktor war ganz klar die Systemintervention jenseits des Inhalts: Rollenklarheit zwischen Leitung und Lehrperson; ein Knackpunkt, den Wilfried Schley hereingebracht hat: die einzelnen Personen in ihrer Funktion anzusprechen.

Wir haben Leitende ganz klar in ihrer Funktion als Unterstützende und Ermöglichende angesprochen. Und wir haben die Lehrer/innen in ihrer Funktion als jene, die Lernsituationen gestalten und Lernanlässe bieten, angesprochen. Die Trennung dieser Rollen mag im Pflichtschulsystem unscharf sein, da viele Leiter/innen auch unterrichten. Ihnen fiel es sehr schwer, die klare Rollentrennung anzunehmen. Ihre Aufgabe ist nicht die Beeinflussung des Systems Klasse, sondern die Intervention ins Kollegium hinein. Diese Trennung, die Klärung der Rollen hat ein gutes Jahr gedauert: Leiter/innen wollen unterrichten, sie waren alle einmal Lehrer/innen! Das ist jener Bereich, in dem sie sich auskennen; und es ist ja auch spannend, Arbeitsblätter austauschen zu können, oder? Gib mir was mit, damit ich es auch meinen Lehrer/innen geben kann!

7 Ein in der englischsprachigen Literatur sehr gut beschriebenes Konzept: Drei, vier Minuten in eine Klasse gehen und danach wohlwollend sagen: „He, das läuft ja super bei dir!“ Es geht darum, auf die Stärken hinzuweisen. Und nur bei Gefahr im Verzug nachzufragen: „Wie hast du das gemeint?“ (Vgl. Downey et. al. 2004).

8 Zitiert aus: Schulporträt-Update HS Lebring-St. Margarethen: Schulentwicklung im Schulalltag. Dezember 2009, S. 3. Als Einzelbeitrag veröffentlicht unter http://net-1.bmukk.gv.at (22.06.2011).

Als Leiter/innen haben sie allerdings eine andere Funktion. Als das verstanden war, kam Dynamik in die Gruppe; das war ein Meilenstein.

Beispiel Elternarbeit: Sie hat verschiedene Facetten. Wenn es in der Elternarbeit um etwas geht, das direkt mit den Kindern zu tun hat, dann ist es Arbeit der Lehrer/innen. Wenn es darum geht, die Schule wertschätzend darzustellen, Kinder wohlwollend aufzunehmen und Möglichkeiten zu eröffnen, dann ist es Arbeit der Leiter/innen.

Oder am Beispiel der Umstellung auf Unterrichtsfelder, die in Doppelstunden angeboten werden: Leiter/innen sind zuständig, wenn es Widerstand von Kolleg/innen gibt, für die Stundeneinteilung und für rechtliche Fragen. Für die Lehrer/innen heißt es: „Was mache ich zwei Stunden lang mit Kindern in einem Themenfeld aus Geschichte und Geografie, so dass Unterricht anders abläuft als vorher?" – Es geht zwar um dasselbe Thema, es sind aber zwei verschiedene Funktionen, in denen hier gearbeitet wird. Als das verstanden war und funktionierte, waren wir einen Reifegrad weiter.

Beziehungspflege und flache Hierarchie

Wir haben gemeinsam geschuftet, Vertrauen und Zuneigung entstanden als unsichtbares Band; man will einander Gutes, will sich unterstützen, über alle Ebenen und Hierarchiegrenzen hinweg.

Die Plenartagungen des ISV waren nie Fortbildungsveranstaltungen mit einem Machtgefälle im Sinne von „Ich bin der Experte und weiß wie es geht, und ihr seid diejenigen, die das auszuführen haben!", sondern es war immer dieses Bekenntnis: „Wir wissen vielleicht um eine Spur eher, wie man einen Prozess gestalten kann, ihr seid aber diejenigen, die die absolute Expertise für eure Situation an eurer Schule haben. Diese Expertisen bringen wir zusammen, mischen sie durch und daraus wird etwas Gutes." Wenn jemand aus dem Bildungsministerium dabei ist und mit einer Lehrerin oder einem Lehrer redet, gibt es immer eine Art Hierarchie (auch wenn man das gerne negiert), es ist uns meiner Meinung nach aber gelungen, die Kommunikation auf Augenhöhe zu führen.

Landesbetreuer/innen

Dort, wo ich unsere Arbeit als gelungen betrachte, tue ich dies, weil der ISV jetzt auch ohne Energie-Input von der Zentralstelle in der Region weiterlebt. Wenn wir davon ausgehen, dass es in solch einem komplexen Gebilde wie dem ISV verschiedene Gelingensfaktoren gibt, dann ist eine aktive, wahrnehmbare regionale Identifikations- oder Kristallisationsfigur, um die sich Leute scharen können, für mich die „Zutat 1". Identifikations- oder Kristallisationsfiguren in den Regionen sind notwendig, damit sich Teilnetzwerke, Vernetzungsknoten, überschaubare Gruppierungen bilden können.

Es gab für jedes Bundesland eine Person, die die Aufgabe hatte, die Leute bei der Stange zu halten und mit ihnen – das Lokalkolorit mitdenkend – Entwicklung vorwärtszutreiben; also jemanden, der den Kreisel immer wieder anstößt und nachtelefoniert, wann ein Treffen stattfindet; der auf die länderspezifischen Erfordernisse mit passenden Konzepten antwortet; der aber auch mit einer gewissen Unterstützung aus dem Land ausgestattet ist und die Möglichkeit hat, Dienstreisen zu veranlassen.

Diese Koordinator/innen in den Ländern haben einen eigenen Lernprozess durchgemacht. Sie hatten sehr unterschiedliche Bedingungen, standen zum Teil in völlig unterschiedlichen Situationen, je nachdem, an welchen Initiativen und Strategien im Land gerade gearbeitet wurde. So hat sich zum Beispiel in Vorarlberg eine eigene Netzwerkphilosophie entwickelt. Es entstand ein Landesnetz, in das alle eingebettet sind: ISV und Neue Mittelschule und auch die Schulaufsicht. In der Steiermark haben innovative Schulen ihre Leistungen anderen Schulen zur Verfügung gestellt, dafür bekamen sie auch Ressourcen. In Niederösterreich wurden thematische Netzwerke aufgebaut (zu Mathematik, zu den Naturwissenschaften ...), in die zum Teil Schulen aus dem ISV eingebunden wurden; der ISV als solches spielt keine Rolle. Andere Länder brauchten nichts „Neues". In Oberösterreich liegt die Initiative stärker bei der Politik, und zwar bei einer Stabsstelle beim Präsidenten des Landesschulrats; die ISV-Koordination spielt dort keine Rolle. In Salzburg verhält es sich ähnlich. In Tirol arbeitete die ISV-Koordinatorin sowohl selbstständig als auch in enger Kooperation mit dem Landesschulrat.

Das Verdienst ist, dass der ISV diese Landesebene eigens angesprochen hat.

Auseinandersetzung mit Qualitätsbereichen

Qualität (lat. qualitas; qualis: „wie beschaffen") hat viele Facetten – so wie jede Schule. Aufgrund von Erkenntnissen aus Forschung und Praxis (Reformschulen etc.) ergibt sich ein Bündel von Qualitätsdimensionen, die gute Schulen kennzeichnen.

Den Kindern den Vortritt beim Lernen lassen: Forscherstunden [9]

Wir beobachten in einer zweiten Klasse, wie sich Schüler/innen unter dem Motto „Verpackungskünstler" in Gruppen der Frage nähern, wie die Schachteln verschiedener Süßigkeiten im ausgebreiteten Zustand aussehen mögen, um in Folge zu einer Flächenberechnung zu kommen. „Nicht zu beginnen mit einer Regel, sondern den umgekehrten Weg zu gehen, wie Urs Ruf und Peter Gallin das so schön beschreiben, aus der singulären Welt eines Lernenden hin zur objektiven, zur regulären Welt zu kommen, das ist für mich ein schöner Ausdruck für diesen Lernweg." (Juliane Müller, Lehrerin) [...]

Die Schachteln werden gedreht, gewendet, untersucht und beschriftet. Verschiedene Ideen und Vorschläge in unterschiedlichen Reifegraden prallen aufeinander, werden ebenso sprichwörtlich auseinandergenommen wie erst viel später auch die Schachteln – Verspeisen der Inhalte inklusive. [...]

Was sie besonders an den Forscherstunden schätzen? „Dass ich selbstständig und nach meinem Tempo arbeiten kann" steht ebenso stellvertretend für die Mehrheit der Antworten, wie der Aspekt, dass in Gruppen gearbeitet werden kann. Forscherstunden, so sagen uns die Jugendlichen, „helfen mir beim selbstständigen Lernen und Arbeiten", „um Sachen leichter zu verstehen", „mir Dinge besser zu merken", „mal eine eigene Lösung zu finden". Besonders bestärkend ist folgende Aussage, arbeitet sie doch auch die Kraft der Vielen heraus: „Forscherstunden helfen mir, besser selber Lösungswege zu finden und mit den anderen zu vergleichen, um zu hören, was die haben." Die Schüler/innen vermitteln überzeugend den Eindruck, dass die Forscherstunden ganz nach ihrem Geschmack sind, Spaß machen und abwechslungsreich sind, ihnen maßgeblich beim Lernen helfen und es eigentlich „nichts daran auszusetzen gibt".

Schulporträt HS Birkfeld

In Anlehnung an die Qualitätsbereiche, die als Kriterien für den Deutschen Schulpreis 2006 [10] herangezogen wurden, haben sich die Schulen im Verbund auf sechs Qualitätsbereiche als Standards für ihre Innovationsarbeit verständigt – auch als gezielte Ergänzung zur öffentlichen Debatte über die Bildungsstandards.

9 Zitiert aus: Schulporträt HS Birkfeld: Sprache trifft Naturwissenschaft. Oktober 2009, S. 10 f. Als Einzelbeitrag veröffentlicht unter http://net-1.bmukk.gv.at (22.06.2011).

10 Der Deutsche Schulpreis. Eine Ausschreibung der Robert Bosch Stiftung und der Heidehof Stiftung in Kooperation mit dem Stern und dem ZDF (vgl. Fauser et. al. 2007).

Diese Qualitätsdimensionen gaben dem ISV Halt, stellten eine Richtschnur dar; sie dienten als Gradmesser und gleichzeitig bildeten sie den Horizont: Er zeigt die Richtung und man erreicht ihn doch nie! Die Schulen nützten die Qualitätsbereiche zur ganzheitlichen Weiterentwicklung der eigenen Schwerpunkte und individuellen Schulprofile: Die sechs Qualitätsbereiche greifen ja sowohl in der Zielsetzung als auch in der Praxis ineinander, hängen zusammen und bedingen sich gegenseitig.

Learning the Hard Way

Die Forderung nach dem herzeigbaren Produkt

Als die Leiter/innen ihre Rolle einnahmen und die Auseinandersetzung mit den Qualitätsbereichen fruchtbar wurde, kamen wir in eine Phase, in der Standortentwicklung wirklich passierte.

Als nun von Richard Stockhammer und Wilfried Schley ein „herzeigbares Produkt" gefordert wurde, zeigte sich die Inhomogenität der beteiligten Schulen. Nicht nur, dass sie thematisch unterschiedliche Schwerpunkte hatten, sie waren auch unterschiedlich stark daran interessiert, über die eigene Standortentwicklung hinaus zu wirken.

Es entstanden die sogenannten „Manual-Gruppen": Die Schulen wurden eingeladen, ihre Entwicklungsprojekte unter verschiedenen Gesichtspunkten zu betrachten und darzustellen; dann sollte die Verdichtung der standortspezifischen Erfahrungen zu Manualen erfolgen. Am weitesten gedieh das Manual „ElternMitwirkung". Es durchlief mehrere Feedback- und Erprobungsschleifen; an der Pädagogischen Hochschule Steiermark wurde ein wenig damit gearbeitet, eine Rückmeldung dazu geschrieben. Es war aber nie wirklich dieses „Wow!" oder „Jetzt haben wir wirklich *das* Produkt!".

In der Retrospektive denke ich, dass ein Teil dieser Gruppe, die sich zur Entwicklung des eigenen Standorts formiert hatte, diesen Anspruch „von außen" als Irritation erlebt hat. Nicht, dass die angesprochenen Themen keine Entwicklung an einzelnen Schulen angestoßen hätten, aber im ISV als Ganzes war dieser Fokus „Wir wollen ein Produkt, eine Handreichung haben!" nicht da.

Wenn man aber schaut, welche Schulen heute in net-1-Projekten mitwirken, findet man eine ganze Reihe von ehemaligen ISV-Schulen. Jene, die an nationalen und internationalen Entwicklungen interessiert waren, haben sich dort wiedergefunden.

Ungleichzeitigkeit zulassen

Lernen ist eine subjektive Eigenbewegung. Das gilt für die Schüler/innen genauso wie für eine Schule als Organisation. Wie sehr die Schulen selbst erleben konnten, was es heißt, für den eigenen Lernprozess verantwortlich zu sein, im eigenen Tempo zu lernen (was sie ja für die Kinder möglich machen sollten), da habe ich Bedenken.

Zum Beispiel wurden in der Frage des „herzeigbaren Produkts" Ungleichzeitigkeiten deutlich. Da war vielleicht von der Leitungsseite her eine gewisse Ungeduld, ein Versuch, Prozesse zu beschleunigen.

Unsicherheit durch doppelte Offenheit

Das Konzept des ISV war doppelt offen – im Entwicklungsprozess und bezogen auf Inhalte. Es gab kein konkretes gemeinsames inhaltliches Thema, es gab „Entwicklungsrichtungen". Von der Prozessgestaltung her war der ISV sicherlich in einer Vorreiterrolle und richtungweisend für viele andere Projekte im net-1 und auch für die Entwicklungsbegleitung der Neuen Mittelschulen. Zumindest am Anfang wurde allerdings immer wieder die Frage laut, was denn jetzt gewünscht sei. Darauf gab es keine einfache Antwort. Das führte zu Verunsicherung und eigenwilligen Suchbewegungen.

Im Rückblick besteht die Kunst wohl darin, sowohl Sicherheit als auch Aufbruchstimmung zu vereinen. Ein Rhythmus im Ablauf, Definition von Entwicklungsphasen, Beziehung schaffen, eins aufs andere aufbauen, das kann Sicherheit geben. Gelungen ist das in der konkreten Umsetzung nur bedingt.

Nichtsdestotrotz war es eine große Chance. Ich kenne im gesamten Bildungswesen kein zweites Projekt, das so offen gestaltet ist. Wo nicht gesagt wird, was und wie etwas gemacht werden soll. Der ISV hatte etwas sehr Exklusives: einen nicht genau definierten Raum. Manchmal hatte ich das Gefühl, mich auf Glatteis zu bewegen. Es ist anstrengend. Und genau hier geschieht Systemlernen: Auf unbekanntem Terrain entsteht etwas, das es vorher nicht gab!

Umgestaltung

Und dann ein bundesweiter Schulversuch namens „Neue Mittelschule“: Gut ein Drittel der Schulen im Verbund sind mittlerweile Neue Mittelschulen – mit hoher zeitlicher Belastung und viel Entwicklungsarbeit am Standort und in den Ländergruppen. Für viele Schulen war die Doppelbelastung nicht mehr leistbar. Da es nicht gelungen ist, den gesamten ISV als Modellregion der Neuen Mittelschule zu positionieren, entwickelten wir ein Stufenmodell mit unterschiedlichem Zeitaufwand: das „Blutgruppenmodell A, B, AB oder 0“.

- Variante A heißt „reine Hospitationsgruppe“: Selbst organisierte Kleingruppen zu je vier bis sechs Schulen, die einander ein bis zweimal pro Semester – das bestimmen sie selbst – besuchen und entlang eines Hospitationsleitfadens Rückmeldungen geben. Um auch dem Wunsch nach Breite seitens des Auftraggebers gerecht zu werden, initiierten wir, dass jede ISV-Schule in Absprache mit dem Land eine Partnerschule in die Hospitationsgruppe holt, das konnte auch eine Volksschule oder eine weiterführende Schule sein. Diese Ausweitung ist regional unterschiedlich gut gelungen.
- Gruppe B sagt: „Wir wollen an unserer Schule verstärkt zum Thema ‚Verantwortung im Lernprozess‘ arbeiten, uns vertiefen.“ Das setzt zeitliches Engagement und Entwicklungshaltung voraus. Daraus hat sich das Projekt VIEL [11] entwickelt.
- Gruppe AB bilden diejenigen, die in einer Hospitationsgruppe sind und im Projekt VIEL.
- Gruppe 0 heißt: „Wir schaffen es überhaupt nicht mehr, wir steigen aus.“

Manche Schulen sind ausgestiegen (oder „ruhend“, aber was heißt „ruhend“ in so einem Projekt?), manche treten leiser, viele sind in den Hospitationsgruppen zu finden, einige zur Neuen Mittelschule weitergezogen, sieben im Projekt VIEL vertieft und weitere in anderen net-1-Projekten.

In die Selbstorganisation entlassen

Wenn es uns gelingt, den ISV in die Selbstorganisation zu entlassen, den Schulen bewusst zu machen, dass das eine Chance auf hohem Niveau ist, dann steckt darin viel

11 VIEL steht für „Verantwortung im eigenen Lernprozess“ – siehe Kapitel „Was Eltern sich wünschen“. Das jüngste net-1-Projekt wird von Christine Gerold und Gerda Sengstbratl geleitet, Start war im Juni 2009 mit sieben Schulen aus dem ISV und zwei neuen Schulen.

Kraft: sich als Netzwerk selbst neu zu definieren, neue Netzwerkpartner zu finden – zum Beispiel die Pädagogischen Hochschulen hereinzuholen – oder gemeinsam mit einem oder zwei anderen Bundesländern weiterzuarbeiten.

Dieses Ziel ist erreichbar. Vor allem bei den Gruppen, die jetzt schon von sich aus aktiv sind, bedarf es nur mehr eines Kristallisationspunktes: Wer ist beteiligt? Wer stellt sich als Zentripetalkraft heraus, die eine Gruppe zusammenhält? Jetzt geht es darum, all jene zu stärken, die diese Kraft haben, sodass sich beispielsweise zwei Hospitationsgruppen verweben.

Sagen wir, es gäbe das Projekt nochmals

Wenn ich mit meinem heutigen Wissen und den Erfahrungen aus dem ISV[12] noch einmal ein Netzwerk zusammenstellen könnte, würde ich

- nach klaren Kriterien ausschreiben und Schulen einladen, sich zu bewerben. Bei einem Entwicklungsprojekt macht es keinen Sinn, dass Schulen aufgrund persönlicher Bekanntschaften innerhalb der Bundesländer oder hierarchisch motiviert nominiert werden. In dieser Bewerbung müsste alles auf klaren Willensbekundungen basieren, wie zum Beispiel: „Warum wollen wir als Standort mitmachen? Wer von uns trägt das Projekt?" Diese Kriterien müssten dann auch die Länder mitgestalten[13].

- eine attraktive Vision gemeinsam entwickeln: Können wir uns auf dieses Bild einigen? – Das gemeinsame und klare Bild hat mir persönlich im ISV gefehlt. Kennen Sie die „Liftübung"? Sie haben zwölf Stockwerke lang Zeit, eine fremde Person, die mit Ihnen fährt, zu überzeugen, dass sie Ihr Projekt fördern sollte. Alle Teilnehmer/innen an einem neuen Projekt müssten das können: die Vision darlegen, das Ziel benennen, die ersten Entwicklungsschritte aufzählen.

- den Fokus auf den Standort legen, auf den klaren Prozessablauf gemeinsam mit dem gesamten Kollegium: „Was ist unsere Entwicklung, was ist unser nächster Schritt?" Der Standort entwickelt, angeleitet durch Organisationsentwickler wie Wilfried Schley, die Expertise für diesen zwei- oder vierjährigen Weg: „Welche Schritte sind zu setzen? Was kommt auf uns zu?"

12 Richard Stockhammer hat bei einem anderen Projekt einmal gesagt: „Wenn wir den Königsweg hätten, würden wir ihn gehen." Dieses Wissen um Gelingensfaktoren ist erst durch die Projekterfahrungen entstanden.

13 Eigentlich spannend, dass das nun bei den Neuen Mittelschulen genau so passiert ist.

- den Schulen in ihren Entwicklungsvorhaben Prozessleitplanken geben: vereinbaren, wie die nächsten Schritte zu setzen sind und diese auch einfordern, das heißt, eine hohe Prozessverbindlichkeit vorgeben. Und einen groben Ausblick geben: Was ich von ihnen im ersten, im zweiten, im dritten Jahr haben will, was die Ziellinie ist.

- das gesamte Kollegium ansprechen, also am Standort in die Breite gehen: Wie motiviere ich das gesamte Kollegium und nicht nur die üblichen zwei Personen?

- die zu bearbeitenden Themenfelder bereits in der Ausschreibung klar ansprechen:
  - Kompetenztrennung zwischen Lehrer/innen und Leiter/in,
  - Konzept für die Kommunikation mit den Eltern und Kindern,
  - gelebte Beziehungskultur oder Beziehungskompetenz im Viereck Kinder – Eltern – Lehrer/innen – Leitung,
  - Vereinbarungen [14] mit einer hohen Verbindlichkeit zwischen Leitung und Lehrer/innen, wie am Standort Lernen gestaltet werden soll;
  - Kompetenzlernen: sich Kompetenzen aneignen im Gegensatz zu Wissen anhäufen;
  - wider das Bore-out-Syndrom: Lernumgebungen so gestalten, dass Wissenserwerb von Kindern als subjektive Eigenbewegung wahrgenommen wird, dass sie also ihr Lernen selbst wahrnehmen [15]. Die Kinder müssen ins Tun kommen, müssen spüren, dass sie etwas gelernt haben.
  - förderliche Leistungsrückmeldungen: trennen zwischen Rückmeldungen, die zum Wachsen anregen, und Zeugnisnoten, die zu Berechtigungen führen.

- Entwicklungsruhe einplanen: gemeint ist Arbeitsruhe, nicht Grabesstille. Entwicklungsphasen gefolgt von verbindlichen Rückmeldungen der Stakeholder, also von Eltern, von Schüler/innen, von der Bürgermeisterin, dem Bürgermeister, der Bezirksschulinspektion. Was merken sie von unserer Entwicklung?

- Peer-Hospitationstreffen von Anfang an vorsehen – mit einem relativ strikten Hospitationsleitfaden [16]. Nicht nur: „Ich zeige dir, was ich herzeigen will", sondern mit verbindlicher Rückmeldung anhand eines Leitfadens und klarer Ablaufstruktur: Fünf Personen kommen mit einem klaren Fokus, was sie anschauen sollen, für vier

14 Im Sinne von Spielregeln für die Unterrichtsgestaltung: Methodisch würde ich heute einen Holzrahmen an die Wand hängen und gemeinsam Kärtchen gestalten, wie wir mit Kindern umgehen – was noch innerhalb, was bereits außerhalb des Rahmens ist. Hinzeigen und sagen: „Sorry, aber das ist außerhalb des Rahmens!" – Zum Beispiel eine wöchentliche Stundenwiederholung oder „Buch auf Seite ...", das Drinnen und Draußen würde ich ganz klar auch an so kleinen Aspekten dingfest machen.

15 Erst wahrnehmen, dass ich etwas nicht kann, dann Lernen als „Aha, so ist das!" erleben. Also von der bewussten Inkompetenz zur bewussten Kompetenz: Ich habe ein Wahrnehmungsproblem hinter mir, habe verstanden, dass ich etwas nicht kann; habe mir Ressourcen geholt, um das zu lösen, habe das dann so lange geübt, bis ich es automatisiert habe.

16 In Anlehnung an den deutschen Schulverbund „Blick über den Zaun" - siehe: http://www.blickueberdenzaun.de/ (21.06.2011).

Tage an meine Schule. Ich kann ein bisschen mitbestimmen, aber im Großen und Ganzen ist es vorgegeben. Die besuchte Schule erhält wertschätzend und wohlwollend Rückmeldung darüber, was die Gäste gesehen haben. Dadurch entstehen Beziehungen. Beziehungskultur würde als ein Qualitätskriterium von Netzwerken sichtbar werden.

- Trennung der Rollen von Leitung und Auftraggeber; Leitung vor allem als Bezugspunkt in der Interpretationsform „Ergebnissicherstellung". Leitung braucht ein klares, komplementäres Gegenüber: den Auftraggeber[17]. Und von diesem braucht es einen klaren Auftrag mit klaren Zielvorgaben, konsequenter Aufgabenteilung und fixierten Zwischenbereichen.

Es ist niemand unverändert geblieben

Mein eigenes Lernen ist in den fünf Jahren meiner Arbeit im ISV enorm gewachsen: Auf der Ich-Ebene habe ich gelernt, offene Prozesse, wie beispielsweise eine rollende Planung, auszuhalten. Ich habe gelernt, dass man streiten kann, ohne zerstritten zu sein.

Ich befand mich im ISV thematisch in einem Schnittbereich zwischen Pädagogik und Organisationsentwicklung. Eine Perspektive, die ich zuvor noch nie hatte. Ich glaube, dass dieser Überlappungsbereich die Essenz für eine tragfähige, nachhaltige Systemintervention ist: Pädagogik ohne Organisationsentwicklung greift viel zu kurz.

Durch das gemeinsame Weiterarbeiten von Wilfried Schley und mir in der Entwicklungsbegleitung der Neuen Mittelschulen werden viele Elemente, die im ISV wichtig und tragend waren, auch dort hineingebracht. Bei den ersten Veranstaltungen zur Neuen Mittelschule war in den Gesichtern der früheren ISV-Mitglieder ein Lächeln des Gelingens zu sehen: Die Neuen Mittelschulen hatten genau die Anfangsschwierigkeiten, mit denen sie bereits vertraut waren. Sie blieben sehr gelassen in dem Wissen, was es bedeutet, um einen Prozess zu ringen: Klarheit entstehen zu lassen, diese aus der eigenen Arbeitssituation heraus zu entwickeln, anstatt sie „von hö-

17 Auftraggeber heißt für mich: Jemand gibt in Auftrag, was zu entwickeln ist. Das inkludiert kommunizierbare Zielklarheit. Wenn diese fehlt, sieht sich der Auftraggeber vor die Notwendigkeit gestellt, den Prozess in jedem Schritt begleiten zu müssen, damit er mitsteuern kann. Und dann ist der Auftraggeber plötzlich in der Gestaltungsrolle und interveniert ...

herer Stelle" verordnet zu bekommen, Veränderungsprozesse wahrzunehmen und zuzulassen.

Viele haben im ISV für ihr pädagogisch anderes Wollen ein Gefäß gefunden: Schön, dass die Ideen, die Erfahrungen, die Umwege, die aus dem Gärbottich ISV herausgedampft sind, Menschen und Systeme zu Reflexionsprozessen anregten und anregen. Davon zu erzählen, macht Mut.

Das Wichtigste, was wir beim ISV mitgenommen haben, ist der Mut, sich etwas zu trauen!

Ingo Zernig, Direktor der Hauptschule St. Marein [18]

Wir gehen mit offenen Augen und Ohren durch die pädagogische Landschaft des ISV, sehen uns manchmal mit unserem Weg bestätigt, manchmal ermutigt, noch mutiger zu sein, und manchmal werden wir fast neidisch.

Christian Hametner, Direktor der Hauptschule Schwertberg [19]

---

18 Zitiert aus: Schulporträt-Update HS St. Marein: Leben – Lernen – Erleben. März 2010, S. 8.
19 Zitiert aus: Schulporträt HS Schwertberg: Die begabte Schule. November 2009, S. 5.
Beide als Einzelbeiträge veröffentlicht unter http://net-1.bmukk.gv.at (22.06.2011).

Was Eltern sich wünschen

GERDA SENGSTBRATL

net-1-Projekt
Verantwortung im eigenen Lernprozess
Leitung: Christine Gerold, Gerda Sengstbratl

VIEL net-1

DIE KLARHEIT IST VOR ORT

Der Beginn sagt meist schon einiges über den weiteren Verlauf. So auch in diesem Fall. Die Präzisierung der Projektthematik gestaltete sich beim sehr abstrakten Thema Verantwortung von Beginn weg schwierig.

Wie kann man das neue Verständnis von Verantwortung im Lernprozess in der Praxis bearbeiten? – Es sollte ein Projekt im Sinne fokussierter innovativer net-1-Entwicklung werden. VIL (Verantwortung im Lernprozess) wurde aber auch zur harten Nuss. Sollten wir uns die Zähne daran ausbeißen?

Gleich beim ersten Treffen präzisierten die beteiligten Schulen, in der Regel vertreten durch die Schulleitung und zwei Lehrer/innen, den Projekttitel: Verantwortung im *eigenen* Lernprozess (= VIEL). Die Klärung der Verantwortung in eigenen Lernprozess wurde zur Herausforderung – zum Projekt.

Der Lösung näher kommen die Beteiligten, indem sie an ungewöhnlichen Schulen tagen und dort eine neue Kultur von Verantwortung erleben. Daraus schöpfen sie Klarheit.

Richard Stockhammer

Eine Schule, die für alle Kinder passt

Das lernende Kind ist ganz. Es ist schon alles da. Es ist schon fertig. Ein Kind trägt etwas in sich, das so vital ist, dass es brennen kann. Im Inneren sind weite Ebenen und viele Höhlen. Im Inneren sind Schätze und Geschichten. Im Inneren sind Abenteuer ohne Ende. Es geht um ein Feuer im Inneren des Kindes, das brennt. Mein Interesse als Lehrperson ist es, diese Vitalität im lernenden Kind so anzusprechen, dass das Kind von alleine weiter flackert oder brennt und sich entfaltet, Produkte schafft. Wenn ich als Lehrperson, ich als Schulleitung, ich als Projektleitung es schaffe, das Feuer zu entzünden und es am Brennen zu halten, brennt es von alleine weiter. Manchmal geht es aus. Sobald das Kind jenes Gegenüber findet, das die Flamme kennt, dann geht das Feuer von alleine wieder an.

Das Projekt VIEL steht für eine Schule, die für *alle* Kinder passt. Wer in eine Schule kommt, die von einem VIEL-Geist getragen ist, spürt, dass es gut ist. Der VIEL-Geist ist eine liebende Haltung Lernenden gegenüber. Dieses Verständnis haben wir[1] – nach langen Suchbewegungen – auf einer Veranstaltung des erweiterten Projektleitungsteams vor Ort in der Nikolaus-Lenau-Schule in Gmunden (Oberösterreich) gefunden.

Wie ein Kind ist, ist es gut

Das einstöckige Schulgebäude steht am Ufer der Traun, neben einer kleinen Au. Ein Eingang mit einem Schrein aus Herbst. Die Erwachsenen sind leise, entspannt freundlich, wohlwollend. Eine ganz normale Schule mit normalen Garderobehaken und normalem Steinboden auf dem Gang. Der Direktor mit seinen Kristallaugen lässt aus seinem fröhlichen Mund etwas Liebes heraus, wenn ein Kind vorübergeht: Der Name des Kindes hallt wider. Sein Mund lächelt dann und fragt und die Augen nicken. Er erkundigt sich und es riecht nach Leben. Gulaschduft zieht durch die Halle und der Duft von Himmel auf Erden für Kinder.

Als Kind wähle ich, was ich arbeiten werde. Ich wähle: schreiben. Als Kind mache ich Fehler und die Lehrerin tippt meine Geschichte richtig in den Computer. Als Kind

1 Grundlage für diesen Text waren viele Unterlagen und Gespräche mit dem Auftraggeber Richard Stockhammer, der Projektbüroleiterin Veronika Rampetsreiter und mit Christine Gerold, die VIEL im Schuljahr 2009/10 alleine geleitet hat und 2010/11 mit mir zusammen.

suche ich die Unterschiede zwischen dem Text, den ich selbst verfasst habe, und der von der Lehrerin für mich fehlerlos getippten Version.

Als Kind wähle ich: Meine Klasse ist wie eine Zimmer-Küche-Kabinett-Wohnung. Als Kind kann ich mich bewegen: Ich gehe in unser „Kabinett", bleibe ein wenig in der Küche stehen, krieche im Hinterzimmer unter ein Zelt, weiche hinter einen Schrank aus. Ein Häufchen Mensch, gestreichelt, gefüttert. Ein Häufchen Kind, versteckt samt Freund unter einem Zelt aus Decken. Zu zweit, zu fünft, zu zwanzigst. Angemessen. Niemand schreit. Ich bringe meine Oma mit, den Nachbarn aus Afrika, meinen Rollstuhl und mein Liegebett. Ich gehe in die Küche. Alltagsfertigkeiten wie Nahrungszubereitung für mich und andere, einkaufen gehen, Tisch decken. Ich schreibe mich auf eine Liste, dann darf ich mitmachen. Das ganze Leben hat Platz: Ich schneide Obst in eine Glasschüssel, ich schreibe, es duftet nach Wollschal, nach Weltkugel, nach Rechnen. Essen kochen, Musiknoten mit abgesengtem Rand auf einen Becher geklebt, Kinderpunsch fabriziert, im Wald neben der Schule eine Hütte gebaut. Wenn das Grundtun Kochen ist und alle kochen wollen, so entwickelt sich Stärke, Qualität und ein großes, integratives Gewicht. Kinder, die im kognitiven Bereich schwerfällig sind, bringen oft das Handlungsorientierte mit und damit eine Qualität für alle.

Ich als Kind will tun, was diese Kinder tun dürfen. Das, was die sonst Ausgegrenzten tun, ist für die sonst nicht Ausgegrenzten attraktiv. Die Rollen kehren sich um.

Alle Kinder, die uns Besucher/innen begegnen, sind ganz bei der Sache. Nahrungszubereitung als sinnstiftende Tätigkeit, die viele Kinder so lieben und als so erfüllend erleben. Als Gast in dieser Schule spüre ich etwas Offenes. Ich spüre Struktur und ein Gefühl von Normalität, die Entspannung bringt. Ja, das ist normal, wenn eine Schule so ist. Es ist, als würde etwas ins Lot fallen, sich etwas Aufgerissenes schließen, etwas heilen. Dem Menschen angepasst: egal, wie verschieden Menschen sind, wie verschieden Kinder sind. Diese Schule ist jedem Kind angepasst.

Durch die Menschen, die in dieser Schule arbeiten, trägt der Staat Österreich das Gewicht mit, das auf Eltern von Kindern mit besonderen Bedürfnissen überall sonst lastet. Hier finden alle Gefallen an der Vielfalt menschlicher Erscheinungsformen. Diese Schule beendet Ausgrenzung und Isolierung. Hier werden Kinder und Eltern erlöst.

Und ich sehe, wie aus dieser Normalität in der Gesamtheit ein Wunder entsteht. Aus der Unaufgeregtheit entsteht ein Geist, der vordringt in den Kern von Kindern und sie in ein bewegendes Ganzes einbindet. Es ist der Geist der Liebe zur Entfaltung. Das zündelt, ein Funke springt über, es brennt dann selbst im Kind und treibt sich einfach weiter an. Ich schaue über den Tellerrand. Ich nehme etwas Kleines, Praktisches mit, ich nehme etwas Großes mit: Egal, wie ein Kind ist, ist es gut. Ich bin bewegt.

Gerda Sengstbratl

Das Projekt VIEL ist aus mehreren Gründen bedeutend. Ein Aspekt ist, dass es genau in die derzeitige Schuldiskussion passt und dafür Entscheidendes anzubieten hat. In vielen Fällen reagiert die Bildungspolitik auf Impulse von außen – wie zum Beispiel PISA-Ergebnisse, eine Mode, einen Trend etc. – und repariert. Das systemische Denken jedoch sieht die Ursache nicht dort, wo das Problem ist. Eine These von VIEL ist, dass die Verfächerung und ein verengter Verantwortungsbegriff der Entwicklung einer neuen Lernkultur entgegenstehen. Anstatt Korrekturen am Bestehenden vornehmen zu wollen, bietet VIEL einen neuen Blick an, der zu frischen Handlungen und unerwartet reichen Ergebnissen führt.

- VIEL fragt, wer das Kind ist. VIEL geht es nicht um Begründungen, die das Verhalten eines Kindes erklären.
- VIEL geht es um Sein.
- VIEL geht es um das Loslassen von Rollen hin zu Authentizität und dem Wachstum aller Beteiligten.
- VIEL weiß, dass der Großteil schematischer Anwendungen bestimmter Strategien falsch ist. Rezepte von Expert/innen stimmen selten. Die einzige Medizin ist Aufwachen. Das Schulwesen muss aufwachen!
- VIEL glaubt nicht an Individualisierung von Seiten der Lehrperson, sondern an Selbstindividualisierung. Die Schüler/innen individualisieren sich!
- VIEL geht es um das Initiieren eines Prozesses.
- Die Lehrpersonen bieten ein differenziertes Angebot, stellen eine Auswahl zur Verfügung. Die Lösungswege sind offen.
- Die Lehrpersonen sind das Gegenüber, das die Flamme am Flackern hält, sie sind Dialogpartnerinnen, die das Kind braucht, und sie schaffen einen Rahmen.

Es geht um eine ganzheitliche Wahrnehmung und darum, dort anzufangen, wo das Kind ist. „Das ist das professionelle Verständnis unserer Arbeit. Es geht darum, eine Auswahl anzubieten und zu unterstützen. Und das Kind selbst konzentriert sich auf etwas", sagt Franz Spiesberger, ehemaliger Leiter der Schule in Gmunden.[2] Die

2 Seit dem Frühjahr 2011 ist Franz Spiesberger als Bezirksschulinspektor in Vöcklabruck tätig.

Nikolaus-Lenau-Schule ist eine Schule mit großer Vielfalt, Heterogenität und einer starken Struktur mit Freiarbeit ohne Freiarbeitsplan. Kinder und Besucher/innen erkennen „behinderte" Kinder nicht bzw. sie sehen keinen Unterschied. Für die Kinder in dieser Schule sind nur jene Kinder „behindert", die in einem Rollstuhl fahren.

Hospitieren, bis man fündig wird

Hospitationen haben schon im ISV (Innovative Schulen im Verbund), dem Projekt, aus dem VIEL hervorgegangen ist, eine große Rolle gespielt. Es geht dabei um Geben und Nehmen. Diese Tradition setzen die zehn am Projekt VIEL beteiligten Schulen fort. Hospitieren kommt dem Reisen nahe. Mit diesem Buchbeitrag vertiefen wir das Hospitationsverständnis: Wir haben so lange vor Ort an den Schulen gesucht, bis wir in der deklarierten Kernfrage – Wie verstehen wir Verantwortung im eigenen Lernprozess? – zu einem publizierbaren Ergebnis gelangt sind. Zunächst war die Rede von einem Leitfaden für Hospitation. Wir haben unsere Frage schließlich nicht an eine Vorgangsweise, eine Methode, an einen Leitfaden delegiert, sondern keine Mühen gescheut, diese Frage zu klären.

Verantwortung ist ansteckend

„Als Schulleiter kann ich Schule verändern, wie ich es möchte", das ist die Überzeugung von Franz Spiesberger: „Ich stütze die richtigen Leute, und es wirkt über Jahre. Welchen Leuten ich als Schulleitung volles Vertrauen schenke, ist eine essenzielle Frage. Es gibt Lehrpersonen, die ganz ehrlich sind. Und diese Ehrlichkeit gilt im Positiven und im Negativen. Auch das Negative muss ich mir anhören, und diese Leute muss ich als Leitung stützen. So, wie ich mit meinen Mitarbeiterinnen und Mitarbeitern umgehe, wie es ihnen geht, so geht es den Kindern. Die Lehrpersonen werden von Seiten der Leitung und von Seiten der Behörden unterstützt. Alles, was bei den Lehrpersonen landet, geben diese an die Kinder weiter. Führung pflanzt sich fort."

In der Nikolaus-Lenau-Schule ist VIEL zu Hause. Es ist eine Schule, in der Lehrpersonen und in weiterer Folge auch die Schülerinnen und Schüler ihre Verantwortung wahrnehmen. Jedes Kind bekommt, was es braucht, eine Umgebung, in der es sich entfalten kann. Durch die Hospitationen in dieser Schule ist eine Neuaufrollung dieses Themas in Gang gekommen.

Ein weiteres Beispiel für Führung kommt aus der Neuen Mittelschule Markt Allhau im Burgenland. Der Schulleiter Alfred Lehner übernahm die Initiative, indem er Artisten des *Circus ZappZarap* engagierte. Die erklärte Absicht war, zunächst die Lehrpersonen zu schulen, Kunststücke zu lernen, um sie anschließend den Kindern vorzuführen und eine neuartige Lernbewegung an der Schule auszulösen. In den relativ kurzen Lernphasen der Lehrer/innen ging es darum, über eigene Grenzen zu gehen, die persönlich passende Herausforderung zu wählen, das richtige Maß zu finden, passende Trainingseinheiten zu organisieren und zu unterstützen. Und vor allem ging es darum, sich lernend von einer ganz neuen Seite zu erleben.

Nach der artistischen Schulung luden die Lehrer/innen ihre Schüler/innen zu einer Vorstellung ein und zu einer persönlichen Entscheidung, was sie artistisch lernen wollten. Die Coaches waren nun die Lehrer/innen und nicht mehr die Artisten. Eine neuartige Lernsequenz an der Schule begann.

Für die Lehrer/innen war es anstrengend, weil sie nicht wussten, was dabei herauskommen würde. Es stellte sich die Frage, was Kinder brauchen, damit sie Verantwortung für ihren Lernprozess übernehmen können. Die Kinder entschieden, was sie sich zutrauten, produzierten ein Drehbuch für die Präsentation und arbeiteten innerhalb eines Rahmens selbstständig. Zum Schluss, nach einer Woche, gab es öffentliche Zirkusaufführungen.

Der Funke der Führung ist vom Schulleiter auf die Lehrpersonen und schließlich auf die Schüler/innen übergesprungen. Alle haben Lernen, Lernunterstützung und beim Lernen an und über eigene Grenzen zu gehen neu erlebt. Verantwortung im eigenen Lernprozess wurde in neuer Weise thematisiert.

Grundstimmung: Es ist schön, dass du da bist!

Jesper Juul und Helle Jensen erläutern im Buch „Vom Gehorsam zur Verantwortung“ (Juul/Jensen 2005) am Beispiel der ursprünglichen Beziehungskompetenz, wie bedeutend die akzeptierende Haltung ist. Bereits das Baby ist beziehungskompetent, es sucht Kontakt oder wendet sich ab. Wichtig ist es, dem Kind mit der Grundstimmung „Es ist schön, dass du da bist!“, zu begegnen.

Das Kind lässt sich ein. Das Kind geht mit dem Außen in ein Hin und Her und bringt das, was es lernt, in Schwingung mit dem Inneren. Es kommt zu Fähigkeiten, zu Kenntnissen, zu Erkenntnissen. Das Kind ist im Austausch mit allen, die um es herum sind. Lehrer/innen treten mit dem Kind in Beziehung und das Kind mit den Lehrer/innen. Die Lehrpersonen schaffen einen Rahmen, in dem das Kind dieser oben beschriebenen inneren Vitalität folgen und diese leben kann. Dem Projekt VIEL geht es um ein Hin und Her, um Wachstum aneinander. Statt der Konzentration auf Begründungen, warum der Rahmen so oder so aussieht, statt Strategien, die sich auf das Verbale konzentrieren, werden dem lernenden Kind Modelle von Sein, von Erleben und Erfahren angeboten, an denen es wachsen kann, wo es beobachten kann und Verhaltensformen nachahmen.

Integrität und pädagogische Ethik

Es geht um mich! – Das ist die neue Erkenntnis, die aus neuem Handeln für das Kind resultiert: „Ich bin kein Erwartungsprodukt.“ Das lernende Kind versteht das. Es hat eigene Fragen. Das Kind wird in seiner Einzigartigkeit wahrgenommen.

Nach unserer Auffassung ist die persönliche Integrität des einzelnen Menschen der Dreh- und Angelpunkt für die ethischen Erwägungen, die Fachleute in ihrer beruflichen Beziehung anstellen müssen. Die persönliche Integrität des einzelnen Kindes muss wichtiger sein als das konkrete pädagogische Ziel. Niemand sollte die Anwendungen der pädagogischen Rahmenbedingungen, Regeln und Methoden gut heißen, wenn sie die Integrität des einzelnen Kindes verletzt oder bewusst dessen persönliche Grenzen übertritt.

Juul/Jensen 2005, S. 122

Diese Verantwortung für die Integrität des Kindes wird im Verständnis von Jesper Juul zur professionellen pädagogischen Ethik erhoben. Vorausgesetzt wird, dass Lernen ein selbstständiger, aktiver Prozess ist und Lernziele – auch wenn sie im Verständnis der Erwachsenen oder der Schule grundsätzlich sinnvoll und berechtigt erscheinen –

nicht unter Verletzung der Grenzen des Kindes durchgesetzt werden dürfen. Das Kind ist eigenständiger Akteur. Die Schule bzw. die Lehrperson ist in der sittlichen Verantwortung, mit diesem eigenständigen Akteur so in Beziehung zu treten, dass seine Würde bzw. subjektiv empfundene Grenze nicht verletzt wird. Daraus folgt, dass der Beziehungsqualität eine entscheidende Funktion zukommt.

Verantwortung für den Prozess der Entwicklung

Jede Entwicklung läuft anders. Was wir in VIEL tun, ist jenseits von dem, was man genau weiß. Es geht um das Unvermutete. VIEL ist eine pflegende und entdeckende Kraft. VIEL ist Vernetzen und Hospitieren. VIEL ist eine Reflexionsgemeinschaft und regt so zu bewussteren Projekten und deren Dokumentation an.[3]

Das explizite Wissen über die Bedingungen, damit ein Kind Verantwortung über den eigenen Lernprozess übernehmen kann, ist nur ein kleiner Teil dessen, wofür VIEL steht. Es geht um die Praxis, die intelligent und intuitiv entfaltet, reflektiert, projektiert und vernetzt wird. Und davon ist nur ein kleiner Teil des Potenzials sichtbar. Verantwortung im eigenen Lernprozess lässt sich nicht anordnen, sie entsteht nur im Dialog und ist auf das einzelne Kind, die einzelne Schule bezogen. Diese anspruchsvolle Praxis wird idealerweise durch das Professionalitätsverständnis von Lerngemeinschaften verstärkt. Eine neue Infrastruktur für das, was man für möglich hält, entsteht im Gehen. Sie ist etwas Lebendiges, etwas von Menschen Getragenes. Es gehört zu den höchsten Aufgaben von Führungspersonen, für den Aufbau und die Lebendigkeit einer professionellen, ethisch hochwertigen Infrastruktur in der jeweiligen Organisation zu sorgen.

Gehen wir der Verantwortung, von der wir sprechen, auf den Grund. Machen wir sie sichtbar: Verantwortung ist kein Tauschgeschäft. Es ist immer die stärkere Person, die für die schwächere Verantwortung übernimmt, d. h. die Lehrpersonen für die Schü-

3 Dokumentiert wurden z. B. das Zirkusprojekt der Neuen Mittelschule Markt Allhau (DVD), ein Open Space der Johann-Nestroy-Schule in Bad Ischl (DVD) und die Lerngemeinschaft Friedrichsplatz in Wien 15 (Fernsehbericht auf Echo-TV).

ler/innen. Dies erzeugt für die Schüler/innen Freiheit, für sich selbst und die eigenen Aktivitäten Verantwortung zu übernehmen.

Wie Jesper Juul soziale und persönliche Verantwortung unterscheidet, beschreibt der folgende Auszug:

Soziale Verantwortung ist die Verantwortung, die wir füreinander haben, für unsere Familie, Gemeinschaft, Gesellschaft und für die Welt. Sie ermöglicht größeren Gruppen von Menschen zusammen zu leben. Diese soziale Verantwortung lernen wir von unseren Eltern und Lehrern.
Persönliche Verantwortung ist die Verantwortung, die wir für unser eigenes Leben haben, für unsere physikalische, psychologische, mentale und spirituelle Gesundheit und Entwicklung. Jesper Juul erklärt in seinen Büchern, dass wenige von uns so erzogen worden sind, dass wir diese Art von Verantwortung übernehmen können. Diese persönliche Verantwortung ist aber eine der Säulen für eine gesunde psychologische Entwicklung und dadurch für gesunde Beziehungen. Für Kinder ist es also wichtig, mit Erwachsenen zu leben, die

- *ihre persönliche Integrität achten und bewachen;*
- *einschreiten, wenn sie merken, dass die Kinder in einem zu starken Maß kooperieren.* [4]

Im Verhältnis zwischen sozialer und persönlicher Verantwortung hebt Juul die Verantwortung der Erwachsenen bzw. mächtigeren Personen hervor und betont, dass es von der Qualität des Prozesses oder der Beziehung abhängt, wie gut und gesund die Kinder sich entwickeln können.

Die Projektgemeinschaft VIEL konzentriert ihre Aufmerksamkeit auf Verantwortung. Juul weist auf andere bedeutende Schlüsselcharakteristika hin, die für die Qualität der Beziehungen eine Rolle spielen, wie: Gleichwürdigkeit, Integrität, Authentizität, Selbstwert, Selbstvertrauen, Wandel von einer Subjekt-Objekt-Beziehung zu einer Subjekt-Subjekt-Beziehung oder der Prozess des Wachstums der Beziehung (vgl. Juul/ Jensen 2005). VIEL stellt die Verantwortung ins Zentrum.

Die Verantwortung für den notwendigen dualen Prozess liegt bei den Lehrpersonen. Wie machen wir Verantwortung sichtbar und daher besprechbar, bearbeitbar?

4 Zitiert aus dem Artikel „Die Qualität der Beziehungen“, veröffentlicht auf der Website www.familylab.de/ (29.06.2011).

Es bedarf der Integrität des Kindes, der Wahrnehmung als Gesamtheit. Verantwortung geht vom Kind aus – es signalisiert, wie viel und wann und wie lange. Ich als Lehrperson muss dies bemerken und aktiv handeln.

Ich stehe hinter dem Kind und das Kind holt sich die Verantwortung, indem es selbst nach vorne blickt – und dort vorne sollte nicht die Lehrperson mit erhobenem Zeigefinger stehen. Die Verantwortung als Lehrperson zu übernehmen bedeutet auch, dem Kind die Freiheit zu geben und zu lassen. Aus dieser Freiheit nimmt das Kind seine Verantwortung. Wobei die Verantwortung verschiedene Formen annehmen kann, wie am unten dargestellten Beispiel deutlich wird. Angefangen hat das Engagement mit Entwicklungshilfe für ein fernes Land, gemündet ist es in eine dauernde Fürsorge für Tiere an der Schule.

Verantwortung im Wechselspiel zwischen Aktivität, Berührtheit, Konzept und Haltung

Im Jänner 2011 experimentierten wir in einem Kernteam[5] mit der „liegenden Acht“ aus dem LILA-Management-Prinzip (vgl. Völkl/Wallner 2008, S. 48 ff.), mit der Prozesse veranschaulicht werden können. Sie ist ein perfektes Instrument, um etwas darzustellen, das in Bewegung ist. Das Besondere an der LILA Schleife ist, dass verschiedene Kräfte zusammenwirken: Denken, Haltung, Tun, Erkenntnis.[6]

Als wir versuchten, die liegende Acht im Alltag anzuwenden, wurde uns aus der Kooperativen Mittelschule Selzergasse in Wien folgendes Beispiel berichtet:

Es begann mit dem Projekt „Spendenaktion für Notleidende in einem anderen Kontinent“. Schüler/innen einer Mehrstufenklasse erleben, wie ihre Verantwortung sich wandelt. Zuerst bezieht sie sich auf Menschen in Haiti, dann auf Menschen am Balkan, schließlich auf den Umgang mit Schwächeren an der Schule.

5 Dieses Team bildeten Susanne Falkinger, Christine Gerold, Alfred Lehner, Veronika Rampetsreiter, Gerda Sengstbratl, Franz Spiesberger und Richard Stockhammer.
6 Diese Kräfte sind im Kapitel „Das vierdimensionale Lern- und Prozessverständnis“ näher beschrieben.

Ausgangspunkt war eine Haltung. Im Lernnetz „Fairness" haben wir eine Dokumentation über eine Familie in Haiti gesehen. Und plötzlich beschäftigte die Kinder die Frage, ob diese Familie wohl noch lebe, und wenn ja, wie es ihr wohl gehe. Diese Betroffenheit – die eindrucksvollen Bilder gingen nahe – ließ sie aktiv werden. Das Konzept für einen Flohmarkt entstand.

Zwei Wochen lang verkauften die Schüler/innen jeden Morgen vor Schulbeginn zuvor gesammeltes Spielzeug, Bücher und eigene Bastelarbeiten. Sie bauten täglich den Stand auf und ab, verwalteten die Kassa, kreierten Preise, vergaben Kredite und Rabatte und entlockten Eltern Spenden. Schließlich konnten 400 Euro überwiesen werden.

Die Betroffenheit bei Lehrer/innen und Schüler/innen stieg: Viele unserer Kinder kommen aus Familien, die selber Arbeitslosigkeit, Diskriminierung, Leben in der Illegalität, Angst und Armut erlebten oder erleben. Dieser Akt der Nächstenliebe hat viele Lernkanäle geöffnet, die oft im Lernalltag geschlossen bleiben und überlagert werden von Alltagssorgen. Wir sind in Bewegung.

In dieser Betroffenheit und in der Bereitschaft, für Schwächere da zu sein, findet die Idee, einen Platz für Haustiere an der Schule einzurichten, breite Zustimmung. So kommt es zum Langzeitprojekt Hasenstall. Was zunächst eine praktische Herausforderung war, nämlich der Stall, die Fütterung, die regelmäßige Pflege ..., wurde bald auch zur sozialen Auseinandersetzung an der Schule. Einmal wurde der Stall beschädigt. Die Hasen waren in Gefahr! Einige der wilden Burschen erklärten sich bereit, für Schutz zu sorgen.

Jetzt sind die Hasen sicher an der Schule.

Das war ein kleiner Praxistest, wie die liegende Acht – oder das vierdimensionale Lernverständnis – zur Reflexion von Alltagsprozessen eingesetzt werden kann. Was im Bericht aus dieser Schule so knapp erzählt ist, haben wir auch in die Spiralacht eingetragen. Und wir konnten feststellen, die Kommunikation über unterschiedliche Dimensionen des Lernens wurde strukturiert: Verantwortung wurde im Wechselspiel zwischen Aktivität, Berührtheit, Konzept und Haltung begreifbar.

Lernen im Spiegel der anderen

KARIN GRINNER

net-1-Projekt Schulporträt

Leitung: Karin Grinner

schulporträt net-1

LEHRKUNST UND SCHULKULTUR BESSER VERSTEHEN

Das Schulporträt ist aus dem Bedürfnis entstanden, die Praxis der Lehrerinnen und Lehrer und die Kultur am Schulstandort besser zu verstehen.

Karin Grinner, die zuvor schon eigene Unterrichtsverläufe – im Anschluss an die Reform der Lehrpläne der Sekundarstufe I – spannend und mit Blick auf die Aktivitäten der Schüler/innen aufbereitet hatte, war eine hervorragende Option für die Entwicklung des Schulporträts, zumal sie bei Aktionsforscher Herbert Altrichter an der Universität Linz studiert hatte.

Es ist höchste Zeit, den Schulen auch durch einfühlsame Dokumentation eine Stimme zu geben. Schulen werden in Zukunft autonomer und in ihrer Selbstregulation anerkannt. Unser obrigkeitliches Verständnis von Entwicklung und Steuerung steht dem noch entgegen. Die Weiterentwicklung der Aktionsforschung, die narrativen Formen des Erkennens sowie die Einfühlung in eigenständige Kulturentwicklungen sollen die Standorte in ihrer Selbstentwicklung unterstützen.

Und diese Potenziale küsst Karin Grinner wach. Man sieht es an den Schulporträts. Das Schulporträt der Hauptschule Niederndorf ist im gleichnamigen Kapitel ausführlich zu genießen, verfasst wurde es von zwei Mitgliedern des Schulporträtteams. Im Kapitel „ISV oder Der Blick über den Tellerrand" werden einige andere Porträts zitiert.

Im folgenden Beitrag stellt Karin Grinner die wissenschaftliche Fundierung ihrer Arbeit dar. Weiche Wissenschaften, die mehr auf das Verstehen und Einfühlen setzen, haben es unter den übrigen Wissenschaften, die auf harte Daten, Fakten und Normen setzen, nicht leicht. So nimmt es nicht wunder, wenn Karin Grinner viele andere Wissenschaftler/innen zur Legitimation zitiert.

Richard Stockhammer

Das Schulporträt als narrative, vorwärts-orientierte Form der Betrachtung von Schulen

Drei Jahre Entwicklungsarbeit am Konzept Schulporträt und der Blick zurück auf rund zwanzig Porträts geben Anlass, innezuhalten und Bilanz zu ziehen. Ein Dialog soll Basis dieser Bilanz werden, ein Dialog zwischen meiner inneren Stimme und mir, die im Frühsommer 2007 angetreten ist, sich mit einem mutigen Schulleiter zu einem orientierenden Gespräch über seinen Platz innerhalb des Verbunds innovativer Schulen (ISV) zu treffen, womit die Geburtsstunde der Schulporträts eingeläutet war. Ein Konzept, das mit den Schulen in einen Dialog tritt, mit ihnen gemeinsam ihre Arbeit bestaunt, be*achtet* und würdigt, aber auch kritisch hinterfragt und reflektiert. Kurz: ein Konzept, das Dokumentation, Reflexion und Evaluation in sich vereint.

Der vorliegende Beitrag berichtet über das Schulporträt als Möglichkeit des reflexiven Lernens der am Porträt beteiligten Schulleiter/innen, Lehrer/innen und Schüler/innen, und er gibt Einblick in mein persönliches Lernen. Selbstreflexive Fragen leiten durch den Text[1].

Abbildung H1: Fragen zum Projekt-Rap

1 An mehreren Schulen ist im Zuge der Entstehung eines Schulporträts der sogenannte Projekt-Rap zum Einsatz gekommen: Eine Sammlung von körperbezogenen Fragen (vgl. Gugel 2004, S. 51 f.), die aktivieren sollen, einen Prozessverlauf – etwa bezogen auf ein Projekt am Standort – zu reflektieren. Bislang gewohnt, die Fragen an Vertreter/innen der Schulen zu richten, stelle ich mich in diesem Beitrag selbst diesem Rap.

Was mir durch den Kopf geht

Bevor ich meine Gedanken dazu ausführe, versuche ich eine komprimierte Darstellung und wage ein Experiment. Das Ergebnis: Ein Bild, als hätte man all seine Überlegungen in einen virtuellen Würfelbecher verpackt, mehrmals durchgeschüttelt und dann rasant gestoppt. Fertig ist das Wortnetz[2], das Begriffe entsprechend der Häufigkeit ihrer Verwendung in einem Text darstellt, so geschehen mit dem Text des Schulporträt-Folders.

Abbildung H2: Das Konzept Schulporträt dargestellt als Wortnetz

Im breiten Feld von Schulporträtarbeit stellt das net-1-Schulporträt ein eigenes Genre dar: Es folgt expliziten Verfahrensschritten und ist im qualitativen Paradigma beheimatet. Das net-1-Schulporträt greift Prinzipien der Aktionsforschung auf, die mit Aspekten der Praxis- und Evaluationsforschung verknüpft werden, und ist besonders gekennzeichnet durch den Einsatz narrativer Elemente. Schulporträtarbeit, wie sie im Folgenden näher ausgeführt wird, stellt in Österreich eine vergleichsweise noch junge Tradition dar, die eigenständig und unabhängig von der Entwicklung in Deutschland verlaufen ist. Das net-1-Schulporträt ist die Antwort auf die Bedürfnisse des Netzwerks, in dem es entstanden ist.

2 Generiert mittels Wordle: www.wordle.net (29. 6. 2011).

Als Schule an einem Schulporträtprozess teilzunehmen bedeutet, in einen mehrstufigen, dialogischen Prozess mit dem Schulporträtteam eingebunden zu sein:

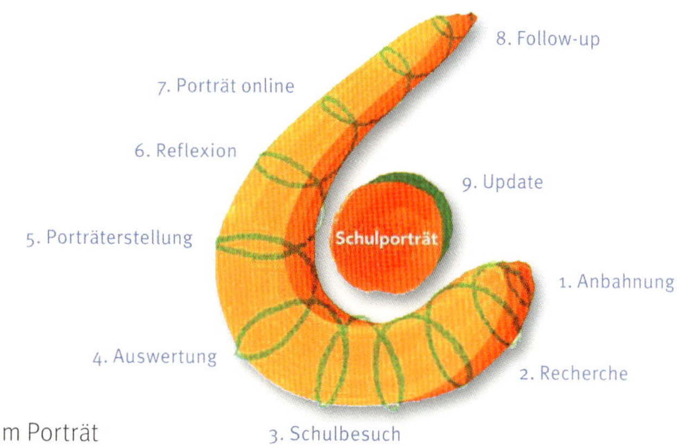

Abbildung H3: Der gemeinsame Weg zum Porträt

Nach einer *Anbahnungsphase*, die im Zeichen des ersten Kennenlernens steht, erstellt die Schule auf Basis der Qualitätskriterien des Deutschen Schulpreises (vgl. Fauser/Prenzel/Schratz 2007, 2008) eine Eigendokumentation über den Standort. Nach Studium dieser Dokumentation und weiteren *Recherchen* vorwiegend im Sinne von Dokumentenanalyse folgt ein ca. zweitägiger *Schulbesuch* durch Vertreter/innen des Schulporträtteams[3] zum Zweck der vertiefenden Datenerhebung. Lehrer/innen, Schulleitung, Schüler/innen, Eltern und gegebenenfalls auch Vertreter/innen der Schulaufsicht sind hier in Interviews, Gruppengesprächen und anderen vorwiegend qualitativ ausgerichteten Settings die Dialogpartner/innen des Schulporträtteams. Die Schultore öffnen sich für Unterrichtsbesuche und -beobachtungen.

Nach Transkription und inhaltsanalytischer *Auswertung* der Daten kann das *Porträt* entstehen. Im Sinne einer kommunikativen Validierung erhält die Schule eine Demoversion des Porträts zur *Reflexion*. Erst nach diesem neuerlichen Austausch kann das Endprodukt[4] online gehen: die evaluative Beschreibung der Schule entlang der sechs Qualitätsbereiche Leistung, Umgang mit Vielfalt, Unterricht, Verantwortung, Schulleben und Schulentwicklung (vgl. Fauser/Prenzel/Schratz 2007, S. 9 ff.). Den vorläufigen Schlusspunkt bildet nach durchschnittlich einem Dreivierteljahr ein *Follow-up-Gespräch* zwischen den an der Entstehung des Porträts beteiligten Akteur/innen. Das

3 Im Regelfall besteht das Schulporträtteam vor Ort aus einem Tandem aus Sozialwissenschaft und Schulpraxis.
4 Auf der net-1-Plattform (http://net-1.bmukk.gv.at) wurden bisher 19 Schulporträts publiziert. Darüber hinaus werden die einzelnen Schulporträts auch als Broschüren zugänglich gemacht.

Schulporträtteam geht gemeinsam mit den Interviewpartner/innen Fragen nach, wie zum Beispiel: Was haben wir aus dem Porträt herausgelesen? Wie sind wir damit umgegangen? Welche Entwicklungsschritte haben sich seit der Porträtierung ergeben? Ein Selbstevaluationsverfahren der net-1-Schulporträtarbeit hat den Wunsch nach der Möglichkeit der Aktualisierung bestehender Schulporträts zutage gefördert, was zur Erweiterung der Prozessschritte um das sogenannte *Update* geführt hat.

Das Konzept der net-1-Schulporträts offenbart zahlreiche Parallelen zum individualisierten, personalisierten Vorgehen auf der Ebene des Unterrichts. Es wird der Schule Wertschätzung und Anerkennung gezollt, ohne dabei jedoch auf Feedback im Sinne von Entwicklungsansätzen zu verzichten. Es ist zu erwarten, dass die Schule aufgrund ihrer aktiven Teilnahme am Entstehungsprozess ihr Entwicklungspotenzial auch verstärkt selbst wahrzunehmen vermag. Wer eine Schule auf dem Weg zum Schulporträt begleitet, tut dies in der Absicht, die Schule neugierig auf sich selbst zu machen. Frei nach Niklas Luhmann kann ein System nicht sehen, was es nicht sehen kann, eine Schule kann demnach ihre blinden Flecken nicht oder nur schwerlich erkennen, oftmals aber auch ihre Stärken nicht (mehr) differenziert wahrnehmen.

Bei der Erstellung eines Schulporträts wird die Schule nicht im Sinne einer Subjekt-Objekt-Beziehung als Fall betrachtet, sondern in ihrer Einzigartigkeit wahrgenommen. Die Porträtierenden ziehen sich nicht auf eine distanzierte Position zurück, sondern werden sowohl während des Schulbesuchs als auch im Porträt als (Ansprech-)Personen erkennbar.

Schule und Porträtierende gehen eine Subjekt-Subjekt-Beziehung ein und übernehmen beiderseits Verantwortung für das Gelingen des Schulporträts. Die Porträtierenden tun dies unter anderem durch Recherche und seriösen Umgang mit Daten, die Schule durch die Bereitschaft, besucht und porträtiert zu werden, durch Erstellung einer Eigendokumentation sowie durch das Einlassen auf das offene Gespräch. Die Wahrung von Integrität als Anspruch innerhalb von Subjekt-Subjekt-Beziehungen (vgl. Juul/Jensen 2005, S. 41 ff.) gilt beim Schulporträt als Prinzip. So geht der Veröffentlichung eines Schulporträts eine Rückmelde- bzw. Reflexionsphase seitens der Schule voraus. Hier werden inhaltliche Aspekte nachgefragt bzw. können in Abstimmung zwischen Schule und Porträtierenden Ergänzungen oder begründete Änderungen vorgenommen werden.

In vergleichbarer Weise gilt der Anspruch auf Individualisierung und Personalisierung auch für die im Rahmen der Schulporträts zum Einsatz kommenden Methoden der Datenerhebung. Sie nehmen das jeweilige Individuum in den Blick, das seine schulische Wirklichkeit vermittelt. Die verwendeten Methoden, insbesondere die für die Begegnung mit Schüler/innen und Eltern individuell konzipierten Feedback-Tools [5], lassen verschiedene Ansätze erkennen: konstruktivistische Zugänge bis hin zur Spielpädagogik lassen die Personen vor Ort zu aktiven Gesprächspartner/innen werden. Das Schulporträt will nicht mit standardisierten Instrumenten abbilden, keine harten Kennzahlen ermitteln, was in keinem Widerspruch zu systematischem Vorgehen steht. Es sind die Individuen, die ins Zentrum gerückt werden. Sie werden animiert, über ihr Tun und Handeln, ihr Erleben und Empfinden zu reflektieren und sich mitzuteilen.

Beispiele für Tools zur Feedback-Arbeit mit Schüler/innen

5 Zwei Beispiele für Feedback-Tools („E-Mail von/an Milena“ sowie „Unser Lernhaus“) finden sich in Grinner 2010b und Grinner 2010c.

Es gilt, möglichst viel über die Schule in Erfahrung zu bringen. „Setze dein Nichtwissen ein" – dieser Leitgedanke der Prozessberatung nach Edgar H. Schein (Schein 2003, S. 30) ist dabei ebenso wie sein Konzept des anerkennenden Fragens (vgl. Schein 2003, S. 80 ff.) zur hilfreichen Stütze geworden: „Ich kann meine innere Realität nur entdecken, wenn ich zu unterscheiden lerne zwischen dem, was ich weiß, dem, was ich zu wissen glaube, und dem, was ich wirklich nicht weiß. Ich kann nicht entscheiden, was die aktuelle Wirklichkeit ist, wenn ich spüre, was mir über die Situation nicht bekannt ist, und ich nicht so weise bin, mich danach zu erkundigen" (Schein 2003, S. 30). Die Wahrnehmung und Deutung der Betroffenen rücken zugunsten einer höheren Objektivität bzw. Repräsentativität in den Vordergrund (vgl. Brügelmann 2005, S. 338). Der Sinn, der Kontext und die subjektive Bedeutung für die Beteiligten sollen sichtbar werden (vgl. Stockhammer 2008, S. 6).

Egal, ob in der Feedback-Arbeit mit Schüler/innen und Eltern oder in den Begegnungen mit der Schulleitung und den Lehrer/innen, im Vordergrund steht „der Blick auf die Akteure, die das System tatsächlich hervorbringen und verändern" (Scharmer 2009, S. 373). Mit Respekt vor den damit in Verbindung stehenden Namen und ihren Errungenschaften wage ich für das Schulporträtverfahren Vergleich und Hinweis auf die Methode *Appreciative Inquiry* (Bonsen/Maleh 2001) oder das *World Café* (Brown/Isaacs 2007): „Diese Ansätze legen ihr Augenmerk auf die einzelnen und kollektiven Akteure und darauf, wie der Wert ihrer Erfahrungen sichtbar für den Weg nach vorne produktiv gemacht werden kann. Diese Ansätze bauen darauf auf, die positive Energie zu erschließen, die in den Akteuren lebt, und sie in Handlung umzusetzen" (Scharmer 2009, S. 373).

Was mich in Bewegung setzt

Die Frage nach dem Bewegungsmoment kann ich für mich zunächst damit beantworten, dass sich die Schulporträtarbeit durch große Vitalität auszeichnet. Motivation aller Beteiligten treibt an. Es fällt nach wie vor leicht, jedes Porträt individuell zu schreiben, ich spüre Kraft und Unterschiedlichkeit der Schulen in vielen Bereichen. Von der ersten Kontaktaufnahme bis zum Moment, wo sich die Tür nach dem Follow-up-

Gespräch schließt, verläuft die Zusammenarbeit mit den Schulen jedes Mal ein wenig anders und ist von unterschiedlichen inhaltlichen Schwerpunkten geprägt. Es sind die Menschen und die intensiven Kontakte mit ihnen, die zur Lebendigkeit der Schulporträtarbeit beitragen. In Bewegung setzt oder hält mich auch die positive Resonanz der Beteiligten. An dieser Stelle sollen die Ergebnisse der Selbstevaluation der Arbeit mit den Schüler/innen[6] und aus den Follow-up-Gesprächen[7] mit den Lehrer/innen und Schulleiter/innen einfließen. Durch die *Rückmeldungen der Schüler/innen* zieht sich als roter Faden positives Feedback. Sie drücken fast ausnahmslos Interesse und Freude an der gemeinsamen Arbeit aus: „Ein spannender und interessanter Vormittag." Ergänzungen wie „wundervoll", „abwechslungsreich", „witzig" oder „Ich habe diese Stunde genossen" verstärken den Eindruck, dass die Schüler/innen die Arbeit als sehr angenehm erleben. Dass nicht nur der Spaßfaktor zählt, sondern auch wahrgenommen wird, dass es um Reflexion geht, beweisen Rückmeldungen wie diese: „Eine Stunde, in der wir über die Schule nachdenken und die Schule loben und/oder kritisieren können." Anerkennung findet, dass der eigene Standpunkt zählt. Die Schüler/innen schätzen, dass ihre Stimme gehört wird. Die gemeinsame Arbeit wird zum bewegenden Erlebnis, das sie mit Stolz erfüllt. Eine Aussage, die in ähnlicher Weise mehrfach geäußert wurde und besonders bestärkt, den gewählten Weg der Arbeit mit den Schüler/innen weiterzugehen: „Ich finde, dass dieses Erlebnis, diese Erfahrung keinem Schüler vorenthalten werden sollte!"

Als Zielsetzungen für die Follow-up-Gespräche mit den Schulteams wurden festgelegt, die Schulporträts hinsichtlich der Kernbotschaften und Entwicklungsansätze zu reflektieren, Rückmeldung über Kraft und Nutzen der Schulporträts einzuholen und so letztendlich nach Abschluss aller Gespräche eine Bilanz im Sinne einer Methodenkritik ziehen zu können. Wie aus der Zusammenführung der Ergebnisse der zu diesem Zweck durchgeführten SWOT-Analysen[8] sichtbar wurde, nehmen die Porträtierten den methodischen Zugang Schulporträt als sehr wertvoll und positiv wahr. Als Stärken wurden herausgearbeitet: Es ist die Außensicht, die geschätzt wird, gefolgt von der wohltuenden Wertschätzung der erbrachten Leistungen. Die individuelle Betrachtung der Schulen wird betont, die Möglichkeit, verschiedene Beteiligte über den Weg von persönlichen Gesprächen zu Wort kommen zu lassen. An der Art der Darstellung wird hervorgehoben, dass eine gefühlvolle Zusammenschau, die der jeweiligen Schule entspricht, in eine Art Geschichte eingebunden wird. Kraft und Nutzen wird dem Schulporträt in erster Linie aufgrund der Anregung zur (Selbst-)Reflexion zugeschrieben. „Das Schulporträt war ein Denkanstoß, sich neu zu orien-

6 Nach der gemeinsamen Arbeit schreibe ich den beteiligten Schüler/innen (derzeit rund 150) einen Brief. Sie werden darin gebeten, für Schüler/innen, die die Arbeit an einem Schulporträt noch vor sich haben, ihre Erfahrungen zu beschreiben.
7 Bislang wurden mit rund 50 Lehrer/innen und Schulleiter/innen aus 15 Schulen nachbereitende Gespräche geführt.
8 SWOT steht für: Strengths (Stärken), Weaknesses (Schwächen), Opportunities (Chancen), Threats (Gefahren).

tieren, gewisse Situationen zu überdenken." Das Mitwirken an einem Schulporträt motiviert zur Weiterentwicklung, birgt Inspiration. „Die Außensicht bringt weiter. Ich habe sofort Energie verspürt weiterzuentwickeln, weiterzuarbeiten, Neues auszuprobieren." Geschätzt an der Wirkung nach innen wird, dass Verbesserungsmöglichkeiten aufgezeigt werden und vom Schulporträt vielfältig stärkende Wirkung ausgeht (Wir-Gefühl, Identifikation, Selbstbewusstsein). „Ab der Veröffentlichung haben wir an einem Strang gezogen, da waren dann hundert Prozent da, weil wir kleine Missstände aus dem Weg räumen wollten." Kraft und Nutzen nach außen werden hauptsächlich in Bezug auf Vernetzung und Austausch sowie im Zusammenhang mit Öffentlichkeitsarbeit und Werbung wahrgenommen. Besonders wertvoll für die Weiterentwicklung der Schulporträtarbeit waren die Ergebnisse der SWOT-Analysen jedoch hinsichtlich der herausgearbeiteten Schwächen bzw. Potenziale des Schulporträt-Verfahrens. Diese Rückmeldungen stellen den eigentlichen Auftrag dar und sorgten bei mir für einen Bewegungsschub. Als wesentliche Konsequenzen daraus wurden die Schulbesuche auf einen zweiten Tag ausgedehnt, die Arbeit mit den Schüler/innen intensiviert, die Eltern eingebunden, die Kontakte mit dem Lehrer/innenteam vor Ort ebenso wie die Unterrichtsbesuche ausgeweitet. Alle genannten Maßnahmen stehen in engem Zusammenhang mit einem weiteren Moment, das für mich Bewegung in die Schulporträtarbeit gebracht hat: die Erweiterung des Teams an Autor/innen mit Dezember 2008.

Zweifellos hat es antreibende Kraft, dass ich im Zuge der Follow-up-Gespräche größtenteils feststellen konnte, dass das Schulporträt vielfach als „Schwungrad für die anstehende Arbeit" betrachtet wird. Das erste Mal spürbar wurde die Kraft, die in den Schulporträts steckt, jedoch bereits ganz zu Beginn ihrer Entstehungsgeschichte: Oktober 2007, ein Veranstaltungshaus in Vösendorf bei Wien, vorwiegend Lehrer/innen und Leiter/innen der innovativen Schulen im Verbund (ISV) im Plenarsaal. Im Zentrum des Interesses auf der Bühne: Vertreter/innen der ersten fünf porträtierten Schulen, ihres Zeichens ebenfalls Lehrer/innen und Leiter/innen.

Niemand der sonst Anwesenden weiß bis dato, was das ist, ein Schulporträt, was es bedeutet, in den Prozess einzusteigen. Neugierig sind die meisten, vermutlich auch unsicher. Wer kommt da an die Schule, wie läuft das ab, was geschieht dort (mit uns)? Man kann die Fragen förmlich in den Gesichtern lesen. Es blieb keine Zeit für Absprachen im Vorfeld, nur ein paar Leitfragen habe ich die Runde gebeten zu überlegen, um ihren Kolleg/innen aus dem Netzwerk Einblick in die Schulporträt-Welt zu geben. Es liegt Spannung im Raum, man kann die sprichwörtliche Stecknadel zu Boden fallen hören. Das Mikrofon wandert von einem zum anderen. Mit fester Stimme sprechen sie alle und breiten einen Mantel der positiven Energie über die Gruppe: „Wir können nur alle Schulen ermutigen, mitzutun." „Die Interviews sind in einer sehr entspannten und familiären Atmosphäre verlaufen." „Die Fragestellung war sehr zielgerichtet. Wir wurden schnell in die Tiefe geführt." „Man kann nichts verdecken, auch Unsicherheiten wurden angesprochen." „Wir freuen uns, dass die Wärme und Lebendigkeit, die wir selber an der Schule erleben, auch in der Interviewführung und in den Porträts spürbar wurde." „Vor allem die Außensicht bringt uns weiter. Das ist ein Weg, wie man neue Lernkultur leben kann." „Das Porträt ist auch ein Abschluss einer Arbeit, eine positive Zwischenbilanz. Man kann erkennen, wie weit wir unsere Ziele erreicht haben. Neue Ziele können gesteckt werden." „Die Berichte gehen in die Tiefe, die Innenansichten erreichen die Herzen der Lehrer/innen."

Erst viel später und um einiges an Theoriearbeit reicher wird mir klar, was ich dort erstmals – und in Folge immer wieder im Schulporträt-Kontext – erlebt habe: Öffnung des Denkens, Öffnung des Fühlens, Öffnung des Willens (vgl. Scharmer 2009, S. 449 f.).

Wo ich mir die Finger verbrannt habe

Verbrennungen musste ich bislang nicht davontragen. Ich entschärfe die Frage und stelle sie mir in dem Sinne, was ich rückblickend anders kommunizieren würde. Deutlicher herausarbeiten möchte ich, dass es sich bei den Schulporträts um einen Dreiklang aus Dokumentation, Evaluation und Reflexion handelt.

Der *Evaluationsaspekt* soll neben den beiden anderen weder über- noch unterbetont werden und bedarf im Sinne einer erweiterten Definition bzw. Neuinterpretation näherer Betrachtung, um keine missverständlichen Ansprüche zu transportieren. „Evaluation ist die systematische Untersuchung des Nutzens oder Wertes eines Gegenstandes", formuliert die deutsche Gesellschaft für Evaluation (DeGEval) und liefert damit eine Definition, die anerkannt und vielfach zitiert wird (vgl. Mittelstädt 2006, S. 12). Das Schulporträt unterwirft sich dieser Definition mit Einschränkungen, wobei ich den Anspruch auf systematisches Vorgehen weitgehend erfüllt sehe. Ich folge dabei den Anforderungen von Burkard und Eikenbusch (vgl. 2000, S. 25), die den Anspruch „systematisch" zunächst durch die Schaffung einer Datengrundlage (Interviews,

Gruppengespräche, Feedback-Tools), die Orientierung an Kriterien (sechs Qualitätsbereiche), die Datenanalyse (inhaltsanalytische Auswertung) sowie den Nutzen der Evaluation in Bestätigung bzw. Veränderung der Praxis sehen (Follow-up-Gespräche, Updates). Lediglich eine explizite Bewertung vorzunehmen, ist nicht Anliegen des Schulporträts. Wenn es bei Altrichter/Messner/Posch (2004, S. 13) heißt, „Evaluieren heißt beobachten und Konsequenzen ziehen", so kommt diese betont kurze und pragmatisch anmutende Darstellungsweise dem Ansinnen des Schulporträts sehr nahe. Die Porträtierenden beobachten, stellen ihre Wahrnehmungskraft in Kombination mit der Datenbasis zur Verfügung, regen aber auch die Beteiligten in ihrer Wahrnehmungskraft an. Das dialogische Vorgehen macht eine Bewertung weitgehend obsolet. Es obliegt der Schule, Konsequenzen zu ziehen, nicht aufgrund harter Kennzahlen, sondern gemeinsam angestellter Überlegungen. Wenn im Schulporträt-Kontext von Evaluation die Rede ist, dann in einem dynamischen, zukunftsorientierten Verständnis. Wir gehen flexibel mit den Kriterien der Qualitätsbereiche um, nicht immer kommen alle zur Anwendung, manche werden detailreicher betrachtet als andere. Ziel ist primär die Potenzialaussage über die Schule, nicht das Suchen von Fehlern und Schwachstellen. Letztere kommen trotz des explizit stärkenorientierten Zugangs zutage, allerdings auch in einem dynamischen Verständnis: „Fehler sind ein Sprungbrett."[9] Der produktive, vorwärtsorientierte Umgang mit dem nicht so Gelungenen ist dem Schulporträt ein Anliegen, indem wir mit Blick auf das eben angeführte Zitat Fehler als Wissensbasis betrachten, die unsere Handlungskompetenz stärken.

Bei Jerome Bruner (1986) findet sich die Unterscheidung zwischen logisch-wissenschaftlichem bzw. argumentativem Denken und narrativem Denken. Frenzel/Müller/Sottong (vgl. 2006, S. 14) beziehen sich auf seine Forschungen, wenn sie diese zwei Arten zu denken als zwar unterschiedliche Zugänge zur Welt bzw. Wirklichkeit beschreiben, aber dennoch beide als erforderlich erachten, um in der Welt zu bestehen: „Denn mit dem argumentativen Denken erfassen wir die Fakten und die allgemeinen Regeln und Gesetze der Welt, mit dem narrativen Denken schaffen wir Zusammenhänge, Sinn, Orientierung und Visionen für die Zukunft. Mit dem logisch-wissenschaftlichen Denken hat die Menschheit die Gesetze der Schwerkraft entdeckt, mit Geschichten wie der von Ikarus und Daedalus hielt sie den Traum vom Fliegen wach – bis es gelang, ihn zu verwirklichen" (Frenzel/Müller/Sottong 2006, S. 15).

In die Evaluation im Rahmen eines Schulporträts fließt vermehrt narratives Denken ein, welches sich von argumentativem Denken wie folgt unterscheidet:

9 Andrea Stelzhammer, Produktionsleiterin der Kommunikationsagentur Eckmayr & Partner, die sich auf einen besonderen Umgang mit Fehlern geeinigt hat, in einem Interview im Rahmen der „Wissensg'schichten" (WIFI 2009, S. 82).

Narratives Denken ...	Argumentatives Denken ...
... geht aus von (tatsächlichen oder möglichen) Ereignissen und tendiert daher zur Konkretisierung	*... geht aus von Daten und Theorien und tendiert daher zur Abstraktion*
... enthält immer eine ganze Welt und stellt Zusammenhänge zwischen Fakten, Emotionen, Rahmenbedingungen, Einstellungen, Handlungsweisen etc. her	*... konzentriert sich auf Einzelheiten und Teilaspekte und stellt Zusammenhänge zwischen Fakten und anderen Fakten her*
... eröffnet Möglichkeiten	*... schafft Tatsachen*

Abbildung H4: Narratives und argumentatives Denken (Frenzel/Müller/Sottong 2006, S. 18)

Tatsächlich ist es das Eröffnen von (begründeten und begründbaren) Möglichkeiten, der Schritt vom passiven Problem- in den aktiven Lösungs- bzw. Handlungsraum, dem sich das Schulporträt verschrieben hat.

Mit Blick auf die von Reinhard Stockmann definierten vier möglichen Funktionen von Evaluation (vgl. Stockmann 2006, S. 20) sind es die Erkenntnisfunktion (z. B.: Wie setzen die Schulen die Erfordernisse der Individualisierung um?) und die Dialogfunktion (Dialog zwischen allen am Schulporträt Beteiligten vor Ort genau wie auf Steuerungsebene), die dem Schulporträt das größte Anliegen sind. Legitimierungsfunktion erfüllt das Schulporträt insofern, als es beiträgt, nicht nur Leistungen des Standorts sichtbar zu machen, sondern indirekt auch Hinweise auf erfolgreiches Arbeiten im Netzwerk bietet. Die Kontrollfunktion im Rahmen von Evaluation hat in unserem Kontext vernachlässigbare Bedeutung – dies nicht zuletzt aufgrund der Freiwilligkeit aller Beteiligten. Zusätzlich zu den genannten Funktionen nimmt das Schulporträt ganz bewusst auch den Entwicklungsaspekt mit in den Blick und unterstreicht damit seine Vorwärts-Orientierung.

Wenn ich oben angemerkt habe, dass der Evaluation besondere Aufmerksamkeit zu widmen ist, dann deshalb, um für die Notwendigkeit der richtigen Balance zwischen den Aspekten Dokumentation, Reflexion und Evaluation zu sensibilisieren. Wesentlich ist die evaluative Absicht im Schulporträt allemal, ich würde sogar so weit gehen, sie als das Salz in der Suppe zu bezeichnen. Erst die richtige Mischung der drei Aspekte baut das nötige Spannungsmoment auf, das für einen Energieschub sorgt. Eine wesentliche Erkenntnis dazu: Porträts, die aufgrund der Vernachlässigung des Evaluationsgedankens kaum Entwicklungsanregungen liefern, können das ihnen zugrunde liegende Potenzial nicht ausschöpfen. Fazit: Die evaluative Absicht ist integraler Bestandteil eines Schulporträt-Vorhabens, ist notwendig und erwünscht, wird vielfach regelrecht von den beteiligten Schulen eingefordert. Es bedarf aber einer Abkehr vom traditionellen Evaluationsverständnis, wenn es um Bewertung geht. Ich räume ein, dass es künftig einer adaptierten, differenzierten Begrifflichkeit bedarf, die den dialogischen, kooperativen, dynamischen, zukunftsorientierten Aspekt mehr betont, das Beschreibende gegenüber dem Bewertenden hervorhebt.

Wofür mein Herz schlägt

Mit Freude nehme ich wahr, dass narrative Ansätze, Ansätze also, die auf das Erzählen, das Kundtun setzen, mehr und mehr Beachtung erfahren. Besonders dort, wo es um die Vermittlung von Erfahrungswissen geht, wo die Diskussion um das Heben von schwer greifbarem implizitem Wissen kreist, werden „Erzählungen [...] als ein Medium des Wissenstransfers neu entdeckt" (Fahrenwald 2005, S. 36). Dies hängt nicht zuletzt mit dem Erkennen der Grenzen einer „faktenorientierten Wissensverteilungspraxis" (Totzke 2005, S. 33) zusammen, die lange Zeit technisiert gestaltet wurde und dabei den sozialen Aspekt vernachlässigt hat (vgl. Reinmann 2005, S. 12). Mit ausschlaggebend dafür, dass narrativen Zugängen vermehrt Aufmerksamkeit geschenkt wird, dürfte auch die mit der Veränderung des Wissensbegriffs in der Spätmoderne verbundene Neuinterpretation des Erfahrungsbegriffs sein, wie Fahrenwald es ausdrückt: „Im Gegensatz zur klassischen Moderne, die nahezu ausschließlich auf die Objektivität des Wissens gesetzt hatte, wird dabei im Rahmen einer Ausdifferenzierung des Wissensbegriffs auch das subjektive Potential von Erfahrungen (wieder) entdeckt" (Fahrenwald 2005, S. 37).

Das Schulporträt versucht den narrativen Ansatz auf zwei Wegen zu realisieren: Einerseits, indem die Interviewpartner/innen durch entsprechende Impulse weniger befragt, sondern mehr zum Erzählen und Reflektieren animiert werden: „Indem man

Wissen in Hinblick auf die Erwartungen und Lernvoraussetzungen einer anderen Person sprachlich darstellt, muss man es präzisieren, elaborieren, rekonstruieren, systematisch auf Konsistenz und Kohärenz prüfen" (Ruf 2006, S. 64). Der narrative Ansatz wird fortgeführt, indem die Ergebnisse über den Weg des Porträts weniger in Form eines wissenschaftlichen Berichts, sondern mehr in erzählender Form angeboten werden. „Die Erzählung legt es nicht darauf an, das pure ‚an sich' der Sache zu überliefern wie eine Information oder ein Rapport. Sie senkt die Sache in das Leben des Berichtenden ein, um sie wieder aus ihm herauszuholen" (Benjamin 1984, S. 388). Der Geschichtenerzähler ist nach Walter Benjamin nicht am Erzählen von Fakten in Form von Informationen, sondern als Erfahrung interessiert. Das Schulporträt versucht, eine – datenbasierte – „Geschichte" zu erzählen, die Fakten mit ihrem Umfeld in Beziehung zu bringen. Es nutzt dabei viele Vorteile, die Geschichten haben: „Geschichten helfen uns, Komplexität zu verstehen, sie befriedigen die Frage nach dem Warum, füllen Fakten mit Leben und haben eine Botschaft, die bisweilen überraschend ins Auge springt, bisweilen genussvoll entdeckt werden will. Geschichten sind unmittelbar und einzigartig, sie haben eine ansprechende Sprache und haben eine eigene Ästhetik. Gemeinsam ist allen Geschichten, dass sie konkrete Vorstellungen hervorrufen, neue Denkmöglichkeiten aufzeigen und zu Veränderungen anregen" (Reinmann/Vohle 2005, S. 75).

Mein Bemühen geht dahin, die Schulporträts als eine Textsorte zu etablieren, die Wahrnehmungen, Beobachtungen, Daten, Fakten etc. zu einer Geschichte über die Schule verwebt. Eine Textsorte, die sich die Macht von Geschichten im Positiven zunutze macht, aber weitab von Plauderei oder Erfindungen angesiedelt ist (vgl. Herbst 2008, S. 13). Als eine der wissenschaftlich fundiertesten narrativen Methoden gilt die Storytelling-Methode (im englischen Original *learning histories*), entwickelt am Center for Organizational Learning des Massachusetts Institute of Technology (MIT), Cambridge, USA. Sie vereint Theorien und Techniken der Ethnografie, der Aktionsforschung und des Journalismus (vgl. Porschen 2008, S. 163). Ziel ist es, kollektive Lernprozesse zu erheben, zu dokumentieren und unternehmensweit nutzbar zu machen. Auch im deutschsprachigen Raum findet die Methode vermehrt Anwendung. Sie wird häufig mit Karin Thier (2006) in Verbindung gebracht, die über zahlreiche Erfahrungen mit Firmen wie T-Mobile International, Voestalpine Stahl oder Siemens berichtet.

Reinmann (vgl. 2005, S. 76) verweist auf drei Kriterien, aufgestellt von Kleiner und Roth (1998) im Rahmen der Storytelling-Methode, die ich auch für die Erstellung eines Schulporträts als gültig erachte: (1) *True to the data* – es geht nicht um Plaudereien oder Erfundenes, Leser/innen haben Anspruch auf Wahrheit, der Text muss nachprüfbar sein. (2) *True to the story* – Leser/innen haben Anspruch auf Unterhaltung, auf eine fesselnde Story. (3) *True to the audience* – die Geschichte muss auf die

Zielgruppe zugeschnitten sein, muss anschlussfähig sein. Bei Thier (vgl. 2006, S. 20) finden sich darauf aufbauend drei Imperative, die ähnliche Ansprüche thematisieren und meines Erachtens im Sinne einer Qualitätskontrolle auch auf ein Schulporträt anwendbar sein sollen: (1) *The research imperative*: sauberes, wissenschaftliches Arbeiten (Interviewführung und -auswertung, Umgang mit Zitaten etc.), Trennung von Fakten, persönlichen Eindrücken, Interpretationen usw. (2) *The pragmatic imperative*: Das Porträt soll so entworfen werden, dass es von den Porträtierten akzeptiert wird und einen bestmöglichen Lerneffekt für die Beteiligten, aber auch für die Leser/innen mit sich bringt. (3) *The mythic imperative*: Das Porträt berücksichtigt den jeweiligen schulischen Kontext, wird darin eingebettet und erzeugt bei den Leser/innen Spannung. Kurz gefasst möchte ich als Anspruch an ein Schulporträt formulieren, einen „realen Vorgang in narratives Format zu verpacken" (Reinmann/Vohle 2005, S. 75).

Was also mein Herz höher schlagen lässt, ist die Wahrnehmung, dass sich die Bedeutung, die Geschichtenwissen im Vergleich zum Faktenwissen zukommt, entscheidend zu wandeln scheint. Mir geht es nicht um das Einnehmen einer Entweder-oder-Haltung nach dem Ausschließungsprinzip. Das Schulporträt soll und kann nicht zur Zauberformel hochstilisiert werden und sieht sich nicht als Ersatz für andere Verfahren, doch aber als wertvolle Ergänzung. Faszinierend einfach nachvollziehbar und doch gleichzeitig hoch komplex ist der Dreischritt von der Selbstbeobachtung über die Selbstinformation hin zur Selbstveränderung eines Systems, wie er mittels Schulporträt forciert bzw. unterstützt werden kann: „Die Suche nach Geschichten aus dem Feld, die realistische Möglichkeiten aufzeigen können, ist damit eine Methode der Selbstbeobachtung und in der Folge – wenn diese Geschichten weiterverbreitet werden – der Selbstinformation des Systems. Und wenn es gelingt, durch das Erzählen dieser Geschichten Einsichten auszulösen, Ideen zu streuen, Entscheidungen zu forcieren, dann wird daraus schließlich ein Instrument der Selbstveränderung" (Frenzel/Müller/Sottong 2006, S. 41 f.).

Die dargestellte Neubewertung von Erfahrungswissen, dem mittels Schulporträt an die Oberfläche verholfen wird, und die damit in Verbindung zu sehende Wiederentdeckung des Erzählens kann als Herausforderung für das moderne Wissensmanagement betrachtet werden, „die sowohl eine kritische Überprüfung bisheriger Grundannahmen nahe legt als auch die Chance zu einer kreativen Weiterentwicklung enthält" (Fahrenwald 2005, S. 49). – Die Zeit ist reif für die Schulporträts.

Wo ich noch genauer hinschauen möchte

Schulporträts bieten sowohl für die Beteiligten als auch für ihre Leser/innen optimalen Nährboden, um Lernen und in Folge Veränderungen in Gang zu setzen. „Pure Faktendarstellungen", schreibt Totzke (2005, S. 31), „erfüllen (anders als Geschichten) kaum Sinnesleistungsfunktionen. Sie vermögen viel weniger […], einen lebenspraktischen Horizont für den handelnden Umgang mit dem in ihnen enthaltenen Wissen aufzureißen. Ihnen fehlt das motivierende Moment. Logisch-begriffliche Darstellungen sind relativ unanschaulich (‚trocken') und enthalten in der Regel weniger Spannungselemente […]. Sie haben einen geringeren ‚Unterhaltungswert' und müssen mit größerer Anstrengung gelernt werden."

Schulporträts setzen reale Akteur/innen in Szene. Schulporträts vermögen den Anspruch einzulösen, dass Lernen ein Prozess ist, „in dem Beteiligte angeregt werden, eine geistig aktive Haltung einzunehmen", was im krassen Gegensatz steht „zum bloßen Belehren, bei dem sich die Teilnehmer passiv verhalten und ihnen Wissen aufoktroyiert wird" (Kleiner/Roth 1998, S. 5). Die Bezugsgruppe wird in den Schulporträttext einbezogen, kann miterleben und mitfühlen, was abläuft. Es bedarf keiner besonderen Aufforderung an die Leser/innen, eine Verbindung zu ihren eigenen Erfahrungen herzustellen, und damit ihren Horizont zu erweitern.

Mitverantwortlich dafür, dass wir uns in andere hineinversetzen, ihre Emotionen nachfühlen und vom Mitverfolgen ihrer Handlungen lernen können, sind die Spiegelneuronen. Ihnen wird „überragende Bedeutung für alle Lernvorgänge" zugeschrieben (Bauer 2006, S. 122). Das mittels Schulporträt intendierte „Lernen im Spiegel der anderen" erhält damit eine tiefere Bedeutung im Sinne einer Wechselwirkung: Eine Schule blickt in den Spiegel und erhält eine Außensicht als Spiegelbild ihrer selbst. Darin wiederum können sich auch andere – Leser/innen, Zuhörer/innen, am Rande Beteiligte – erkennen. Ihre Spiegelneuronen erfahren Aktivierung, ein Lernprozess wird angekurbelt. Gefühle, egal ob positive oder negative, setzen im Gehirn einen „Lernturbo" in Gang (Spitzer 2002). Den Emotionen wird mehr und mehr Bedeutung für das Lernen bzw. für Wissensentstehung zugemessen.

Auf didaktischer Ebene zeigt das Schulporträt-Verfahren Parallelen zur dialogischen Didaktik nach Urs Ruf und Peter Gallin (Ruf 2006, S. 60 ff). Orientiert am Grundmuster des Gesprächs, das schriftlich dokumentiert wird sowie auf Wechsel der Gesprächsrollen basiert, entwickelt sich auch das Schulporträt entlang von drei zentralen Leitfragen/-linien: Ich mach das so! (Eigendokumentation der Schule als erster Schritt)

Wie machst du es? (Aktivierendes, wertschätzendes, anerkennendes, auf Verstehen ausgerichtetes Nachfragen durch Porträtierende) Das machen wir ab. (Verschriftlichung und Öffentlichmachung des Porträts) Diese Parallelen – hier auf den kleinsten gemeinsamen Nenner reduziert – verdienen einen vertiefenden Blick, wie das dialogische Prinzip seinem Kern entsprechend im Zugang Schulporträt noch wirksamer werden kann. Unverkennbar eint beides: die Abkehr vom Defizitdenken und das Eröffnen von Lernchancen.

Was ich als Nächstes angreife

Eine der bestärkenden Rückmeldungen, die das Selbstevaluationsverfahren der Schulporträtarbeit zutage gefördert hat, war der von den Schulen formulierte Wunsch nach einer Aktualisierung des Schulporträts. Das Festgeschriebensein, die vermeintliche Starrheit, war es, was die Schulen als eine der wenigen für sie spürbaren Schwächen des Schulporträt-Verfahrens beschrieben haben. Die Möglichkeit eines Updates wurde als Potenzial für die Zukunft herausgearbeitet und mit Unterstützung des Schulporträtteams für sechs der ersten porträtierten Schulen mit Schulschluss 2009 in Angriff genommen und mit März 2010 abgeschlossen.

Das Schulporträt-Update ist kein Porträt im bisherigen Sinne, sondern ein von der Schule – mit Unterstützung des Schulporträtteams – selbst erstellter Text im Sinne einer Eigendokumentation. Ähnlich dem Schulporträt soll diese Eigendokumentation möglichst viele Perspektiven der Schulpartner/innen enthalten. Neben Reflexionen von Eltern und Schüler/innen fließen die Sicht der zuständigen Bezirksschulinspektor/innen und der Projektleitung – beides erhoben in kurzen Interviews – in das Update ein und runden die Eigensicht der Schule ab. Das Update setzt den Grundgedanken des Schulporträts fort, die Beteiligten zur Reflexion anzuregen.

Der Weg zum Update war für alle Beteiligten mit manchen Höhen und Tiefen verbunden und das Schulporträtteam war gefordert, die Balance zwischen Unterstützung und Eigenverantwortung der Schulen zu wahren. Zweifellos auch für uns ein weiterer und längst noch nicht abgeschlossener Lernprozess. Dass die Schulen von sich aus den Wunsch geäußert haben, die seit der Porträtierung gesetzten Schritte und vollzogenen Entwicklungen dokumentiert zu wissen und damit öffentlich zu machen, „was die Schule daraus gemacht hat", wie es eine Schulleiterin formuliert, kann als Indikator dafür gelten, dass es zur beabsichtigten Vorwärtsbewegung gekommen ist. In diesem Sinne kann das Update als logische, konsequente Fortführung des mehrphasigen Schulporträt-Verfahrens betrachtet werden und ist weiterer Ausdruck für die Verantwortlichkeit, der die Schulen sich stellen.

Hier soll der Dialog mit der inneren Stimme enden. Knapp vor dem Zieleinlauf widerstehe ich der Versuchung, den Text nochmals umzuwerfen und die Entwicklungsgeschichte des Schulporträts entlang der Phasen einer Heldenreise (vgl. Frenzel/Müller/Sottong 2006, S. 122 ff.) zu erzählen. Die unterschiedlichen Rollen, ich sehe sie deutlich vor mir …

Die wahren Helden und Heldinnen mit all ihren Stärken und Schwächen – und so könnte ein weiteres Prinzip der Schulporträtarbeit lauten – sind alle lernenden Akteure und Akteurinnen an den Schulen, die Tag für Tag das leben, worüber ich hier nur schreibe. Innovative Schulen ergeben sich dem Ruf des Abenteuers (der Innovation) stets auf Neue und brechen auf zu einer Reise ins Ungewisse. Da gibt es Förderer der Innovation ebenso wie die sogenannten Schwellenwächter, die den Akteur/innen den Weg versperren. Da werden wahre Kämpfe ausgefochten, den Schatz stets vor Augen. Und oftmals, das vermeintliche Ziel schon in Reichweite, gibt es weitere Prüfungen zu bestehen, ungeahnte Schwierigkeiten treten zutage. Und ist es nicht die Integration des Neuen in den Alltag, welche die Innovator/innen tagtäglich auf eine harte Probe stellt? Ja, so schnell ist man mitten in einer Heldenreise. Das Erzählen könnte aufs Neue beginnen. Aber das ist wieder eine andere Geschichte.

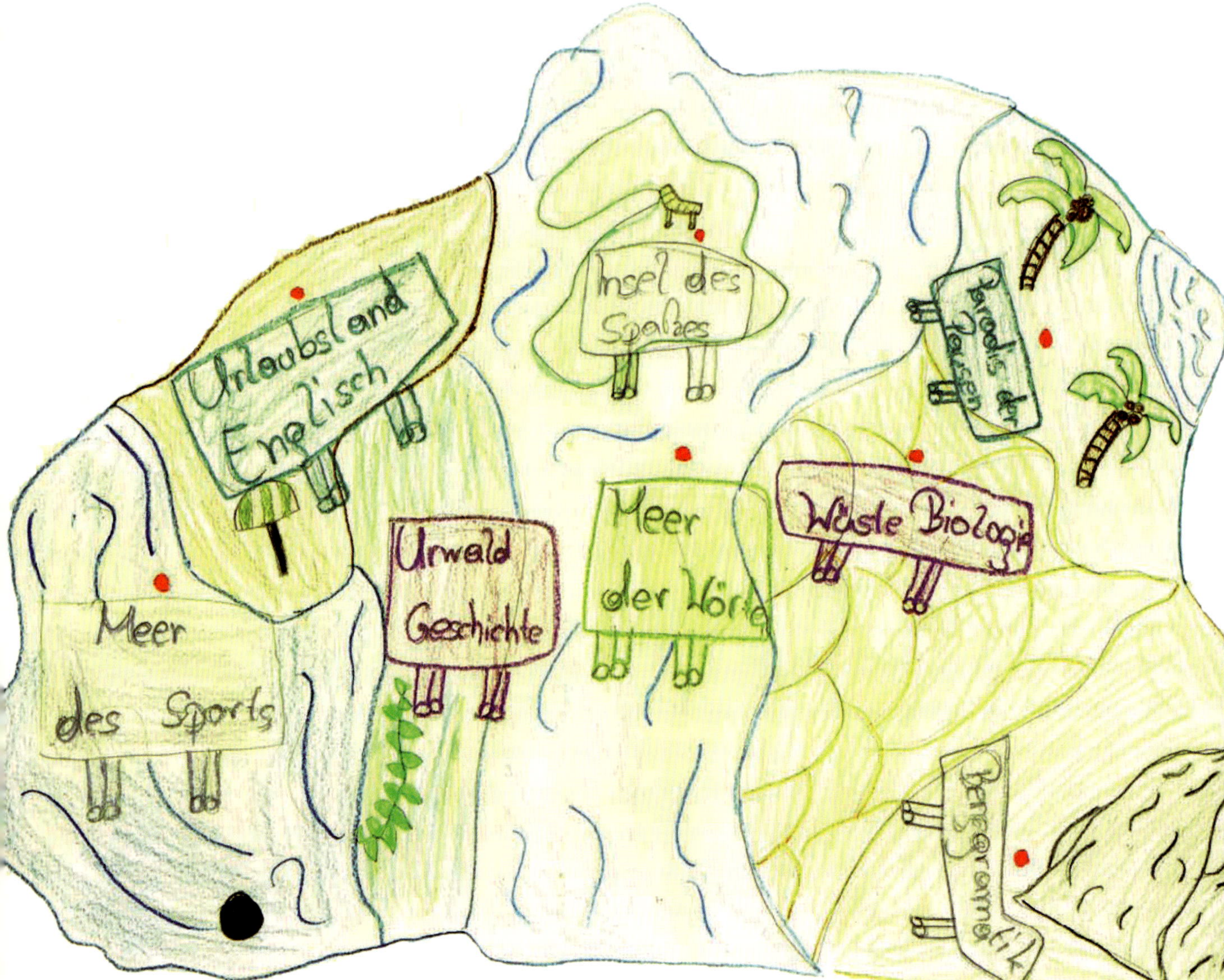

Landkarte des Lernens mit Urlaubsland Englisch
Karin Stanglauer, Mehrstufenklasse Hauptschule St. Marein bei Graz

Lernen selbst inszenieren

MARIA WINTER

net-1-Projekt Individualisierungsatelier
Leitung: Margarete Meixner, Eva Theissl, Maria Winter

EMPOWERMENT FÜR KREATIVITÄT

Kreativität und Improvisation sind Hochformen des Lernens. Vor allem in einer Zeit, wo man mit Lernen allzu oft Nachlernen verbindet.

Und wer glaubt, Kinder und Jugendliche lernen gerne nach, was andere schon wissen, hat keine Ahnung vom Alltag und von der Energie junger Menschen. Und das, was man nachlernen kann, kann man früher oder später auch programmieren und Automaten übertragen.

Im anspruchsvollen Teil des deutschen Kinderfernsehprogramms (ARD) gibt es eine kurzweilige Sendung mit dem Titel „Wissen macht Ah!". Dort verpacken Kabarettisten Wissen humorvoll. Wissen (zum Nachlernen) hervorragend präsentiert in einer halben (!) Stunde – das ist spannend für Kinder. Mehr nicht.

Was tun? Für Kreativität ist an den meisten Schulen noch viel Platz.

In net-1 erleben wir immer wieder schmerzlich, dass es uns noch zu wenig gelingt, das kreative Potenzial (in uns) stärker zur Geltung zu bringen; und es gelingt uns auch nicht immer, Pläne, die wir verfolgen möchten, auch zu realisieren. Vor allem das Einbeziehen „schulfremder" Institutionen ist dabei wichtig, eine Großorganisation wie Schule für die Mitwirkung anderer zu öffnen, erfordert jedoch manchmal viel Raffinesse.

Die Leiterinnen des Individualisierungsateliers sind der Überzeugung, man muss Kreativität zuerst selbst erleben und genießen: Kreatives Empowerment ist ihr Leitkonzept. Zusätzlich formulieren sie einige ihrer Überzeugungen als These und regen so an, die individuellen Entwicklungen zu untersuchen. Dieser Weg wird im Wechsel der Jahreszeiten beschrieben.

Und es wird angedeutet, wie die Schulteams mit diesen Anregungen an ihren Schulen Ateliers errichtet haben. Sichtbar werden auch Strukturen von Kleinnetzwerken, die ihnen dabei Rückhalt gegeben haben.

Richard Stockhammer

Rekonstruktion einer gemeinsamen Entwicklung im Individualisierungsatelier

Mein Kopf ist voll, wenn ich an die letzten zwei Jahre denke. Ich spüre Aufregung und fühle mich aufgewühlt. Ich spüre, dass es gelungen ist.

Ich habe hohe Erwartungen an Lehrer/innen und Schule: Verantwortungsbewusstsein, Persönlichkeitskompetenz, konsequenter Einsatz dafür, dass alle Schüler/innen ihr Potenzial entfalten können und ihre bestmöglichen Ergebnisse erzielen. Ich erwarte mir von Lehrer/innen ein höchstes Maß an Empathie, kultureller und sozialer Kompetenz, und dass sie die Ansprüche an sich und ihre Schülerinnen und Schüler hoch stellen. Damit meine ich, dass Lehrer/innen ihren Schüler/innen das Lernen zutrauen, auf ihren Lernwillen vertrauen und ihnen die Gelegenheit zum Mitgestalten des Lernprozesses geben. Sie müssen dazu an ihre Schüler/innen glauben und dürfen sie nicht mit aufbereiteten mundgerechten Wissenshäppchen abspeisen.

Lernen gelingt am besten an Herausforderungen, in denen man über sich hinauswachsen kann. Das konnte ich im Projekt auch immer wieder sehen. Wenn die Schulteams gewohnte Bahnen verließen, sich von gewohnten Formen der Wissensvermittlung verabschiedeten, ihren Schüler/innen in offeneren Aufgaben und Problemstellungen Gelegenheit gaben, selbst Lernziele zu formulieren und ihre eigenen Lernwege zu finden. Dies erforderte Mut zum Loslassen, der belohnt wurde durch ungeahnte Anstrengungsbereitschaft und Freude am Lernen und an den eigenen Erfolgen. Daraus konnten die Lehrer/innen auch weiter Mut schöpfen und Sicherheit in ihrem Handeln gewinnen.

Getragen von diesem Zugang scheinen mir alle Aufgaben, Maßnahmen und Arbeiten in Schule und Unterricht ganz leicht. Lehrende können mit Fachinhalten, Methoden, Sozialformen, Leistungsbeurteilung etc. in der Schule kreativ spielen, fühlen sich nicht am Boden festgeschraubt wie die Schulpulte in alten Schulen, sondern heben ab, tanzen, spielen, gestalten und erreichen vorher kaum für möglich gehaltene Lernerfahrungen und Lernergebnisse. Wer einmal in dieses Karussell eingestiegen ist und Höhenflüge erlebt hat, kann gar nicht mehr zurück, auch stehen bleiben und aussteigen gibt es nicht. Wer diese Erfahrungen gemacht hat, findet für sich Sicherheit und lässt sich auch nicht mehr verunsichern, wenn solchen Lernformen gegenüber Bedenken und Ängste geäußert werden.

Diese Haltung und Offenheit zu erreichen war meine Vision im Individualisierungsatelier.

These: Das Lernen ist nicht das Ergebnis des Lehrens. Lernen ist ein individuelles Ereignis.

Was müssen wir tun, dass in den Schulen intensives, kreatives Lernen stattfindet? Dieser Herausforderung stellen sich dreizehn Teams aus innovationsbegeisterten Schulen aus Ostösterreich (Wien, Niederösterreich, Burgenland, Steiermark) im Projekt Individualisierungsatelier.

- *Wir betreten mit den Schulen einen Lernraum, der zugleich Arbeitsatelier und Bühne ist.*
- *Wir bilden einen Projektverbund, in dem wir uns für Entwicklungen frei machen und stärken.*
- *Wir nutzen künstlerisch-kreative Zugänge, um vertraute Aufgaben neu zu sehen, und stoßen individuelles Lernen auf allen Ebenen an: in zentralen Projekttreffen der Schulteams, in selbst organisierten Lernpartnerschaften der Schulen untereinander, im Kollegium und im Besonderen im Lernprozess der Schülerinnen und Schüler in der Klasse.*

Professionelles Handeln von Lehrer/innen heißt für uns, Lernstrategien von der Position der Lernenden her besser zu verstehen und mit den Lernenden im Dialog weiterzuentwickeln.
Lehrerinnen und Lehrer stellen sich bewusst dem Paradigmenwechsel vom Lehren zum Lernen.

Unser letztes Treffen hat mir gezeigt, dass es gelungen ist. Die Teams aus unseren Schulen spielen, gestalten, strukturieren und nehmen es in die Hand, die Fortsetzung des Projekts zu planen – sie lassen sich vom Faktor Zeit, vom zu erwartenden Arbeitsaufwand etc. nicht abschrecken, sie fordern weitere Entwicklungen gemeinsam ein, sind jetzt ein Team und wollen gemeinsam Verantwortung übernehmen. Die Ideen sprudeln weiter, und das mag ich. Und ich bin stolz: Wir haben zwei Jahre miteinander gearbeitet und spüren jetzt, worauf es wirklich ankommt – und das wollen sie jetzt einlösen. Es ist gelungen, den Entwicklungsprozess für eine gesamte Schule, für möglichst alle Unterrichtsgegenstände im Auge zu haben.

Jetzt können wir spielen – mit Arbeitsaufträgen, offenen bzw. freien Angeboten nach Themen und Methoden, Wahlmodulen, beim Darstellen und Zeigen von Leistungen und Ergebnissen, in neuen Strukturen weg vom starren Stundentakt, in offenen Kooperationsformen sowohl bei Schüler/innen als auch unter den Lehrer/innen. Wir sind jetzt das Netzwerk Individualisierungsatelier.

Binnendifferenzierung – Projektgruppen – fächerübergreifendes, fächerverbindendes Lernen

Gemeinsam ist das Ziel, die Wege dorthin können sich unterscheiden, wobei es zu Begegnungen und Annäherungen kommt.
Das Ganze im Blick – kleine Schritte!
Hartmut von Hentig: „Die Schritte können klein sein, wenn die Gedanken groß sind.“[1]

Beim Gedanken an Unterrichtsinhalte entsteht jetzt ein neues Bild, eine neue Szene, ein neuer Klang – wie wir es in den Kreativbausteinen bei jedem Atelier-Treffen eingeführt, eingefordert haben. Schule wird leicht. Lernen wird zum Ereignis und macht Freude, weil Selbstwirksamkeit zum Tragen kommt.

Wie sind wir dahin gekommen? Wie haben wir dieses Ziel erreicht? In kurzen Sequenzen will ich nun den Projektverlauf darstellen und dabei die Intentionen und Vorhaben einbeziehen.

Kreativbausteine

Bei jedem Treffen gab es in Kreativbausteinen die Möglichkeit, neue Zugangsformen zu entdecken und selber auszuprobieren.

- **Theaterpädagogik:** Methoden der Theaterpädagogik zum Erleben von Interaktion und Kooperation geben Anlass, eigene Haltungen, Situationen aus dem schulischen Geschehen, sei es im Unterricht oder in der Kooperation im Kollegium, mit Vorgesetzten oder mit Eltern, darzustellen und durch Variation unterschiedliche Wirkungen zu erleben und daraus für das weitere Handeln zu lernen.
- **Malwerkstatt**: Lernen ist ein ganz persönlicher und kreativer Schaffensprozess. Begleitet von Künstler/innen eigene Werke gestalten und dabei beobachten, was diese Erfahrungen auslösen. Eine Leinwand, Farbe und Pinsel stellen eine Herausforderung dar, die ersten Pinselstriche, die ersten Farbflächen werden vielleicht zaghaft gestaltet, dann verliert man sich in der Arbeit und kann schließlich auf ein Werk blicken, auf das man stolz ist.
- **Sprache**: Spiel mit der Sprache. Das kreative Formulieren von Versen weckt die Fantasie, eines ergibt das andere, ungewöhnliche Gedankengänge werden gesponnen und neue Sprachschöpfungen und Gedichte entstehen.
- **Rhythmische Übungen, Percussion mit Stimme und Körper:** Musisch-kreative Anteile in der Person werden geweckt und führen zu neuen Wahrnehmungserlebnissen.

Unsere Absicht war, durch diese Angebote das Denken und Wahrnehmen zu öffnen und schließlich auch für das eigene Gestalten im Unterricht offenere und kreativere Zugangsweisen freizusetzen.

1 Vgl. „Die Schritte können klein sein, wenn die Gedanken groß sind.“ Gegen pädagogisches Wortgetöse und für alles, was den Menschen stärkt. Hartmut von Hentig im Gespräch mit Rainer Winkel. In: Die Zeit, 20.09.1985, Nr. 39, S. 49–51.

Auftakt – Start im Jänner 2008

Wir wollen gemeinsam mit den entwicklungsbereiten Schulen in einen aktiven, wertschöpfenden Prozess kommen. Es geht um selbstbewusstes Lernen, selbstbewusste Schüler/innen, kreative, eigenverantwortliche Arbeitsweisen.

Wie gelingt neues, selbstbewusstes Lernen?
- *Fragen stellen,*
- *sehen, was schon da ist,*
- *Bühnen schaffen und voneinander lernen,*
- *Rückmeldungen und Anstöße erhalten, die vorwärtsorientiert sind,*
- *Erleben und Agieren in kreativen und ästhetischen Zugängen,*
- *Arbeitsatmosphäre schaffen, Verbindungen herstellen und öffnen.*

Gemeinsam mit den Schulen werden die Bedingungen für neues Lernen gesucht.

„Was Methoden angeht, können leicht Millionen zusammenkommen, doch Prinzipien gibt es nur wenige. Derjenige, der Prinzipien erfasst hat, kann sich erfolgreich seine eigenen Methoden aussuchen. Derjenige, der es mit Methoden versucht und dabei Prinzipien außer Acht lässt, wird unweigerlich in Schwierigkeiten geraten." (Ralph Waldo Emerson)[2]

Beim net-1-Fachkongress im Frühjahr 2010 stellt Wilfried Schley dieses Zitat an den Anfang seines Vortrags. Ich blicke in die Runde, zu den am Projekt Individualisierungsatelier Teilnehmenden, und sehe zustimmendes Nicken: Wir haben verstanden, das war es, was ihr uns stets vermittelt habt, wir aber vielleicht zu Beginn noch gar nicht so in unsere Arbeit zu integrieren vermochten; die Bedeutung ist uns aber immer mehr bewusst geworden. Haben wir uns zu Beginn unserer Zusammenarbeit bemüht um Methoden und Anleitungen, wie wir Individualisierung verwirklichen könnten, so wurde uns immer deutlicher bewusst, dass es in erster Linie um unsere Haltung geht und wir dann ganz selbstverständlich und selbstbewusst den richtigen Weg dazu finden werden.

Im Individualisierungsatelier haben sich Teams aus dreizehn Schulen eingefunden, die alle schon auf dem Weg waren und zum Auftakt unserer Zusammenarbeit bereits Methoden und Erfahrungen zum Thema Individualisierung mitbrachten. Ein guter Anfang. Man kann anschließen und die Entwicklungsarbeit darauf aufbauen. Diese Ausgangslagen haben wir wertschätzend zum Thema gemacht, aufgezeigt, einander

2 Zitiert nach Jackson 2010, S. 15.

vorgestellt und darauf aufbauend Visionen für eine wirksame Schule der Zukunft entwickelt. In kurzen Stegreifszenen entstanden auch ganz verwegene Bilder. Sie sind frei von Zwang, Druck, alles Lernen geht wie von selbst von den Lernenden aus, Lernen macht Freude und es gibt viel Freiraum.

Zukunftsvisionen: Unsere Schule in zehn Jahren

Was würde in einem ORF-Bericht erwähnt werden? Wie sähen der Tagesablauf und die Inhalte in groben Zügen aus?

Unsere Schule ist ein offener Lern- und Lebensraum: freie Zeiteinteilung über vier Jahre, interne und externe Kursangebote, Lernen von Jung und Alt, außerschulische Expert/innen vor Ort, Wahl- und Pflichtmodule, E-Learning, Lerngruppen, Lernzielkatalog und Portfolio, Mitgestaltung bei Haus und Garten, Lernbereiche: sozialer, geisteswissenschaftlicher, naturwissenschaftlicher und sportlicher Bereich; motivierte Lehrer/innen und Schüler/innen

Wir organisieren unsere Schule autonom: keine Stundenpläne, freie Personalwahl, flexibler Personaleinsatz, reduzierte Bürokratie

Unsere Schulen sind attraktiv: Multifunktionsräume, Arbeitsplätze für Lehrpersonen, Wohlfühlecken …

Die Visionen reichten von kleinen Veränderungen bis zu großen Umbrüchen: veränderte Schulleiter/innen und Lehrpersonen, veränderte Räume und Arbeitsplätze und vor allem veränderte Inhalte, Methoden und Ziele des Lehrens und Lernens.

Aus der Vision entsteht ein Spannungsbogen durch das, was ist, und das, was sein könnte. Die Zukunft ist gedanklich präsent. Sie zieht uns an. Die Schulteams überlegen, wie der erste Schritt in diese Richtung aussehen könnte. Da sind wir dann wieder in der Gegenwart und bei den Alltagsthemen, dennoch zeigt sich, wo bereits begonnene Versuche noch verstärkt werden können. Die Projektteilnehmer/innen wollen die Schüler/innen stärker in offenen Unterrichtssituationen arbeiten lassen, ihre Eigenverantwortung in neu gestalteten Verhaltensvereinbarungen und Rückmeldeverfahren zum Arbeits- und Sozialverhalten stärken, den Schüler/innen Gelegenheit geben, nach Interesse an selbst gestalteten Projekten zu arbeiten.

Margarete Meixner[3] und ich, das damalige Leitungsteam, nehmen wahr, dass da und dort Unsicherheiten bei der Umsetzung ausgedrückt werden. Die Teilnehmer/innen meinen, sie bräuchten noch mehr Know-how und Handwerkszeug. Diese Wünsche nehmen wir als Auftrag mit. Wir überlegen, wie wir die Lehrer/innen für diese Innovationen stärken können, wie wir sie ermutigen können. Aber wir sind uns auch einig, dass wir nicht Wege vorgeben wollen. Wir wollen Anstöße geben, die die für uns wichtigen Prinzipien aufgreifen, und gleichzeitig sollen diese Prinzipien auch erlebbar werden.

Warum also nicht gleich beim heikelsten Thema der Schule starten, bei der Leistungsbeurteilung? Bis zur nächsten gemeinsamen Tagung ist noch Zeit, und für die Phasen zwischen den Tagungen regen wir selbst organisierte Lernpartnerschaften an: Wir laden die Schulteams ein, sich in Lernpartnerschaftstreffen auszutauschen, ihre Arbeit zu reflektieren und weiterzuentwickeln. Dazu treffen sich Teams aus mindestens drei Schulen bei gegenseitigen Schulbesuchen zu Erfahrungsaustausch, thematischen Fallbesprechungen und Hospitationen. Der Lerngewinn liegt darin, dass man den Unterricht an anderen Schulen kennenlernt und Anregungen mitnimmt. Auch die Tatsache, dass Gäste an die Schule kommen, ist Auslöser dafür, die eigene Situation an der Schule zu reflektieren, auszuwählen, was gezeigt wird, und sich der eigenen Stärken deutlicher bewusst zu werden. Der Blick von außen schärft auch den Blick nach innen.

Frühlingsatelier 2008

- *Wir schaffen uns eine gute Basis.*
- *Wir entwickeln Qualitätsmerkmale für unsere Schulen.*
- *Wir betreten „Ausstellungsräume", blicken einer Künstlerin und Profis über die Schulter und lassen uns inspirieren.*
- *Vorhandenes wird ausgewertet und zu Neuem geformt.*
- *Wir lassen uns auf eigene künstlerische, kreative Aktionen ein.*

Es geht um Inspirationen, Zugänge, Beispiele und konkrete Unterrichtsmethoden.
Es geht nicht darum, „Fertiges" mitzunehmen, sondern um eine gemeinsame Entwicklung.
Was ist das Lebendige, was gibt mir Kraft und Energie, woraus können wir schöpfen für unsere Schule? – Inspirieren lassen! Herausnehmen, was für die eigene Situation neu, belebend, bereichernd sein kann.

3 Margarete Meixner ist Moderatorin und leitet das SOG-Theater – Zentrum für Theaterpädagogik und strategische Inszenierung in Wiener Neustadt.

Christa Koenne[4] ist mir aus Medienbeiträgen ein Begriff, in denen sie zu Schule allgemein und zum Thema Leistung und Leistungsbeurteilung im Besonderen in einer ansteckenden und überzeugenden Weise Stellung nimmt. Wir haben sie eingeladen. Neben kurzen Methodenworkshops hält sie auch einen Vortrag zu neuen Formen der Rückmeldekultur, in dem sie ausführt, dass neue Lernformen auch eine Veränderung und Erweiterung im Leistungsverständnis erfordern, sowohl in Bezug darauf, was alles zu Leistung zählt, als auch hinsichtlich dessen, was es bringt, dies alles in die schulische Arbeit zu integrieren. Sie bestärkt die Teilnehmer/innen, die Diskussion im Kollegium zu diesen Themen zu führen, gemeinsam an einer veränderten Prüfungskultur zu arbeiten.

Wir hoffen, dass damit auch die Sicherheit der Schulteams im Tun an der Schule gestärkt wird. Die Frage nach den Vorgaben und Standards kann für einige der Teilnehmer/innen noch nicht zufriedenstellend gelöst werden. An diesem Vormittag soll ein Dialog auf Augenhöhe geführt werden, alle wollen wir ernst genommen und verstanden werden. Irgendwie verbohrt sich die Situation aber doch, und das alte Denken in Falsch und Richtig, das Suchen nach Mängeln wird erlebbar. In Schule und Gesellschaft gewachsene Muster sind nicht so einfach wegzuwischen. Uns ist klar, daran muss die Gruppe sich noch reiben, um wachsen zu können.

Auf der Ebene des Erlebens gelingt es jedoch schon sehr schön. Für den zweiten Abend dieser Tagung haben wir eine Malerin eingeladen. Rottraut Steinhauser bereichert uns mit einer Ausstellung einiger ihrer Werke, und dann gehen wir ins eigene Tun. Durch knappe Anregungen gelingt es der Künstlerin, alle dazu zu ermutigen, selbst wirksam zu werden und Bilder zu malen. Da ist Lernen auf Ebene der Lehrpersonen direkt wahrnehmbar und zum Angreifen deutlich im Raum.

Einige freuen sich auf die Gelegenheit, sich kreativ auszudrücken, andere warten zu und steigen zögerlich ein. Es dauert aber nicht lange und im Raum breitet sich eine entspannte Atmosphäre aus. Alle sind vertieft und nehmen eine Zeit lang rund um sich nichts mehr wahr, bis sie schließlich von der eigenen Arbeit aufblicken und schauen, was andere geschaffen haben. Eine unwahrscheinlich dichte Erfahrung. In der anschließenden Reflexion bleibt es nicht nur bei einer Werkbetrachtung, wir stellen auch Bezüge zum Lernen her. Ich stelle die Idee in den Raum, dass auch Schülerinnen und Schüler neuem Lernstoff mit dieser Haltung entgegentreten könnten. Was Leinwand, Farbe und Pinsel in mir auslösen, kann genauso auf Unterrichtsinhalte übertragen werden – auf Wirtschaftsthemen, den Stromkreis in Physik etc.

4 Christa Koenne ist Chemiedidaktikerin an der Universität Wien, Leiterin der PISA-Science-Gruppe Österreich, Leiterin des Projekts „Prüfungskultur" an der Universität Klagenfurt; Veröffentlichungen in diversen Zeitschriften (Unterrichtsmethoden, Schulentwicklung, Bildungspolitik ...).

Als Lehrer/in kann ich kreative und schöpferische Qualitäten darin finden und durch meine Unterrichtsangebote in den Schüler/innen das Interesse wecken und Vertrauen in die eigene Leistungsfähigkeit und die individuellen Zugänge herstellen. Dann sollte sich doch die Frage „Wozu muss ich das lernen?", die Ablehnung und Langeweile signalisiert, erübrigen.

Seit diesem Treffen sind wir in der Projektleitung zu dritt. Wir konnten Eva Theissl für die Mitarbeit gewinnen. Sie kommt von einer Schule, die in den vergangenen Jahren einen umfassenden Entwicklungsprozess eingeleitet hat, und kann authentisch Einblick in ihre Erfahrungen geben.

Das Frühlingsatelier schließt damit, dass die Schulteams ihre eigene Weiterentwicklung in Richtung der Visionen aus der ersten Tagung vorantreiben. Wir blicken dabei konkret in das folgende Schuljahr, und es wird klar: Es reicht nicht, einfach neue Methoden in die bisherige Unterrichtstätigkeit einzubauen. Es braucht ein Neu-Denken von Schule.

Das Thema „Musterwechsel" wird immer wichtiger.

Wir Projektleiterinnen sammeln unsere Eindrücke und sehen Stärken wachsen, nehmen aber auch wahr, dass die von uns angestrebte Haltung noch nicht deutlich zum Ausdruck kommt, sowohl im Herangehen als auch in der Sprache, mit der die Maßnahmen dargestellt werden. Um Learning by Doing zu ermöglichen, muss es noch Handlungsanlässe und Gelegenheit zur Auseinandersetzung geben.

Herbstatelier 2008

Wir wollen unsere bisherigen Zugänge und Erfahrungen reifen lassen und den Projektgedanken für die eigene Praxis und den Schulstandort sichtbar machen und weiterentwickeln.

- *Jahrmarkt der guten Ideen: Präsentation von Beispielen guten Unterrichts*
- *Lesung und Kreativwerkstatt mit der Autorin Gerda Anger-Schmidt*
- *Von Gehversuchen, Prototypen und Projekten*
- *Lernerfahrungen und Ausblicke*

Unterstützung und wissenschaftliche Begleitung erhalten wir von Wilfried Schley.

Unser drittes Treffen steht unter dem Thema „Musterwechsel“ und greift im kreativen Bereich den Umgang mit Sprache auf. Wilfried Schley arbeitet mit uns und kann uns durch seine Herangehensweise die Sichten klären helfen. Jetzt steht es klar im Raum: Individualisierung heißt für uns nicht, noch weitere Frei- oder Wahlgegenstände hinzuzufügen, auch nicht, mit den Schüler/innen noch mehr an Lernmethoden zu machen, sondern zu spüren, wo eingefahrene Muster inhaltslos geworden sind und verlassen werden können.

In der konkreten Arbeit am Beispiel einer Schule wird klar, mit welchen Gegensatzpaaren im Denken wir zu tun haben und wo der Musterwechsel ansetzen muss.

1. Altes verlernen: Wenn man individualisiert, muss man zuerst Altes verlernen. Wilfried Schley spricht hier von „Häutung“. Häutung meint ein Abstreifen alter Hüllen. Das Ganze wäre sonst kein innovativer Prozess, sondern rein additiv und somit nicht zu schaffen.
2. Mit der Vision beginnen: Bei der Arbeit muss man immer mit dem Zielbild, der Vision beginnen. Ich muss die Ziele attraktiv machen und klarmachen: Dafür lohnt es sich!

Differenzierung versus Individualisierung

Verantwortungsrolle versus Verantwortungshaltung

Quantität versus Qualität

additiv versus integrativ

fächerbezogen versus fächerübergreifend

Denken in Strukturen versus Denken in Prozessen

Input versus Output

Nicht mehr vom Gleichen oder in anderen Lernangeboten noch zusätzlich, sondern leere Lernhülsen verlassen und durch interessante, das eigene Lernen herausfordernde Aktivitäten und Arrangements ersetzen. Der Abschied fällt nicht immer leicht, aber es ist zu spüren, wie die Schulteams mit unserer Aufforderung, Prototypen am Schulstandort zu etablieren, neuen Schwung nehmen. Die Umsetzungsvorhaben werden konkreter benannt und klar geplant.

Wochenpläne, Wochenlernpakete, Logbuch, Portfolio zu selbst gewählten Themen;

Methodenvielfalt,

Differenzierung im Angebot, zum Beispiel im Sprachunterricht und im E-Learning, Gruppenarbeiten und Präsentationen, Freiarbeitsphasen im Stundenplan installiert – wirken auch in den Regelunterricht hinein, es verringert sich der lehrerzentrierte Unterricht;

fächerübergreifende Projekte – Erfolge sind an den individuellen Lernfortschritten sichtbar, die Schüler/innen können Gelerntes anwenden und zeigen es in den Projektergebnissen;

individuelles Lerntempo wird ermöglicht;

Schüler/innensprechstunde;

Lerntypentest als Ausgangspunkt für individuell gestaltetes Lernen

Wir haben bei diesem Treffen im Herbst 2008 auch dem Anliegen der Teilnehmenden entsprochen, den Austausch von Unterrichtsbeispielen zu ermöglichen und so gegenseitig Einblick in den Unterricht zu geben. Bisher haben sich die Schulteams in Lernpartnerschaften auf unsere Anregung hin selbst organisiert, es haben aber nur jeweils drei Schulen einander besucht und Einblick bekommen. Dass dies in der Gesamtgruppe möglich wird, war ein ausdrücklicher Wunsch, und so wurde ein Projektmarkt aufgebaut. Diese Form des Erfahrungsaustausches war Gelegenheit zur Reflexion von Unterricht und gab auch viel Bestätigung und Ermutigung, das eigene Handlungsrepertoire zu erweitern. Diese Schätze wollten wir von der Projektleitung her noch stärker zur Grundlage der Weiterarbeit machen und eine neue Qualität in unsere Zusammenarbeit bringen. Heterogenität ist ein durchgehendes Merkmal – in der Zusammensetzung der beteiligten Schulformen (Hauptschulen, allgemein bildende höhere Schulen, Neue Mittelschulen), in der Zusammensetzung der Schulteams (Schulleiter/innen und Lehrer/innen) und auch durch unsere vielfältigen Zugänge und Herangehensweisen in der Projektleitung. In den Reflexionen zeigte sich immer wieder, dass diese Vielfalt geschätzt wird und den Blick weitet.

Lerngruppen sind immer heterogen – so auch die Gruppe der Projektteilnehmer/innen, die sich im Individualisierungsatelier einfindet. Wir haben Heterogenität bezüglich

Bundesländern – es fließen andere Auffassungen von Schule, System, Rahmenbedingungen, Schülerpopulation etc. mit ein.

Schulformen – aus der eigenen Wahrnehmung in der persönlichen Begegnung erlebe ich gerade zwischen Hauptschulen und allgemein bildenden höheren Schulen ganz unterschiedliche Kulturen und Auffassungen von Unterricht, Lernzielen, Lernen und Begegnung mit Schüler/innen.

Funktion in der Schule – es nehmen Schulleiter/innen und Lehrer/innen teil, darunter ein Administrator, eine Integrationslehrerin und andere mit nicht näher benannten Funktionen in der Schule.

Person – Lehrer/innen mit unterschiedlichen Unterrichtsgegenständen, die ihr Denken über Lernen und Leistung geprägt haben, mit unterschiedlichem Alter, persönlichen Merkmalen, mit unterschiedlicher Motivation und Position im Kollegium.

Nun wollten wir Projektleiterinnen diese Heterogenität überschaubar machen und zu Themen bündeln. Dies sollte uns helfen, die Vielfalt der Individualisierungsaktivitäten für eine gezielte Weiterentwicklung und die Darstellung dieser Entwicklungen besser kommunizieren und überblicken zu können. Wir suchten nach gemeinsamen Themenfeldern aus der Praxis der einzelnen Schulen. Dabei zeichneten sich folgende Schwerpunkte ab:

- Freiarbeit – freie Lernphasen (fünf Schulen)
- Modularer Unterricht (zwei Schulen)
- Neue Mittelschule (zwei Schulen)
- Leistungsfeststellung (drei Schulen)
- Feedback – Reflexion – Evaluation (drei Schulen)

Einige Schulteams fanden sich bei dieser Zuordnung zweimal wieder, das heißt, es fiel ihnen schwer, sich abzugrenzen. Der Vorschlag zu derart strukturierter Weiterarbeit fand keine Zustimmung. Es hätte wie ein Auflösen bisheriger Arbeitsbeziehungen und bisheriger Strukturen – zum Beispiel der Lernpartnerschaften – gewirkt. Oder es sah nach Eingrenzen und Einschränken aus, das passt nicht zu Individualisierung. Das bisher entstandene Gefüge wäre – zumindest vorerst einmal – ins Wanken geraten. Wir waren nach drei zentralen Treffen, die ja auch nur jeweils zweieinhalb Tage dauerten, gerade erst zum Team zusammengewachsen. Eine Splittung, um arbeitsteilig mit Schwerpunkten umzugehen, war von den Teilnehmer/innen nicht gewollt.

Winteratelier 2009

Lernkontexte mit Aufforderungscharakter, Lerndesigns, die geeignet sind, die Verantwortlichkeit zu stützen, eine Raumstruktur, die die Lernprozesse fördert. Zu jeder Lernsequenz gehört eine Lernarchitektur, eine soziale Architektur, eine Raumarchitektur.

Das Winteratelier ermöglicht über Beispiele, Schulbesuche und Arrangements eine kreative Atelieratmosphäre und bietet Gelegenheit, das eigene Repertoire zu erweitern und spielerisch lustvoll zu erproben.

Wir haben dieses Treffen dem Thema „Lernarchitektur – soziale Architektur – Raumarchitektur“ gewidmet. Lernen bleibt ein zentrales durchgehendes Prinzip. Im Austausch und in der Rückschau, was inzwischen umgesetzt wurde, gehen wir an die Reflexion aus verschiedenen Perspektiven heran: aus der Sicht der Kollegenschaft an der Schule, aus Elternsicht und über Wahrnehmungen der Schüler/innen. Dieses Hineinschlüpfen in die unterschiedlichen Rollen und Zielgruppen unserer Arbeit hat vieles deutlicher gemacht, als es sich je in Berichten erfassen lässt.

Da wird in mir auch der Wunsch nach Evaluation wieder stärker. Aber wer kann sie so gestalten, dass diese Qualitäten offengelegt werden? Ich bin fest davon überzeugt, dass das im Prinzip jede Lehrperson selbst leisten könnte. Dazu braucht es aber das entsprechende Wissen und auch das Wollen, um dann die nötigen Ressourcen aufzubringen. Erst gegen Ende des Projektes, eigentlich viel zu spät, wird es eine eingeschobene Auseinandersetzung und Qualifizierung dafür geben.

Lernräume öffnen

Vorerst schreiten wir auf dem Weg der Öffnung weiter. Einblicke in andere Schulen und der Blick auf Lernräume bestimmen jetzt die Richtung. Der Vortrag „Schulbauten für die Wissensgesellschaft“ von Christian Kühn (Technische Universität Wien) erweitert die Perspektive. Mit Augenzwinkern zeigt er auf, wie sich Machtverhältnisse und pädagogische Haltungen im Lauf der Geschichte aus künstlerischen Darstellungen von Schulsituationen herauslesen lassen. Von Rahmenbedingungen in den Schulen sprechen wir ja im Allgemeinen sehr oft, jetzt sind wir angeregt, uns Schulpläne anzuschauen und Lernräume zu entdecken. Wo gibt es ungenützten Raum, wo lassen sich Räume aufmachen oder erweitern?

In der Folge haben einige Teams an den Schulen auch die Lernräume geöffnet: sowohl räumlich durch Einbeziehen bisher ungenützter Gänge oder Nischen als auch in der Zusammenarbeit über die Klassen und Fächer hinaus. Es gibt Freiarbeitsphasen und Stundenpläne werden immer öfter an eine geöffnete Lernkultur angepasst.

Frühlingsatelier 2009

Unsere Projektarbeit zeigt Konturen, wir arbeiten daran und bündeln unsere Ergebnisse.

- *Zwischenbilanz: Individualisierungsatelier in der Schulentwicklung am Standort – Blick in den Rückspiegel – unsere Arbeit zeichnet Spuren – wir können den Weg weitergehen*
- *Schwierigkeiten spielend begreifen und damit umgehen*
- *Kreative Formen der Reflexion und Evaluierung praktisch und theoretisch kennenlernen – Reflexion in Form von szenischen Darstellungen*
- *Standards und Individualisierung – kein Widerspruch*

Da passt dann das Angebot, im Rahmen dieses Ateliers in Innsbruck an einem Theorie-Praxis-Dialog zu offenem Unterricht mit Falko Peschel teilzunehmen – als wäre es unseretwegen so geplant worden. Jetzt ist auch die Bereitschaft, diesen radikalen Ansatz der Öffnung zu verstehen und für das eigene Handeln zu hinterfragen und anzupassen, wie von selbst da. Nun ja, eineinhalb Jahre dauert die Zusammenarbeit in der Gruppe, und es ist die fünfte Tagung im Projekt. Noch einmal wird deutlicher, dass es nicht um die Methoden geht, nicht um das Herstellen möglichst vieler Materialien und das Aufteilen von Lernstoff in „verdaubare" Unterrichtshäppchen, sondern um eine Gelassenheit, ein Loslassen und den Mut, den Schüler/innen das Lernen zuzumuten, und das Vertrauen in die Selbstwirksamkeit.

Ich bin erleichtert, das Modell, das Konzept geht auf. Wenn ich daran denke, wie beflügelt und angesteckt alle von Innsbruck nach Hause gefahren sind. Ich glaube auch, dass dieser Zugang genau zum richtigen Zeitpunkt für die Gruppe gekommen ist. Jetzt trafen Bereitschaft und Verständnis für die Umsetzung zusammen. Sehr bald bekam ich Rückmeldungen, wie noch im selben Schuljahr vorher nicht so geplanter offener

Unterricht praktiziert wurde. Es blieb ja wenig Zeit bis Schulschluss und der noch offene Lehrstoff scheint in dieser Phase des Schuljahrs oft noch sehr umfangreich.

Umso deutlicher zeichnete sich der Erfolg ab, als einige unserer Lehrer/innen den Unterricht tatsächlich so öffneten, dass die Schüler/innen in eigenständigen Projekten und selbst gewählten Modulen arbeiten konnten und dabei sehr erfolgreich waren. Daran sind alle gewachsen. Die Schüler/innen in ihrem Lernen, aber ganz besonders die Lehrer/innen, weil sie erlebten, wie sie ihren Schüler/innen viel mehr zutrauen können.

Herbstatelier 2009

Lernen ist ein Ereignis – nachhaltig und signifikant

- *In unserer bisherigen Zusammenarbeit im Individualisierungsatelier haben wir die Unterrichts- und Schulkultur hin zu einer Haltung des Lernens im Dialog und zu einer neuen Qualität des individuellen Lernens auf Ebene der Schüler/innen, Lehrer/innen und Schule weiterentwickelt.*
- *Wir sind nun in der Lage, in breiter Vielfalt die Qualitäten dieses Lernens sowie die Lernwege dahin sichtbar zu machen, wir werden diese kommunizieren.*
- *In unserem Herbstatelier untersuchen wir unsere konkreten Innovationen zur Individualisierung, reflektieren Umsetzungsmaßnahmen und Ergebnisse und ordnen sie in ein Stufenmodell ein.*
- *Wir erkunden weitere Möglichkeiten des Einblickgebens, Sichtbarmachens und bereiten weitere Zugänge der Innovation und des Transfers vor.*

Bis zum Herbst war noch offen geblieben, die Ergebnisse zu beschreiben und zu kommunizieren. Jedes Schulteam sollte die Entwicklungen an der Schule in einem Bericht darstellen und für Interessierte sichtbar machen. Zur Unterstützung gab es für die Schulteams oder Vertreter/innen der Schulen einen Evaluations- und Schreibworkshop sowie den Auftrag, Schulberichte zu erstellen. Wir machten Öffentlichkeitsarbeit zum Thema, denn wir planten einen Abschluss, bei dem wir die Projektgruppe für Interessierte aus Schule und Schulverwaltung, Eltern und Gemeinden öffnen wollten. Das brauchte einige Arbeitsanläufe und schien anfangs nicht so wirklich zu beflügeln. Hätte ich diese Kompetenzen nur von Beginn weg eingefordert bzw. fortlaufend Erfahrungen damit ermöglicht! Mündlich und in szenischen Umsetzungen waren sie wohl immer Bestandteil, aber jetzt schriftlich?

Ich war mir nicht sicher, doch dann hat mich die Realität überrascht. Da sah ich erst vor mir, wie vielfältig die Ergebnisse waren. Dabei wollten wir ja bündeln! Dazu haben wir Projektleiterinnen ein Bild entwickelt. Gemeinsam mit den Schulteams versuchten wir, die umgesetzten Innovationen einzuordnen.

Unser Lernhaus

Lernen in unserem Sinn ist signifikant, nachhaltig und expressiv. Wir betrachten es aus den Perspektiven des individuellen und des kooperativen Lernens und über den expressiven Zugang der Theaterpädagogik. Die Basis aller Lernprozesse bildet das reflexive Lernen.

Lernen ist individuell – jede Person lernt für sich und in ihrer ganz persönlichen Weise; Lernergebnisse sind individuelle Ergebnisse, persönliche Leistungen.

Lernen erfolgt kooperativ – im Austausch und Dialog mit einer Partnerin oder einem Partner beziehungsweise in der Gruppe werden Erkenntnisse vertieft, reflektiert und so gesichert.

Lernen im Atelier ist auch expressiv – es erfolgt im Erleben, und das besonders bei kreativen Formen wie zum Beispiel durch theaterpädagogische Übungen.

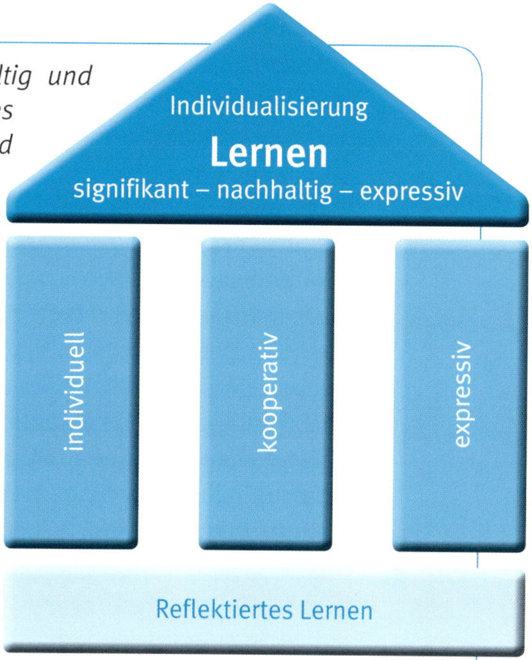

Wir haben versucht zu bündeln, ja – aber die Darstellungen der Schulen folgen wiederum ihren eigenen Gesetzen und Geschichten. Das ist auch gut so, sie sind individuelle Lernwege gegangen, haben das übergeordnete Ziel erreicht und sich überflügelt. Die Berichte der Schulteams zeigen, dass sie sich in unserem „Lernhaus" bewegen und die dargestellten Bereiche gelebte Praxis sind. Was mich, was uns aber wirklich stolz macht, ist, dass die Wirkung nicht bei den Teilnehmer/innen Halt gemacht hat, sondern auf die gesamte Schule und dort, wo das Kollegium dafür einfach zu groß ist, auf ein erweitertes Team übergegriffen hat und so Chancen hat, gelebte Schulkultur zu werden.

Winteratelier 2010

Unser Winteratelier im Jänner 2010 steht unter dem Motto „Auf unsere Ergebnisse blicken, sie sichtbar machen und die bisherige Arbeit in ein größeres Ganzes einordnen".
Ausblick: Möglichkeiten der Vertiefung, Spezialisierung und zukünftige Entwicklungen. Wir blicken dabei auf die konkreten Ergebnisse der Umsetzung an den Schulstandorten und unterstellen sie einer motivierenden kritischen Reflexion.

Der Blick auf die wesentlichen Elemente der Helene-Lange-Schule als Versuchsschule des Landes Hessen soll uns bei der Weiterarbeit hin zu einem größeren Ganzen beflügeln.

Wir wollen unsere bisherige Arbeit anhand dieses Modells einschätzen, einordnen und für weitere Entwicklungen Spannung und Orientierung finden.

Die letzte zentrale Arbeitstagung diente dem Abrunden und Zusammenfassen. Gleichzeitig ist damit ein Ausblick in mögliche neue Projektwelten erfolgt: Wohin kann es gehen? Wo sind wir anschlussfähig bzw. was sind anschlussfähige Herausforderungen?

Ein möglicher Ausblick: Es könnte ein Schulmodell sein, in dem Struktur und Lernen in einem erweiterten Zusammenspiel wirksam werden.

Die Atelierschule

Worauf bin ich stolz? Was sind unsere zentralen Erkenntnisse?

- Lernen im Team
  Begänne ich das Projekt noch einmal von vorne, würde ich unbedingt wieder mit Schulteams, bestehend aus Schulleiter/in und mindestens zwei Lehrer/innen,

arbeiten. Es ist für alle Beteiligten wesentlich leichter, wenn Lehrer/innen, die für die Umsetzung in der Unterrichtspraxis die Verantwortung tragen, mindestens zu zweit die Anliegen verfolgen. Sie können sich die Verantwortung teilen, sie legen ihre Ideen zusammen, teilen die Erfolgserlebnisse, schöpfen Kraft und Mut daraus und werden in ihren Entwicklungen und Zugängen immer kreativer und vielfältiger. Die zusätzliche Unterstützung durch die Schulleitung gibt ihnen Halt, und der Weg der Innovation in das Konferenzzimmer und schließlich zu den Schüler/innen in der Klasse ist nicht durch ermüdende Verteidigung der Veränderungen und Verlust an Substanz gefährdet. Die Dreierteams waren ein kraftvolles Setting.

- Lernen durch Tun – Lernen im Kontext

  Lernen auf allen Ebenen gibt Kraft. Wer lernt denn in der Schule? Die Schülerinnen und Schüler? – Ja. Und wenn Lehrer/innen beobachten und reflektieren, wie ihre Schüler/innen lernen, lernen sie für ihre Unterrichtsplanung und Unterrichtsgestaltung. Lernergebnisse und Erfolgserlebnisse der Schüler/innen gaben die eindrucksvolle Bestätigung, dass der Musterwechsel vom Lehren zum Lernen gewagt werden kann, ja dringend notwendig ist. Das lässt sich in vielen Studien nachlesen, aber wirklich glaubhaft war es erst, als die Öffnung im eigenen Unterricht und im eigenen Denken wirksam wurde. Lehrer/innen haben durch ihre Schüler/innen gelernt und Sicherheit in veränderten Lernsettings gewonnen.

- Lernen als Wissenserwerb – Anschlussfähigkeit

  Der Beitrag der Projektleitung war es, darauf zu schauen, wo unsere Schulteams stehen, welche Fragen sie beschäftigen; zu erkennen, welchen Impuls wir zur Weiterentwicklung einbringen können. Aber nicht allein die Impulse führten zur Weiterentwicklung, es war ja nicht an bloßes Übernehmen und Nachahmen gedacht. Es ging darum, darauf zu achten, was der nächste Schritt sein muss. Und dabei gibt es kein gleichschrittiges Vorgehen, nicht im Projektteam und noch weniger in der Schulklasse. Gelingt es, auf dem jeweiligen Entwicklungsstand Erkenntnisse zu gewinnen und diese in die Fortentwicklung des eigenen Lernens zu integrieren, so gewinnen Schüler/innen wie auch einzelne Lehrer/innen und ganze Kollegien Sicherheit und entwickeln Strategien, wie sie den Lernprozess fortschreiben können, wie sie Entwicklungen vorantreiben und dabei immer unabhängiger, autonomer und selbstbewusster die Steuerung zu ihrem eigenen Anliegen machen.

- Lernen durch Ausdruck und Verkörpern

  Lernen macht Freude, Lernen ist ein Erlebnis. Diese Haltung wollten wir auf allen Ebenen wirken lassen. Wir nannten es „ausdrucksvolles Lernen“ und hatten dabei die Entwicklung der eigenen Persönlichkeit im Auge. Man muss als ganze Person

> offen sein, um sich auf Lernerfahrungen und Neues einzulassen. Ich sehe diesbezüglich unsere Kreativbausteine als wesentliche Elemente der Selbsterfahrung. Nikolaus Harnoncourt sagte einmal in einem Zeitungsinterview auf die Frage, was Kunst bewirke: „Sie lässt uns verändert zurück." – Kreativität fördert die Fähigkeit, sich auf Veränderungs- und Lernprozesse einzulassen und kraftvoll gestaltend damit umzugehen.

Um für den Musterwechsel bereit zu sein und diesen dann auch tatsächlich zu vollziehen, müssen wir uns immer wieder auf Veränderungen einlassen; wer damit begonnen hat, verlässt diesen Weg nicht mehr. Diese Wahrnehmung haben wir für unser eigenes Lernen und Tun gemacht – auf Ebene der Projektleitung, der Schulleitungen, der Lehrer/innen bis hin zur Ebene der Schüler/innen in der Klasse.

Das net-1-Basislager für Innovation und Transfer

VERONIKA RAMPETSREITER

Bundeskoordinationszentrum net-1
für neue pädagogische Praxis
Leitung: Veronika Rampetsreiter

net-1

MODERATIVES PROJEKTBÜRO

Die Leiterin des net-1-Projektbüros versteht man, wenn man ihre Qualitäten als Moderatorin erlebt hat. Virtuos spricht sie das aus, was da ist, und noch mehr zusammenfinden soll: die Personen, die Situationen, die inneren und die äußeren Potenziale. Sie nimmt sie alle und einzeln ernst, auch wenn sie eine unterschiedliche Sprache sprechen und vielleicht auch unterschiedliche Intentionen verfolgen. Wie gelingt es, solche Unterschiede zu überbrücken und die gemeinsamen Potenziale hervorzuheben?

Moderativ – in Prozesse auflösend – geht das offensichtlich. Ich versuche, dem auf die Spur zu kommen, indem ich genauer auf die Sprache in ihrem Beitrag schaue.

Veronika Rampetsreiter spricht aus: „[...] ein Unterfangen, das seinesgleichen im Bildungswesen sucht: Das Lernen wird in die Hand der Kinder und Jugendlichen zurückgegeben, mit aller Konsequenz. Pädagogisch ausgebildete Menschen begleiten Schüler/innen auf ihren individuellen Lernwegen. Bei dieser Pioniertätigkeit brauchen sie Rückhalt – philosophisch wie auch strukturell – und dafür arbeitet das net-1-Projektbüro."

Sie setzt sich für Synergien zwischen unterschiedlichen Institutionen im Schulwesen ein: „Regionale Systempartner wie Pädagogische Hochschulen und die regionale Schulaufsicht wurden ins Boot geholt, um gemeinsam Verantwortung für Tochterprojekte zu übernehmen. Was so einfach klingt, ist das Ergebnis einer intensiven Transferplanung, die nur durch das Zusammenspiel der Projektleiterinnen auf regionaler und überregionaler Ebene möglich wurde."

Und schließlich konkretisiert die Leiterin des Projektbüros Schritte für den Prozess, in dem Folgendes gelingen soll:

- der notwendige Kulturwandel,
- der Dialog über das eigene Tun,
- die Verständigung zwischen unterschiedlichen Institutionen und Akteuren,
- das Annehmen dringlicher Herausforderungen,
- Führung, um die Möglichkeiten im System zu erkennen und zu nutzen,
- der Transfer als Entwicklung in die Breite und in die Tiefe,
- Lerngemeinschaften, die einen Kulturwechsel erst ermöglichen.

Diese Projekt- und Lerngemeinschaften heben den Gegensatz zwischen „oben" und „unten" im Prozess auf, indem sie Neuland betreten.

Richard Stockhammer

Wir befinden uns nahe dem Verteilerkreis der Süd-Ost-Tangente in Favoriten an der südlichen Peripherie von Wien. An föhnigen Tagen könnte man bis zum Schneeberg sehen, wenn sich nicht einige Gemeindebauten vorgedrängt hätten. In den Räumlichkeiten der Pädagogischen Hochschule Wien befindet sich seit Herbst 2009 eine ausgelagerte Stelle des österreichischen Bildungsministeriums, das sogenannte „Bundeskoordinationszentrum net-1 für neue pädagogische Praxis", kurz: net-1-Projektbüro. Die Pädagogische Hochschule stellt die Infrastruktur zur Verfügung: zwei Arbeitsplätze mit Internetanschluss, Kopierkarte und Telefon. Das Büro liegt gemeinsam mit einigen Firmen im ersten Stock eines flachen Industriegebäudes, vor dem Fenster Platanen, ein verlassener Tennisplatz, dahinter der Turntrakt der Hochschule.

Innovation braucht Rückhalt

In diesem spröden Ambiente befindet sich die Drehscheibe für ein Unterfangen, das seinesgleichen im Bildungswesen sucht: Das Lernen wird in die Hand der Kinder und Jugendlichen zurückgegeben, mit aller Konsequenz. Pädagogisch berufene Menschen begleiten Schüler/innen auf ihren individuellen Lernwegen. Sie schauen hin, ohne zu bewerten, sie fragen nach, ohne zu urteilen, sie suchen den Dialog und reflektieren ihre Tätigkeit. Sie setzen sich auseinander und wagen sich auf unbekanntes Terrain. Bei dieser Pioniertätigkeit brauchen sie Rückhalt – philosophisch wie auch strukturell – und dafür arbeitet das net-1-Projektbüro.

Richard Stockhammer, der Initiator und Betreiber dieses spannenden Feldversuchs, hat sein berufliches Wirken vor Kurzem abgeschlossen. Sein Verständnis und seine Philosophie haben den Boden aufbereitet und die Mitwirkenden geprägt. Seine Impulse und das nimmermüde Ringen um die Generierung und Verdichtung von Entwicklungen in enger Kommunikation mit den Projektleiter/innen bildeten ein feinmaschiges Netz, in dem alle Akteur/innen miteinander verbunden waren. Nun, da der „Vater" des Netzwerks in den Ruhestand getreten ist, braucht es Menschen und auch Strukturen, auf die sich die Projektleiter/innen verlassen können, die sie weiterhin moderativ in Verbindung halten und bei ihren vielfältigen Aufgaben unterstützen. Wird es gelingen, dieses mit viel Leidenschaft in die Welt gesetzte Netzwerk der Innovation in pflegende Hände zu übergeben, es wachsen und gedeihen zu lassen? Die derzeit laufende sensible Phase der Übergabe stellt alle Beteiligten vor große Herausforderungen. Als Leiterin des net-1-Projektbüros setze ich mich dafür ein, dass diese Struktur erhalten bleibt und das Netzwerk innovativer Schulen auch in Zukunft unterstützen und dessen Entwicklungen im Zusammenspiel dem größeren System zugänglich machen kann. Der vielfach gewünschte Transfer von Innovation braucht eine treibende Kraft, die dazu beiträgt, das Neue mit vorhandener Qualität zu verbinden, und die die für Veränderung notwendigen Irritationen einfühlsam auffängt und den pädagogischen Dialog darüber moderiert.

Das Netzwerk von net-1 besteht aus sieben Projekten, die verbunden durch einen inneren Zusammenhang eine starke gemeinsame Identität entwickelt haben. Wie Kinder verschiedener Altersgruppen sind sie unterschiedlich weit in ihren Ausprägungen und Entwicklungsansprüchen und keines gleicht dem anderen.

Das Projekt VIEL etwa ist gerade erst dabei, gemeinsame Spielregeln und eine Achse festzulegen, um die sich der zweijährige Entwicklungsprozess drehen könnte. Das Projekt Mathematische Bildung dagegen ist weit über diese Phase der Konstitution hinaus, hier wurden bereits Produkte und Prototypen entwickelt und der Innovationstransfer ist voll im Gange. Regionale Systempartner wie Pädagogische Hochschulen und die regionale Schulaufsicht wurden ins Boot geholt, um gemeinsam Verantwortung für Tochterprojekte zu übernehmen. Was so einfach klingt, ist das Ergebnis einer intensiven Transferplanung, die nur durch das Zusammenspiel der Projektleiterinnen auf regionaler und überregionaler Ebene möglich wurde. Das net-1-Projektbüro hat in dieser Phase durch die Gestaltung und Moderation der regelmäßig stattfindenden gemeinsamen Sitzungen der Projektleitungsteams den Boden für diese strategischen Überlegungen aufbereitet.

Innovation braucht Fokus

Die Projektleiterinnen bringen unglaublich viel Erfahrung und Engagement mit. Manche dieser Schätze kommen erst im Austausch so richtig zum Funkeln. Eine wesentliche Arbeit des net-1-Projektbüros besteht darin, verbindende Worte zu finden und einen wertschätzenden Rahmen zu gestalten, in dem ehrliche Auseinandersetzung stattfinden kann. Es ist alles da. Es muss „nur" in Bahnen gelenkt, in Programme und Konzepte umgesetzt werden, sodass auch Pädagogen und Pädagoginnen, die nicht in der internen

Projektlogik von net-1 sind, sich interessieren und daran anschließen können. Die Vorbehalte gegen einen pädagogischen Kulturwandel sind groß: Was habe ich als Lehrperson davon? Warum soll ich mir das alles antun? Der Job ist stressig. Die Schüler/innen sind oft anstrengend. Am Ende der Stunde ist zu viel Lehrstoff übrig, weil durch den berühmten Nürnberger Trichter doch nicht genügend Wissen in die Köpfe gequetscht werden kann. Und dann die nationalen und internationalen Studien wie PISA, TIMMS oder die Bildungsstandards, das Testen und Messen – wo bleibt da noch Zeit, auf den Unterricht und die Lernenden zu schauen?

net-1 ist ein Programm, das einen Ausweg aus diesem traditionellen Mainstream bietet. Hier übernehmen Lehrer/innen und Schüler/innen gemeinsam Verantwortung dafür, was im Unterricht passiert. Sie stellen sich angemessene Aufgaben und ernsthafte Fragen. Sie lassen sich von dem gemeinsamen Prozess (ver-)führen und entdecken jenseits der breit ausgetretenen Wege von Schulbüchern und Arbeitsblättern pädagogisches Neuland. Auf einmal begegnen einander in der Schule Menschen auf Augenhöhe und arbeiten gemeinsam an selbst gewählten Themen. Die Stundenpläne verändern sich, ein gesunder Rhythmus strukturiert den Tag und die Energie kann wieder frei fließen. Zwei Jahre lang umkreist jedes net-1-Projekt einen bestimmten Fokus, unter dessen Eindruck intensiv analysiert und entworfen, umgesetzt und reflektiert, geschrieben und dokumentiert wird. Das net-1-Projektbüro unterstützt das Zusammenspiel, behält die Prozesse im Auge und bemüht sich um den jeweils passenden Rahmen. Koordinationsstellen sind immer – so auch ein Projektbüro – doppelbödig: Einerseits im Koordinationsdenken des finanzierenden Bildungsministeriums, was auch den zentralen Machtblick beinhaltet. Und Macht macht, das ist etwas anderes als kreativ sein, offen sein usw. Andererseits schwingt ins Projektbüro herein und mit – die net-1-Philosophie, Offenheit, Kreativität, Multiperspektivität. Es ist gut, wenn das Projektbüro *mit*schwingt.

Innovation braucht Dialog

Mitschwingen setzt Epizentren voraus. Diese Schwingungszentren sind etwas anderes als allfällige Verstärker und Koordinationszentren. Der Ursprung, die Kraft, die Quelle liegt im Netz, bei den Menschen und in der Philosophie und Haltung führender Personen. Und beim Verständnis der Systembedürfnisse und -kreisläufe.

Die Lehrer/innen denken sich in neue Materie hinein. Sie lassen Interessierte hinter die Kulissen ihres Unterrichts blicken und zeigen, womit sie sich beschäftigen, was gelingt oder auch scheitert. Das scheint ein wesentlicher Umschlagpunkt zu sein: An vielen Schulen ist es (noch) nicht einmal üblich, pädagogische Gespräche zu führen. In der Kommunikation über das eigene Tun entsteht ein Bewusstsein von Professionalität. Der Dialog von Personen aus demselben oder einem ähnlichen Berufsfeld erlaubt es, das eigene Handeln zu reflektieren und führt aus dem vereinzelten beruflichen Dasein zu einem Verständnis gemeinsamen Wirkens. Kolleg/innen begegnen einander auf Augenhöhe, Lehrer/innen und Schüler/innen begegnen einander auf Augenhöhe. Die traditionellen Barrieren aus Schulbüchern, Materialien, Konkurrenz und Noten werden kleiner und die Menschen kommen endlich in den Blick.

Die Kommunikationsstrukturen folgten bis jetzt folgendem Rhythmus: Einmal im Monat trafen die net-1-Projektleiterinnen zusammen. Die jeweiligen Projektphasen wurden beraten, nächste Schritte vereinbart, Entwicklungen einander präsentiert und auf ihren Wirkungsgrad geprüft: „Was ist die heroische Qualität?", „Wo genau ist Veränderung passiert?" und ähnlich feinsinnige Fragen brachten die Entwickler/innen dazu, zu reflektieren und genauer hinzuschauen. So manch glitzernder Schein erwies sich bei genauer Prüfung als vergoldeter Abklatsch veralteter pädagogischer Muster. Einmal im Jahr war für jedes Projekt ein Beratungsgespräch vorgesehen, bei dem die Entwicklungen von einem Beirat reflektiert und die nächsten strategischen Schritte angedacht wurden. Auch wenn sich die Projekte mit ganz unterschiedlichen Themen beschäftigen, spielt die net-1-Gesamtphilosophie eine wesentliche Rolle – net-1-Zusammenschau und Corporate Identity werden vom net-1-Projektbüro forciert und gepflegt.

Einmal im Jahr fand eine zweitägige Großveranstaltung statt. Dieser Theorie-Praxis-Dialog war eine Kombination aus Leistungsschau und Diskussionsforum, in dem die neuen Entwicklungen erfahrbar gemacht wurden. Solche Begegnungen sind Orte der Kraft, an denen immer wieder eine Aufbruchsstimmung entsteht.

Im Mai 2010 fand die vom net-1-Projektbüro organisierte Veranstaltung im Kolpinghaus Salzburg statt. Die Teilnehmer/innen aus verschiedenen Bereichen des Systems fanden dort den Raum, gesehen zu werden und in Kontakt mit anderen Entwicklern und Entwicklerinnen zu treten. Sie nutzten die Möglichkeit, nach vorne zu treten und die eigenen Ideen oder Produkte einer interessierten Gemeinschaft zu präsentieren. Das war und ist beruhigend, bestärkend, belebend. Es ist zu spüren, wie stark die Verbindung von entwicklungsbereiten Menschen ist. Viele haben sich auf den Weg gemacht und wollen diesen gemeinsam weitergehen. Sie lassen sich nicht mehr aufhalten.

Innovation braucht Lücke

Es gibt viele Themen, die im täglichen Leben eine entscheidende Rolle spielen, über die sich Schule und Unterricht bis heute kaum Gedanken gemacht haben. net-1 sucht systematisch solche „Lücken", um sie mit einem neuen Projekt oder einem Schwerpunkt zu füllen. Ein Beispiel dafür ist die Improvisation: Wie oft sind wir im Leben gefordert zu improvisieren. Manchmal ist es lustvoll, aber es kann auch lebensnotwendig sein. Inwieweit ist Improvisieren lernbar? Kann diese Lebenskunst vermittelt werden? Themen wie dieses finden sich durch eine Art Pendelbewegung – durch Hinschauen, Nachdenken, darüber Sprechen und Assoziieren, bis sich ein Kristallisationspunkt findet, ein Muster verdichtet, in dem eine gewisse Logik, eine konzentrierte Kraft erkennbar wird. Systematisch gesehen gibt es eine Verbindung zu C. Otto Scharmer. Etwas herauskristallisieren lassen, sichtbar machen und sich darauf fokussieren – diesen Vorgang nennt Scharmer *Crystallizing* (vgl. Scharmer 2009, S. 193 ff.). Das net-1-Projektbüro tut einiges dazu: nach projektwürdigen Kristallisationspunkten forschen, ein passgenaues Konzept erstellen, eine Projektarchitektur aufbauen, ein Projektteam zusammenstellen, die Rahmenbedingungen verhandeln, neue Projektaufträge anbahnen.

Innovation braucht Führung

Es ist schon etwas Besonderes! Im Rahmen von net-1 können Lehrer/innen für die Zeit von zwei Jahren eine Aufgabe übernehmen, die über den eigenen Standort hinaus wirkt. Sie sind dabei in ein Netzwerk eingebunden und werden im net-1-Verbund begleitet und unterstützt. Eine derartig wertschätzende Personalentwicklung mit darauf abgestimmten Ressourcen ist in diesem Berufsfeld höchst ungewöhnlich. Bei net-1 stehen die Menschen mit ihren Stärken im Mittelpunkt. Die Projektleiter/innen werden ermutigt, ihren Gestaltungswillen einzusetzen, dazu erhalten sie strukturelle und finanzielle Unterstützung. Es ist ernsthaft erwünscht, etwas neu zu denken, Prototypen neuen Handelns und neuer Haltungen zu entwickeln, vermeintliche Grenzen auszuloten, auf blinde Flecken ebenso wie auf Potenziale und Kraftstellen hinzuschauen. An führender Stelle braucht es eine Person, die – wie Richard Stockhammer es tat – die Möglichkeiten im System für Veränderungen zu nutzen versteht. Es braucht Frauen und Männer in gehobenen Positionen, die einerseits hohe Ansprüche und Erwartungen haben und diese einfordern, aber andererseits auch den Mut aufbringen, den Lehrer/innen den Rücken frei zu halten, gerade wenn es einmal unangenehm wird.

Statt einer Kultur der tausend Begründungen, warum etwas nicht geht, lautet das geflügelte Wort bei net-1: „Geht nicht, gibt's nicht!" Tatsächlich findet sich fast immer ein Weg. Und schon diese Erkenntnis hat eine erlösende Kraft.

Innovation braucht Transfer

Die schulische Transferforschung steckt noch in den Kinderschuhen. Weit verbreitet ist die Einsicht, dass durch Fortbildung allein die viel beschworene Änderung des Systems nicht gelingen wird. Weder die Annahme „Geschrieben ist getan", die sich in der Herstellung von Hochglanzbroschüren niederschlägt, noch die gestrenge Erlasskultur führt zum gewünschten Erfolg. Sogar die Prozessberatung von Schulen durch Schulentwicklungsberater/innen verschiedener Herkunft und Ausbildung scheint an ihre Grenzen zu stoßen.

In einer Zeit der rasanten technischen und medialen Entwicklung folgt der Unterricht in beunruhigender Konstanz dem 50-Minuten-Rhythmus aufeinander folgender Fachinhalte, die – zumeist von der Lehrperson aufbereitet – an die mehr oder weniger konzentrierten Schüler/innen weitergegeben werden. Die Überprüfung des abgespeicherten Wissens findet in periodischen Abständen in Form von punktuellen Leistungsfeststellungen wie Schularbeiten oder Tests statt. Ziffernnoten „belegen" als altbewährtes, wenn auch wissenschaftlich hundertfach widerlegtes Beurteilungsinstrument die vermeintliche Leistung. Auswendig lernen ist nach wie vor an der Tagesordnung. Auf die Frage, was denn das Kind heute in der Schule gelernt habe, erhalten Eltern häufig die ehrliche Standardantwort „Weiß ich nicht mehr".

Wo also liegt der berühmte Stein der Weisen? Sollte er denn ausgerechnet im Bildungssystem nicht zu finden sein?

Die Diffusionsforschung (vgl. Gräsel/Jäger/Willke 2006) beschreibt Erklärungsansätze und -modelle, die den Rückschluss zulassen, dass Personen, Inhalte und Kontext/soziales System in engem Zusammenhang stehen und daher in Innovationsprozessen nicht voneinander losgelöst betrachtet werden dürfen. Motivation und Kompetenz der beteiligten Personen tragen wesentlich zum Gelingen eines Transferprozesses bei. Die individuelle Auseinandersetzung mit einer geplanten Innovation gilt als Grundvoraussetzung für jedes Transfervorhaben. Doch wie lassen sich reformträge Kollegen und Kolleginnen ins Boot holen? Die Erfahrungen aus net-1 zeigen, dass kein Schritt übersprungen werden kann. Jede Lehrperson, jede Klasse, jeder Schulstandort muss die Veränderungsprozesse selbst erleben und sich die nötige Zeit dazu nehmen, es gibt keine Abkürzungen.

Wie erreiche ich als Lehrer/in oder Schulleiter/in eine nachhaltige Veränderung an meinem Schulstandort? Hinter solch einfachen Fragen eröffnet sich ein komplexes Bild von systemischen Zusammenhängen und Herausforderungen. Das net-1-Projektbüro beteiligt sich gemeinsam mit den Projektakteur/innen und partnerschaftlich mitdenkenden Menschen aus verschiedenen Institutionen an der Erarbeitung von Modellen und Strukturen für Transfervorhaben und deren (Selbst-)Evaluation.

Neben dem häufig beschworenen Erfolgsindikator der Breitenwirksamkeit wird im net-1-Verbund der Blick auch in die Tiefe gerichtet. Flächendeckend verbreitete Maßnahmen, deren Übernahme nichts an der traditionellen Unterrichtsgestaltung verändert hat, sind hinlänglich bekannt. Nach wie vor sind tief sitzende Glaubenssätze der Motor für die Handlungsmuster von Lehrenden. Doch welche Momente oder Erlebnisse bewirken die erwünschte Haltungsänderung?

Wir lernen im Gehen, selbstbewusst

Entwicklung oder Transfer kann nicht von „oben" oder „außen" erfolgen. Es gibt kein: „So gehört es gemacht!" In net-1 gehen Lehrer/innen mit ihrer Expertise für den eigenen Kontext und die spezifischen Inhalte von Innovation selbst in Entwicklung. Sie stellen forschende Fragen, spüren den feinen Momenten von Veränderung nach, reflektieren in der Lerngemeinschaft und generieren maßgeschneiderte Handlungsmodelle. Das net-1-Projektbüro hat Interesse an der Gedankenwelt solcher Pioniere und Pionierinnen und versucht einen Denkraum anzubieten und zu pflegen.

Die Vielzahl von Veranstaltungen, erstellten Materialien, Öffentlichkeitsmaßnahmen etc. erfordern auch eine gut organisierte Regelkommunikation und ein funktionierendes Büro als strukturgebende und strukturstützende Kraft. Ein solcher Mix aus

Service, Kommunikation, Steuerung und Controlling ist typisch für eine „Zentrale" im modernen Sinn. Im Mittelpunkt stehen die Menschen, deren Flexibilität, Kreativität und Eigenverantwortung das gemeinsame Potenzial und die Grundlage für eine respektvolle und produktive Zusammenarbeit bilden.

Die Arbeitsfelder bzw. Aktivitäten des net-1-Projektbüros lassen sich am Beispiel der derzeit stattfindenden Transferprozesse gut beschreiben. Sie verlaufen in enger Zusammenarbeit mit den Projektleiterinnen in mehreren Phasen:

1. Das Projektleitungsteam beim Erstellen des Transferkonzepts unterstützen,
2. die Qualität der Prototypen und Prozesse für den Transfer prüfen,
3. die Vorhaben mit den Verantwortungsträger/innen kommunizieren,
4. Ausschreibungen zu den Transfervorhaben formulieren,
5. Öffentlichkeitsarbeit betreiben, Produkte in Auftrag geben,
6. den Prozess im Auge haben, auf das Ganze schauen,
7. die Fäden zusammenführen, den Überblick wahren,
8. die Umsetzung dokumentieren und evaluieren,
9. Neues im Zusammenspiel sichtbar machen und integrieren.

Jede dieser Phasen erfordert eine Vielzahl von strategischen Überlegungen und Maßnahmen, die vom net-1-Projektbüro unterstützt und mitgesteuert werden. Für die Umsetzung von Transfer wie auch für die Entwicklung nachhaltiger Innovation sind auch klassische Unterstützungsmaßnahmen wie etwa begleitende Qualifizierungsmaßnahmen für die Projektakteur/innen notwendig. Maßgeschneiderte Fortbildung muss durchdacht und formuliert werden. In Zusammenarbeit mit mehreren Pädagogischen Hochschulen wird derzeit ein passendes Lehrgangsdesign entwickelt.

Das net-1-Projektbüro gab eine evaluierende Befragung in Auftrag, um Aussagen über die Wirkungen von net-1 auf den verschiedenen Systemebenen zugänglich zu machen. Auszüge aus diesen telefonischen Interviews sind im Kapitel „Unverblümt" nachzulesen. Die Befragung selbst erzeugte eine Transferwirkung. Die Interviewten begannen zu reflektieren, ein Direktor interviewte sich selbst, es entstand eine neue Energie, die wiederum den gesamten Prozess belebt und so Befragte zu Beteiligten macht. Eine Evaluierung, die gleichzeitig energetisiert, verbindet und Neues aktiviert – das entspricht ganz dem Wesen von net-1.

Das net-1-Projektbüro tritt mit den Beteiligten in Beziehung und ermutigt sie. So wird eine Basis für nachhaltige Innovation geschaffen, ein Basislager für alle Beteiligten. Hier tanken sie Kraft, tauschen ihre Erlebnisse aus und besprechen die Route – um bald zum nächsten Gipfel aufzusteigen.

Unverblümt

STIMMEN AUS DER ÖSTERREICHISCHEN SCHULLANDSCHAFT – HÖRBAR GEMACHT VON GERDA SENGSTBRATL IN ZUSAMMENARBEIT MIT DEM NET-1-PROJEKTBÜRO

FEEDBACK PER TELEFON

Um Feedback zur Wirkung von net-1 zu bekommen, habe ich als Leiterin des net-1-Projektbüros angeregt, Interviews zu führen, wieweit es net-1 gelingt, das Schulsystem bis hin zu den Schülerinnen und Schülern zu erreichen. Gerda Sengstbratl hat die Interviews entlang von Leitfragen telefonisch durchgeführt. Wer sie kennt, weiß, dass sie ganz direkt fragt und dann gut zuhört. Sie hat ihre Eindrücke zu diesen Begegnungen in dem Text „Stimmen zum Schwingen bringen“ zusammengefasst.

Die Aussagen der Interviewten waren so spannend und vielschichtig, dass es schade gewesen wäre, sie nur dem internen System zugänglich zu machen. Also habe ich den Dialog mit den Landesschulinspektor/innen, den Bezirksschulinspektor/innen, den Direktor/innen, Lehrer/innen und Schüler/innen aufgenommen und sie gebeten, ausgesuchte Textpassagen für dieses Buch zur Verfügung zu stellen. Die Texte sind verdichteter Originalton, unverblümt. Sie bieten so einen lebendigen Einblick in die Sichtweisen der Menschen vor Ort.

Das afrikanische Sprichwort, auf das sich auch der Erziehungswissenschaftler Howard Gardner bezieht, wird präsent: It takes a village to raise a child.

Genießen Sie diese engagierten Stimmen aus der österreichischen Schullandschaft!

Veronika Rampetsreiter

Stimmen zum Schwingen bringen

Das Erzählendürfen dessen, was ein Mensch arbeitet, versteht, entwickelt, ist essenziell.

Ich hatte sieben Blätter vor mir auf meinem riesigen Holztisch ausgebreitet. Voll mit Fragen sind sie. Als Impulse habe ich sie verwendet. Ich habe dreizehn Gespräche geführt. Ich notierte mit. Ich liebte die schwarze Tinte in dem dicken Buch mit ursprünglich vierhundert Seiten. Ich liebte das Vervollständigen des Skeletts in vollständige Sätze. Und dann las ich sie wie der erste Rechtsanwalt, der mir je begegnet ist, auf Band. Jemand holte sich meine Stimme, tippte sie und sandte mir alles zurück. Das war das Wunderbarste daran.

Ich glaube an diese Form der Produktion, Reflexion und Dokumentation. Ein Quantensprung kann ausgelöst werden, wenn Leute im Bildungswesen teilen, was sie beschäftigt in Bezug auf Innovation. Ich hatte bei dieser Arbeit die Rolle des Ministeriums – es war so, als würden die Leute ganz stark darauf reagieren, dass *das Ministerium* nun von ihnen etwas wissen wollte und nicht irgendwer. Es war so, als würde sich plötzlich jemand persönlich mit Stimme, sich für alles, was sich getan hat, interessieren. Ich halte diesen Aspekt für essenziell: Es ist nicht egal, wer fragt.

Wenn ich darüber schreibe, sehe ich eine Spirale. Einen Bogen, der nach etwas greift, der trägt, der hält. Wenn ich Bögen sehe, geht es immer um eine Form von Zuneigung, vielleicht sogar um Liebe in der Form des Entfalten-helfen-Wollens.

Ich sagte schon beim Terminvereinbaren: „vom net-1-Projektbüro, BMUKK". Dann lief alles. Es war so, als hätten die Lehrer/innen, die Schulleiter/innen und die Aufsichtsbeamten gewartet. Endlich will wer wissen, was ich mache, was ich denke. Es gibt Geschriebenes. Ich habe mich selbst interviewt und das habe ich niedergeschrieben, sagt ein Schulleiter. Und dann übermittelt er seine Verschriftlichung. Ein Inspektor zitiert vier komplizierte Sätze von Richard Stockhammer auswendig. Das Zitat bekomme ich später per E-Mail. Mitsamt der gesamten Master-Thesis. Ich hebe für meine Auftraggeber Schätze. Ich halte das Fragen und Zuhören und dann etwas damit zu machen für eine essenzielle Tätigkeit. Ich bin bewegt von einem Dreizehnjährigen, der sagt, er sei so sekkiert worden. Weil ich so sensibel bin, fügt er hinzu. Eine Lehrerin beschreibt ihren Wagemut, ihre Risikobereitschaft und ihr Feingefühl. Sie hat nichts mehr zu verlieren, weil sie nichts werden will. Nur weiter experimentieren.

Für alle war ein entscheidender Einschnitt der Auftrag, zu entwickeln. In allen Gesprächen wurde das Schweben genannt und das Experiment. Kinder individualisieren sich selbst. Wir alle lernen verschieden. Ich wünschte, dies alles, was ich gehört habe, hätten alle Entscheidungsträger/innen gehört. Ich wünschte, die Ministerin wäre dabei gesessen. Sie wüsste, was net-1 war und ist. Das wohl Entscheidendste in den Gesprächen war für mich, den net-1-Schulen zu geben, wenn andere sich etwas von ihnen nehmen. Und zwar Impulse von international hochkarätigen Theoretiker/innen.

Die Lehrer/innen sind lebendiger, freudiger und motivierter. Daran erkennt man net-1-Schulen, sagt ein Inspektor.

Ich hörte Menschen zu, die Kinder lieben und die viel dafür geben, ihnen Lernen zu erleichtern. Es gab eine Stimme, die so stolz war auf ihre Arbeit in der Schule. Eine Lehrerin in Niederösterreich tauscht sich mit einer Lehrerin in Salzburg aus: mit ihrer Tochter. Es ging um eine starke Kraft, um große Zuneigung, um Freude. Ich konnte Anteil haben an einer großen, mächtigen Welle, die zwischen Vorarlberg und dem Burgenland hin und her wogt. Und das Fragen, dieses Notieren war eine Arbeitserfahrung ganz besonderer Art: Nichts davon war schwer. Statt müde zu werden, wurde ich wach und lebendig. Ich wurde Teil von etwas sehr Bedeutendem für das österreichische Bildungswesen.

Ich habe auch mein eigenes Selbstbild geändert: Ich dachte immer, ich könnte nicht telefonieren. Das stimmt nicht. Ich bin gut darin, wenn es um eine Sache geht, die mich interessiert. Ich kann die Schätze heben, weil ich ein sehr breites Verständnis von Bildung und Innovation habe. Ich bin intuitiv. Menschen erzählen mir gerne. Es war ein großes Privileg.

Gerda Sengstbratl

Wenn Lernen Spaß macht

Wenn man etwas nicht selbst erarbeitet, kann man es sich nicht merken. Ich möchte, dass das selbstständige Lernen, die Gruppenarbeit, das selbst Erarbeiten und Themen für den Beruf weitergemacht werden, wenn ich nächstes Jahr in die HTL komme. Drinnen sitzen und jede Stunde in das Heft schreiben, möchte ich nicht. Wenn das Lernen Spaß macht, dann merkt man sich alles.

Johannes Eigner, Schüler (Gmünd, Kärnten)

Man lernt sich besser kennen

Seit drei Jahren arbeiten wir mit Wochenplänen, das heißt, acht Stunden pro Woche arbeite ich selbstständig in dem Fach, das ich selbst wähle.

Als ich nach der Volksschule in diese Schule kam, war für mich alles neu. Ich habe zum Beispiel Recherchieren gelernt. Wir sind sehr oft in Gruppen, jeden Monat mindestens drei Mal, und arbeiten mit anderen. Ich habe gelernt, mich mit anderen auseinanderzusetzen und die Stärken und Schwächen meiner Gruppe zu benützen. Zum Beispiel, wenn wer nicht schreiben kann, soll er sich eben etwas auswendig merken. Oder es ist wer beim Vorlesen schlecht – die machen dann etwas anderes.

In der ersten Klasse haben wir viel selbstständig gearbeitet, wir sollten diese Arbeit mit Plan allein versuchen und uns nur an die Lehrperson wenden, wenn wir alleine nicht weiterkamen. Es gibt mehr Streit in der Klasse und auch mehr Kontakt, wenn man so arbeitet. Man lernt sich besser kennen. Nächstes Jahr sollte es weiterhin möglich sein, sich selbst einzuteilen. Es ist nur praktisch, wenn man sich etwas aussuchen kann.

Valerie Feiertag, Schülerin (St. Leonhard, Steiermark)

Ich bin offener geworden

Durch net-1 ist mein Unterricht offener geworden. Ich bin offener geworden.
Wir versuchen, Kolleginnen und Kollegen zum Ausprobieren von Blattformen zu animieren. Das ist oft schwierig. Es ist leichter, mit Kolleg/innen zusammenzuarbeiten, die gerne Neues ausprobieren. Den Kindern macht es Spaß.

Ursprünglich haben wir uns zu einem Lehrgang zum Thema „Neue Wege zur Lesekompetenz" angemeldet. Aber schon bei der Anfangsveranstaltung wurde klar, dass wir in einem Entwicklungsprojekt mitarbeiten sollten, welches von der „Intelligenz der Praxis" profitiert. Das war eine große Herausforderung, die aber durch verschiedene Inputs, Vorträge von namhaften Pädagoginnen und Pädagogen, erleichtert wurde und zu einer persönlichen Weiterentwicklung geführt hat. Kolleg/innen, die diese langsame Entwicklung über drei Jahre nicht mitmachen konnten, fällt es schwerer, den Schritt vom materialzentrierten Unterricht zum schülerzentrierten Unterricht zu tun.

Für mich war es sehr wichtig, auf den Schweizer Bildungsexperten Andreas Müller zu treffen und seine Grundsätze aufzunehmen, wie: Kinder selbstständig arbeiten zu lassen, Kinder selbst wählen zu lassen, sie mitbestimmen zu lassen, Scheitern ist erlaubt, Zeit lassen und Zeit geben und nicht alle machen das Gleiche.

In Geografie und Wirtschaftskunde z.B. heißt das Thema „Meine Lieblingsstadt". Die Schüler/innen suchen sich eine Stadt aus, arbeiten mit Atlas, Lexika, Internet ..., erstellen z.B. ein Portfolio zur Stadt und präsentieren dann ihre Ergebnisse vor der Klasse. Damit die Schüler/innen auf diese Art arbeiten können, ist es wichtig, dass sie Lernstrategien kennenlernen (z.B. Lernkarten von Andreas Müller). In Biologie und Umweltkunde funktioniert das ähnlich.

In Mathematik ist es etwas schwieriger, da verwende ich z. B. aktuelle Zeitungsartikel als Impuls. Ein Beispiel dazu war ein Zeitungsartikel mit dem Thema „Wurstpapier für 67 Millionen Euro". Die Schüler/innen stellten Berechnungen an und erkannten, dass je nach Preis der Wurstsorte das gleiche Papier billiger oder teurer sein kann. Auch die Bedeutung der Tara-Taste wurde erkannt. Bei der abschließenden Reflexion schrieb ein Mädchen: „Jetzt weiß ich endlich, wofür ich Mathematik brauche."

Bei Prüfungen und Tests ist es mir wichtig herauszufinden, was die Kinder wissen – nicht, was sie nicht wissen, daher stelle ich Überblicksfragen, zum Beispiel: „Was weißt du über das Auge?"

Meine Arbeit verlagert sich mehr auf das Organisatorische, auf das Suchen von Texten. Das Coaching in der Klasse ist eine Arbeit, die weniger Stress verursacht und mich zufriedener macht.

Gudrun Falgenhauer, Lehrerin (Musikhauptschule Gmünd, Kärnten)

Wenn man den Lernweg öffnet, werden Begabungen sichtbar

net-1 heißt für mich: Schule neu denken, über das Lernen nachdenken. Wie lernt ein Kind? Ich habe meine Rolle als Lehrerin geändert. Weg von Schulbüchern, weg von Input/Output, weg von vorgefertigten Arbeitsblättern, hin zu einem anderen Lernen. Der Dialog ist wichtig geworden und ich möchte ihn nicht mehr missen. Zeig, was du kannst! Das ist wichtiger als „Ich erwarte mir ...". Reaktiver Unterricht ist mir zu wenig. Ich setze oder gebe Impulse, beobachte den Lernprozess. Die Wissensdimension tritt zurück, forschendes Lernen und selbstbestimmtes Tun treten in den Vordergrund.

Ich erfahre Dinge, die ich nicht gewusst habe, über die Kinder, ihre Themen und ihre Lebensumwelt. Wir gehen in einen wertschätzenden Dialog, ich bekomme Energie und bin nach dem Unterricht weniger geschafft.

Unser Projekt „Sprache" war ursprünglich als Lehrgang ausgeschrieben. Es hatte den Titel „Neue Wege zur Lesekompetenz". Gleich bei der Auftaktveranstaltung wurde uns kundgetan, dass wir etwas entwickeln sollten. Die Intelligenz der Praxis war gefragt.

net-1 ist ein Entwicklungsprojekt, das federführend in die Schulentwicklung einfließen sollte.

In der Theorie kann man vieles schönreden, erst das Unterrichten zeigt Stolpersteine. Die Umsetzung neuer Ideen braucht Zeit. Das Ziel war es, den Schülerinnen und Schülern die Verantwortung für das Lernen zurückzugeben, ihre Lernbereitschaft zu steigern und ihre Arbeit sichtbar zu machen bzw. zu dokumentieren.

Ich erkenne, Schüler/innen können sehr viel mehr als wir ihnen zutrauen. Wenn ich den Unterricht öffne, mehr zulasse, dann ist das ein Aufbruch in etwas, was nicht gewiss ist. Es hat etwas mit Abenteuer zu tun, die Lust am Lernen wird gesteigert. Eine wertschätzende Sprache und Sätze wie „Du schaffst es" ermutigen auch lernschwächere Kinder zum Tun. Scheitern ist erlaubt und aus Fehlern lernen wir.

Wenn Schüler/innen Reflexionen schreiben, dann denken sie über ihr Lernen nach. Sie erzählen, wie sie gearbeitet haben, stellen Fragen, berichten, was ihnen Spaß macht, was ihnen Schwierigkeiten bereitet, wie sie weiterarbeiten möchten. Sie fühlen sich ernst genommen, wenn man darauf richtig reagiert.

Habe ich am Beginn die Blattformen als Arbeitsblatt eingesetzt, so ist mir inzwischen ganz klar bewusst geworden, dass es sich um eine Lernhaltung handelt. Die Blattformen bieten mir die Möglichkeit, selbstständig und individuell zu arbeiten. Sie ermöglichen mir Feedback und Reflexion, sie machen aus weißen Blättern bunte Blätter und zeigen mir die Kreativität der Kinder. Kinder wählen unterschiedliche Lernwege, sie dürfen gestalten und das macht Freude.

Lernen ist Beziehung! Wenn die Beziehungsebene zwischen Schüler/innen und Lehrer/innen stimmt, gibt es auch weniger Disziplinschwierigkeiten. Die Schüler/innen sind dann auch bereit, sich auf neue Lernwege einzulassen. Wann und wie ich in den Lernprozess eingreife, hängt vom Gespür der Lehrperson ab. Mir als Lehrerin sollte es nur bewusst sein, welches Lernziel ich mit meinem Tun verfolge, und das braucht klare Zielformulierungen.

Ein heikles Thema ist die Frage der Leistungsbeurteilung. Ich beobachte und beurteile auch Prozesse, nicht nur das Endprodukt. Entscheidend ist auch, sich in den Unterricht einzubringen, die Qualität der Arbeit, das Präsentieren und Sichtbarmachen des Gelernten. Schüler/innen können ihre Leistung meist gut einschätzen. Auch hier findet ein Dialog statt.

Wenn Schüler/innen an Blattformen arbeiten, tun sie das meist sehr konzentriert – das Lesen von Texten erfordert auch Ruhe, ebenso die Gestaltung. Schüler/innen, die gewohnt sind, so zu arbeiten, lassen sich dann nicht mehr stundenlang durch Frontalunterricht berieseln, sie werden selbstbewusst und fordern von den Lehrenden so manches ein.

Offen heißt schülerorientiert. Wenn man den Lernweg öffnet, werden Begabungen sichtbar. Wer gewohnt ist, selbstbestimmt zu arbeiten, agiert anders. Bei unserer Wien-Aktion („Österreichs Jugend lernt ihre Bundeshauptstadt kennen“) besuchten wir das Parlament. Unsere Führerin bat die Kinder um Mitarbeit, verteilte Karten und schon begannen die Schüler/innen damit zu arbeiten, sie haben sich rege beteiligt. Die Frau, die uns führte, war ganz begeistert von dem Interesse, das die Kinder zeigten.

Anita Sagmeister, Lehrerin (Musikhauptschule Gmünd, Kärnten)

Ins Gelingen verliebt

Prophet im eigenen Land zu sein, ist schwer. Eine Implementierung von Neuem ist überall anders leichter als im eigenen Haus. Beim Projekt Sprache haben sich alle Fächer eingeklinkt. Wir unterstützen von der Organisation und den Ressourcen her und die Lehrer/innen probieren aus. Den Schüler/innen ein leeres Blatt zu geben und selbst einen Impuls zu geben, gelingt nicht allen gleich schnell.

Die Blattformen waren eine geeignete Gelegenheit, die Bedeutung des Lesens und die Vermittlung von Lesekompetenzen in allen Unterrichtsgegenständen wieder verstärkt ins Bewusstsein der Kolleginnen und Kollegen zu rücken. Sie boten die Möglichkeit, in pädagogischen Konferenzen allen Lehrkräften der Schule eine neue Kultur von Unterrichtsgestaltung zugänglich zu machen. Als Schulleiter kann ich den Einsatz der Blattformen – und dies nicht nur im Deutschunterricht – als konkretes Beispiel für Schulentwicklung definieren.

Es ist wohltuend, die Schule als einen Ort der persönlichen Begegnung mit den Schulpartnern und der kontinuierlichen pädagogischen Entwicklung zu erleben. Das wertschätzende Miteinander ist ein gutes und stabiles Fundament für die tägliche Arbeit mit über vierzig Lehrpersonen und zweihundertachtzig Schüler/innen. Schule muss auch anstrengend sein dürfen, deshalb gilt das Prinzip, die Leistungsstarken zu fordern und die Kinder mit Schwächen zu fördern. Als Direktor habe ich die Aufgabe, mich nie mit dem Status quo zufrieden zu geben, sondern offen zu sein für Veränderungen, Schulentwicklung zu fördern und zuzulassen. Ich sehe mich als Primus inter Pares, der eine Kultur des Ermöglichens schaffen muss.

So gesehen ist unsere Teilnahme am net-1-Projekt Sprache und das Vernetzen mit innovativen und begeisternden Kolleg/innen aus allen Bundesländern und Schultypen eine große Bereicherung.

Wir wurden gerade Bundessieger im Projekt „Living in a globalized World". Das hat ganz sicher mit den Kompetenzen zu tun, die die Schüler/innen bei uns erworben haben. Haltungsänderungen betreffen unter anderem die Lehrperson, die Coach ist und sich zurücknimmt. Wir unterrichten nicht Gegenstände, sondern Kinder. Und was wir tun, ist nicht ein Projekt, sondern ein Prozess. Die Schulentwicklung ist niemals abgeschlossen.

„Man muss ins Gelingen verliebt sein, nicht ins Scheitern!" (Ernst Bloch)

Hans-Peter Obereder, Schulleiter (Musikhauptschule Gmünd, Kärnten)

Paradigmenwechsel gezielt begleiten

Die net-1-Projekte Sprache und KL:IBO brachten einen enormen Entwicklungsschub in den durchführenden Schulen. Es ist faszinierend, wie KL:IBO sich entwickelt und etabliert hat. Ich setze mich dafür ein, diese Impulse in die Neue Mittelschule zu transferieren. Die Schülerinnen und Schüler sollen schon mit zehn Jahren Persönlichkeits- und Kompetenztraining erhalten. Wenn wir dieses Setting so in Angriff nehmen, dass man Zehnjährigen schon das Verständnis mitgibt, dass ihre persönliche Entwicklung wichtig ist und dass das für ihren Lebenslauf von Bedeutung ist, so ist das großartig. Ab der siebenten Schulstufe, wie derzeit mit Berufsorientierung, ist das zu spät.

In Kärnten hatte net-1 ein Kommen und Gehen. Die Erneuerung der Lernkultur findet in manchen Konferenzzimmern nur mit diesen beiden Konzepten statt. Und dies findet meine starke Unterstützung. Wo Schulen es ausprobieren und konsequent durchziehen, greift es auch.

Bei einem Neustart würde ich mit net-1 schneller in die Breite gehen. Bei neuen Konzepten wie net-1 ist punktuelles Beschicken einzelner Schulen nicht sinnvoll. Jedes Kind hat das gleiche Anrecht darauf, etwas qualitativ Hochwertiges wie das Knowhow aus einem net-1-Konzept zu bekommen. Das haben wir leider verabsäumt. net-1 war schon vor dem pädagogischen Konzept der neuen Lernkultur für die Neuen Mittelschulen da. In Folge hätte net-1 sofort mit den Neuen Mittelschulen gekoppelt gehört. Der breite Zuspruch – so wie ich es gewollt hätte – hat so nicht stattgefunden. Die Ursache dafür sehe ich darin, dass net-1 nicht genügend bekannt war. Von der Schulaufsicht war es gewollt, blieb aber im Wollen hängen. Ich sehe nun die Notwenigkeit der Vernetzung mit den Neuen Mittelschulen. Wo ich kann, rate und berate ich auch in diese Richtung. Wir sind ohnehin im Aufbruch. Lehrer/innen könnten und sollten zurückgreifen auf all das, was net-1 entwickelt hat – vielleicht via Lernplattform moodle.

Die Arbeitsgruppe der Landesschulentwicklungskoordinator/innen rund um Ministerialrat Stockhammer war sehr spannend. Ich habe eine andere Perspektive der Zusammenarbeit kennengelernt. Er hat immer versucht, Inhalte zu bringen, die uns breiter denken ließen. Nie davor, nie danach, habe ich so etwas erlebt. In dieser Arbeitsgruppe wurde wirklich einiges Bedeutendes erarbeitet.

Konzepte wie net-1 ermöglichen und unterstützen den gewünschten Paradigmenwechsel. Als Schulaufsicht müssen wir jetzt gezielt begleiten, damit dieser auch stattfinden kann.

Beatrice Haidl, Landesschulinspektorin und Landesschulentwicklungskoordinatorin (Kärnten)

Ich bin experimentierfreudiger geworden

Wir sind vor eineinhalb Jahren in das net-1-Projekt Sprache eingestiegen. Wir bekamen als Quereinsteiger/innen Einblick in die bis dahin getätigte Entwicklungsarbeit. Nach meiner Einschätzung bin ich dadurch experimentierfreudiger geworden. Bei den Reflexionen, die ich aus den Blattformen übernommen habe, war ich emotional sehr betroffen. Die Kinder schrieben sich einfach alles von der Seele, was sie bedrückte. Ich begann Lernwege freizulassen. Die Schüler/innen schrieben bei der Selbstreflexion, was sie dachten.

Regina Mühlberger, Lehrerin (Hauptschule 2 Waidhofen an der Thaya, Niederösterreich)

Ich freue mich auf eine zweite Schleife im net-1-Team

Seit meiner gut zweijährigen Tätigkeit als Leiter kann ich auf eine ungemein spannende, arbeitsintensive und erfolgreiche Entwicklung an unserer Schule zurückblicken. Aufgrund des großen Engagements meines Kollegiums wurde eine Entwicklungs- und Fortbildungsinitiative in Gang gesetzt, die unter anderem eine Erstbegegnung mit Frau Sonja Vucsina in Form eines Motivationsvortrags zur Folge hatte.

Im Zuge unserer Veränderungseuphorie motivierte Sonja Vucsina uns, in das Projekt Sprache mit Schwerpunkt „Blattformen" unter der Schirmherrschaft von net-1 einzusteigen. Im Dezember 2009 wurde erstmals ein Lehrerteam zu einem net-1-Seminar entsandt. Die Rückmeldungen fielen sehr positiv aus. Ich persönlich kann seit März 2010 förderliche Inspirationen von engagierten net-1-Kolleg/innen in meine Planungen einbauen.

Ich freue mich auf eine zweite Schleife im net-1-Team und halte es mit dem Neurobiologen und Hirnforscher Gerald Hüther, der meint: „Begeisterung ist Doping für Geist und Hirn."

Oswald Farthofer, Schulleiter (Hauptschule 2 Waidhofen an der Thaya, Niederösterreich)

Die Projektschulen verändern sich von innen heraus

Ich bin erst vor circa zwei Jahren in net-1 eingestiegen. Was den Paradigmenwechsel in Niederösterreich betrifft, so verändern sich die Projektschulen, die bei Mathematik dabei sind, von innen heraus. Sie haben sich gemeldet und wollen dabei sein, sie müssen nicht. Sie sind für uns Entwicklungspartner. Dies ist schon ein starker Wechsel, der Folgewirkungen hat. Dadurch steigt die Motivation, weil das Gefühl der Selbstwirksamkeit gegeben ist. Die Schulen wollen von sich aus die Veränderung, sie wird ihnen von der Hierarchie nicht vorgesetzt.

Die Qualität dieser Projekte ist, dass es im Sinne von Innovation ja darum geht, Modelle und Instrumente zum Lösen konkreter Probleme zu entwickeln, die aus den pädagogischen Ansprüchen entstehen. Dies wurde durch net-1, mit der Projektphilosophie, die wir verfolgen, möglich. Weiters ist in net-1 die Vernetzung das, was so stark tragend ist, das heißt, andere haben Anteil an dem, was geschieht, man lässt andere darauf schauen, was an der eigenen Schule gemacht wird.

Über einen längeren Zeitraum Schulen zu begleiten, ist etwas, was Veränderung bewirkt. Eine längerfristige Begleitung mit Feedbackschleifen und Reflexionen bewirkt Nachhaltigkeit, und nicht eine einmalige Veranstaltung. Schulen und Pädagoginnen und Pädagogen sind eben keine trivialen Maschinen in trivialen Systemen.

net-1 bewirkt viel. Auch die Leadership Academy übt einen starken Einfluss auf die Einstellungen der Direktor/innen und deren Sichtweise auf das System aus. Wir in Niederösterreich wollten mit net-1 in die Breite gehen. Wir haben mit dem Projekt Mathematische Bildung in neunzehn Schulen begonnen, in der zweiten Staffel arbeiten jetzt nochmals siebzehn Schulen mit der net-1-Projektphilosophie.

Und wir arbeiten auch mit KL:IBO und vielen Fortbildungsprojekten.
Ich halte diese net-1-Projektphilosophie für erfolgreicher als vieles andere.

Kriterien, die net-1 erfolgreich machen:
- Vernetzung, Austausch,
- ein Projekt dauert zwei Jahre (die Dauer),
- Schulen entwickeln von sich aus (Selbstwirksamkeit),
- wertschätzender Umgang (Feedback geben),
- bei Plenartagungen der Wechsel zwischen Workshop, Input und Austausch,
- der Praxisbezug – selbst etwas zu entwickeln, das geht vom Bedürfnis der einzelnen Schulen aus.

Ein Stolperstein ist sicherlich, dass es kostenintensiv ist. Eine Begleitung über mehrere Jahre kostet eben Geld.

net-1 hat eine wissenschaftliche Untermauerung. Das ist x-fach mit Peter M. Senge, C. Otto Scharmer und vielen anderen Theorien belegt.

Grundsätzlich soll es quer denkende Gruppen und Menschen im Schulsystem geben. Es braucht kreative Denkerinnen und Denker in einem System. Solche Interventionen lösen viele Gedanken bei handelnden Personen aus. Verantwortliche sind gut beraten, solch neue Ideen und neues Gedankengut zuzulassen.

Leopold Schauppenlehner,
Bezirksschulinspektor und Landesschulentwicklungskoordinator (Scheibbs, Niederösterreich)

Vom Lehren zum Lernen mit einfachen Mitteln

In Oberösterreich hat es schon immer sehr innovative Projekte gegeben. Ich kam mit net-1 bei einem Kongress im Mai 2008 in St. Wolfgang in Berührung. Damals wurde ich als oberösterreichischer Landesschulentwicklungskoordinator dorthin entsandt und war erstaunt, wie viel Innovatives es in Österreich zusätzlich gibt und dass dies fast unter Ausschluss der Öffentlichkeit passiert. Vielen ist unbekannt, dass die Entwicklung vom Lehren zum Lernen mit sehr einfachen Mitteln erfolgen kann und dass es dann wirklich eine Erleichterung im Unterricht ist. Dazu bedarf es aber einer Haltungsänderung noch vieler Lehrerinnen und Lehrer.

Was hätten interessierte Schulen davon, in net-1 eingebunden zu werden? – Die Schulen lernen voneinander, adaptieren und erweitern Gesehenes und Erlebtes. Viele Schulen sind auf diesem Weg der Veränderung. Den Paradigmenwechsel vom Lehrseitigen zum Lernseitigen sehe ich aber auch in anderen Schulen außerhalb von net-1.

Die Idee von net-1 muss weiter betrieben werden, weil sonst die mehrjährige Arbeit für das System verloren wäre. Die Lehrerinnen und Lehrer in diesen Schulen werden das sowieso weiter betreiben und weiter in Richtung Innovation arbeiten – egal ob sie vernetzt bleiben oder nicht. Die hundert net-1-Schulen werden mit und ohne offiziellem Netzwerk weiterarbeiten. Davon bin ich überzeugt.

Die zukünftige Verbreitung von net-1 könnte meiner Meinung nach über Hospitationen und Kongresse stattfinden. Diese Kongresse sollten jeweils mindestens einen Tag lang für interessiertes Publikum geöffnet werden. Es ginge dabei nicht um reines Imitieren der vorgestellten Angebote, sondern um Einleitung von Schulentwicklungsprozessen an interessierten Standorten. Diese Prozesse an den Schulen sollten dann auch begleitet werden. In Oberösterreich werden gerade circa zwanzig Berater/innen für derartige Prozesse ausgebildet. Auch diese sollten bereits im Vorfeld mit net-1 vertraut gemacht werden.

„OÖ Schule Innovativ" heißt eine aktuelle Initiative des Landes Oberösterreich zur Förderung der Schulentwicklung in der Sekundarstufe I. Dieses Konzept wurde von der Stabsstelle für Pädagogik und Schulentwicklung im Auftrag von Landesrätin Doris Hummer erstellt. Ich habe daran mitgearbeitet. Eine Schule, die sich sieben Kriterien eines Entwicklungsprozesses stellt, wird zertifiziert und darf dies auch der Öffentlichkeit medial bekannt geben. Diese „OÖ Schulen Innovativ" würden sich ganz leicht mit net-1 vereinen lassen.

Für Oberösterreich hätte ich den Wunsch, dass dieses Buch an jede Schule der Sekundarstufe I käme. Dies könnte ein Beitrag zur Verbreitung oder ein möglicher Ansporn zur Einleitung von innovativen Projekten sein.

Die Sitzungen mit Ministerialrat Stockhammer haben meinen Horizont erweitert. Ich wusste zum Beispiel vorher nicht, dass es so viele beispielgebende Projekte in Österreich gibt. Der Transfer war mir persönlich zu langsam. Ich war manchmal ungeduldig. Die gut laufenden Projekte sollten schon längst in die Breite gebracht worden sein. Wenn net-1 eine Zukunft haben soll, ist dies die Aufgabe der nächsten Jahre.

Robert Thalhammer,
Bezirksschulinspektor und Landesschulentwicklungskoordinator (Gmunden, Oberösterreich)

Hierarchien verflachen

Ich sehe durch net-1-Projekte einen Paradigmenwechsel darin, dass sich Hierarchien verflachen und das Lernen sich stärker nach den Bedürfnissen von Schülerinnen und Schülern richtet. Da ist viel in Bewegung gekommen. Zu meiner Verwunderung musste ich jedoch bei der Übernahme meiner Funktion feststellen, dass aus verschiedensten Gründen nur wenige Schulen in Salzburg im net-1-Netzwerk vertreten waren. Zusammen mit der Entwicklung zur Neuen Mittelschule haben die net-1-Projekte dennoch pädagogische Diskussionen in der Sekundarstufe I angeregt und auch zu Änderungen von pädagogischen Einstellungen und Haltungen geführt, was sich in der Praxis positiv auswirkt. Die Entwicklung von einer Lehr- zu einer Lernkultur findet statt und net-1 leistet auch für Salzburg einen wesentlichen Beitrag auf diesem Weg.

Josef Thurner, Landesschulinspektor und Landesschulentwicklungskoordinator (Salzburg)

Das Lernseitige ins System bringen

Im Großen und Ganzen hat sich an den absoluten Steuerungsinstrumenten – Lehrperson und Material – nichts geändert. Angekündigte personalisierte Lernformen sind leider „lehrseits" geblieben und nicht „lernseits" im Sinne der Kinder und des Lernens entwickelt worden. Ich sehe net-1 als Initiative und als Ausdruck des Willens, den Ansatz „Kinder finden ihren Weg" umzusetzen.

De facto findet das aber nur vereinzelt im Unterricht statt. Es sollte aber die gesamte Organisation des Hauses „Schule" vom lernenden Kind ausgehen. Dazu braucht es eine Haltungsänderung, die Vertrauen in die Potenziale der Kinder und in das Lernen auf Augenhöhe voraussetzt. In der Aus- und Weiterbildung von Lehrer/innen muss dafür erst Platz geschaffen werden. Student/innen berichten mir, dass ihnen sogar offene Lernformen zu hundert Prozent frontal und lehrerzentriert vermittelt werden. Das sogenannte Neue beginnt am Morgen wiederum mit einem Takt der „Schularbeiten-Gegenstände", danach ein Teil „Lerngegenstände" und dann Kunst und Kultur. Diese Aufteilung geht immer noch von der Vorstellung aus, dass alle Kinder das Gleiche zur gleichen Zeit lernen sollten und auch könnten. Da ist noch viel zu tun.

Die net-1-Inhalte sind fantastisch gut. Sie gehören in die Lebenswelt Schule und wollen von dieser in Besitz genommen werden. Im Diskussionsprozess von net-1 wurde klar, dass es nur darum gehen kann, Kinder auf ihren Weg zu bringen. Das ist essenziell. Die vorgeschlagenen Instrumente haben in der Umsetzung leider noch nicht voll gegriffen. Wir hängen noch immer an der Aufteilung der Lernimpulse nach Lehrplanvorgaben und Fächern. Morgens alle gleichzeitig die Hauptgegenstände und dann öffnen wir ein wenig. Das ist für viele Lernende ein Korsett, in dem sie ihren Weg nicht finden werden.

Wir haben keine Prozessbegleitung angedacht, die danach fragen würde, was die Lerneffekte unserer Interventionen eigentlich sind und was nach einem Vormittag für lernende Kinder an Kompetenzeffekten herauskommt, wie viel Zeit durch Gleichmacherei totgeschlagen wird und wie viel Zeit durch Kleben an Strukturen vertan wird. Zentral ist das Lernen der Kinder, wie sie sich Wissen aneignen und dieses anwenden bzw. umsetzen. Wenn sie das können, ist Nachhaltigkeit gegeben. Ich rede hier von drei Lernschritten im Vollzug des Lernens, nämlich:

1. Aufnehmen – also lernen im Eigeninteresse
2. Erarbeiten – also üben, trainieren, anwenden
3. Veröffentlichen – also Leistungen zeigen, präsentieren, Produkte erstellen, sich darstellen usw.

Wir wollen das Lernen fördern und nicht die Suche nach „richtigen Antworten".

Wenn wir das Thema Leistungsbeurteilung betrachten und die Art, wie vielerorts beurteilt wird, wird das zuvor investierte Lernen zerstört. Summative Leistungsbeurteilung demotiviert und wird vielfach auch benützt, um sich hinter scheinbaren Verpflichtungen verstecken zu können. Wir haben versucht, beurteilungsfreie Zeiträume für die Schüler/innen einzurichten. Wenn die Lernenden in dieser Zeit einen „Fehler" machen, ist es ein Fehler – und sonst nichts. In diesen beurteilungsfreien Zeiträumen sollen die Kinder lernen können. Darum ringen wir. Ebenso können wir durch ein Ansprechen von lernorientierten Inhalten und der eigenen Philosophie untereinander zu einer Einigkeit in den Zielen kommen und Verbindlichkeit in die Prozesse holen.

Keine Firma würde zum Beispiel eine Planungssitzung im Ambiente eines Konferenzzimmers abhalten – zwischen Papierbergen ohne einen Apfel, ohne ein Glas Wasser, ohne eine Blume, ohne Tischtuch. Die Kommunikationskultur ist auch eine Kernqualität von net-1.

net-1 brachte mehr Klarheit darüber, wo es mit der österreichischen Schule hingehen soll. Die Bewegung Neue Mittelschule schließt hier effektiv an. Wir haben bereits gute Modelle von Schulen – wie z. B. die Modellschule Graz. Diese Schulen praktizieren das, was net-1-Schulen anstreben und was dem derzeitigen pädagogischen Wissenschaftsstand entspricht.

Was haben diese Schulen davon, Modell zu sein? Sie verdienen es, noch intensiver und besser begleitet und gestützt zu werden. Sie gehören wertgeschätzt. Sie verdienen ein noch besseres Kümmern von unserer Seite. Sie verdienen ein: „Wir helfen dir noch weiter. Du bildest andere weiter. Du machst Führung. Gerade deshalb bist du für uns ein Edelstein. Der gehört geschliffen und ins rechte Licht gerückt. Der braucht einen Platz, an dem er zur Geltung kommt."

Das wäre ein Paradigmenwechsel in der Entwicklung. Der Diskurs wäre: Wir gehen dazu noch näher ran. Wenn wir die Erkenntnisse haben und diese ausgießen im großen Stil, dann wird das nichts. Das Positive von net-1 sind die Modellprojekte. Allerdings ist, „Lehrer/innen nur tun zu lassen", zu wenig. Sie verbrennen dabei und verlieren die Kraft: Sie halten Vorträge an den Pädagogischen Hochschulen, sie arbeiten an der eigenen Schule, sie gehen in andere Schulen und fangen Emotionen und Widerstände auf und hören meist „gebt uns mehr Ressourcen, aber sonst lasst uns in Ruhe mit euren sogenannten Neuigkeiten". Wenn man etwas Neues bringt, wird man oft respektlos behandelt. Aber jene Leute, die das Lernseitige ins System bringen wollen, verdienen von uns ein „Wir lassen dich nicht verbrennen", weil sie Beweiskraft haben und gerade diese Menschen bestmöglich unterstützt werden müssen.

Wolfgang Schnelzer,
Bezirksschulinspektor und Landesschulentwicklungskoordinator (Graz, Steiermark)

Die net-1-Schulen auf ihrem Niveau nähren

Ich war Landeskoordinator für die net-1-Schulen. In der Steiermark haben wir für diese Schulen zusammen mit der Pädagogischen Hochschule eine Landesorganisation net-1-Steiermark gegründet.

Wir haben Schulen auf den Weg gebracht. Sie sind mit anderen pädagogischen Konzepten in Kontakt. All dies würde – wenn die ministeriellen Pläne, net-1- auslaufen zu lassen, realisiert werden – verloren gehen. Es ist eine Ebene in allen Bundesländern zu entwickeln oder zusätzlich enge Verbindung in andere Bundesländer zu pflegen – über die Bundesländergrenzen hinweg. Die net-1-Schulen sind für mich Vorreiter und Leuchttürme zugleich. Ich sehe ein Problem, wenn es keinen regelmäßigen Austausch gibt. Die net-1-Schulen verdienten eigentlich Fortbildungen auf Europaniveau.

Die net-1-Schulen sind nicht geizig mit dem, was sie haben, und sie bekommen ununterbrochen Hospitationsgruppen. Nach der Hospitation setzen sich die Lehrer/innen zusammen und fragen: Wie findet Lernen in den besuchten Schulen statt? Was erwartet die Neue Mittelschule? Alle anderen Schulen, die sich jetzt in Bewegung setzen, kommen in die net-1-Schulen, weil diese haben, was die anderen wollen.

Was den Paradigmenwechsel betrifft, so sehe ich, dass Lernen eine höchst individuelle Situation ist. Wie lernen Kinder? Jede Person lernt für sich. Ich bin fest überzeugt, dass net-1 einen wesentlichen Beitrag dazu geleistet hat. Ich denke an ein Center of Excellence. Wir alle lernen durch bewusste Veränderung unserer Praxis. Das ist eine Bereicherung, auch wenn etwas davon nicht funktioniert.

Wir haben net-1-Steiermark gegründet mit Mathematischer Bildung, KL:IBO, ISV, Individualisierungsatelier und Sprache. Den beteiligten Schulen können wir natürlich als Anerkennung Weiterbildungen und renommierte Referentinnen und Referenten anbieten. Noch mehr wirkt es, wenn von Seiten des Bildungsministeriums die international inspirierendsten Ideen, Denker/innen und Praktiker/innen aufgespürt und den net-1-Schulen zugänglich gemacht werden. Die net-1-Schulen muss man weiterhin mit Gedanken und Handlungen, die auf ihrem Niveau sind, nähren. Und weiter überlegen, wie sie auch anders noch Anerkennung erhalten können.

Harald Schwarz,
Bezirksschulinspektor und Landesschulentwicklungskoordinator (Leibnitz, Steiermark)

Lehrpersonen, die in net-1 arbeiten, verbreiten Optimismus

net-1 war die Initialzündung in Richtung neue Lernkultur und der Beginn des Paradigmenwechsels. Der Wermutstropfen dabei ist, dass wir net-1 nicht in die Breite gebracht haben. Darauf habe ich bei allen Besprechungen wieder und wieder hingewiesen. In Tirol waren ich und andere so dahinter, aber leider ist auch diese Innovation personen- und nicht systemabhängig. In Tirol war der Hauptschulbereich immer schon innovativ, daher war es leicht, in Schulen Verbündete zu finden.

Jetzt mit den Neuen Mittelschulen haben wir eine andere Situation. Jetzt geht es darum, wie man diese wertvolle Arbeit für das ganze Schulsystem nützen kann. Ab September 2011 werden fünfzig Prozent aller Hauptschulen in Tirol Neue Mittelschulen. Die restlichen fünfzig Prozent sind verpflichtet, am net-1-Netzwerk teilzunehmen. Netzwerke sind aber nur dann Netzwerke, wenn sie über die Bundesländer hinweggehen. net-1 agiert österreichweit und nicht nur auf ein Bundesland begrenzt.

Wir implementieren net-1 in der alten Konstruktion der Hauptschulen und fünfzig Prozent der Hauptschulen werden zu Neuen Mittelschulen. Die Berufsorientierung von net-1, das heißt KL:IBO, ist äußerst elegant. Bei den Bildungsstandards rennen wir mit net-1 offene Türen ein. Und das Projekt Sprache ist ebenfalls in allen Fächern anwendbar. Das Projekt Mathematische Bildung geht weg vom reinen Rechnen und im Grunde bewegt sich alles Richtung Kompetenzen der Schülerinnen und Schüler. Der derzeitige Fokus liegt auf der Hauptschule. Es gab Paradeschulen. Jetzt geht es darum, diese Dinge flächendeckend umzusetzen.

net-1 ist eine Community. Es gab gemeinsame Fortbildungen und gemeinsame Ideen. Das war wichtig. Da übernehmen dann viele Leute Verantwortung.

Was net-1 auszeichnet erkennt man, wenn man Lehrpersonen sieht, die in net-1 arbeiten. Sie verbreiten Optimismus in der Pädagogik und sie verbreiten Enthusiasmus. Dieses System lebt von handelnden Personen. Und hier gibt es einen sehr deutlichen Unterschied zu anderen Leuten im Schulwesen. Leute, die auf neues Kompetenzlernen umsteigen, haben einfach mehr Freude. Ich sehe die Perspektive in der Ausweitung. net-1 ist deshalb im Ziel- und Leistungsplan in der Aus- und Weiterbildung der Hochschulen Tirols verankert.

Und wenn ich net-1 sage, so bedeutet das: nicht vorgeben, sondern forschen, entdecken und Kindern Zeit lassen.

Reinhold Wöll, Landesschulinspektor und Landesschulentwicklungskoordinator (Tirol)

net-1 hat Qualifikation erzeugt und Haltung geprägt

net-1 und der ISV waren maßgeblich an pädagogischen Entwicklungen der letzten Jahre beteiligt. Sie haben sehr viel in Bewegung gebracht und über net-1-Strukturen hinaus gewirkt. Mit dem Beginn der Neuen Mittelschule wurden auch die meisten ISV-Schulen Vorarlbergs zu Neuen Mittelschulen. Beide Entwicklungsunterstützungen in Anspruch zu nehmen, ist zeitlich kaum möglich.

Ich sehe einen Paradigmenwechsel in Schulen selbst und in den Aktivitäten von allen involvierten Personen. Die net-1-Projekte sind ein Wegbereiter für vieles. Der ISV hat mir und auch den beteiligten Lehrpersonen an der Schule, von der ich komme, den Blick geweitet.

Mit Richard Stockhammer gab es eine andere Form der Zusammenarbeit mit dem Ministerium. Geprägt von hoher Wertschätzung, die die Bedeutung aller handelnden Akteure und Akteurinnen anerkennt – unabhängig von ihrer hierarchischen Stellung und ohne Standesdünkel. Für ihn sind immer alle entscheidend für Wandlungsprozesse. Und das hat einen Unterschied gemacht, zu dem, was wir davor erlebten. Nämlich dieses „Wir steuern von oben nach unten". Dies war sicher ein Paradigmenwechsel, der alte Verhaltensweisen aushob. net-1 hat ganz sicher Qualifikation erzeugt und Haltung geprägt.

Gute Ansätze aus dem ISV und später aus net-1 haben sich verselbstständigt, aber gleichzeitig gingen auch Inhalte und Haltungen verloren. Im ISV war vor allem zu

Beginn die Begleitung und Unterstützung wertschätzender und authentischer, als sich dies jetzt in manchen anderen Projekten zeigt. Vielleicht liegt es auch an der Größe der Projekte und der Anzahl der beteiligten Personen.

Für Leute, die im ISV und im net-1 mit dabei waren und sind, hat sich eine Tür geöffnet. Eine Tür zu einer neuen Welt, wie man das Lernen von Kindern denken kann, wie man pädagogisch denken kann, wie man Schule denken kann. Da ist sicher ganz hervorragende Arbeit geleistet worden.

Das folgende Zitat von Richard Stockhammer drückt für mich aus, um was es geht: „Menschen verstehen, mit ihnen zu reden und zu arbeiten führt zu Neuem in Beziehungen, in lebendigen Systemen und Organisationen im Schulwesen. Über Menschen zu urteilen und zu befinden, statt mit ihnen zu reden und zu arbeiten, ist das Alte. Innovation sucht das Neue. Innovativ sein heißt handeln, in der Verbindung mit den entsprechenden Personen und Phänomenen."

Christian Kompatscher,
Bezirksschulinspektor und Landesschulentwicklungskoordinator (Bregenz, Vorarlberg)

Die bundesweite Vernetzung setzt Impulse

Wien ist anders. Schulentwicklung wird im Land sehr stark koordiniert. Die Wiener Kooperativen Mittelschulen stellen eine eigene Entwicklung dar. Sie wurde durch verschiedene Wiener Schulmodelle schon vorher initiiert. Auch die Neue Mittelschule hat ein Wiener Modell kreiert.

Ein gutes Forum für den bundesweiten Austausch über regionale Entwicklungsinitiativen, im Besonderen über net-1-Projekte, waren die monatlichen Sitzungen der Landesschulentwicklungskoordinator/innen im Bildungsministerium.

net-1 sehe ich als grundlegenden Paradigmenwechsel. Für mich ist die Frage dabei, ob Schulen als Ganzes eine Veränderung schaffen. Am weit reichenden Paradigmenwechsel von net-1 haben sich in Wien bisher nur einige Personen und Schulen beteiligt. Von einzelnen Lehrer/innen kam immer wieder Interesse, zum Beispiel für die Projekte Mathematische Bildung und KL:IBO. Beim ISV und den net-1-Projekten sorgen Schulleiter/innen für eine tiefere Entwicklung. Die bundesweite Vernetzung setzt dabei Impulse. Zu sehen, wie in anderen Bundesländern Schule gemacht wird, inspiriert für eigene Wege.

Das Zentrale an net-1 ist, dass Entwicklung an der eigenen Schule stattfindet und dass dieser Prozess unterstützt und begleitet wird. Projekte, die ähnlich gut vernetzt sind, kenne ich wenige. Eines, das ähnlich ist, ist ÖKOLOG[1]. net-1 hat im Vergleich dazu eine größere Offenheit, einen letztlich breiteren Fokus und setzt auf permanente Weiterentwicklung.

Eva Lackner-Ibesich, Landesschulentwicklungskoordinatorin (Wien)

It takes a village to raise a child

Was hat der ISV bei mir in Bewegung gebracht?
Anfangs waren wir eine von 36 Schulen und wussten nicht, wohin das alles führen würde. Ich kam vom „Kompetenzlernen". Es war alles nebulos. Ich verstand nur, dass es um Vernetzung gehen würde und um ein Sammeln von „neuer Lernkultur". Wir waren eine sehr heterogene Gruppe. Ich hatte ein Gesamtkonzept und langweilte mich anfangs, denn es hatte geheißen, dass es um „Geben und Nehmen" gehen würde, und dabei gab ich die ganze Zeit. Später dann, als es zu realen Begegnungen kam, half mir der ISV. Ich drücke es einmal so aus: Ich hatte ein Puzzlebild, in dem Teile fehlten, die ich durch den ISV fand und bei uns einfügte. So fand ich in Lebring beispielsweise die Planarbeit und in St. Marein fand ich die Schiene für die Freiarbeit. Es war eine Komplettierung des Gesamtbildes. Anfangs konnte ich der wissenschaftlichen Begleitung durch Richard Stockhammer und dem Sprunghaften und Visionären nicht gut folgen. Das hat sich geändert und ich verstehe klar und deutlich die Richtung. Durch Wilfried Schley kam dann noch der theoretische Input, der notwendig war, um meine Visionen endgültig vollziehen zu können. Wir konnten unkompliziert neue Wege gehen und das Alte verlassen, ohne Gesetze zu brechen. Nur neue Spuren sind Garant für Innovation. Ich habe durch den ISV all dies gelernt. Forschen, Umsetzen, Feedback geben und erhalten, Schreiben.

Was der ISV mir als Schulleiter gebracht?
Ich wurde als Person enorm beeinflusst. Anfangs war die „graue Nebelphase" (nach Andreas Müllers Dreiphasenmodell).

1 ÖKOLOG ist ein Vernetzungsprojekt des Bildungsministeriums, das ein Gütezeichen vergibt und finanzielle Unterstützung gewährt, wenn Schulen einen Weg ökologischer Veränderung beschreiten.

Das Nebulose hat sich durch den ISV geklärt. Ich hatte damals schon die Leadership Academy und wurde danach noch mutiger und ließ mich ein. Ich schrieb Bücher über Kompetenz, einen Praxis-Guide, dann über Eigenverantwortlichkeit in Projekten und bin nun im Nachfolger vom ISV, in VIEL. Eine meiner Mitarbeiterinnen hat nun ein Deutschbuch geschrieben, das approbiert wurde.

Ich bin breit gebaut. Durch den ISV sind meine Schultern noch breiter geworden. Ich bin mit meinen visionären Gedanken in meinem Umfeld glaubwürdiger geworden.

Unsere Schule war in den Zeitschriften *News* und *Woman*, im Radio und im Fernsehen. Wir erhielten viele Preise und ich reise als Vortragender durch Österreich. Im Schuljahr 2009/10 waren 46 Schulgruppen und 800 Lehrpersonen an unserer Schule. Das bedeutet, dass wir großen Zulauf haben. Die Gemeinde hat eine Umfrage gemacht – die Neue Mittelschule kommt gut an.

Der Zulauf bedeutet, dass die Schule nun vergrößert werden muss und ich sagen kann, was wir möchten. Ich kann beispielsweise mitreden bei der Ausstattung jedes Arbeitsplatzes mit einem Laptop. Der Weg führt zur Ganztagsschule.

Wir erhielten nach dem ISV eine Entwicklungsbegleitung als Neue Mittelschule.
Der ISV aber war die Initialzündung, ein Gesamtkonzept für die Region Lafnitztal auszuarbeiten.

Howard Gardner sagt: „It takes a village to raise a child." Bei uns arbeiten jetzt Pensionistinnen und Pensionisten in der Nachmittagsbetreuung mit. Der Apotheker kam zu mir mit der Frage, ob wir nicht bei einem Rot-Kreuz-Projekt zu Afrika mitarbeiten wollen. Das heißt, Leute aus dem Dorf kommen zu mir und bieten eine Zusammenarbeit an. Das Projekt ist jetzt ein Selbstläufer geworden und wir wissen nicht, wohin es sich entwickeln wird.

Die Region Lafnitztal hat sich vor sechs Jahren mit den Kindergärten und den Volksschulen zusammengetan. Wir haben sprachliche Frühförderung in Ungarisch und Französisch eingeführt, weil wir ein Grenzgebiet zu Ungarn sind. Was wir haben, ist die Zufriedenheit aller Beteiligten und eine große Heterogenität. Nun überträgt der Landesschulrat Burgenland das Konzept auf alle Regionen. Wir waren die Vorzeiger und sind den Vorreiterweg gegangen. Dies war nur möglich, weil Richard Stockhammer den Schulversuch bewilligt hat, ohne dass wir damals verständlich erklären hätten können, was wir wirklich machen möchten. Der ISV war essenziell. Die Gruppe war essenziell.

Alfred Lehner, Schulleiter (Neue Mittelschule Markt Allhau, Burgenland)

Der Weg in die Breite

INGE FRITZ

ENTWICKLUNG ALS SELBSTENTWICKLUNG ERKENNEN

Tirol – wie jedes Bundesland – gründet auf eine lange Tradition der eigenständigen Entwicklung sowohl der Schulen im Land als auch der einzelnen Regionen. In diesem Verständnis haben Autoritäten im Land auch die Initiative ergriffen, die Entwicklungen auf verschiedenen Ebenen – Person, Ort, Region, Land und Bund sowie internationale Vernetzung – als großen Entwicklungsverbund zu betreiben. In diesem Verständnis verbundener Entwicklung sind die Bildungsautoritäten des Landes an net-1-Akteurinnen unter Leitung von Elfriede Alber herangetreten, einen breiten und integrativen Entwicklungsprozess aufzubauen.

Die Anbahnung von Lerngemeinschaften wird am Bericht über diese Tiroler Veranstaltung deutlich. Erst im Prozess kommt es zu aktiver Beteiligung. Die Initiative zur Selbstentwicklung des Systems im Kleinen wie im Großen nimmt seinen Anfang.

Aufgrund der musterhaften Einbeziehung aller Beteiligten ist dieser Prozess inzwischen zum Pionierprozess für die Entwicklung in mehreren Bundesländern und auch für die Transferentwicklung von net-1 selbst geworden.

Es zeigt sich, dass in einem gut funktionierenden Netzwerk Entwicklungen durch qualitative Arbeit beschleunigt werden können. Voraussetzung dabei ist, dass die Beteiligten von Beginn an erkennen: Nicht sie werden entwickelt, sondern auf ihre Selbstentwicklung kommt es an.

Richard Stockhammer

Politischer Wille zu breiter Entwicklung:
Bericht über die Tiroler Hauptschulkonferenz am 2.12.2010

Ab Herbst 2011 soll es in Tirol neben den 33 Neuen Mittelschulen auch 74 „Hauptschulen neu" geben. Das Konzept für die „Tiroler Hauptschule neu" wurde im Kollegium des Tiroler Landesschulrats einstimmig beschlossen. Intention ist, die „anderen 74 Hauptschulen" (neben den Neuen Mittelschulen) zu stärken, die Rahmenbedingungen zu optimieren und den Eltern der Zehn- bis 14-Jährigen durch eine inhaltliche Klarstellung bessere Orientierung zu bieten. Die Hauptschulen werden verpflichtet, vorgegebene Innovationen ab dem Schuljahr 2011/12 verbindlich umzusetzen.

Das Modell sieht unter anderem vor, dass die Schulen an den österreichweiten net-1-Projekten KL:IBO (Kompetenzlernen durch Individualisierung und Berufsorientierung), Mathematische Bildung und Sprache teilnehmen. Die Schulen verpflichten sich auch zu einer neuen Lernkultur und damit zu einem neuen Zugang zum Lernen. Zusätzliche Förderstunden und Fortbildungsangebote sollen dabei unterstützen.

Im ersten Teil der Konferenz, die als pädagogischer Tag konzipiert ist, stellt Landesschulinspektor Reinhold Wöll das Modell „Tiroler Hauptschule neu" vor. Ehrengäste wie die Tiroler Landesrätin Beate Palfrader, der Amtsführende Präsident des Landesschulrats für Tirol, Hans Lintner, sowie der Rektor der Pädagogischen Hochschule Tirol, Markus Juranek, unterstreichen die Bedeutung der Veranstaltung. Unter dem Titel „Große Erwartungen" berichtet der ORF am gleichen Abend in „Tirol heute".

Den Schwerpunkt der Tagung bildet das Kennenlernen der wesentlichen Elemente der net-1-Projekte Mathematische Bildung, KL:IBO und Sprache. Unterstützt von Kolleginnen und Kollegen aus net-1-Schulen lassen die Projektleiterinnen Elfriede Alber, Eva Theissl und Sonja Vucsina die Tagungsteilnehmer/innen das net-1-Verständnis von Lernen aktiv erleben.

Im Raum wächst eine Lernlandschaft

Im Raum wächst eine Lernlandschaft, ein Lernweg aus Beispielen im Wechsel der Perspektiven. Elemente der drei Projekte werden aus der Perspektive von Lehrer/innen und der Perspektive von Schüler/innen erfahrbar gemacht. – Ein Wechselspiel in der Beziehungsarbeit als Basis des Lernens, das Lehrer/innen täglich an ihrer Schule erleben. Die Tagungsteilnehmer/innen werden eingeladen, diesen Erfahrungsschatz zu teilen und eine gemeinsame Vision von Schule als Kompetenzzentrum des Lernens entstehen zu lassen.

Seit dem Schuljahr 2009/10 wird im Netzwerk von net-1 intensiv darüber nachgedacht, wie die in den rund drei net-1-Jahren entstandenen Entwicklungen in die Breite getragen werden können. Im Mai 2010, beim net-1-Theorie-Praxis-Dialog „Innovative Praxis auf der Sekundarstufe I", wurde die Essenz der Arbeit in den einzelnen Projekten sichtbar gemacht, es wurden Partnerschaften angebahnt und Transferprojekte geplant. Im Kreis der Zuhörenden fand sich auch der Tiroler Landesschulinspektor Reinhold Wöll, der im Gespräch mit net-1-Initiator Richard Stockhammer aufhorchen ließ mit seiner Ankündigung, in Tirol net-1-Elemente aus Mathematischer Bildung, KL:IBO und Sprache anbieten zu wollen. Jede Schule soll frei wählen können, das gewählte Thema wäre dann jedoch verpflichtend umzusetzen.

Und deshalb stehen nun – ein halbes Jahr später – Elfriede Alber, Eva Theissl und Sonja Vucsina auf der Bühne des Kurhauses in Hall in Tirol vor 220 Tiroler Kolleginnen und Kollegen, um diesen die in den drei Projekten entwickelten Produkte oder Prototypen vorzustellen. Sie haben viereinhalb Stunden Zeit, um zu zeigen, wie damit in net-1-Schulen gearbeitet wird, was Lernen in net-1 bedeutet.

Als erfahrene Lehrerinnen und Projektleiterinnen wissen sie, dass das im Netzwerk Entwickelte nicht so einfach nach Rezept von anderen Schulen übernommen werden kann, sondern in den eigenen schulischen Kontext übersetzt werden muss. Und das erfordert die Bereitschaft, sich einer Lernsituation zu stellen, sich Aufgaben zu stellen, auf die es nicht gleich Antworten gibt, und zu lernen, mit offenen Prozessen umzugehen.

Daher laden die drei Projektleiterinnen ihr Publikum ein, sich auf Lernerfahrungen einzulassen. Kurzen Präsentationen folgen Berichte aus der Praxis, Aufgaben, die Entwicklungen aus den drei Projekten erfahrbar machen, und persönliche Reflexionen, für die vier leere Blätter bereitgestellt wurden. Gedacht für die vier Stationen, die gemeinsam durchwandert werden: Ankommen, Innehalten, Orientieren und Reflektieren. – Vier Elemente, die in einem Lernprozess immer wieder aufeinanderfolgen, und eine Grundhaltung, die die drei net-1-Projekte verbindet.

Sich einlassen

Ankommen, Innehalten, Orientieren und Reflektieren: Ausgehend von einem leeren Blatt wurde dieser „Vierertakt" für das Lernen im Projekt Sprache entwickelt und unter dem Titel „Blattformen" an den Projektschulen erprobt.[1]

Sonja Vucsina zum Konzept:

Ankommen:	Ein Impuls zum Anfangen.
Innehalten:	Welchen Bezug habe ich zu dem, was die Lehrerin mir gegeben hat? Mein Vorwissen, meine Ideen, meine Assoziationen …
Orientieren:	Ich mache mit dem Text, mit dem Filmausschnitt etc. meinen Lese- oder Lernweg.
Reflektieren:	Was habe ich gemacht? Was habe ich Neues gelernt?

Dieser Rhythmus ermöglicht ein sehr individuelles Arbeiten. Den Schüler/innen wird ihr Vorwissen bewusst und sie werden zum Reflektieren ihrer Arbeiten angeleitet. Der „Vierertakt" funktioniert nicht nur in der Klasse, er eignet sich auch für gemeinsame Vorbereitungen im Kollegium oder auch für die Erzeugung von Kraft und Dynamik in einer Hauptschulkonferenz …

Ankommen

Wie wird das Ankommen der Schüler/innen am eigenen Schulstandort gestaltet? – Für die Reflexion der Teilnehmer/innen zu dieser Frage wählt Elfriede Alber die Methode Placemat.

1 Die Entwicklung der „Blattformen" stellt Sonja Vucsina im Kapitel „Auf [eigenen] Sprachspuren" dar.

Jeweils vier Personen arbeiten miteinander. Im ersten Schritt hält jede persönliche Reflexionen in dem dafür vorgesehenen Feld fest. Dann wird das Blatt gedreht und gelesen, was die anderen notiert haben. Nach dem Austausch in der Runde wird der Konsens zum Thema in das Feld in der Mitte geschrieben.

Auch für das „Ankommen im Unterricht“ empfiehlt Elfriede Alber diese Methode, es könne damit zum Beispiel das Vorwissen der Schüler/innen zu einem Stoffgebiet herausgearbeitet werden. Durch das gegenseitige Lesen sehen die Schüler/innen, was ihre Mitschüler/innen zu einem Thema noch wissen, mit den Einträgen im Feld in der Mitte bekommt die Lehrkraft einen Einblick in die gesamten Voraussetzungen in der Klasse.

Hände reichen: Zum Ankommen der Schüler/innen im Fach Mathematik wurde im Projekt Mathematische Bildung ein Diagnoseverfahren mit dem Titel „Hände reichen“ [2] entwickelt – gedacht für die Übergangsphase von der Volksschule in die Sekundarstufe I. Bei diesem gezielten Blick auf den Lernstand zeigen die Kinder, was sie schon können, sie schätzen sich selbst ein und sagen es auch, wenn sie etwas vergessen haben. Jedes Kind erhält sein persönliches Kompetenzprofil und die Lehrkraft ein Klassen- oder Gruppenprofil. Auf dieser Basis wird dann der individuelle Lernweg dialogisch gestaltet.

In Anlehnung an die Schweizer Didaktiker Urs Ruf und Peter Gallin wird im Netzwerk nach Wegen gesucht, wie Schüler/innen ihre Lernwege entwickeln können. Von den Lehrpersonen erfordere es Mut und Gelassenheit, dies auch zuzulassen – so Elfriede Alber.

Lernen als Prozess verstehen

Das Lernen der Kinder wird als Prozess verstanden. Aufgabe der Lehrer/innen ist, diesen Prozess zu begleiten. Schnell dahingesagt, aber in der Praxis, in einer Klasse mit 25 Schüler/innen und sehr heterogenen Leistungen auch machbar?

2 Mehr Informationen zu den Entwicklungen des Projekts Mathematische Bildung finden Sie im Kapitel „Verantwortung übernehmen, Entwicklung begleiten“.

Ja, sagt Eva Theissl. In einer beeindruckenden Performance weist sie den Weg von der „Black Box" („25 Kinder, von denen ich nichts weiß") zur bunten Vielfalt, einen Weg, an dessen Ende, in der vierten Klasse, selbstbewusste Menschen stehen.

Machbar wäre das mit einem anderen Blick auf Unterricht, mit einer anderen Haltung: zur Seite treten und beobachten. Denn wer nur vorne steht, ständig an den „Stoff" denken und 25 Kinder an der imaginären Leine halten muss, habe kaum die Chance, Interessen und Begabungen der Kinder zu entdecken und zu fördern.

Hat man dann ein Gespür für die Vielfalt in einer Klasse, bleibt es meist nicht beim eigenen Fach, denn durch die erkannten Interessen und Begabungen der Kinder ergeben sich vielfältige Verknüpfungsansätze.

Zum Öffnen des Unterrichts gehört auch das Öffnen der Klassentüren. Individualisiertes Lernen braucht Raum für Kinder, die in Ruhe etwas erarbeiten wollen oder auch gemeinsam ein Ergebnis diskutieren. „Mit dem Öffnen des Unterrichts und dem Öffnen des Raumes kann ich plötzlich auch meine Vorstellungen öffnen, über Grenzen gehen. Ich sehe, wie viel bei den Kindern schon da ist, und habe die Möglichkeit, noch mehr dazu zu tun." Als Lehrerin in einer Mehrstufenklasse („mit Kindern aus sechs Leistungsgruppen und Integrationskindern") weiß Eva Theissl, wovon sie spricht. Und sie überzeugt entsprechend – sagen die Stille im Saal nach ihrem Schlusssatz und der anschließende lange Applaus.

Da diese „andere Haltung" am besten über Erfahrungen erreicht werden kann, gehen die Schulteams in den net-1-Projekten Lernpartnerschaften ein. Sie besuchen Kolleginnen und Kollegen an anderen Schulen, sehen dort nicht nur zu, sondern arbeiten mit, sammeln Erfahrungen.

Wege für den Umgang mit Unterschieden in einer Lerngruppe, die im Projekt Mathematische Bildung entwickelt und erprobt wurden, Elfriede Alber nennt drei Beispiele:

- Schüler/innen übernehmen Patenschaften: Sie begleiten einige Wochen jüngere Schüler/innen und entscheiden dann gemeinsam, ob es noch notwendig ist oder nicht.
- In einem schulstufenübergreifenden Projekt bringen Schüler/innen einer zweiten Klasse den Schüler/innen einer ersten Klasse das Bruchrechnen bei.
- Groß trifft Klein: Schüler/innen einer 7. Schulstufe gehen in die Volksschule. Als Lernpartner/innen sollen die Großen lernen, Verständnis für das Lernen anderer aufzubringen, Lernen kritisch zu betrachten, eigenes Lernen besser zu verstehen, Rückmeldung zu geben und Verantwortung zu übernehmen. – Ein Begleiten auch im Sinne der Nahtstelle.

Sprache und Mathematik

Kernthema im Projekt Mathematische Bildung ist der an den Bildungsstandards orientierte Kompetenzaufbau von der 5. bis zur 8. Schulstufe. Aus der Überzeugung heraus, dass die Bildungsstandards in der Zusammenschau von Deutsch und Mathematik leichter zu erreichen sind – Textverständnis ist gefragt –, wurde die Verbindung von Sprache und Mathematik zu einem Schwerpunkt im Projekt, entstanden sind daraus zahlreiche Materialien (nicht nur) für den fächerübergreifenden Unterricht – zwei Beispiele:

- „die wilden vier im geheimnisvollen zahlenhaus", ein Mathekrimi, der nicht nur den Jahresstoff der 5. Schulstufe enthält, sondern auch die Grundkompetenzen der Bildungsstandards Deutsch.
- „Mathilda", ein von Schüler/innen entwickeltes Spiel, mit dem Nachhaltigkeit erreicht werden kann. Mathematische Begriffe werden auf spielerische Art gefestigt. Die Begriffe sind pantomimisch darzustellen, zu zeichnen oder zu erklären, die Mitspielenden müssen erraten, was gemeint ist. „Mathilda" wird nicht als Spiel zur Verfügung gestellt, die Idee soll anregen, eine eigene „Mathilda" von den Schüler/innen kreieren zu lassen – geeignet auch für andere Fächer.

Unterschiede auf Augenhöhe

Der Aufbau von überfachlichen und sozialen Kompetenzen begleitet den Fachunterricht.

Begründen und Argumentieren braucht Sprache. In einer Partnerarbeit, bei der es darum geht, eine gezeichnete Figur mit geometrischen Begriffen zu beschreiben, wird dies gleich einmal trainiert. Die Figur soll einer Partnerin bzw. einem Partner so erklärt werden, dass sie nachgezeichnet werden kann. Es dürfen ausschließlich geometrische Begriffe angesagt werden. Die zwei Personen sitzen Rücken an Rücken, damit sie das Blatt der/des anderen nicht sehen können. Der Austausch erfolgt erst nach Fertigstellung der Zeichnung.

Das Ausprobieren macht deutlich, welche Kompetenzen Schüler/innen brauchen, um diese Situation meistern zu können.

Die „andere Haltung“ in die Breite tragen – Beispiel Leseum

Ingrid Schwaiger, Lehrerin an der Hauptschule 2 in St. Johann in Tirol, hat mit ihrem „Leseum“ einen Raum in der Schule gestaltet, der öffnen soll. Das Leseum öffnet die Türen für Schüler/innen, für Kolleg/innen, für neue Gedanken, für eine neue Lernkultur. Die Schüler/innen stehen im Zentrum. Sie erklären interessierten Lehrer/innen anhand der ausgestellten Blattformen, wie sie lernen und was sie sich dabei erarbeitet haben. – Kommunikation auf Augenhöhe, getragen von Wertschätzung. Das Leseum wird auch für Fortbildungen genützt und ist damit nicht nur ein Treffpunkt, sondern ein Ausgangspunkt für Haltungsänderung im Vierertakt.

Foto aus der Präsentation von Ingrid Schwaiger

Kompetenzen erkennen

Ein Schüler hat im Rhythmus Ankommen – Innehalten – Orientieren – Reflektieren zu einem vorgegebenen Thema gearbeitet. Welche Kompetenzen hat er dabei bewiesen? Erfahrungsgemäß fällt es am Beginn der Arbeit mit den Blattformen nicht leicht, das zu erkennen.

Sonja Vucsina hat daher Grundkompetenzen, die sie aus Blattformen herausgelesen hat, aufgelistet. Und nun geht es darum, diese Kompetenzen selbst in einer Blattform zu entdecken. „In den Kindern steckt sehr viel mehr als wir immer glauben!“

Orientieren – Kompetenzlernen

KL:IBO: In einem Dreierschritt aus Stärkenportfolio, Orientierungsgespräch und offenem, individualisiertem Unterricht finden Schüler/innen Orientierung zur aktiven Gestaltung ihrer Bildungs- und Berufsbiografie.[3] Eva Theissl: „Das Besondere an KL:IBO ist, dass es sich an einer Schule ausbreitet wie ein Virus.“

3 Das Projekt KL:IBO wird im Kapitel „Persönliche Potenziale entwickeln“ dargestellt.

Stärkenportfolio

Und wieder das leere Blatt.
„Es beginnt ganz harmlos", sagt Eva Theissl, „mit einem weißen Blatt". Auf dieses schreiben die Kinder ihre Stärken. Am Anfang wäre das nicht mehr als ein Wort, vielleicht ein Satz. Zugang zu ihren Stärken finden die Kinder über ihre Hobbys. Diese schreiben sie auf. Erst mit der Zeit werden die Reflexionen konkreter. Mit dem Stärkenportfolio sollte gleich in der 5. Schulstufe begonnen werden, damit in der 7. Schulstufe ein Weg gefunden werden kann, wie es weitergehen soll.

Margit Schwaiger, Lehrerin an der Hauptschule Mayrhofen, weist darauf hin, dass die Kinder angeleitet werden sollten, regelmäßig Dokumente ihres Lernerfolgs auszuwählen – aus dem schulischen und dem außerschulischen Bereich. Wichtig wäre auch, dass sie ihre Dokumente schriftlich reflektieren. Der Lernprozess soll nachvollziehbar sein.

Über die Jahre wächst die „KL:IBO-Mappe", sie zeigt nicht nur die Lernfortschritte, sondern auch die Entwicklung einer Persönlichkeit. „Das Selbstwertgefühl der Schüler/innen und der Lehrer/innen steigt, weil man immer wieder Erfolgserlebnisse hat." (Margit Schwaiger)

Orientierungsgespräch

„Ich war unheimlich stolz, dass es mir ermöglicht wurde,
meine Stärken vor meinen Eltern und den Lehrer/innen darzubieten." (Schüler)
„Die Schule wird zur Bildungsstätte, wenn auch die Persönlichkeit
gefördert wird." (Vater)
„Aus Erziehung ist eine Beziehung geworden." (Lehrkraft)

Mit diesen (und weiteren) Zitaten konzentriert Peter Widmann die Aufmerksamkeit auf seine Ausführungen zum Orientierungsgespräch. Als Lehrer an der Hauptschule Niederndorf zählt er zu den Pionieren in dieser Disziplin.[4]

Eckdaten zum Orientierungsgespräch: Es wird am Ende der 7. oder am Beginn der 8. Schulstufe durchgeführt. An dem von der Schülerin bzw. dem Schüler moderierten Gespräch nehmen teil: Schüler/in, Eltern und Lehrperson (Klassenvorstand) evtl. auch Schülerberater/in.

4 Das „Schulporträt Hauptschule Niederndorf: Neue Wege in der Berufsorientierung – von Netzwerken profitieren" schildert diesen Pionierweg.

Das Orientierungsgespräch dient als gemeinsame Vorbereitung auf das 8. Schuljahr oder der Umsetzung von Zielen im 8. Schuljahr. Die Schüler/innen stellen ihre persönlichen Vorstellungen und Wünsche für ihre Schul- und Berufslaufbahn, ihre Ziele für das 8. Schuljahr dar. Wichtig ist die Integration der verschiedenen Sichtweisen: die Selbsteinschätzung der Schüler/innen, die Einschätzung der Eltern und auch die Erfahrungen und Beobachtungen der beteiligten Lehrkraft. Für unterschiedliche Standpunkte soll während des Orientierungsgesprächs Verständnis geschaffen werden.

Ziel des Orientierungsgesprächs ist eine individuelle Standortbestimmung. Es soll zu einer realistischen Einschätzung der Stärken und Schwächen des Schülers bzw. der Schülerin kommen: in fachlicher Hinsicht, hinsichtlich der persönlichen Kompetenzen wie Arbeits- und Lernverhalten, Selbstwertgefühl, Selbstvertrauen und auch bezüglich der Sozialkompetenzen wie etwa Teamfähigkeit oder Konfliktverhalten. Diese Themen werden bereits vorher im Berufsorientierungsunterricht ausgearbeitet. Auch die beruflichen Neigungen und die Schulwünsche sind für eine realistische Einschätzung wichtig.

Am Ende des Orientierungsgesprächs werden Zielvereinbarungen getroffen und von der Schülerin bzw. dem Schüler in Anwesenheit der Eltern unterschrieben.

Was sich wirklich ändert, ist die Haltung

Peter Lechner, Direktor der Hauptschule Mayrhofen, macht mit seinem Resümee zu KL:IBO den Zuhörenden Mut, es anzugehen. Schon lange wäre allen klar, dass es wegzukommen gilt von der Defizithaltung und hin zur Stärkenorientierung. „Mit KL:IBO gibt es nun ein Mittel, wie wir das erreichen können.

Wenn die Kolleginnen mit leuchtenden Augen zu mir in die Kanzlei kommen und sagen, dass sie nach dreißig Dienstjahren etwas völlig Neues erlebt haben, kann man sich nur freuen. Ich wünsche euch allen den KL:IBO-Virus!"

Lernen, auf Stärken zu schauen

„Liebe Frau Lehrerin, ich habe immer meine Hausübungen gemacht, ich arbeite in Mathematik immer brav mit. Ich liebe logische Beispiele, ich löse gerne Rätsel. Aus diesen Gründen habe ich einen Pokal verdient."

Mit solchen und ähnlichen Briefen fordern Schüler/innen in KL:IBO die Anerkennung ihrer Leistungen. Die Herausforderung ihrer Lehrer/innen dabei ist, in ihrer Bestätigung des angeforderten „Pokals" das „Ja, aber …" wegzulassen. Wirklich nur auf die Stärken zu schauen, wäre für viele Lehrpersonen nicht ganz so leicht, so Eva Theissl. Sie möchte die Tagungsteilnehmer/innen spüren lassen, wie es sich anfühlt, einen Pokal zu erhalten, und wie schwierig es sein kann zu argumentieren, warum man für eine Leistung einen „Pokal" verdient hat.

Die letzte Aufgabe an diesem Tag führt daher gedanklich zurück in die eigene Kindheit: Es soll eine persönliche Kompetenz beschrieben und dafür ein Pokal angefordert werden. Von anderen angeforderte Pokale sind zu bestätigen.

„Wenn man seine Stärken kennt, passiert Lernen ganz von selbst." (Sabine Fritz) – In diesem Sinne wünscht Eva Theissl den Tagungsteilnehmer/innen viel Spaß beim Aufspüren der Stärken von Schüler/innen und Lehrer/innen.

Geben und Nehmen, Entwicklungen teilen

Aus einem anonymen Publikum ist innerhalb von viereinhalb Stunden eine bunte Vielfalt geworden, Interessen, Stärken und Neigungen wurden im Prozess erkennbar.

„Geben und Nehmen, das Teilen von Entwicklungen, der Austausch darüber und das gemeinsame Weiterentwickeln gehören zur Lernkultur im Netzwerk. Und auch Geduld zu bewahren, wenn einmal etwas nicht gleich funktioniert." – In ihrem Schlusswort im Namen des gesamten net-1-Teams dankt Elfriede Alber den Teilnehmer/innen, dass sie sich auf diesen Prozess eingelassen haben. „Es wäre schön, wenn wir gemeinsam Schule gestalten könnten!"

„Hohe Kompetenz und Liebe zur Pädagogik" schreibt Landesschulinspektor Reinhold Wöll dem net-1-Team für die gezeigten Leistungen ins Zeugnis. Frei nach Sten Nadolny („Die Entdeckung der Langsamkeit") plädiert er dafür, Schule zu einem Haus zu machen, wo das Lernen zu Hause ist. Und dieses Lernhaus sollte von allen gemeinsam gestaltet werden. Altes loslassen, Neues hereinlassen, den Schülerinnen und Schülern etwas zutrauen!

Schlussbetrachtung und Angebot

RICHARD STOCKHAMMER

PANORAMABLICK

Nun – Mitte 2011 – wird Bildung in Österreich mehr und mehr zum breiten öffentlichen Anliegen. Das bietet die Chance, die Innovationserfahrungen von net-1 einzubringen.

Die Lücke zwischen Realität und Möglichkeit weckt die Sehnsucht nach tief greifender Veränderung.

Lernen ist – neben Liebe – unser größtes Potenzial für die Zukunft der einzelnen Person, der Gemeinschaft und der Gesellschaft.

Die Projekt- und Lerngemeinschaften von net-1 verstehen sich als Angebot und Bitte.

Unser Angebot:
Unser Wissen und unsere Bereitschaft führen wir gerne zusammen in erweiterte Entwicklungsgemeinschaften.

Unsere Bitte:
Lasst uns vertrauensvoll die Möglichkeiten und Ressourcen zusammenführen und vermehren.

Woran messen wir den Erfolg?
Schlummernde Energien werden wach.
Gebündelte Aktivitäten ergeben neue Möglichkeiten.
Lerngemeinschaften geben Rückhalt und Zuversicht –
im Kleinen wie im Großen.
Kinder, Jugendliche, Eltern, Lehrer/innen und Kooperationspartner/innen
gehen gerne in die Schule.
Lernen wird zum bewussten schöpferischen Anliegen
der Schule, beziehungsreich und integer.
Der Horizont der Beteiligten weitet sich –
in die Ferne, zu den Menschen, zu sich selbst.

Richard Stockhammer

Die Reise als Metapher für Bewusstsein in Bewegung

Unter einem Titel, der Einzigartiges und Individuelles anspricht, nämlich „Niemand lernt so wie ich“, und unter einem Untertitel, der bewegte Erfahrung verspricht, haben wir zu einer „Reise durch österreichische Lernlandschaften“ eingeladen.

Das zeitlose Phänomen Reisen haben wir als Metapher gepflegt. Lernen wird zur Reise in die Welt – und zu sich selbst.

Wir können nicht nur physisch von Ort zu Ort reisen. Auch unsere innere Aufmerksamkeit können wir auf die Reise schicken. Wir Menschen können den Quellort unserer Aufmerksamkeit geistig verlagern, was vermutlich unser größtes unerschlossenes Potenzial ist.[1]

Gleichzeitigkeit und Vielseitigkeit haben wir als Geheimnis der Vernetzung entdeckt und in vielen Variationen beschrieben. Vernetzend haben wir uns auch dem Wiedergewinnen unserer Ganzheit genähert. Erst wenn wir Entwicklungen in ihrer Komplexität auch beschreiben und kommunizieren können, schaffen wir jene Voraussetzungen, die uns einzeln oder in Gruppen in die Lage versetzen, in diese Entwicklungen verstehend, gestaltend und mit verantwortlich einzutreten. So lernen wir mit der Komplexität der Verhältnisse zu kooperieren. Dieses Lernen hört nicht auf. Jeder Erfolg – und auch jeder Misserfolg – wird zur Voraussetzung, noch tiefer in das Zusammenspiel mit der Komplexität der Verhältnisse fortzuschreiten.

Schließlich haben wir integrale Vernetzung als neue Qualität so lange umkreist, bis wir sie genauer erfassen konnten. Dabei haben wir uns begnügt, sie im Prozess und in konkreten wechselnden Erscheinungsformen zu verstehen. Wir haben ganz konkret Projekte, Lerngemeinschaften, Entwicklungsnetzwerke und Parallelkulturen sowie Szenen aus dem Alltag beschrieben, und wir haben das Neue konkret aus verschiedenen Perspektiven und in Entfaltung nachgezeichnet. Dabei haben wir auch nach angemessenen Darstellungsweisen, nach Begriffen, Systematiken und Theorien Ausschau gehalten.

1 Im Kapitel „Das vierdimensionale Lern- und Prozessverständnis“ ausgeführt unter Bezug auf C. Otto Scharmer und seine Erfahrungen, wie wir Menschen soziale Realität gemeinsam hervorbringen.

Es ist uns gegangen wie vielen Reisenden – erst in der Begegnung vor Ort ist unsere Vorstellung von unseren Reisezielen klarer geworden. Unsere Sensibilität für das, was uns wichtig ist und wer wir sind, ist gewachsen.

Sowohl die Landschaften, in denen wir reisen, als auch unsere persönlichen bzw. sozialen Aktionen und Reaktionen sind manchmal von atemberaubender Vielfalt und Gleichzeitigkeit. Und wenn wir uns dieser Intensität öffnen – und dabei auch Ruhe finden – sind wir ganz im Jetzt. Die Zeit steht still.

Nach der Klarheit in der Stille – und dem Erkennen der eigenen Aufgabe – geht es darum, einen Weg, einen Prozess der Verwirklichung zu finden.

Bildung als Prozess der Selbstveränderung verstehen lernen

Komplexität und Dynamik lernender Personen und lernender sozialer Systeme (wie Schule) beschreiben wir von vielen Seiten und anhand unterschiedlicher Inhalte als schöpferische, komplementäre und damit auch gemeinschaftlich-systemische Prozesse. Wir finden erst im Prozess eine geeignete (neue) Sprache für die Entfaltung des Lernens und der Innovation des Gesamtsystems.

Meine Aufgabe als Förderer und formeller Auftraggeber habe ich nach und nach mitlernend so verstanden, nicht bestimmte (neue) Ergebnisse einzufordern, sondern intensive persönliche und systemisch-organisatorische Entwicklungen verstehend zu unterstützen. In der Reflexion und Draufsicht auf diese generierenden Entfaltungen entsteht im Kommunizieren und Studieren eine neue Sprache und eine neue Systematik für das Hervorbringen von Lern- und Bewusstseinsprozessen. Sprache, die uns verbindet, wächst mit. Zwar ist auch das nur eine Form der Annäherung an die Realität, doch durch die Beachtung einer durchgängigen Systematik wird ein hoher Grad der Nachvollziehbarkeit, eine zunehmend gesicherte Wissensbasis für die Praxis – und somit letztlich auch Wissenschaftlichkeit – angestrebt.

Klaus Pitter: Acht liegend

Wie Lerngemeinschaften Mut machen, eine neue Kultur zu erschaffen – Transfer

An vielen Stellen dieses Buches wird auf net-1-Lerngemeinschaften Bezug genommen, die allen im Prozess Beteiligten in ihrer Entwicklung Rückhalt geben. Diese Lerngemeinschaften machen Mut, sich auf Neues, Ungewisses einzulassen. Ich fasse zunächst, angelehnt an C. Otto Scharmer, jenes Verständnis von Lerngemeinschaften zusammen, das sich in der Praxis von net-1 herauskristallisiert hat. Scharmer nennt folgende acht Lernerfahrungen, die eine Lerngemeinschaft in Institutionen zu einer effektiven Infrastruktur für Lernerneuerung machen:

(1) *Kerngruppenkomposition* meint das Widerspiegeln des Gesamtsystems in der Zusammensetzung der führenden Gruppe der Lerngemeinschaft. (2) *Primat der Praxis.* Als Verbindung mit den realen Problemen und deren Bearbeitung. (3) *Werkzeuge und Übungsfelder*, an denen man selbst lernt. (4) *Parallele Lernstrukturen*, damit das Handeln aufgeladen und reflektiert wird. (5) *Die Kraft der gemeinsamen Intention*, die sich im Prozess herausbildet, also nicht vorgegeben ist. (6) *Leidenschaft oder personalisierte Verkörperung des Projekts.* Also Personen, die die Bedingungen für Selbstorganisation schaffen und aufrecht erhalten. (7) *Wahrnehmungsgetriebene Aktivierung.* Die Herausforderung muss nahe genug sein, um laufend durch die eigene Wahrnehmung zu einer inneren Aktivierung beizutragen. (8) *Gemeinsame Produkte.* Die Produktion fördert die Kompetenz- und Gemeinschaftsentwicklung. (Vgl. Scharmer 2009, S. 223 f.)

Die Lerngemeinschaften beginnen zunächst in ihren überschaubaren Kreisen Neues zu entwickeln – Ansätze zu einer neuen Kultur im Alltag. Sie verlassen die bisherigen Selbstverständlichkeiten und betreten Neuland. Dies gelingt in der Regel nur im Schutz einer Lerngemeinschaft, die Neues zum Projekt macht, es von mehreren Seiten absichert und so Mut macht, neue Wege zu gehen.

Im Verhältnis zur vorherrschenden und weit verbreiteten Kultur ist die neue Entwicklung eine Parallelkultur. Kulturen – besonders Alltagskulturen – zeichnen sich vor allem durch selbstverständliche Bräuche, Sichtweisen und Gepflogenheiten aus.

Die Komposition und die Arbeitsweise der hier charakterisierten innovativen Lerngemeinschaften schaffen günstige Voraussetzungen, dass die neue Kultur zum Sauerteig für die Erneuerung des größeren Systems wird. Dies hängt davon ab, wie ein Prozess der freiwilligen Kooperation in Gang gesetzt und in Gang gehalten wird. Das ist der Knackpunkt für kulturelle Entwicklungen. Entscheidend ist, ob eine größere Lerngemeinschaft entsprechend den genannten acht Lernerfahrungen für den Aufbau einer Lerninfrastruktur gelingt.

net-1 als konkretes Angebot

net-1 versteht sich als konkretes Angebot, neuen Lerngemeinschaften Rückhalt zu geben und gemeinsam mit den bereits im Netzwerk bestehenden Lerngemeinschaften an neuen Aufgaben zu wachsen.

Mit dem Rückhalt von Lerngemeinschaften wird der oder die Einzelne entlastet, alles können zu müssen. Und das Gesamtsystem wird entlastet, alles regeln zu müssen.

net-1 spricht vor allem die inneren, schöpferischen Strukturen der Lernenden an und stärkt damit die Personen und Organisationen in ihren vielseitigen Kompetenzen und Ressourcen.

net-1 hilft mit, vereinzelte Quellen des Lernens und Wissens zu erschließen, indem net-1 Entwicklungsthemen so betreibt, dass es zu einer Bündelung und Intensivierung der Anstrengung bei der Arbeit an konkreten Vorhaben kommt.

Gemeinsam mit den vor Ort Beteiligten hilft das net-1-Netzwerk, das Prozessverständnis zu kultivieren, die Wissensbasis zu erweitern und konkretes Wissen der Beteiligten zu schaffen.

net-1 achtet auf die Komposition der Lerngemeinschaft. Verschiedene Funktionsträger/innen des gesamten Systems werden einbezogen, damit letztlich eine Teilhabe und Mitwirkung an der Entwicklung des gesamten Systems möglich und ein Transfer erleichtert wird.

net-1 fühlt sich jenem Bildungsverständnis verpflichtet, das in Einklang mit dem österreichischen Schulorganisationsgesetz steht: „Die jungen Menschen […] sollen zu selbständigem Urteil und sozialem Verständnis geführt, dem politischen und weltanschaulichen Denken anderer aufgeschlossen sowie befähigt werden, am Wirtschafts- und Kulturleben Österreichs, Europas und der Welt Anteil zu nehmen und in Freiheits- und Friedensliebe an den gemeinsamen Aufgaben der Menschheit mitzuwirken." (Schulorganisationsgesetz § 2. Aufgabe der österreichischen Schule)

Die Würde der einzelnen Personen und die Autonomie der Akteure und Akteurinnen in den Lerngemeinschaften werden ebenso geachtet wie professionelle und fachliche Anforderungen.

net-1 tritt durch seine konkrete und selbstständige Entwicklungs- und Vernetzungsarbeit dafür ein, dass diese großen Aufgaben selbstbewusst und selbstverantwortlich von den Beteiligten vor Ort und in den Verwaltungsstellen realisiert werden können.

Erst im gemeinsamen Prozess der Lerngemeinschaften werden diese Möglichkeiten konkret. So erneuern die Beteiligten ihre Lernkultur in der lebendigen Praxis.

Autorinnen und Autoren

Mag. Richard Stockhammer (Herausgeber)

Lehramt für Volksschulen, Hauptschulen und Polytechnische Schulen; Studium der Sozial- und Wirtschaftswissenschaften, Soziologie an der Universität Linz; Unterrichtspraxis an Pflichtschulen in Oberösterreich; Leitung der Hauptschulabteilung im österreichischen Bildungsministerium, im Ruhestand seit Mai 2011. Entwicklung von Lernen, Lehrplänen, Unterricht, Autonomie und Netzwerken: Entfaltung von Bewusstsein.

Mag. Elfriede Alber

Als Technikerin einige Jahre in der Privatwirtschaft tätig; bis 2006 Lehrerin an Hauptschulen (Technisches Werken, Mathematik, Bewegung und Sport); Studium der Psychologie; 2003 bis 2007 Mitarbeiterin der Arbeitsgruppe „Bildungsstandards für Mathematik am Ende der 8. Schulstufe“ des Bildungsministeriums; Landeskoordinatorin für Bildungsstandards in Tirol; Leiterin des net-1-Projekts Mathematische Bildung.

Dieter Draxl

Lehrer an der Hauptschule und Neuen Mittelschule Gabelsbergerstraße in Innsbruck, geprüft in Englisch, Biologie und Umweltkunde, Italienisch und Informatik; Onlineredakteur für das Tiroler Bildungsservice; Mitglied im net-1-Schulporträt-Team bis 2010.

Mag. Dr. Christine Fischer

Studium der Pädagogik; Leiterin der Musikhauptschule Kirchberg an der Raab, Landesfachkoordinatorin für Mathematik für Hauptschulen in der Steiermark; tätig in der Lehrer/innenfortbildung, Schulbuchautorin für Mathematik; 2003 bis 2007 Mitarbeiterin der Arbeitsgruppe „Bildungsstandards für Mathematik am Ende der 8. Schulstufe“; Mitglied im Leitungsteam des net-1-Projekts Mathematische Bildung.

Mag. Inge Fritz MAS

Studium der Germanistik und Geschichte (Lehramt), Ausbildung an der Donau-Universität Krems (Verlagswesen, Electronic Publishing); selbstständig tätig als Lektorin, Autorin und Redakteurin für Bildungsplattformen; net-1-Redaktionsleitung, Mitglied im Leitungsteam des net-1-Projekts Mathematische Bildung.

Mag. Dr. Karin Grinner

Lehramt für Hauptschulen, 14 Jahre Unterrichtserfahrung; Studium der Sozial- und Wirtschaftswissenschaften, seit 2004 selbstständige Beraterin für Schul- und Unterrichtsentwicklung; 2007 bis 2010 Leitung des net-1-Projekts Schulporträt; Autorin von Schulporträts im Rahmen von net-1, Neue Mittelschule; Tätigkeit an der Pädagogischen Hochschule Oberösterreich.

MMag. Martin Hartmann

Wissenschaftlicher Mitarbeiter am Institut für Lehrer/innenbildung und Schulforschung der Universität Innsbruck, Leiter der Universitätslehrgänge zur Leadership Academy, Mitarbeit im Netzwerk innovativer Schulen; Arbeitsschwerpunkte: Schulentwicklung, Schulmanagement und Leadership; Mitglied im net-1-Schulporträt-Team bis 2010.

Christoph Hofbauer M. A.

Hauptschullehrer (Technisches Werken, Mathematik, Biologie und Umweltkunde), Studium in Norwich, UK (Erziehungswissenschaften); in der Lehrer/innenfortbildung tätig; planender Mitarbeiter an der Pädagogischen Hochschule Niederösterreich, 2006 bis 2009 Mitarbeit in der Hauptschulabteilung des Bildungsministeriums im Bereich der Innovativen Schulen im Verbund (ISV); seit 2008 Projektbüroleiter und operativer Projektleiter der bundesweiten Entwicklungsbegleitung der Neuen Mittelschule.

Mag. Heiner Juen

Lehrer am Akademischen Gymnasium Innsbruck für Mathematik und Physik; Landesfachkoordinator für Bildungsstandards Mathematik in Tirol; Landeskoordinator für die neue Reifeprüfung; Mitverwendung an der Pädagogischen Hochschule Tirol und an der Universität Innsbruck; 2003 bis 2007 Mitarbeiter der Arbeitsgruppe „Bildungsstandards für Mathematik am Ende der 8. Schulstufe“; Mitglied im Leitungsteam des net-1-Projekts Mathematische Bildung.

Mag. Beate Kröpfl
Lehrerin am Bundesgymnasium und Bundesrealgymnasium St. Martin in Villach für Mathematik und Physik; Landeskoordinatorin für Bildungsstandards in Kärnten; 2003 bis 2007 Mitarbeiterin der Arbeitsgruppe „Bildungsstandards für Mathematik am Ende der 8. Schulstufe"; Mitglied im Leitungsteam des net-1-Projekts Mathematische Bildung.

Mag. Dr. Brigitte Makl-Freund
Lehramt für Volksschulen und Hauptschulen, Studium der Pädagogik und Kunstgeschichte; Leiterin der Campusmittelschule/Informatikhauptschule Orth an der Donau; Mitglied im Leitungsteam des net-1-Projekts Mathematische Bildung, Leiterin des Transferprojekts Mathematische Bildung in Niederösterreich.

Veronika Rampetsreiter MEd
Hauptschullehramt für Englisch und Biologie, Schul- und Unterrichtsentwicklerin, akademische Referentin für feministische Bildung und Politik, Koordination Kooperative Mittelschule im Auftrag des Referats für Schulversuche und Schulentwicklung im Stadtschulrat für Wien, Mitarbeit im ISV (Innovative Schulen im Verbund) mit Schwerpunkt alternative Leistungsbeurteilung, Leiterin des net-1-Projektbüros (Bundeskoordinationszentrum für neue pädagogische Praxis) an der Pädagogischen Hochschule Wien.

Mag. Gerda Sengstbratl
Studium der Anglistik, Amerikanistik und Romanistik an der Universität Salzburg, in den USA und in Frankreich; Forschungen und Publikationen zum Geschlechterverhältnis, Erwachsenenbildnerin, Universitätslehrbeauftragte, Fremdsprachenlehrerin an einem Gymnasium, Autorin, Malerin; gemeinsam mit Christine Gerold Leiterin des net-1-Projektes VIEL (Verantwortung im eigenen Lernprozess).

Mag. Madeleine Strauss
Lehrerin am Bundesgymnasium und Bundesrealgymnasium St. Martin in Villach für Deutsch und Französisch; Landesfachkoordinatorin für Bildungsstandards Deutsch in Kärnten; an der Pädagogischen Hochschule Kärnten mitverantwortlich für Fortbildungsveranstaltungen zur Implementierung der Bildungsstandards; Mitglied im Leitungsteam des net-1-Projekts Mathematische Bildung.

Eva Theissl

Lehramt für Englisch, Mathematik, Physik und Chemie; Lehrerin an der Hauptschule St. Marein bei Graz; gemeinsam mit Maria Winter und Margarete Meixner Leiterin des net-1-Projekts Individualisierungsatelier; gemeinsam mit Sabine Fritz Leiterin des net-1-Projekts KL:IBO (Kompetenzlernen durch Individualisierung und Berufsorientierung).

Sonja Vucsina

Lehramt für Deutsch, Bildnerische Erziehung und Darstellendes Spiel; Lehrerin an der Hauptschule Admont; Seminare im In- und Ausland für Deutsch, Lesekompetenz, fächerübergreifendes Lernen, Theater in allen Schulstufen; Leiterin des net-1-Projekts Sprache; verankert an der Pädagogischen Hochschule Steiermark – Zentrum für interdisziplinäre Fachdidaktik, Fachbereich Sprache – mit net-1-Transferprojekten in der Steiermark (Lernraum Schule), Tirol und Kärnten.

Dr. Maria Winter

Lehramt für Volksschulen und Hauptschulen, Studium der Psychologie und Pädagogik in Graz; Lehrerin an der Pädagogischen Hochschule Steiermark, Arbeitsschwerpunkte: Schulentwicklung, Unterrichtsentwicklung und Individualisierung; Aufsätze und Fallstudien zu Unterrichts- und Schulentwicklung, schulzentrierter Lehrer/innenfortbildung; gemeinsam mit Eva Theissl und Margarete Meixner Leiterin des net-1-Projekts Individualisierungsatelier.

Schulen im bundesweiten Netzwerk von net-1[1]

Projekt Individualisierungsatelier

Bundesgymnasium, Bundesrealgymnasium und Bundesoberstufenrealgymnasium Eisenstadt, Burgenland
Neue Mittelschule Illmitz, Burgenland
Private Neue Mittelschule Steinberg, Burgenland
Neue Mittelschule Bad Erlach, Niederösterreich
Hauptschule 1 Waidhofen an der Thaya, Niederösterreich
Bundesgymnasium und Bundesrealgymnasium Bruck an der Mur, Steiermark
Hauptschule 1 Gratwein, Steiermark
Bundesgymnasium und Bundesrealgymnasium Pestalozzi, Graz, Steiermark
Hauptschule Hausmannstätten, Steiermark
Kooperative Mittelschule Max Winter Platz, 1020 Wien
Bundesgymnasium und Bundesrealgymnasium Rainergymnasium, 1050 Wien
Astrid Lindgren Zentrum, 1230 Wien
Kooperative Mittelschule Steinergasse, 1230 Wien

Projekt ISV – Innovative Schulen im Verbund

Neue Mittelschule Bernstein, Burgenland
Neue Mittelschule Markt Allhau, Burgenland
Neue Mittelschule Mattersburg, Burgenland
Hauptschule 1 Feldkirchen, Kärnten
Hauptschule Amstetten-Hausmening, Niederösterreich
Neue Mittelschule Purgstall, Niederösterreich
Neue Mittelschule Rastenfeld, Niederösterreich
Regionalhauptschule Wachau, Spitz an der Donau, Niederösterreich
Hauptschule St. Peter in der Au, Niederösterreich
Private Neue Mittelschule Sta. Christiana, Wiener Neustadt, Niederösterreich
Allgemeine Sonderschule Nikolaus Lenau Schule, Gmunden, Oberösterreich
Hauptschule Pram, Oberösterreich
Hauptschule Schwertberg, Oberösterreich
Sporthauptschule Werfen, Oberösterreich
Hauptschule 1 Birkfeld, Steiermark
Neue Mittelschule St. Leonhard, Graz, Steiermark
Private Neue Mittelschule Ursulinen, Graz, Steiermark
Musikhauptschule Kirchberg an der Raab, Steiermark
Hauptschule Lebring-St. Margarethen, Steiermark
Hauptschule Schwanberg, Steiermark
Hauptschule St. Marein bei Graz, Steiermark
Neue Mittelschule Pembaurstraße, Innsbruck, Tirol
Hauptschule Kals am Großglockner, Tirol
Landhauptschule Niederndorf, Tirol
Freie Montessori Schule, Altach, Vorarlberg
Neue Mittelschule Bürs, Vorarlberg
Neue Mittelschule Hard Markt, Vorarlberg
Neue Mittelschule Höchst, Vorarlberg
Neue Mittelschule Bregenz-Rieden, Vorarlberg
Private Neue Mittelschule Karlsplatz, 1040 Wien
Kooperative Mittelschule Herzgasse, 1100 Wien

1 Im Mai 2011 startete in Tirol das net-1-Projekt „Innovative Praxis" mit 30 Tiroler Hauptschulen, diese Schulen sind hier noch nicht berücksichtigt.

Neue Mittelschule Kauergasse, 1150 Wien
Kooperative Mittelschule Selzergasse, 1150 Wien
Kooperative Mittelschule Lacknergasse, 1180 Wien

Projekt KL:IBO – Kompetenzlernen durch Individualisierung und Berufsorientierung

Berufsorientierte Neue Mittelschule Stoob, Burgenland
Neue Mittelschule, Musikhauptschule Hermagor, Kärnten
Neue Mittelschule Langenlois, Niederösterreich
Praxis-Neue Mittelschule der Pädagogischen Hochschule Salzburg, Salzburg
Neue Mittelschule, Bundesgymnasium und Bundesrealgymnasium Dreihackengasse, Graz, Steiermark
Neue Mittelschule, Bundesgymnasium und Bundesrealgymnasium Klusemannstraße, Graz, Steiermark
Hauptschule St. Marein bei Graz, Steiermark
Peter Rosegger Hauptschule Trofaiach, Steiermark
Hauptschule Mayrhofen, Tirol
Landhauptschule Niederndorf, Tirol
Hauptschule Egg, Pfister, Vorarlberg
Neue Mittelschule, Musik- und Informatikmittelschule Wendstattgasse, 1100 Wien

Projekt Mathematische Bildung

Bundesgymnasium und Bundesrealgymnasium Neusiedl am See, Burgenland
Neue Mittelschule Oberwart, Burgenland
Bundesgymnasium und Bundesrealgymnasium St. Martin, Villach, Kärnten
Praxis-Neue Mittelschule der Pädagogischen Hochschule Kärnten, Klagenfurt, Kärnten
Neue Mittelschule Klagenfurt-Wölfnitz, Kärnten
Bundesgymnasium Babenbergerring, Wiener Neustadt, Niederösterreich
Campusmittelschule Orth an der Donau, Niederösterreich
Bundesgymnasium und Bundesrealgymnasium Ramsauerstraße, Linz, Oberösterreich
Bundesgymnasium und Wirtschaftskundliches Realgymnasium Körnerstraße, Linz, Oberösterreich
Hauptschule Grünburg, Oberösterreich
Hauptschule 1 Schärding, Oberösterreich
Bundesrealgymnasium Akademiestraße, Salzburg
Praxis-Neue Mittelschule der Pädagogischen Hochschule Salzburg, Salzburg
Hauptschule Feldkirchen bei Graz, Steiermark
Hauptschule Deutsch Goritz, Steiermark
Bundesgymnasium und Bundesrealgymnasium Lienz, Tirol
Neue Mittelschule Hötting-West, Innsbruck, Tirol
Neue Mittelschule Vorderes Stubai, Tirol
Neue Mittelschule Höchst, Vorarlberg
Neue Mittelschule Lauterach, Vorarlberg
Privatgymnasium Riedenburg, Vorarlberg
Kooperative Mittelschule Geblergasse, 1170 Wien
Kooperative Mittelschule Paul Grüninger Schule, Hanreitergasse, 1210 Wien
Bundesgymnasium Franklinstraße, 1021 Wien

Projekt Sprache

Neue Mittelschule Kobersdorf, Burgenland
Musikhauptschule Gmünd, Kärnten
Bundesgymnasium und Bundesrealgymnasium Biondekgasse, Baden, Niederösterreich
Neue Mittelschule Himberg, Niederösterreich
Neue Mittelschule Wiener Neustadt, Europaallee, Niederösterreich
Neue Mittelschule Altmünster, Oberösterreich
Hauptschule Raab, Oberösterreich
Neue Mittelschule 2 Vorchdorf, Oberösterreich
Technische Hauptschule Hubert-Sattler-Gasse, Salzburg, Salzburg
Praxis-Neue Mittelschule der Pädagogischen Hochschule Steiermark, Graz, Steiermark
Hauptschule Stainach, Steiermark
Sport-Neue Mittelschule Absam, Tirol
Hauptschule 1 St. Johann, Tirol
Hauptschule 2 St. Johann, Tirol
Praxis-Neue Mittelschule der Kirchlichen Pädagogischen Hochschule Wien/Krems, Wien
Sonderpädagogisches Zentrum, 1230 Wien

Projekt VIEL – Verantwortung im eigenen Lernprozess

Neue Mittelschule Markt Allhau, Burgenland
Hauptschule Amstetten-Hausmening, Niederösterreich
Neue Mittelschule und Hauptschule 1 Bad Ischl, Oberösterreich
Allgemeine Sonderschule Nikolaus-Lenau-Schule, Gmunden, Oberösterreich
Hauptschule Schwertberg, Oberösterreich
Sporthauptschule Werfen, Salzburg
Neue Mittelschule St. Leonhard, Graz, Steiermark
Freie Montessori Schule, Altach, Vorarlberg
Kooperative Mittelschule Selzergasse, 1150 Wien
Kooperative Mittelschule Lacknergasse, 1180 Wien

Regionale Netzwerke

Projekt Mathematische Bildung Niederösterreich: Mathematik als Teil der pädagogischen Schulentwicklung

Hauptschule Amstetten, Pestalozzistraße
Hauptschule 2 Bruck an der Leitha
Hauptschule Ebreichsdorf
Sporthauptschule Gars am Kamp
Hauptschule Harmannsdorf
Hauptschule/Musikhauptschule Herzogenburg
Hauptschule Kilb
Hauptschule Kirchberg am Wechsel
Hauptschule Marchegg
Jakob Thoma Mittelschule, Mödling
Hauptschule Oberndorf bei Melk
Hauptschule Pöggstall
Hauptschule Pulkau
Europäische Mittelschule Schwadorf
Hauptschule St. Peter in der Au
Hauptschule 4 Dr. Theodor Körner, St. Pölten
Sportmittelschule Tulln
Regionalhauptschule Wachau, Spitz an der Donau
Wirtschaftshauptschule Wiener Neustadt

Projekt Mathematische Bildung Wien

Kooperative Mittelschule Kölblgasse, 1030 Wien
Kooperative Mittelschule Schäfergasse, 1040 Wien
Kooperative Mittelschule Leibnizgasse, 1100 Wien
Kooperative Mittelschule Svetelskygasse, 1110 Wien
Kooperative Mittelschule Selzergasse, 1150 Wien
Kooperative Mittelschule Geblergasse, 1170 Wien
Kooperative Mittelschule Eibengasse, 1220 Wien
Kooperative Mittelschule Konstanziagasse, 1220 Wien

Projekt „Technik – Textil & Design als Denk- und Handlungsmodell“

Hauptschule Lechtal, Elbigenalp, Tirol
Hauptschule Lienz-Nord, Tirol
Neue Mittelschule Dr. Aloys Weissenbach, Telfs, Tirol
Hauptschule Westendorf, Tirol

Verzeichnis der szenischen Texte

Abbildungsverzeichnis

Literaturverzeichnis

Altrichter, Herbert; Messner, Elgrid; Posch, Peter (2004): Schulen evaluieren sich selbst. Ein Leitfaden. Seelze: Kallmeyer.

An, Hyeon-Jeong (2008): Fressen Tiger Gras? Über die Nahrungskette und das Ökosystem. 2. Auflage. Frankfurt/Main: Fischer Verlag.

Bastian, Johannes (2007): Einführung in die Unterrichtsentwicklung. Weinheim und Basel: Beltz.

Bauer, Joachim (2006): Warum ich fühle, was du fühlst. Intuitive Kommunikation und das Geheimnis der Spiegelneurone. München, Zürich: Heyne.

Benjamin, Walter (1984): Der Erzähler. In: Benjamin, Walter (1984): Allegorien kultureller Erfahrung (S. 380–406). Leipzig: Reclam.

Bonsen, Matthias zur; Maleh, Carole (2001): Appreciative Inquiry (AI). Der Weg zur Spitzenleistung. Weinheim und Basel: Beltz.

Brown, Juanita; Isaacs, David (2007): Das World Café. Kreative Zukunftsgestaltung in Organisationen und Gesellschaft. Heidelberg: Carl Auer.

Bruner, Jerome (1986): Actual Minds, Possible Worlds. London, Cambridge (Mass.): Harvard University Press.

Brügelmann, Hans (2005): Schule verstehen und gestalten. Lengwil: Libelle.

Burkard, Christoph; Eikenbusch, Gerhard (2000): Praxishandbuch Evaluation in der Schule. Berlin: Cornelsen Scriptor.

Campbell, Joseph (2007): Die Kraft der Mythen. Düsseldorf: Albatros.

Davies, Brent (Hg.) (2005): The Essentials of School Leadership. London: Paul Chapman Publishing.

Downey, Carolyn J.; Steffy, Betty E.; English, Fenwick W. et al. (2004): The Three-Minute Classroom Walk-Through: Changing School Supervisory Practice One Teacher at a Time. Thousand Oaks, California: Corwin Press.

Duden – Das große Fremdwörterbuch (2007). 4. Auflage. Mannheim (CD-ROM).

Fahrenwald, Claudia (2005): Erzählen zwischen individueller Erfahrung und sozialer (Re-)Präsentation. In: Reinmann, Gabi (2005) (Hg.): Erfahrungswissen erzählbar machen. Narrative Ansätze für Wirtschaft und Schule (S. 36–51). Lengerich: Pabst Science Publishers.

Fauser, Peter; Prenzel, Manfred; Schratz, Michael (2007) (Hg.): Was für Schulen! Gute Schule in Deutschland. Der Deutsche Schulpreis 2006. Seelze-Velber: Klett/Kallmeyer.

Fauser, Peter; Prenzel, Manfred; Schratz, Michael (2008) (Hg.): Was für Schulen! Profile, Konzepte und Dynamik guter Schulen in Deutschland. Der Deutsche Schulpreis 2007. Seelze-Velber: Klett/Kallmeyer.

Frenzel, Karolina; Müller, Michael; Sottong, Hermann (2006): Storytelling. Das Praxisbuch. München, Wien: Carl Hanser.

Fritz, Sabine (2008): Talente fördern – Potenziale entwickeln – Entfaltungsmöglichkeiten bieten. KL:IBO-Jahresbericht 2008 (unveröffentlicht).

Gebser, Jean (1999): Ursprung und Gegenwart. Erster Teil: Die Fundamente der aperspektivischen Welt. Beitrag zu einer Geschichte der Bewußtwerdung. Zweiter Teil: Die Manifestationen der aperspektivischen Welt. Versuch einer Konkretion des Geistigen (Band II und Band III der Gesamtausgabe). 2. Auflage. Schaffhausen: Novalis Verlag.

Gräsel, Cornelia; Jäger, Michael; Willke, Helmut (2006): Konzeption einer übergreifenden Transferforschung und Einbeziehung des internationalen Forschungsstandes. In: Nickolaus, Reinhold; Gräsel, Cornelia (Hg.): Innovation und Transfer: Expertisen zur Transferforschung (S. 445–566). Hohengehren: Schneider.

Grinner, Karin (2010a): Das Schulporträt. Systemische Aktivierung im Netzwerk. In: Brenk, Markus; Salomon, Anton (2010) (Hg.): Schulporträtforschung und Schulentwicklung (S. 147–159). Frankfurt: Peter Lang.

Grinner, Karin (2010b): E-Mail von/an Milena. In: Brenk, Markus; Salomon, Anton (2010) (Hg.): Schulporträtforschung und Schulentwicklung (S. 198–201). Frankfurt: Peter Lang.

Grinner, Karin (2010c): Unser Lernhaus. In: Brenk, Markus; Salomon, Anton (2010) (Hg.): Schulporträtforschung und Schulentwicklung (S. 202–203). Frankfurt: Peter Lang.

Gugel, Günther (2004): Methoden-Manual I: „Neues Lernen". Tausend Praxisvorschläge für Schule und Lehrerbildung. 4. Auflage. Weinheim und Basel: Beltz.

Herbst, Dieter (2008): Storytelling. Konstanz: UVK Verlagsgesellschaft.

Jackson, Robyn R. (2010): Arbeiten Sie nie härter als Ihre Schüler. Und die sechs anderen Prinzipien guten Unterrichts. Weinheim: Beltz.

Jelinek, Elfriede (2011): Winterreise. Reinbek: Rowohlt.

Juul, Jesper; Jensen, Helle (2005): Vom Gehorsam zur Verantwortung. Für eine neue Erziehungskultur. Weinheim und Basel: Beltz.

Juul, Jesper (2007): Das kompetente Kind. Auf dem Weg zu einer neuen Wertgrundlage für die ganze Familie. 7. Auflage. Reinbeck bei Hamburg: Rowohlt Verlag.

Juul, Jesper (2010): Pubertät. Wenn Erziehen nicht mehr geht. Gelassen durch stürmische Zeiten. 2. Auflage. München: Kösel Verlag.

Kleiner, Art; Roth, George (1998): Wie sich Erfahrungen in der Firma besser nutzen lassen. In: Harvard Business Manager 5/1998 (S. 9–15). Hamburg: Manager Magazin Verlagsgesellschaft mbH.

Mittelstädt, Holger (2006): Evaluation von Unterricht und Schule. Strategien und Praxistipps. Mühlheim an der Ruhr: Verlag an der Ruhr.

Müller, Andreas (2008): Mehr ausbrüten, weniger gackern. Denn Lernen heisst: Freude am Umgang mit Widerständen Oder kurz: Vom Was zum Wie. Bern: hep Verlag.

Och, Sheila (2004): Balaban Neumann, der Hund. München: Omnibus Verlag.

Pallasch, Waldemar; Hameyer, Uwe (2008): Lerncoaching. Theoretische Grundlagen und Praxisbeispiele zu einer didaktischen Herausforderung. Weinheim und München: Juventa.

Peschel, Falko (2006a): Offener Unterricht. Idee, Realität, Perspektive und ein praxiserprobtes Konzept in der Evaluation. Teil I und Teil II. 2. Auflage. Baltmannsweiler: Schneider Verlag Hohengehren.

Peschel, Falko (2006b): Offener Unterricht. Idee, Realität, Perspektive und ein praxiserprobtes Konzept zur Diskussion. Teil I: Allgemeindidaktische Überlegungen. Teil II: Fachdidaktische Überlegungen. 2. Auflage. Reihe: Basiswissen Grundschule. Band 10. Baltmannsweiler: Schneider Verlag Hohengehren.

Porschen, Stephanie (2008): Austausch impliziten Erfahrungswissens: Neue Perspektiven für das Wissensmanagement. Wiesbaden: VS Verlag für Sozialwissenschaften.

Rataj, Heinz (2009): Das Ur-Phänomen Heilung. Wirkungen und Bedingungen spiritueller Heilkunst. Hochheim: Comed Verlag.

Reinmann, Gabi (2005) (Hg.): Erfahrungswissen erzählbar machen. Narrative Ansätze für Wirtschaft und Schule. Lengerich: Pabst Science Publishers.

Reinmann, Gabi; Vohle, Frank (2005): Der Umgang mit Geschichten in Organisationen – Beispiele und Kategorisierungsvorschläge. In: Reinmann, Gabi (2005) (Hg.): Erfahrungswissen erzählbar machen. Narrative Ansätze für Wirtschaft und Schule (S. 71–89). Lengerich: Pabst Science Publishers.

Ruf, Urs; Gallin, Peter (2005a): Dialogisches Lernen in Sprache und Mathematik. Band 1: Austausch unter Ungleichen. Grundzüge einer interaktiven und fächerübergreifenden Didaktik. 3. Auflage. Seelze-Velber: Kallmeyer.

Ruf, Urs; Gallin, Peter (2005b): Dialogisches Lernen in Sprache und Mathematik. Band 2: Spuren legen – Spuren lesen. Unterricht mit Kernideen und Reisetagebüchern. 3. Auflage. Seelze-Velber: Kallmeyer.

Ruf, Urs (2006): Dialogische Didaktik. Eine Grundlage für ertragreiche Entwicklungsportfolios. In: Brunner, Ilse; Häcker, Thomas; Winter, Felix (Hg.): Das Handbuch Portfolioarbeit. Konzepte, Anregungen, Erfahrungen aus Schule und Lehrerbildung (S. 60–66). Seelze-Velber: Kallmayer.

Ruf, Urs; Keller, Stefan; Winter, Felix (Hg.) (2008): Besser lernen im Dialog. Dialogisches Lernen in der Unterrichtspraxis. Seelze-Velber: Klett, Kallmeyer.

Scharmer, C. Otto (2009): Theorie U. Von der Zukunft her führen. Heidelberg: Carl-Auer.

Schein, Edgar H. (2003): Prozessberatung für die Organisation der Zukunft. Der Aufbau einer helfenden Beziehung. 2. Auflage. Bergisch Gladbach: EHP – Edition Humanistische Psychologie.

Schley, Vera; Schley, Wilfried (2010): Handbuch Kollegiales Teamcoaching. Systemische Beratung in Aktion. Innsbruck: Studienverlag.

Schoenbach, Ruth; Greenleaf, Cynthia; Cziko, Christine (1999): Reading for Understanding: A Guide to Improving Reading in Middle and High School Classrooms. San Francisco: John Wiley & Sons, Inc.

Schoenbach, Ruth; Greenleaf, Cynthia; Cziko, Christine u. a. (2006): Lesen macht schlau. Neue Lesepraxis für weiterführende Schulen. Cornelsen Verlag.

Schubiger, Jürg (1997): Mutter, Vater, ich und sie. Weinheim und Basel: Beltz & Gelberg.

Siefert, Klaus L. (o. J.): Talent-Coaching. Auf der Suche nach den eigenen Talenten. Als Einzelbeitrag veröffentlicht unter http://www.coaching-magazin.de/artikel.htm (29.06.2011).

Spitzer, Manfred (2002): Lernen. Gehirnforschung und die Schule des Lebens. Heidelberg, Berlin: Spektrum Akademischer Verlag.

Stockhammer, Richard (2008): Konsequenzen aus Schulleistungsstudien. Von unserer Beziehung zum Kind aus sehen und aufs Ganze gehen. In: Landesinstitut für Schule und Medien, Berlin-Brandenburg (LISUM, Deutschland); Bundesministerium für Unterricht, Kunst und Kultur (BMUKK, Österreich); Schweizerische Konferenz der kantonalen Erziehungsdirektoren (EDK, Schweiz) (Hg.): Bildungsmonitoring, Vergleichsstudien und Innovationen. Von evidenzbasierter Steuerung zur Praxis (S. 139–146). Berlin: Berliner Wissenschafts-Verlag.

Stockmann, Reinhard (2006): Evaluation in Deutschland. In: Stockmann, Reinhard (Hg.): Evaluationsforschung. Grundlagen und ausgewählte Forschungsfelder (S. 15–46). 3. Auflage. Münster: Waxmann Verlag GmbH.

Storch, Maja; Cantieni, Benita; Hüther, Gerald; Tschacher, Wolfgang (2010): Embodiment. Die Wechselwirkung von Körper und Psyche verstehen und nutzen. 2., erweiterte Auflage. Bern: Verlag Hans Huber.

Totzke, Rainer (2005): Erinnern – Erzählen – Wissen. Was haben (Erfahrungs-) Geschichten mit echtem Wissen zu tun? In: Reinmann, Gabi (2005) (Hg.): Erfahrungswissen erzählbar machen. Narrative Ansätze für Wirtschaft und Schule (S. 19–35). Lengerich: Pabst Science Publishers.

Thier, Karin (2006): Storytelling. Eine narrative Managementmethode. Heidelberg: Springer.

Van Gestel, Peter (2008): Wintereis. Weinheim und Basel: Beltz & Gelberg.

Vester, Frederic (2002): Die Kunst vernetzt zu denken. Ideen und Werkzeuge für den Umgang mit Komplexität. 2., erweiterte Auflage. München: Deutscher Taschenbuchverlag.

Völkl, Kurt; Wallner, Heinz Peter (2008): Das Lila-Management-Prinzip: Unternehmen neu denken und erfolgreich verändern. Wien: Amalthea Signum Verlag.

WIFI Unternehmerservice der Wirtschaftskammer Österreich (Hg.) (2009): Wissensg'schichten. Neue Wege im Umgang mit Wissen. Wien.

Materialien, Broschüren

Beiträge zur Unterrichtsentwicklung mit dem Blick auf Bildungsstandards für Mathematik am Ende der 8. Schulstufe:

Alber, Elfriede; Fischer, Christine; Juen, Heiner; Kröpfl, Beate; Machala, Sonja; Mortsch, Angela; Mürwald, Elisabeth; Neureiter, Hans Christian; Ochnitzberger, Helma; Parisot, Karl Josef; Preis, Christa; Schwendinger, Anna (2006): Exemplarische, beziehungsreiche Aufgaben.

Alber, Elfriede; Fischer, Christine; Juen, Heiner (2007, 2008): Mathematik^Methoden
Heft 1: Methodische Zugänge für Schülerinnen und Schüler ermöglichen.
Heft 2: Warum wir Teamarbeit mit Mathematik verknüpfen.
Heft 3: Warum wir Individualisierung mit Mathematik verknüpfen.

Bieber, Götz; Haas, Monika; Makl-Freund, Brigitte, Mürwald, Elisabeth (2008): BasisMathematik. Heft 1 und Heft 2.

Parisot, Karl Josef; Alber, Elfriede; Degenhart, Silvia; Fast, Maria; Machala, Sonja; Macsemniuc, Charlotte; Mürwald, Elisabeth, Scheidl, Heidi; Schwarz-Herda, Maria (2008): Auf die Volksschule aufbauen. Hände reichen. Heft 1: Was ich schon alles kann.

Kröpfl, Beate; Strauss, Madeleine (2008): Die wilden Vier im geheimnisvollen Zahlenhaus. Ein Mathekrimi.

Alle angeführten Publikationen wurden vom Bundesministerium für Unterricht, Kunst und Kultur (bzw. bis 2006 Bundesministerium für Bildung, Wissenschaft und Kultur) herausgegeben.